教育部人文社会科学研究青年基金项目(17YJC790046)
陕西省教育厅科学研究计划项目（17JK0741）

西北大学经济管理学院博士文库

ACCOUNTING INFORMATION, INSTITUTIONAL ENVIRONMENT AND CAPITAL ALLOCATION: A RESEARCH BASED ON INFORMATION EFFECT AND GOVERNANCE EFFECT

会计信息、制度环境与资本配置：基于信息效应和治理效应的研究

深入分析会计信息资本配置作用微观机理，全面对比会计信息在权益资本、信贷资本和债券资本配置中的共性和差异，有效提高会计信息经济业绩，促进多层次资本市场健康发展。

韩少真◎著

中国经济出版社
CHINA ECONOMIC PUBLISHING HOUSE
北 京

图书在版编目（CIP）数据

会计信息、制度环境与资本配置：基于信息效应和治理效应的研究 / 韩少真著. -- 北京：中国经济出版社，2019. 4

ISBN 978 - 7 - 5136 - 5626 - 9

Ⅰ. ①会… Ⅱ. ①韩… Ⅲ. ①会计信息 - 研究 Ⅳ. ①F230

中国版本图书馆 CIP 数据核字（2019）第 066356 号

责任编辑　贺　静
责任印制　巢新强
封面设计　华子设计

出版发行　中国经济出版社
印 刷 者　北京力信诚印刷有限公司
经 销 者　各地新华书店
开　　本　710mm × 1000mm　1/16
印　　张　21. 5
字　　数　338 千字
版　　次　2019 年 4 月第 1 版
印　　次　2019 年 4 月第 1 次
定　　价　69. 00 元
广告经营许可证　京西工商广字第 8179 号

中国经济出版社 **网址** www. economyph. com **社址** 北京市西城区百万庄北街 3 号 **邮编** 100037
本版图书如存在印装质量问题，请与本社发行中心联系调换（联系电话：010 - 68330607）

前　言

在经济社会中资本是有限的，充分有效地配置稀缺资本能够增加社会福利。因此，对于任何一个经济体而言，将资本从储蓄者有效地分配至恰当的企业和商业项目都是非常重要的。对于企业而言，这有助于降低融资成本、缓解融资约束、提高投资效率与企业价值；对于投资者而言，资本的有效分配可以带来更多的投资渠道、更低的投资风险和更好的投资回报率；而对于整个经济体而言，令稀缺的资本流向生产率最高的企业和商业项目，能够促进经济的增长。

在配置资本的众多方式中，市场是筹集资本并分配给各种竞争性投资需求的重要载体，也是其中最有力和最有效的工具。西方国家拥有相对成熟的市场经济，其在充分利用市场力量的基础上，促进了资本的优化配置。借鉴成熟经济体的经验，中国于20世纪70年代末期进行了改革开放，开始利用市场工具对资本进行配置。由于权益资本、信贷资本、债券资本是企业最重要的资本来源，所以推动权益资本市场、信贷资本市场、债券资本市场的发展与完善成为促进资本配置的重要前提。为此，中国逐步推动了信贷市场的市场化改革，建立了股票市场和债券市场，以满足资本配置的需求。在中国市场化改革的进程中，资本市场经历了从无到有、从小到大的发展阶段，形成了股票市场、信贷市场和债券市场的基本格局，取得了一定的发展成就。但是，随着改革开放的进一步深入，权益、信贷和债券资本的配置依然面临众多问题。股票市场发展遭遇瓶颈，波动性大，深度不够。信贷市场中信贷歧视普遍存在，面临严重的信贷配给问题。债券市场总体发展缓慢，呈现出国债、企业债“独大”等一系列结构不合理问题。因此，解决资本配置中出现的问题、促进资本的有效配置，既是学术研究重点关注的问题，也是中国进一步深化改革所面临的实践难题。

无论是“成熟”还是“新兴”的经济体，投资者和企业管理者之间的信息和动机差异导致的信息问题和代理问题是影响资本配置的重要障碍。在新兴经济体中，市场化程度、金融发展水平、法律环境等制度环境与成熟经济体具有一定的差距，其对资本配置存在重要影响。制度环境的不完备性与市场中的信息问题和代理问题交织在一起，使得中国资本配置进程充满了挑战。会计信息反映了企业的财务状况和经营成果，是市场中重要的信息来源，能够缓解资本配置中的信息问题和代理问题。而且，会计制度和其他制度之间存在强大的交互作用，共同影响着资本配置。

市场参与各方注意到了会计信息和制度环境在优化资本配置中的重要性，并围绕高质量会计信息的供给和制度环境的改善两个方面做了诸多努力。为保证高质量会计信息供给，中国推动了会计准则的国际化改革，建立了注册会计师等社会中介审计制度。尽管我国的会计准则已经和国际会计准则实质性趋同，但由于制度的缺失，会计信息在资本配置中的作用与具有完善市场和法律制度的欧美国家之间呈现出显著差异。与此同时，中国会计实践中存在较为严重的盈余管理现象，影响了会计信息的质量，信息披露制度不完善也影响着会计信息的资本配置作用。因此，进一步推动高质量会计信息供给、改善制度环境、扩大会计信息的经济业绩，进而提高资本配置效率，依然是实践中的一个重要问题。

由于会计信息和制度环境对资本配置的重要性，众多的文献关注了两者对资本配置的影响。在会计信息经济业绩的研究领域，优化资本配置是会计信息最重要的经济业绩之一，引起了学者的广泛关注。在这部分文献中，更多关注会计信息是否具有经济业绩，以及其产生的经济业绩有多大，而对会计信息影响经济业绩的具体渠道关注不足。在制度环境的研究领域，现有文献更多的是关注市场化程度、金融发展水平和法律环境等制度环境的区域性差异对资本配置的影响，并取得了丰硕的研究成果。但是，对于不同制度环境下会计信息资本配置作用的差异关注较少。此外，在多层次资本市场的背景下，权益资本和信贷资本和债券资本市场均属于资本配置的重要市场，其中又存在一定的差异。因此，在现有研究的基础上，进一步关注会计信息在不同资本配置中发挥作用的共性与差异也确有必要。

在此背景下，本书基于信息理论、代理理论和交易成本理论，从资本配置中面临的信息问题和代理问题出发，重点研究了会计信息在资本配置作用中的微观机制，以及制度环境对会计信息资本配置作用的影响，并结合权益资本、信贷资本和债券资本的属性，对比了会计信息资本配置作用在三类资本中的共性和差异。这对于进一步促进资本的优化配置、指导制度环境的进一步完善、扩大会计信息的经济业绩均具有重要的理论与现实意义。

就现实意义而言，权益资本、债券资本和信贷资本构成了我国企业资金的主要来源，提高三类资本配置质量对于国民经济健康发展至关重要。当前我国股票市场遭遇瓶颈，债券市场总体发展缓慢，信贷资本配置面临严重的信贷配给现象，资本配置效应不尽如人意。信息不对称是影响资本配置效应的重要因素，会计信息能够反映企业的财务状况和经营能力，缓解资本配置过程中存在的信息不对称程度，促进资本有效配置，因此，研究会计信息与资本配置的关系对于监管者、企业和投资者均具有一定的实践意义。对监管者而言，能够为会计准则的改革和信息披露制度的完善提供建议；对企业而言，能够引导企业提高会计信息质量和披露质量；对投资者而言，能够帮助投资者充分利用会计信息进行投资决策。

就理论意义而言，不包含会计的企业理论是不完整的，会计在经济计量体系中发挥着重要的作用（Coase，1990）。现代经济学已经证明，信息是现代经济的核心概念之一，信息的不对称是制约经济运行方式和经济效率的基本问题（逯东等，2012）。现代会计理论中的信息观和契约观表明，综合反映企业财务状况和经营成果的会计信息具有缓解信息不对称的作用。会计信息的估值作用（信息观）对于完善权益资本和债券资本配置具有重要的意义，而契约作用（契约观）对于银行信贷资本配置具有重要意义。经济和政治等制度对一个国家的经济增长具有重要作用（North and Thomas，1973）。制度安排影响会计信息缓解信息不对称的作用，进而影响其估值作用和契约作用，这一影响在新兴市场经济国家中可能更加明显。探讨会计信息与资本配置的关系能够丰富会计理论中信息观和契约观的相关成果，进一步深化会计信息、制度环境和资本配置三者之间的关系。

根据本书的研究内容，全书共分为8章。各章节的内容主要如下：

第1章：导论。本部分作为本书主体的开端，首先，从良好的资本配置和有序的资本市场的重要性入手，梳理了改革开放以来为促进资本配置所建立的股票市场、信贷市场和债券市场的基本状况，发现资本配置中依然存在诸多问题，并从会计信息和制度环境的视角整理了理论和实践界的相关工作成果，指明会计信息微观机制的研究及其和制度环境之间的交互作用是研究的主题，突出了本书的研究背景，并在此基础上阐述了本研究的实践和理论意义。其次，对本书主要的研究思路以及具体所用的研究方法进行相关介绍。再次，对本书研究的主要内容以及主要框架进行了简要说明。最后，对本书可能的研究贡献进行了阐述。

第2章：文献综述。本部分主要围绕会计信息经济业绩领域以及制度环境影响资本配置领域的相关文献进行述评。首先，从资本配置中最重要的权益资本、信贷资本和债券资本入手，梳理了会计信息与各类资本配置关系的相关文献，厘清了以资本配置为视角的会计信息经济业绩的主要观点和经验证据。其次，围绕制度环境及其经济后果方面的文献，重点梳理了制度环境对各类资本配置的影响。最后，在全面系统梳理国内外有关会计信息、制度环境和资本配置领域文献的基础上，提炼现有文献的主要观点，总结相关文献中仍需进一步研究的方向，以明确本书的研究主题。

第3章：会计信息与资本配置关系理论分析。首先，以信息经济学和制度经济学的相关理论为基础，具体从信息不对称理论、代理理论、交易成本理论出发，以资本配置中所面临的信息问题和代理问题为出发点，深入分析了会计信息在资本配置中发挥作用的微观机制。其次，结合中国的制度背景，理论上分析了制度环境对会计信息的资本配置作用可能存在"互补性"和"替代性"关系。最后，结合权益资本、信贷资本和债券资本的不同属性，指出了会计信息在不同资本配置中可能存在的共性与差异。这些分析构建了基于制度环境的会计信息资本配置作用的理论框架，为后文进一步结合权益资本、信贷资本和债券资本的理论和实证研究奠定了基础。

第4章：会计信息质量、信息不对称、制度环境测量与评价。本部分主要对后续实证研究中同时使用的会计信息质量、信息不对称和制度环境等指标进行了测量和评价。具体在梳理、总结、对比相关测量方法的基础上，最终选择以应计利润模型衡量会计信息质量，以市场微观结构的知情交易概率衡量信息不对称，以市场化指数中的一、二级指标衡量市场化程度、金融发展水平和法律环境等制度环境。最后结合中国上市公司的基本状况对上述指标进行了检验性评价。这些分析为后文会计信息在权益资本、信贷资本和债券资本中发挥资本配置作用的实证研究提供了关键测量变量。

第5章：会计信息与权益资本配置。本部分以会计信息在权益资本配置中的作用为研究对象，具体以权益资本成本为视角，对会计信息影响权益资本成本的微观机制，以及制度环境对会计信息权益资本配置的作用进行了理论分析，提出了相关的研究假说，并利用中国沪、深两市A股2007—2014年上市公司的数据进行了相关的实证检验。

第6章：会计信息与信贷资本配置。本部分以会计信息在信贷资本配置中的作用为研究对象，围绕债务合约中的基本要素，以平均债务成本为视角，对会计信息影响平均债务成本的微观机制，以及制度环境对会计信息信贷资本配置的作用进行理论分析，提出了相关的研究假说，并利用中国沪、深两市A股2007—2014年上市公司的数据进行了相关的实证检验。进一步地，又以债务合约中债务可得性和债务期限结构为视角，对会计信息通过影响债务可得性和债务期限结构发挥资本配置作用进行了实证检验。

第7章：会计信息与债券资本配置。本部分以会计信息在债券资本配置中的作用为研究对象，以债券资本成本为视角，对会计信息影响债券资本成本的微观机制，以及制度环境对会计信息债券资本配置的作用进行了理论分析，提出了相关的研究假说，并利用中国沪、深两市A股2007—2014年的公司债数据进行了相关的实证检验。此外，考虑到债券信用评级在债券市场中的重要性，又对会计信息通过影响债券信用评级发挥资本配置作用进行了实证检验。

需要说明的是，上述第5章、第6章、第7章是在第3章理论分析的基础上，对会计信息在权益资本、信贷资本和债券资本中的作用进行的理论和实证分析。为方便对比会计信息在不同资本配置中作用的共性和差异，各章主要以资本成本为资本配置状况的代理变量进行分析。因为资本成本作为各类投资者所要求的必要报酬率，是各类资本的价格，在资本配置中发挥核心作用。此外，结合信贷市场和债券市场的属性，本书还对信贷市场中会计信息对债务可得性和债务期限结构的影响，以及债券市场中会计信息对债券信用评级的影响进行了分析，以更加全面地分析会计信息在各类资本配置中的作用。

第8章：研究结论、启示与展望。本部分主要对前文理论分析和实证研究的结论进行归纳总结，重点分析了会计信息在三类资本配置中的共性和差异，并依据相关的研究结论提出相应的政策建议，最后在现有研究的基础上指出了进一步研究的方向。

本书的出版是笔者对会计信息资本配置作用前期研究成果的系统总结，同时也是一个新的研究起点。随着互联网大数据技术的迅速发展，资本市场信息披露的环境也已产生重大变化，这对会计信息的资本配置作用产生了重要影响。笔者将继续对会计信息的资本配置作用进行进一步的深入研究，不仅利用传统的研究方法关注数字会计信息的作用，还要利用互联网大数据技术分析文本会计信息的价值，以期实现将科学的研究成果向现实社会效应转化的目的。

摘　要

权益资本、信贷资本和债券资本是企业重要的资金来源，三类资本的有效配置对于企业、投资者和经济体均具有重要的意义。改革开放40多年来，中国逐步建立了股票市场和债券市场，推动银行业的市场化改革，开始依靠市场的力量进行资本配置。当前中国股票市场遭遇瓶颈，债券市场总体发展缓慢，信贷资本配置面临严重的信贷配给现象，如资本配置效应不尽如人意。市场中普遍存在的信息问题和代理问题与中国“新兴加转轨”的制度背景交织在一起，使资本配置的问题变得更加复杂化。会计信息经济业绩和制度环境两个领域的研究表明，会计信息影响资本配置的经济业绩，制度环境对资本配置也具有重要影响。但是，会计信息影响资本配置的具体机制依然是一个“黑匣子”，缺乏实证方面的经验证据。考虑到财务会计制度和其他制度环境之间可能存在强大的交互作用，制度环境对会计信息资本配置作用的影响也应当引起充分关注。在这种背景下，进一步分析会计信息影响资本配置的微观机制，以及制度环境对会计信息资本配置作用的影响机理，对于破解资本配置困境、完善制度环境改革和会计信息供给等方面具有重要的理论和现实意义。

本书的研究内容包括：①在会计信息经济业绩相关文献的基础上，利用信息不对称理论和代理理论，从资本配置中面临的信息问题和代理问题出发，提出会计信息资本配置作用的微观机制。②结合中国“新兴加转轨”的制度背景，利用制度经济学的相关理论，分析制度环境影响会计信息资本配置的作用机理。③在对比分析相关测量方法的基础上，最终选择以应计利润模型衡量会计信息质量，以市场微观结构理论中的知情交易概率衡量信息不对称，以市场化指数中的一、二级指标衡量市场化程度、金融发展水平和法律环境等制度环境，并结合中国上市公司的基本状况对上述指标进行了评价。这些分析为后文会计信息在权益资本、信贷资本和债券资本中发挥资本配置作用的实证研究提供了关键的变量。④分别以权益资本、信贷资本和债券资本为视角，对会计信息在三类资本配置中的微观机制，以及制度环境对会计信息资本配置作用的影响进行了具体分析，并利用中国上市公司和公司债券的数据进行了实证检验。⑤根据理论分析和实证研究的结论，围绕扩大会计信息经济业绩、改善会计信息供给、完善制度环境、优化资本配置等方面提出了相应的研究启示。

通过上述研究，主要发现以下结论：①会计信息既可以通过信息效应缓解信息问题，亦可以通过治理效应缓解代理问题，促进资本的优化配置。②在中国“新兴加转轨”的制度背景下，制度环境对会计信息的资本配置作用存在重要影响，其作用可能是“互补性”的，亦有可能是“替代性”的。③在权益资本市场，会计信息能够通过影响权益资本成本发挥资本配置作用。进一步地，会计信息的权益资本配置作用在微观机制层面呈现出信息效应大于治理效应的配置路径，与制度环境呈现出“互补性”关系。④在信贷资本市场，会计信息能够通过影响平均债务成本发挥资本配置作用。进一步地，会计信息的信贷资本配置作用在微观机制层面呈现出治理效应大于信息效应的配置路径，与制度环境呈现出“互补性”关系。而且，会计信息还可以通过影响债务可得性和债务期限结构发挥信贷资本配置作用。⑤在债券资本市场，会计信息能够通过影响债券资本成本发挥资本配置作用。进一步地，会计信息的债券资本配置作用在微观机制层面呈现出信息效应大于治理效应的配置路径，与制度环境呈现出“替代性”关系。而且，会计信息还可以通过影响债券信用评级发挥债券资本配置作用。⑥会计信息在权益资本、信贷资本、债券资本配置中的作用既存在一定的共性，也有一定的差异。

本书研究的学术创新点主要有以下4个方面：①基于会计信息经济业绩的相关文献，以资本配置中面临的信息问题和代理问题为视角，进一步分析了会计信息影响资本配置的微观机制。②基于中国“新兴加转轨”的制度背景，结合权益资本、信贷资本和债券资本的市场属性，提出制度环境对会计信息资本配置作用的影响存在“互补性”或“替代性”关系。③综合权益资本、信贷资本和债券资本三类重要的资本，理论分析了会计信息在三类资本配置中的共性和差异，并提供了相应的差异化经验证据。

④基于市场微观结构理论，利用知情交易概率反映信息不对称，并借助中介效应模型和自体抽样法，对会计信息影响资本配置的信息效应和治理效应进行分离，提供了会计信息在资本配置微观机制中信息效应和治理效应相对大小的新证据。

CONTENTS 目录

1 导 论

1.1 研究背景与研究意义

1.1.1 研究背景

在经济社会中资本是有限的,充分有效地配置稀缺资本能够增加社会福利。因此,对于任何一个经济体而言,将资本从储蓄者有效地分配至恰当的企业和商业项目都是非常重要的。对于企业而言,这有助于降低融资成本,缓解融资约束,提高投资效率与企业价值;对于投资者而言,资本的有效分配可以带来更多的投资渠道、更低的投资风险和更好的投资回报率;而对于整个经济体而言,将稀缺的资本流向生产率最高的企业和商业项目,能够促进经济的增长。

在配置资本的众多方式中,市场是筹集资本并分配给各种竞争性投资需求的重要载体,也是其中最有力和最有效的工具。西方国家拥有相对成熟的市场经济,其在充分利用市场力量的基础上,促进了资本的优化配置。借鉴成熟经济体的经验,中国于20世纪70年代末期进行了改革开放,开始利用市场工具对资本进行配置。由于权益资本、信贷资本和债券资本是企业最重要的资本来源,推动权益资本市场、信贷资本市场和债券资本市场的发展与完善成为促进资本配置的重要前提。为此,中国逐步推动了信贷市场的市场化改革,建立了股票市场和债券市场,以满足资本配置的需求。在中国市场化改革的进程中,资本市场经历了从无到有、从小到大的发展阶段,形成了股票市场、信贷市场和债券市场的基本格局,取得了一定的发展成就。但是,随着改革开放的进一步深入,权益、信贷和债券资本的配置依然面临众多问题。股票市场发展遭遇瓶颈，波动性大，深度不够。信贷市场中信贷歧视普遍存在，面临严重的信贷配给问题。债券市场总体发展缓慢，呈现出国债、企业债“独大”等一系列结构不合理问题。因此，解决资本配置中出现的问题、促进资本的有效配置，既是学术研究重点关注的问题，也是中国进一步深化改革所面临的实践难题。

无论是“成熟”还是“新兴”的经济体，投资者和企业管理者之间的信息和动机差异导致的信息问题和代理问题是影响资本配置的重要障碍。在新兴经济体中，市场化程度、金融发展水平、法律环境等制度环境与成熟经济体具有一定的差距，其对资本配置存在着重要影响。制度环境的不完备性与市场中的信息问题和代理问题交织在一起，使得中国资本配置进程充满挑战。会计信息反映了企业的财务状况和经营成果，是市场中重要的信息来源，能够缓解资本配置中的信息问题和代理问题。而且，会计制度和其他制度之间存在着强大的交互作用，共同影响着资本配置。

市场参与各方注意到了会计信息和制度环境在优化资本配置中的重要性，并围绕高质量会计信息的供给和制度环境的改善两个方面做了诸多努力。为保证高质量会计信息供给，中国推动了会计准则的国际化改革，建立了注册会计师等社会中介审计制度。尽管我国的会计准则已经和国际会计准则实质性趋同，但由于制度的缺失，会计信息在资本配置中的作用与具有完善市场和法律制度的欧美国家呈现出显著差异。与此同时，中国会计实践中存在较为严重的盈余管理现象，影响了会计信息的质量，信息披露制度不完善也影响着会计信息的资本配置作用。因此，进一步推动高质量会计信息供给、改善制度环境、扩大会计信息的经济业绩，进而提高资本配置效率，依然是实践中的一个重要问题。

由于会计信息和制度环境对资本配置的重要性，众多的文献关注了两者对资本配置的影响。在会计信息经济业绩的研究领域，优化资本配置是会计信息最重要的经济业绩之一，引起了学者的广泛关注。在这部分文献中，更多关注会计信息是否具有经济业绩，以及其产生的经济业绩有多大，而对会计信息影响经济业绩的具体渠道关注不足。在制度环境的研究领域，现有文献更多地关注市场化程度、金融发展水平和法律环境等制度环境的区域性差异对资本配置的影响，并取得了丰硕的研究成果。但是，对于不同制度环境下会计信息资本配置作用的差异关注较少。此外，在多层次资本市场的背景下，权益资本、信贷资本和债券资本市场均属于资本配置的重要市场，其中又存在一定的差异。因此，在现有研究的基础上，进一步关注会计信息在不同资本配置中发挥作用的共性与差异也确有必要。

在此背景下，本书基于信息理论、代理理论和交易成本理论，从资本配置中面临的信息问题和代理问题出发，重点研究了会计信息在资本配置作用中的微观机制，以及制度环境对会计信息资本配置作用的影响，并结合权益资本、信贷资本和债券资本的属性，对比了会计信息资本配置作用在三类资本中的共性和差异。这对于进一步促进资本的优化配置、指导制度环境的进一步完善、扩大会计信息的经济业绩均具有重要的理论与现实意义。

1.1.2 研究意义

就现实意义而言，权益资本、债券资本和信贷资本构成了我国企业资金的主要来源，提高三类资本配置质量对于国民经济的健康发展至关重要。当前我国股票市场遭遇瓶颈，债券市场总体发展缓慢，信贷资本配置面临严重的信贷配给现象，资本配置效应不尽如人意。信息不对称是影响资本配置效应的重要因素，会计信息能够反映企业的财务状况和经营能力，缓解资本配置过程中存在的信息不对称程度，促进资本有效配置，研究会计信息与资本配置的关系对于监管者、企业和投资者均具有一定的实践意义。对监管者而言，能够为会计准则的改革和信息披露制度的完善提供建议；对企业而言，能够引导企业提高会计信息质量和披露质量；对投资者而言，能够帮助投资者充分利用会计信息进行投资决策。

就理论意义而言，不包含会计的企业理论是不完整的，会计在经济计量体系中发挥着重要的作用（Coase，1990）[1]。现代经济学已经证明，信息是现代经济的核心概念之一，信息的不对称是制约经济运行方式和经济效率的基本问题（逯东等，2012）[2]。现代会计理论中的信息观和契约观表明，综合反映企业财务状况和经营成果的会计信息具有缓解信息不对称的作用。会计信息的估值作用（信息观）对于完善权益资本和债券资本配置具有重要意义，而契约作用（契约观）对于银行信贷资本配置具有重要意义。经济和政治等制度对一个国家的经济增长具有重要作用（North and Thomas，1973）[3]。制度安排影响会计信息缓解信息不对称的作用，进而影响其估值作用和契约作用，这一影响在新兴市场经济国家中可能更加明显。探讨会计信息与资本配置的关系能够丰富会计理论中信息观和契约观的相关成果，进一步深化会计信息、制度环境和资本配置三者之间的关系。

1.2 研究思路与研究方法

1.2.1 研究思路

本书主要遵循"理论研究→实证研究→应用研究"的整体研究思路，对会计信息与资本配置的关系进行系统、全面、深入的研究。具体研究思路如下：①系统梳理国内外有关会计信息、制度环境与资本配置领域的相关文献，结合中国资本配置的现实背景，总结仍需进一步研究的方向，明确研究问题；②围绕上述研究问题，基于信息不对称理论、代理理论和交易成本理论，以信息在资本市场中的作用为基础，分析会计信息影响资本配置的微观机制、制度环境对会计信息资本配置作用的影响、会计信息在不同资本配置中的共性和差异，从而构建会计信息、制度环境与资本配置关系的一般性理论框架，为后文结合各类资本的理论和实证研究奠定基础；③在梳理对比各种测量方法的基础上，选择恰当的测量视角和方法，对会计信息质量、信息不对称和制度环境等关键解释变量进行测量和评价，为后文的实证研究提供变量基础；④在一般性理论框架的指导下，结合权益资本、信贷资本和债券资本的特征，具体分析会计信息在三类资本配置中的微观机制，以及制度环境对会计信息在三类资本配置作用中的影响，并提出可检验的研究假说；⑤针对研究假设的需要，设计可行的研究变量，利用上市公司公布的年度财务报告、其他信息公告和股价信息，结合非上市公司的年度财务报告，将相关研究假说转换为计量经济模型，并根据数据的特征，采用相应的数据检验方法，对研究的问题和假说进行实证检验；⑥对理论分析和实证研究的结论进行总结，着重对比会计信息在不同资本配置中的共性和差异，进而在上述结论基础上提出相应的政策建议，并对进一步的研究方向进行展望。

1.2.2 研究方法

研究方法的选择取决于研究主题、内容和范式。因此，本书将综合运用规范研究和实证研究，选择恰当的方法对会计信息在资本配置中的作用进行分析，以保证研究过程和研究结论的科学性、严谨性。本书的规范研究是基于中国制度背景进行的，而实证研究中的假设是建立在严格理论研究和制度分析基础之上的，与国际主流研究相一致，研究方法得当。具体研究过程中拟采用方法如下：

(1)文献分析法。文献分析法是对既有研究思路、研究成果的梳理和总结，这既是发现研究问题的关键，也是理论分析的基础。本书在文献综述部分科学使用文献分析方法，对会计信息经济业绩领域和制度环境领域的文献进行分析，根据已有的研究脉络发现应当进一步关注的方向。而且，新研究主题的理论分析依然是在现有文献的基础上展开的。

(2)归纳法与演绎法。本书在研究主题的确定、研究理论的构建、研究结论的总结等部分综合使用归纳与演绎方法。比如，根据中国资本配置改革进程实践所作的努力以及现状，归纳发现结合制度背景分析会计信息资本配置作用的微观机制十分重要；依据信息不对称理论、代理理论和交易成本理论，以信息在资本市场中的作用为基础，演绎分析会计信息在资本配置中的作用，以及制度环境的影响；本书的研究结论也是在归纳全书理论和实证研究的基础上得出的。

(3)比较分析法。比较分析法在发现研究主题、分析会计信息在不同资本配置作用中的共性与差异等研究问题中经常使用。资本配置问题在中国以及西方成熟经济体中普遍存在，利用比较分析法分析中西方资本配置的差异，对于本书的理论分析和政策建议十分重要。权益资本、信贷资本和债券资本都是重要的资本配置市场，结合三类资本的特征，分析会计信息在不同资本配置作用的共性与差异同样需要使用比较分析法。

(4)参数与非参数统计方法。参数统计方法下对数据正态分布有着较为严格的要求，而非参数统计方法中多种秩和检验法则不受这一假设的困扰。在中国上市公司某些数据无法满足正态性假定或者无法确认其是否满足正态性假定时结合使用两种方法能保证结论的严谨性。

(5)基本统计与计量方法。本书在实证研究中利用了多种基本统计与计量方法。在衡量会计信息质量时采用无常数项的多元线性回归法；在对制度环境进行处理时运用一元线性回归法、平均增长率法对近几年的制度环境进行估计；采用描述性统计、相关分析对数据原始状况进行分析；构建多元回归模型检验会计信息在各类资本配置中的作用；利用分组回归法对比会计信息作用在不同制度环境下的差异；采用标准化系数对比会计信息资本配置微观机制的相对大小。整体而言，基本统计和计量方法构成了本书经验研究的基础。

(6)现代统计与计量方法。由于研究涉及会计信息微观机制以及制度环境对会计信息的影响等较为复杂的问题，本书还综合运用了多种现代统计与计量的方法。会计信息通过信息效应和治理效应的微观机制发挥资本配置作用，为检验这种微观机制是否存在，以及两种效应的相对大小，本书使用中介效应模型，将会计信息的信息效应（视为中介效应）和治理效应（视为直接效应）分离。会计信息和资本配置之间可能存在相互影响的内生性问题，本书使用面板数据个体时间双向固定效应模型控制遗漏变量导致的内生性问题，利用滞后项回归等方法控制互为因果的内生性问题，以保证研究结论的可靠性。

(7)非线性最优化方法。非线性最优化方法可以实现非线性模型参数的估计。在衡量信息不对称变量时，本书摒弃了传统的公司特征等代理变量，而是从市场微观结构理论出发，利用知情交易概率模型直接测量信息不对称。知情交易概率模型中未知参数并不是线性的，需借助非线性最优化方法进行估计。

(8)统计与计量模拟方法。本书使用模拟方法中的自体抽样法，以实现特定情况下的统计检验。在考察制度环境对会计信息资本配置作用影响时，主要利用分组回归法进行检验，同时以自体抽样法进行组间系数差异统计推断。在分析会计信息的信息效应和治理效应微观机制时，本书对中介效应的结果同样采用自体抽样法程序进行统计推断。

总体而言，本书将遵循科学的研究思路，选择与研究问题相匹配的研究方法对会计信息与资本配置的关系进行研究。图1-1展示了本书的研究思路、研究内容和研究方法。

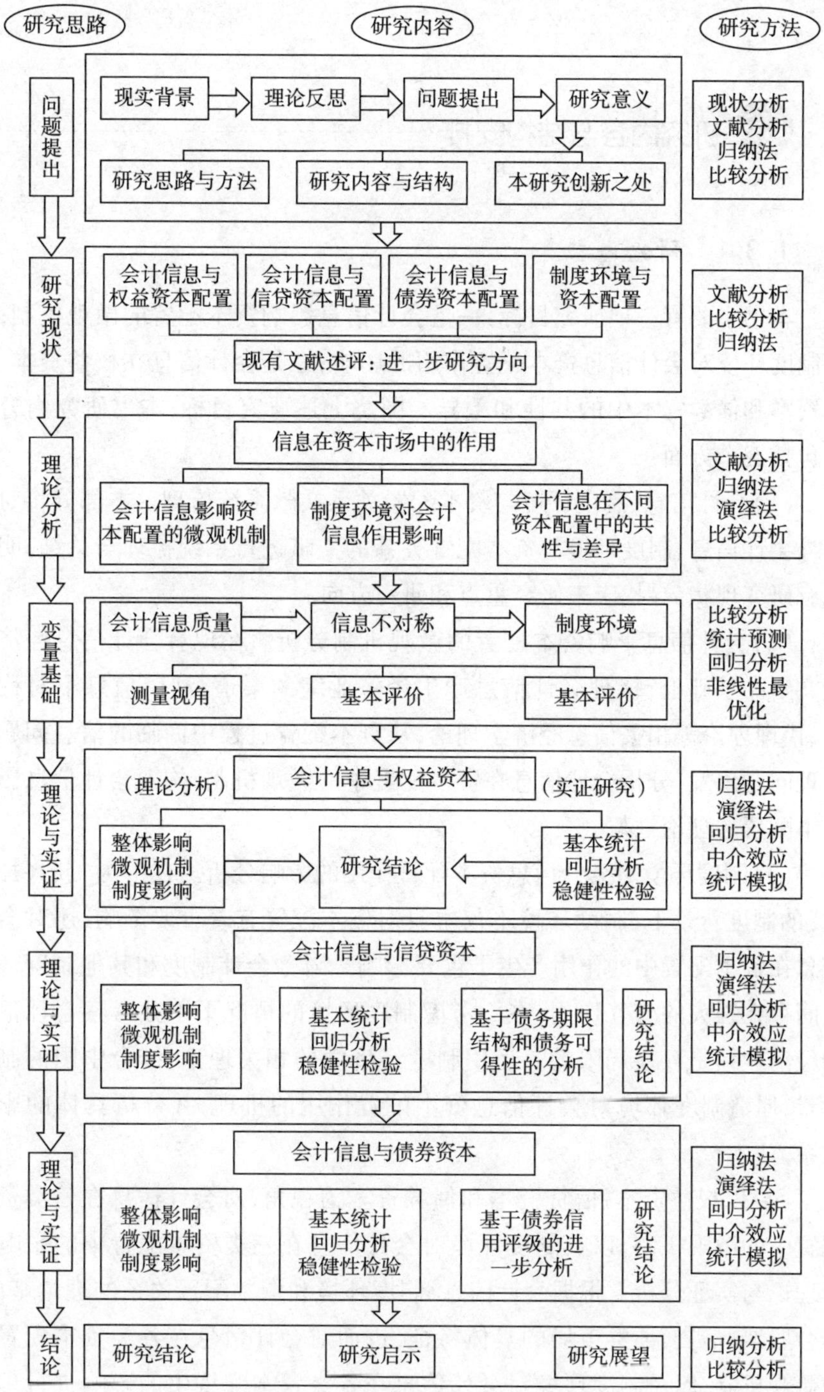

图1-1 研究思路、框架与方法

1.3 研究内容与结构安排

1.3.1 研究内容

本书主要有三项研究目标：一是会计信息影响资本配置的微观机制；二是制度环境对会计信息资本配置作用的影响；三是会计信息在权益资本、信贷资本和债券资本中的共性和差异。围绕上述研究目标，本书研究内容主要包括五个方面：

(1)会计信息、制度环境与资本配置关系文献系统梳理。本部分将对国内外会计信息、制度环境与资本配置关系的文献进行系统梳理与总结，明晰现有研究现状，寻找未来研究重点和研究方向。

(2)会计信息影响资本配置的微观机制分析。在现有会计信息经济业绩文献的基础上，梳理会计信息产生经济业绩的渠道，利用信息不对称理论、代理理论等相关信息经济学理论，从资本配置过程中面临的信息问题和代理问题出发，分析会计信息在资本配置中的微观机制，构建会计信息影响资本配置的理论框架。

(3)制度环境对会计信息资本配置作用的影响分析。在中国"新兴加转轨"的制度背景下，制度环境不仅本身对资本配置有着重要影响，还对会计信息在资本配置中的作用产生了重要影响。财务会计制度和其他制度环境之间存在强大的交互作用，在不考虑制度环境的情况下单独考察会计信息的经济业绩是存在局限的。运用制度经济学的相关理论，结合中国的制度背景，厘清制度环境对会计信息资本配置作用的机理，并分析具体的影响关系。

(4)以权益资本、信贷资本和债券资本为视角，对会计信息在三类资本配置中的微观机制，以及制度环境对会计信息在三类资本配置中的影响进行理论与实证分析。根据会计信息、制度环境和资本配置关系的理论基础，结合股票、信贷、债券市场的具体特征，进而对会计信息在各类资本配置中的微观机制，以及制度环境对会计信息在各类资本配置中的影响进行理论分析，形成可检验的研究假说。然后利用股票市场、信贷市场和债券市场的经验数据,采用恰当的统计方法设计可行的变量,利用合适的检验模型,对上述三个部分的研究假设进行实证检验,提供相应的经验证据。

(5)改善会计信息资本配置作用的对策研究。根据理论分析和实证检验的结果,利用规范研究方法,结合我国的制度背景,考虑权益、债券、信贷资本的共性和差异,从资本配置的整体出发,提出发挥会计信息资本配置作用的对策建议。

1.3.2 结构安排

根据本书的研究内容,依据确定的研究思路,本书安排了 8 章内容。各章节的主要内容如下:

第 1 章:导论。本部分作为本书主体的开端,首先,从良好的资本配置和有序的资本市场的重要性入手,梳理了改革开放以来为促进资本配置所建立的股票市场、信贷市场和债券市场的基本状况,发现资本配置中依然存在诸多问题,并从会计信息和制度环境的视角整理了理论和实践界的相关工作成果,指明会计信息微观机制的研究及其和制度环境之间的交互作用是研究的主题,突出了本书的研究背景,并在此基础上阐述了本研究的实践和理论意义。其次,对本书主要的研究思路以及具体所用的研究方法进行了相关介绍。再次,对本书研究的主要内容以及主要框架进行了简要说明。最后,对本书可能的研究贡献进行了阐述。

第 2 章:文献综述。本部分主要围绕会计信息经济业绩领域,以及制度环境影响资本配置领域的相关文献进行述评。首先,从资本配置中最重要的权益资本、信贷资本和债券资本入手,梳理了会计信息与各类资本配置关系的相关文献,厘清了以资本配置为视角的会计信息经济业绩的主要观点和经验证据。其次,围绕制度环境及其经济后果方面的文献,重点梳理了制度环境对各类资本配置的影响。最后,在全面系统梳理国内外有关会计信息、制度环境和资本配置领域文献的基础上,提炼现有文献的主要观点,总结相关文献中仍需进一步研究的方向,以明确本书的研究主题。

第 3 章:会计信息与资本配置关系理论分析。首先,以信息经济学和制度经济学的相关理论为基础,具体从信息不对称理论、代理理论、交易成本理论出发,以资本配置中所面临的信息问题和代理问题为出发点,深入分析了会计信息在资本配置中发挥作用的微观机制。其次,结合中国的制度背景，理论上分析了制度环境对会计信息的资本配置作用可能存在“互补性”和“替代性”关系。最后，结合权益资本、信贷资本和债券资本的不同属性，指出了会计信息在不同资本配置中可能存在的共性与差异。这些分析构建了基于制度环境的会计信息资本配置作用的理论框架，为后文进一步结合权益资本、信贷资本和债券资本的理论和实证研究奠定了基础。

第 4 章：会计信息质量、信息不对称、制度环境的测量与评价。本部分主要对后续实证研究中同时使用的会计信息质量、信息不对称和制度环境等指标进行了测量和评价。具体在梳理、总结、对比相关测量方法的基础上，最终选择以应计利润模型衡量会计信息质量，以市场微观结构的知情交易概率衡量信息不对称，以市场化指数中的一、二级指标衡量市场化程度、金融发展水平和法律环境等制度环境。最后结合中国上市公司的基本状况对上述指标进行了检验性评价。这些分析为后文会计信息在权益资本、信贷资本和债券资本中发挥资本配置作用的实证研究提供了关键测量变量。

第 5 章：会计信息与权益资本配置。本部分以会计信息在权益资本配置中的作用为研究对象，具体以权益资本成本为视角，对会计信息影响权益资本成本的微观机制，以及制度环境对会计信息权益资本配置的作用进行了理论分析，提出了相关的研究假说，并利用中国沪、深两市 A 股 2007—2014 年上市公司的数据进行了相关的实证检验。

第 6 章：会计信息与信贷资本配置。本部分以会计信息在信贷资本配置中的作用为研究对象，围绕债务合约中的基本要素，以平均债务成本为视角，对会计信息影响平均债务成本的微观机制，以及制度环境对会计信息信贷资本配置的作用进行了理论分析，提出相关的研究假说，并利用中国沪、深两市 A 股 2007—2014 年上市公司的数据进行相关的实证检验。进一步地，又以债务合约中债务可得性和债务期限结构为视角，对会计信息通过影响债务可得性和债务期限结构发挥资本配置作用进行了实证检验。

第 7 章：会计信息与债券资本配置。本部分以会计信息在债券资本配置中的作用为研究对象，以债券资本成本为视角，对会计信息影响债券资本成本的微观机制，以及制度环境对会计信息债券资本配置的作用进行了理论分析，提出了相关的研究假说，并利用中国沪、深两市 A 股 2007—2014 年的公司债数据进行了相关的实证检验。此外，考虑到债券信用评级在债券市场中的重要性，又对会计信息通过影响债券信用评级发挥资本配置作用进行了实证检验。

需要说明的是,上述第5章、第6章、第7章是在第3章理论分析的基础上,对会计信息在权益资本、信贷资本和债券资本中的作用进行的理论和实证分析。为方便对比会计信息在不同资本配置中作用的共性和差异,各章主要以资本成本为资本配置状况的代理变量进行分析。因为资本成本作为各类投资者所要求的必要报酬率,是各类资本的价格,在资本配置中发挥着核心作用。此外,结合信贷市场和债券市场的属性,本书还对信贷市场中会计信息对债务可得性和债务期限结构的影响,以及债券市场中会计信息对债券信用评级的影响进行了分析,以更加全面地分析会计信息在各类资本配置中的作用。

第8章:研究结论、启示与展望。本部分主要对前文理论分析和实证研究的结论进行归纳总结,重点分析了会计信息在三类资本配置中的共性和差异,并依据相关的研究结论提出相应的政策建议,最后在现有研究的基础上指出了进一步研究的方向。

1.4 本书的创新点

在已有文献的基础上,结合中国“新兴加转轨”的制度背景,以权益资本、信贷资本和债券资本为视角,本书对会计信息在资本配置中作用的微观机制,以及市场化、金融发展和法律环境等制度环境对会计信息资本配置作用的影响进行了全面、系统的理论分析和实证检验。本书预期可能的研究贡献主要有以下四个方面:

(1)基于会计信息经济业绩的相关文献,以资本配置中面临的信息问题和代理问题为视角,进一步分析了会计信息影响资本配置的微观机制。在会计信息经济业绩的研究领域,现有文献更多地关注会计信息是否具有经济业绩,以及其产生的经济业绩有多大,而对会计信息影响经济业绩的具体渠道关注不足。在此领域的诸多文献中,会计信息能够产生经济业绩的原因众多,比如降低投资者之间信息不对称、管理层和投资者之间信息不对称,提高信息中介的信息效率,降低信息不确定性,提高预测能力,约束监督管理层行为,提高管理层决策效率等。然而,在这些纷繁复杂的多种因素中,会计信息产生经济业绩的微观机制如何?本书以会计信息的资本配置作用为视角，在梳理会计信息影响资本配置的多种渠道的基础上，从资本配置中面临的信息问题和代理问题出发，将会计信息影响资本配置的微观机制区分为信息效应和治理效应。其中，信息效应主要解决资本配置中的信息问题，而治理效应主要解决资本配置中的代理问题。这在一定程度上扩展了会计信息影响资本配置具体渠道的研究，丰富了会计信息经济业绩的相关文献。

（2）基于中国"新兴加转轨"的制度背景，结合权益资本、信贷资本和债券资本的市场属性，提出制度环境对会计信息资本配置作用的影响存在"互补性"或"替代性"关系。在中国"新兴加转轨"的制度背景下，制度环境不仅对资本配置存在重要影响，还与财务会计制度之间存在强大的交互作用，影响着会计信息的经济业绩。现有文献更多地关注制度环境对资本配置的影响，较少关注制度环境对会计信息资本配置作用的影响。本书从权益资本、信贷资本和债券资本三类重要的资本出发，依据不同资本市场的属性、投资者的特点，分析了制度环境对会计信息资本配置作用的影响，提出制度环境与会计信息之间既有可能是"互补性"的，又有可能是"替代性"的。在"互补性"关系下，会计信息的资本配置作用会随着制度环境的提高而增强；在"替代性"关系下，会计信息的资本配置作用在制度环境低的地区反而更大。这就扩展了制度环境和会计信息经济业绩方面的文献，对于指导制度环境的进一步变革、提升会计信息的经济业绩、优化各类资本配置均具有重要的意义。

（3）综合权益资本、信贷资本和债券资本三类重要的资本，理论分析了会计信息在三类资本配置中的共性和差异，并提供了相应的差异化经验证据。在现有文献中，会计信息具有一定的经济业绩已成为广泛共识，并且提供了会计信息能够产生经济业绩的经验证据。会计信息在众多领域中被广泛使用，其在不同领域产生经济业绩的机制可能存在一定的共性，也必然具有一定的差异，这一点并未引起现有文献的充分关注。因此，本书从会计信息资本配置作用的经济业绩入手，依据权益资本、信贷资本和债券资本三类资本的不同属性，分析了会计信息在三类资本配置中的共性和差异。具体考查了会计信息资本配置作用的微观机制，以及制度环境对会计信息资本配置作用影响等两方面的共性和差异，并以中国沪、深两市 A 股上市公司 2007—2014 年的样本数据，提供了相应的经验证据。扩展了会计信息资本配置方面经济业绩的研究，对于优化会计信息的供给、改善制度环境具有重要启示，为构建多层次资本市场提供了相应的理论基础和经验启示。

（4）基于市场微观结构理论，利用知情交易概率反映信息不对称，并借助中介效应模型和自体抽样法，对会计信息影响资本配置的信息效应和治理效应进行分离，提供了会计信息在资本配置微观机制中信息效应和治理效应相对大小的新证据。在现有的文献中，理论分析表明会计信息能够通过众多的渠道产生经济业绩，但在经验研究中多是直接检验会计信息和经济业绩变量之间的关系。直接检验变量之间关系的研究思路相对简洁，迅速扩展和丰富了会计信息经济业绩的文献，但是无法对进一步的问题作出详细解释。比如，在理论中分析会计信息影响经济业绩的渠道是否存在？如果存在，哪些渠道在发挥关键性的作用？也就是说，在会计信息和经济业绩变量之间存在一个“黑匣子”，却无法解开。本书在理论分析中基于资本配置中出现的信息问题和代理问题，将会计信息影响资本配置的多种渠道区分为信息效应和治理效应，这为解开“黑匣子”奠定了理论前提。首先，借鉴市场微观结构理论，利用股票交易的高频数据，通过知情交易概率模型实现对信息不对称的直接测量；其次，利用中介效应模型，将会计信息的信息效应（视同中介效应）和治理效应（视同直接效应）进行分离；再次，利用统计模拟中的自体抽样法，对信息效应和治理效应的差异进行统计检验。尽管上述检验步骤比较粗糙，但依然实现了会计信息微观机制中信息效应和治理效应的分离，并提供了相应的经验证据。这对于进一步解释会计信息产生经济业绩机制的“黑匣子”提供了参考，具有重要的理论与现实意义。

2 文献综述

本章主要围绕会计信息经济业绩领域以及制度环境对资本配置影响领域的相关文献进行述评。首先,从资本配置中最重要的权益资本、信贷资本和债券资本入手,梳理了会计信息与各类资本配置关系的相关文献,厘清了以资本配置为视角的会计信息经济业绩的主要观点和经验证据。其次,围绕制度环境及其经济后果方面的文献,重点梳理了制度环境对各类资本配置的影响。最后,在全面系统梳理国内外有关会计信息、制度环境和资本配置领域文献的基础上,总结相关文献中仍需进一步研究的方向,明确了本书的研究主题。

2.1 会计信息与权益资本配置文献综述

会计信息通过向投资者传递公司财务状况和经营成果方面的信息来缓解市场中广泛存在的信息问题和代理问题,引导投资者作出正确决策,将投资者的资本分配给最合适的企业或者商业项目,以实现最佳的资本配置,增加社会福利。近年来,会计信息与权益资本配置研究主要体现为价值相关性研究和信息披露研究。价值相关性研究关注股票价格及其变化与特定会计数据之间的经验联系并为准则制定提供依据。Holthausen 和 Watts (2001)[4]认为价值相关性研究缺乏描述性理论解释,难以为准则制定提供可借鉴的意见,并指出此类研究方法忽略了会计信息非估值作用的中心地位。因此,本书主要对会计信息及其披露与权益资本配置相关文献进行梳理。

在市场对资本进行配置的过程中,广泛存在着信息问题和代理问题,影响了资本的配置效率。以财务报告为主体的会计信息披露反映了企业的财务状况和经营成果,是管理层向外部投资者传递信息的重要方式,能够缓解信息问题和代理问题,在资本配置过程中发挥着重要作用。Healy 和 Palepu(2001)[5]总结指出会计信息及其披露(也包括其他与会计形成竞争性来源的信息及其披露)可能在市场上产生三种效应:提高股票流动性、降低资本成本和提高分析师跟踪度。无论是提高股票的流动性,还是提高分析师跟踪度,最终都会降低企业的资本成本。

在信息披露提高股票流动性进而降低资本成本方面,Diamond 和 Verrecchia(1991)[6],Kim 和 Verrecchia(1991)[7]基于理论分析的视角,利用分析式研究方法,认为较高水平的信息披露可以有效降低投资者之间的信息不对称程度。对于信息披露水平较高的公司,投资者们相信其股票更多是按"公允价值"交易的,提高了投资意愿,从而提高了股票的流动性。根据上述理论分析的结果,部分学者用股票买卖差价代表投资者之间的信息不对称程度,并对其与股票流动性之间的关系进行了经验研究。Welker(1995)[8]利用证券分析师对公司信息披露水平的评级代表信息披露水平,发现其与股票买卖价差显著负相关。Healy 等(1999)[9]进一步关注了分析师评级变动的影响,研究发现对于信息披露评级提高的公司,其股票买卖差价在披露评级改变前显著高于行业平均水平,而在信息披露评级增加之后又回复至行业平均水平。Leuz 和 Verrecchia(2000)[10]利用同时在德国新市场和法兰克福市场上市的公司为样本,发现信息披露要求更高的新市场(采用 IAS 准则)比法兰克福市场(采用 GAAP 准则)股票买卖差价显著较低。

在信息披露能够降低信息风险进而降低资本成本方面,Barry 和 Brown(1984),Barry 和 Brown(1985)[11, 12]分析式研究的结论表明,信息越不完备,投资决策中预测未来收益的风险越高,如果这些风险无法分散,最终将由投资者承担。投资者承担的信息风险越高,投资者所要求的投资回报率就越高,企业的资本成本也就越高。因此,较高的信息披露水平能够降低投资者的信息风险,进而降低投资者所要求的报酬率,从而降低企业资本成本。根据上述理论分析的结果,也有学者开展了相关的经验研究。其中,Botosan(1997—2000)[13-15]对这一问题进行了持续检验:首先,其利用公司年报信息构建了反映公司自愿信息披露水平的指数,利用美国工业行业上市公司样本,研究其对股权资本成本的影响,发现信息披露水平的确能够降低企业的股权资本成本,但这一效果仅在分析师跟踪度较少的公司中存在,在分析师跟踪度较多的公司则不明显。其次，将信息区分为前瞻性信息、历史性信息、非财务指标信息等，利用扩大的样本发现，在分析师跟踪度较低的公司中，非财务指标信息和前瞻性信息的披露能够降低股权资本成本，在分析师跟踪度较高的公司中，历史性信息披露能够降低权益资本成本。最后，在相同样本下分别利用年报、季报和临时公告作为信息披露质量进行检验，发现季报对权益资本成本的影响低于年报和临时公告，如果及时性公告带来了股价波动，反而会导致资本成本上升。

上述研究主要是从信息披露角度进行的研究，尽管在研究中并未明确界定信息为会计信息，但是研究者在选择信息披露的代理变量时多数采用了年报、季报或临时公告等财务会计报告系统中的信息，也有部分学者采用了信息评级的指标。为了从信息披露中分离出会计信息的作用，有学者直接研究了会计信息的质量及其披露水平的效应。Bhattacharya 等（2003）[16]基于跨国研究的视角，从盈余操控性、避免亏损、盈余平滑度等视角构建了反映一个国家或地区的盈余质量指标，并利用 34 个国家的跨国财务报告数据，检验了其与资本成本之间的关系，研究发现，一个国家的盈余质量越差，股权资本成本就越高，股票市场中的交易量也处于较低水平。Francis 等（2004）[17]则从企业微观视角出发，利用美国上市公司的样本，构建了反映盈余属性的七种指标，并检验了其对权益资本成本的影响，研究发现，公司的盈余质量越低，则权益资本成本越高。Hribar 和 Jenkins（2004）[18]利用外生的财务报告重述作为会计信息质量的代理变量，发现企业出现财务报告重述后会导致权益资本成本上升。Francis 等（2005）[19]又从应计质量的视角检验了投资者的反应，当公司应计质量较差时，股权投资者和债权投资者都会有所反应，公司的权益资本成本和债务成本都比较高。

国内权益资本配置的最初研究更多是基于信息披露视角展开的，考察信息披露水平对权益资本成本的影响，对会计信息的独立效应关注较少。叶康涛等（2004）[20]利用 2000—2001 年上海 A 股上市公司的样本数据，分析了股权融资成本的影响因素，虽然发现股票风险、财务风险、企业规模、账面市值比等因素对权益资本成本有着重要影响，但是以多元化程度代表企业与外部投资者之间的信息不对称程度、以收益波动性代表经营风险均不是影响股权资本成本的重要因素。汪炜等（2004）[21]注意到信息披露水平对权益资本成本的影响在发展中国家的不确定性，利用 2002 年上海 A 股上市公司样本数据，进一步对此问题进行了检验。不同于叶康涛等(2004)[20]利用多元化程度衡量信息不对称，汪炜等(2004)[21]从信息披露的视角出发，利用公司发布季度财务报告和临时公告的数量之和构建信息披露指数，在控制反映企业规模和风险的变量之后，发现信息披露水平越高的公司，权益资本成本越低。吴文锋等(2007)[22]对信息披露水平是否能够降低权益资本成本提出了质疑，其认为已有研究未检验此结论成立的前提，且横截面的经验研究存在研究设计上的缺陷，因此利用2002—2004年深圳上市公司的样本数据，利用上市公司信息披露评级发生变化的事件，考察这一事件是否引起资本成本的变动。但其研究发现，信息披露评级增加之后，公司的流动性和风险未发生显著变化，最终导致权益资本成本也没有降低，由此认为中国投资者尚未将信息披露质量作为投资决策的重要考量。从上述研究可以发现，早期研究集中于信息披露领域，未单独关注会计信息的质量对权益资本成本的影响，而且研究结论具有一定的争议性。

国内学者注意到会计信息在资本市场中的重要性，开始从会计信息视角探讨其在权益资本配置中的作用。曾颖等(2006)[23]不仅关注了信息披露质量的影响，还关注了盈余质量对权益资本成本的影响。以深圳证券交易所2002年和2003年上市公司为样本，在控制影响股权融资成本的重要因素之后，曾颖等(2006)[23]的研究发现，不仅以信息披露评级为代表的信息披露质量的提高能够降低股权融资成本，而且以盈余激进度和盈余平滑度衡量盈余披露质量同样是影响股权融资成本的重要因素，其质量的提高能够降低股权融资成本。黄娟娟等(2006)[24]更加关注信息披露质量对股权融资成本的影响，从收益激进度和收益平滑度的视角构建反映信息披露质量的总体指标，利用中国资本市场1993—2001年9年期间发生股权再融资的公司样本，同样控制影响股权成本的重要因素之后，发现信息披露质量的提高能够降低股权再融资成本，而且这一影响能够持续至4年的影响区间。支晓强等(2010)[25]进一步将信息披露区分为强制性和自愿性两大类别，检验其对权益资本成本的影响。具体地，支晓强等(2010)[25]研究发现，以公司是否发生财务重述衡量强制信息披露对权益资本成本存在重要影响，财务重述公司比非财务重述公司具有更高的资本成本；以内容分析法构建的自愿信息披露对权益资本存在重要影响，自愿性信息披露越高的公司，权益资本成本越低；而且，综合考虑强制和自愿披露对权益资本成本的影响后，上述结论更加突出。王兵(2008)[26]单独检验了会计信息中盈余质量对权益资本成本的影响,多种模型衡量下的盈余质量均对资本成本存在显著影响,盈余质量越高的公司,资本成本越低,而且这一效应在国有企业和民营企业中普遍存在。

中国在21世纪初期进行了会计准则改革,目标在于实现会计准则的国际实质性趋同、提高会计信息的质量。最新的企业会计准则于2007年在上市公司中正式实施。那么,准则改革的目标和任务是否得到了实现呢?也有学者以准则改革为背景,研究会计准则变革对权益资本配置的影响。汪祥耀等(2011)[27]在会计准则改革能够提高盈余质量等研究的基础上,进一步分析了其对权益资本成本的影响,通过对比企业会计准则改革前后两年中国上市公司的实际状况,发现上市公司的平均资本成本在准则改革之后的2009年显著下降,但是这一结论并非在所有的产业和行业中均普遍成立,提出会计准则的实施效果受到行业和环境差异的影响。需要注意的是,在中国新企业会计准则实施之后,紧接着爆发了全球金融危机、中国宏观经济调控等一系列重大事件,这些事件的发生成为正确检验会计准则产生资本配置影响的重要挑战。因此,高芳等(2012)[28]利用同时在中国沪、深两市发行A股和在香港证券市场发行H股的上市公司样本,在控制其他事件的干扰的情况下检验会计准则改革的经济后果,发现A股公司在全面采用新企业会计准则之后,股票的流动性显著增加,权益资本成本也有所降低,提供了准则改革良好经济效果的稳健性证据。

2.2 会计信息与信贷资本配置文献综述

信贷资金是中国企业资金的主要来源之一,在国民经济中发挥着重要作用。信贷资本配置质量的高低对于经济健康发展具有重要影响(张敏等,2010)[29]。银行作为信贷资本配置的决策主体,优化信贷资本配置是其基本职能之一(Levine,1997;Davis and Huttenback,1982)[30,31],但信贷配给现象却在世界范围内广泛存在。随着中国国有银行的商业化改革和股份制银行的发展,银行信贷资金决策行为日趋市场化。由于中国仍处于“新兴加转轨”的制度背景下,这导致信贷资本配置不仅受到成熟市场经济体中信贷配给现象的干扰,还受到中国特殊制度因素的影响。比如,在政府对经济资源进行配置的过程,常常通过干预国有银行信贷决策实现,使得国有企业获取了绝大部分银行信贷资金,导致民营企业难以获取银行信贷资金,常常面临严重的融资约束现象(Cull and Xu,2003;Allen et al.,2005)[32,33]。国际上众多学者对信贷资本配置的优化进行了深入研究,得出影响信贷资本配置质量的因素主要有三个方面,信息不对称原因(Jaffee and Russell,1976;Stiglitz and Weiss,1981)[34,35]、制度和政企关系原因(Khwaja and Mian,2005)[36]。

银行在信贷资金的配置过程中广泛运用各种信息进行决策,而会计信息是其中最重要的信息来源(Williamson,1985)[37]。在信贷资金的配置过程中,银行常常面临严重的信息不对称问题和代理问题,影响了信息资金的良好配置。一方面,会计信息提供了企业财务状况和经营成果的各种信息,有助于缓解银行和企业之间的信息不对称程度;另一方面,会计信息常常被用于债务合约之中,以保证债务契约的顺利执行、降低银行的代理问题。这使得会计信息在信贷资本配置中发挥着重要作用。然而,由于会计信息在债务契约中被广泛使用,银行出于维护自身利益的需求往往对企业会计核算方法有所限制,企业出于扩大自身利益的需求往往选择特定的会计政策和核算方法,这导致了会计信息的生成过程也受到债务契约的影响。因此,会计信息和信贷资本配置相关研究主要集中于两方面:一是债务契约对会计行为的影响;二是会计信息契约有用性即会计信息对银行信贷资本配置的影响。本书主要回顾会计信息契约有用性的相关文献。

在早期会计信息与信贷资本配置领域的文献中,会计信息的契约有用性即会计信息对银行信贷资本决策影响的文献并不多见(Sloan,2001)[38]。Kwok(2002)[39]通过实验方法发现,银行在信贷决策中经常从资产负债表而不是现金流量表中获取现金信息,财务报表附注是信贷决策中最常用的信息,信贷决策依赖于应计制下生成的会计信息。Billings 和 Morton(2002)[40]研究了美国财务会计 95 号准则下营运现金流提供评估企业风险的能力,发现营运现金流能够为信贷风险和债务评级提供重要的风险信息,这一信息增量在高新技术企业中有所减少。Beatty 等(2002)[41]发现,企业在和银行签订债务契约时保留更多的会计灵活性将会承担更高的借款成本。Francis 等(2005)[19]发现盈余质量高低和债务成本相关,较低的盈余质量具有较低的债务评级和较高的债务成本,但是其研究对象是公司债券而不是银行信贷。Bharath 等(2008)[42] 对比分析了会计信息质量在公司债券和银行信贷两类不同债务市场中的应用差异，其研究发现当公司的会计信息质量较低时，越倾向于在私有债务市场向银行获取贷款，而且私有债务市场银行信贷的成本要比公开债务市场债券成本更高。Graham 等(2008)[43] 以财务报告重述作为会计信息质量的替代变量，发现发生财务报告重述的公司的银行贷款具有更高的利率、更短的期限和更加严格的限制性条款，认为这是由于低质量报告增加了银行的信息风险所导致的，但财务报告重述并未降低债务契约中会计信息的应用程度。Costello(2011)[44] 以内部控制报告的缺陷作为会计信息质量的代理变量，研究发现内部控制报告缺陷降低了会计信息在债务契约中的作用，提高了贷款利率。

国内会计信息与信贷资本配置研究可以划分为两条线索：一是直接探讨会计信息对信贷资本配置的影响；二是探讨制度和会计信息对信贷资本配置的影响。饶艳超等(2005)[45] 基于问卷调查方法，对银行信贷决策中利用会计信息和非财务信息的状况进行相关研究，发现财务报表中的会计信息被银行广泛使用，基本能够满足信贷决策的大部分需求，同时，企业诚信状况、治理结构等非财务信息也受到银行的充分重视。饶艳超等(2005)[45] 的研究提供了会计信息信贷决策有用性的初步证据，但并未探讨会计信息在债务合约中是被如何使用的。胡奕明等(2006)[46] 试图分析银行的信贷政策和企业财务状况之间的关系，其研究发现，银行的贷款数量、期限结构等决策的确与企业财务状况密切相关，但其关联并不明确。进一步分析贷款定价，胡奕明等(2005)[47] 发现企业的财务状况和治理结构与长短期贷款的利率均存在基本合理的相关关系。陆正飞等(2008)[48] 研究发现，上市公司盈余管理行为降低了会计信息的质量，但银行在信贷决策中并未识别上市公司的盈余管理行为，即盈余管理行为降低了会计信息在债务契约中的有用性。叶志锋等(2009)[49] 基于银行违约概率视角的研究结论与陆正飞等(2008)[48] 基本一致，发现中国银行不能识别上市公司的盈余操纵行为。然而，姚立杰等(2009)[50] 却提供了截然相反的结论，其研究发现中国银行在信贷决策中能够识别信贷企业的盈余质量，无论是长期借款成本、信用借款成本还是总体借款成本，都会随着企业盈余质量的提高而有所下降。后续研究多数支持了会计信息信贷决策有用性的观点，于静霞(2011)[51] 研究发现公司盈余管理程度提高了公司贷款利率。刘浩等(2010)[52] 研究发现会计信息质量与信用贷款的获得显著正相关。李旎等(2012)[53]以准则改革为背景研究了母公司报表的信贷决策有用性,认为2007年的会计准则改革显著提升了母公司会计报表的信贷决策有用性。

部分学者从制度角度探讨了会计信息对信贷资本配置的影响。在产权性质的制度层面,廖秀梅(2007)[54]基于信贷决策过程,构建了信贷决策两阶Logit回归模型,考察会计信息在信贷决策过程中是如何发挥作用的。其研究结果表明,会计信息可以降低企业和银行之间的信息不对称程度,提高信贷决策的正确率。但是,这一积极作用受到产权性质的影响,在政府控制企业中明显较低。孙铮等(2006)[55]基于会计信息债务契约有用性的视角,考察了所有权性质对会计信息作用的影响。研究发现会计信息在公有企业和私有企业中均具有债务契约有用性,但公有企业的会计信息在债务契约中的作用要低于私有企业,并认为公有企业债务契约有用性的降低并不是政府直接干预的结果,而是政府隐性担保的结果。潘克勤(2009)[56]利用民营上市公司的样本,考察企业实际控制人的政治关联对会计信息作用的影响,研究发现当民营企业的实际控制人具有一定的政治身份时,会计信息在债务契约中的作用被削弱,这表明政治关联与会计信息存在一定程度的替代效应。

本书主要研究会计信息与资本配置的关系,因此未系统梳理债务契约对会计信息产生过程以及质量的影响。无论是债务契约还是薪酬契约,契约对会计信息的影响主要体现在会计选择上。这种影响对于试图得出会计信息与信贷资本配置的关系带来了严重的内生性问题,下文的管理层人才配置也面临同样的问题,这需要在研究中关注契约对会计信息影响的相关机制。

2.3 会计信息与债券资本配置文献综述

债券资本和股权资本是企业重要的资本来源,大量研究检验了权益市场背景下会计信息的作用,但有关债券市场背景下的研究相对较少。Lev(1989)[57]指出,债券是资本市场不可分割的一部分,盈余及其组成部分的有用性不应当仅仅在权益资本市场背景下进行评价,应当在更广泛的环境下探讨其有用性。Reiter(1990)[58]指出会计盈余及其组成部分信息对公司债券市场中资本的合理有效分配发挥了重要作用。Easton 等(2009)[59]的研究结果证明公司债券的价格和交易量均会对盈余公告产生反应,公司债券的年度收益率和盈余变化与分析师预测显著正相关,并且这一关系在盈余信息为坏消息时更加显著。Bhojraj 和 Swaminathan(2009)[60]的研究表明债券投资者更加关注现金流量而不是盈余信息,认为盈余信息中包含相当比重的应计利润,而利息的支付是用现金而不是应计利润。Bharath 等(2008)[42]对比研究了会计信息质量对银行贷款和公司债券的影响,认为会计信息质量差的公司更倾向于银行贷款,会计信息质量对公司债券成本的影响要高于银行信贷。Jiang(2008)[61]把零利润、历史利润和分析师预测作为基准业绩,认为公司超越基准业绩会降低公司债券的成本,但盈余管理行为会降低这种积极影响。

我国债券市场相对股票市场发展缓慢,国内对债券市场资本配置的研究多集中于宏观经济政策方面,有关会计信息与债券资本配置的研究并不多见。张国清(2008)[62]以 2005 年上海证券交易所上市的 39 只企业债券为样本,研究表明债券持有人对现金流量和应计利润都作出了正面估价,认为会计信息在中国企业债券市场中是有用的,但是发债主体应继续加强财务信息披露。陈超等(2008)[63]发现政府政策和企业规模对债券评级有重要影响,而企业的财务风险等基本财务信息对债券评级无显著影响,债券评级亦未针对企业的财务风险和绩效进行调整,表明我国债券的信用风险评级与欧美债券市场存在较大差异。朱松(2013)[64]通过对 2007—2010 年中国债券市场企业信用评级的实证研究发现,财务指标、股权特征以及宏观经济发展都会显著影响企业的信用评级与债券融资成本;会计信息质量得到了债券市场参与者的认可,会计信息质量越高,评级机构给予的企业信用评级越高,债券投资者要求的投资回报越低,即债券融资成本越低。施丹(2013)[65]以银行债券市场和公司债券市场数据为样本,研究发现发债主体现金流量和应计利润均与债券年度持有收益率显著正相关,现金流量比应计利润的相关性更强。

由于我国债券市场的主体为银行间债券和国债,公司债券发展较为缓慢,国内学者对于债券资本配置的研究较少,多数研究集中于宏观经济政策等因素的影响。我国证监会于 2007 年颁布了《公司债券发行试点办法》,对公司债券发行实行核准制而不是审批制,促进了我国公司债券的发展。会计信息在债券市场的配置作用兼有估值和契约两种属性,能够为会计信息估值与契约联动作用研究提供较好的机会。

2.4 制度环境与资本配置文献综述

自 North 和 Thomas(1973)[3],North(1981)[66]开创性的研究以来,制度已经成为经济管理领域重要的研究主题。根据现代制度经济学的理论,制度环境主要包括政治、经济、法律、文化、社会等一系列正式与非正式规则的总和。虽然不同学者对于制度以及制度环境的定义和维度划分有所不同,但均认为制度环境是影响经济参与主体行为的重要因素,对资源配置和经济绩效产生了重要影响(Williamson,2000)[67],是影响经济发展的重要力量(Shirley,2005)[68]。与成熟市场经济相比,转型经济中的制度往往存在一定的缺陷,具有一定的不完备性,并且处于不断变革之中,具有一定的不确定性。所以,制度环境在转轨体制经济体中往往承担着更加重要的角色。当制度不完善时,企业面临较高的交易成本和交易风险,其产权和投资收益无法得到良好的保护。制度和制度环境的缺陷会限制企业的增长(Peng and Heath,1996)[69]。制度环境往往通过影响经济主体的动机、行为和收益,改变经济主体的行为,进而对资本配置产生影响。企业、投资者和政府是三类主要的经济主体,深受制度环境的影响。

企业是最重要的经济主体,有关制度环境对企业影响的研究非常丰富。首先,从企业筹资行为的视角而言,制度环境改变了企业的筹资环境,影响了企业资金的可获得性及其成本。一般而言,相对于民营企业,国有企业更容易获得银行贷款,信贷资金配置往往存在明显的所有制特征下的金融歧视(Brandt and Li,2003)[70]。这往往会导致大量坏账的发生(方军雄,2007)[71],导致信贷资本配置效率低下(张军等,2005;卢峰等,2004)[72,73]。在不同的制度环境下,企业面临的融资约束程度不同。在金融发展程度高的地区,企业往往面临较低的融资约束(代光伦等,2012;沈红波等,2010;Love,2003;解维敏等,2011)[74-77]。其次,从企业投资行为视角而言,制度环境改变了企业获取资金的成本和投资项目的收益,对企业投资支出的方向、方式与效率均存在重要影响。在不同的制度环境下,企业研发支出呈现出不同的形态(解维敏等,2011;李诗田等,2015;郝颖等,2010)[77-79],研发行为的收益也存在差异(孙早等,2014)[80]。在法律环境越高的地区(万良勇,2013)[81]、外部制度环境越好的地区(李延喜等,2015)[82],企业的非效率投资越小,投资效率越高。最后,制度环境还对企业的税收(刘慧龙等,2014)[83]、战略(任颋等,2015)[84]、慈善捐赠(唐跃军等,2014;李四海,2010)[85,86]等其他运营管理方面产生了重要影响。

制度环境对市场中的投资者同样存在重要影响。一方面,在不同的制度环境下,投资者利益受保护的程度存在明显差异。在制度环境较好的地区,市场化程度高、法律环境好,投资者利益能够得到更好的保护,交易成本也比较低(李维安等,2011)[87]。另一方面,不同制度环境下投资者的能力和动机也存在一定程度的差异。与金融发展水平高地区的投资者相比,在较低的金融发展水平下,投资者的信息识别能力和运用能力较差(Rajan and Zingales,1998;朱凯等,2009)[88,89]。在网络金融发展平台上,由于投资者受到制度环境的影响较少,网络信贷的投资者往往更加"聪明"(廖理等,2014)[90]。此外,由于投资者所受到的保护程度以及其能力方面的差异,投资者的动机也会受到制度环境的影响。

在转型经济体中,政府既是制度环境的维护者,又通过各种形式参与经济活动,是经济社会中重要的主体之一。由于政府同时承担裁判员和运动员的角色,其行为既对制度环境产生了重要影响,又受到制度环境的影响和制约。一方面,政府对经济活动的干预不利于市场化制度的发展与完善,限制了金融发展水平,破坏地区法律环境的公平性。另一方面,在不同的制度环境下,政府所受到的约束和限制存在差异。在制度环境差的地区,预算软约束现象更加普遍、程度更为严重,地方政府存在更为严重的投资冲动(陈志勇等,2014)[91]。政府审计是国家治理中的重要保障,其审计效率也会受到制度环境的影响(张鼎祖等,2015)[92]。

在经济社会中还存在其他重要的经济主体,比如注册会计师、律师、证券分析师等重要的中介主体,其行为收益也深受制度环境的影响。在注册会计师的社会审计中,制度环境对社会审计市场的供给和需求都有着重要影响(张鸣等,2012)[93],进而影响了注册会计师审计的质量(刘斌等,2014)[94]以及审计质量的经济后果(廖义刚等,2010)[95]。证券分析师作为资本市场中重要的信息中介,其行为亦受到制度环境的影响。在制度环境较好的地区,分析师对公司盈余预测的准确度会有所提高,多名分析师对同一公司盈余预测的分歧度越小(李丹等,2009)[96]。分析师的道德风险也受到制度环境的影响(陈维等,2014)[97],较好的制度环境会使得分析师更加珍惜自身声誉,减少损害投资者的道德风险行为。

总体而言,制度环境作为经济主体参与经济活动的制度基础,影响了各类经济主体实施经济活动的动机、行为、收益,进而对资本配置过程产生了重要影响。

2.5 现有文献研究述评

围绕会计信息经济业绩领域以及制度环境对资本配置影响领域,本章对国内外相关文献进行了系统的回顾和梳理。从中发现,会计信息、制度环境与资本配置关系的研究是学者们重点关注的一个主题,随着研究的不断深入,其内容也在不断扩展,以试图从多个视角解决理论和实践中所存在的问题。在会计信息与资本配置关系的文献中,既有研究普遍认为会计信息具有优化资本配置作用的经济业绩,并对会计信息在多大程度上影响了资本配置进行了众多的实证检验工作。在制度环境与资本配置关系的文献中,既有研究普遍认为作为经济活动的制度基础,制度环境对企业、投资者、政府、市场中介等经济主体参与经济活动的动机、行为、收益均存在着重要影响,在资本配置过程中承担着重要角色。在这些研究共识的基础上,立足于中国资本配置的基本状况,基于中国“新兴加转轨”的制度背景,本书认为此领域至少存在以下几个方面的问题需要进一步分析和讨论:

(1)从资本配置的视角入手,分析会计信息产生经济业绩的具体渠道和微观机理。在既有会计信息经济业绩的研究文献中,对会计信息在资本配置中的作用已经给予了充分重视,并进行了广泛探讨,扩大了会计信息经济业绩领域的研究视角,取得了一定的成果。但是,这些研究更多的是处于开疆拓境的阶段,重点探讨会计信息是否具有资本配置方面的经济业绩作用,以及具有多大程度上的经济业绩,而对于会计信息影响资本配置的具体渠道和机制方面的研究关注不足。当然,在现有会计信息资本配置方面的文献中提出了许多纷繁复杂的渠道,比如降低信息不对称、降低信息不确定性和信息风险、降低代理问题、保护投资者利益、提高分析师预测效率、提高企业投资效率等许多方面。但是,这些文献更多的是将这些渠道作为产生经济业绩的理论解释，并没有对此作出进一步的分析和经验研究，而是直接检验会计信息与资本配置经济业绩变量之间的关系。本书力图在这些研究的基础上，对会计信息众多的渠道进行梳理，区分会计信息在资本配置作用的微观机制，并进行相应的实证研究。

(2)考虑制度环境对经济主体的重要影响，以及和财务会计制度的交互作用，分析制度环境对会计信息资本配置作用的影响。制度是经济活动的制度基础，对各种经济活动参与主体的动机、行为和收益都有着重要影响，所以制度环境对经济活动主体影响的研究受到了文献的关注。在这些文献中，企业是经济活动中最重要的主体，相关研究也最为广泛，涉及对企业筹资、投资、分配、经营管理等各个方面。但是，资本配置的过程是企业、投资者、市场中介组织和政府等多种主体共同参与的结果，单纯从一个视角未必能探究制度环境影响资本配置的机理。更为重要的是，制度环境和在资本配置中承担重要角色的财务会计制度之间存在相互影响和制约的关系，无论是考察制度环境还是会计信息在资本配置中的作用，均应充分考虑两者之间的相互影响。本书力图以会计信息为主题，分析制度环境对会计信息资本配置作用的影响。

(3)结合建设多层次资本市场的需求，突破权益资本和信贷资本的视角，力图从债券资本等更广泛的资本市场视角探讨会计信息的作用及其经济业绩。从促进资本配置有效性、降低企业融资成本的视角而言，构建多层次资本市场是较为理想的实现路径。与欧美等成熟市场经济国家相比，中国的资本市场体系并不完善，呈现出明显的不平衡性。具体表现为重视股票市场发展，忽视债券市场建设，重视国债市场发展，忽视企业债券市场建设。这在一定程度上影响了资本的有效分配。中国政府提出要进一步促进多层次资本市场的建设，推动公司债券等直接融资市场的进一步发展。会计信息的有用性并不仅仅局限于股票市场，其在多层次资本市场的建设中应当发挥更广泛的作用。因此，在现有文献的基础上，突破权益资本和信贷资本的视角，从更广泛的视角探讨会计信息的资本配置作用确有必要。

(4)针对不同资本配置市场的差异性特征，对会计信息在不同资本配置中作用的差异进行对比分析。根据现有文献中的研究结论，会计信息产生经济业绩的基本原理在不同的资本中是基本相同的。依据上述原理，众多文献从不同角度探讨了会计信息在资本配置中的作用。但是，这些文献更多是从某类资本的视角单独探讨会计信息的经济业绩，以及具有多大程度的经济业绩，并未对会计信息在不同资本配置作用的差异作进一步的分析。股票市场、信贷市场和债券市场虽然都属于资本配置市场，但是各自具有不同的特征、属性和运行方式，并且不同市场中的投资者也存在很大的差异。虽然会计信息在这些资本配置中均发挥着不可忽视的作用，但是在这种共同性作用的背景下，会计信息的作用是否存在着一定差异？现有文献对这一问题并未作出更多解释，因此，本书希望通过股票市场、信贷市场和债券市场的视角，对会计信息在不同资本配置中作用的差异作进一步分析。

3 会计信息与资本配置关系理论分析

在本部分，本书探讨会计信息与资本配置之间的关系。具体地说，即会计信息在资本配置过程中是否发挥了重要作用，以及是如何发挥作用的。沿着这个思路，本书首先讨论了信息在资本市场中的作用，由于信息问题和代理问题的存在，经济资源在资本市场中的有效分配出现了一系列问题。其次，考虑到财务报告系统所传递的会计信息是资本市场中重要的信息来源，本书在理论上分析了会计信息在资本配置中的作用，以及其影响资本配置的微观机制。再次，在一个综合的资本市场中，财务会计制度和其他制度之间存在强大的交互作用，会计信息的资本配置效应可能会受到制度环境的影响。在中国"新兴加转轨"的制度背景下，本书探讨了制度环境对会计信息资本配置作用的影响。复次，考虑到资本的多样性以及资本配置过程的差异性，本书以权益资本、信贷资本和债券资本①为对象，分析了会计信息在不同资本配置作用中的差异。最后，对理论分析的主要结论进行归纳总结，为后文分析奠定相应的理论基础。

3.1 信息在资本市场中的作用

信息在资本市场中发挥着重要作用，其对于资本市场的正常有效运转至关重要。虽然市场是资本配置的有效工具，但是其过程受到多种因素的影响，从而使资本配置的任务变得艰巨而复杂。其中，市场中广泛存在信息

① 虽然信贷资本市场和债券资本市场均属于债务资本市场，但两个市场存在较大差异。信贷资本市场是私有债务市场，投资者为银行等金融机构，对企业而言是间接融资；债券资本市场属于公开债务市场，投资者为社会公众，对企业而言是直接融资。因为两类资本配置的方式存在较大差异，在后文中将分别进行研究。

不对称现象,利益不同的经济主体之间存在动机差异,导致资本市场中产生了严重的信息问题和代理问题,妨碍了资本的有效配置。高质量信息披露具有缓解信息问题和代理问题的作用,能够促进资本配置朝着更好的方向发展。因此,本节将具体分析由于信息和动机导致的信息问题和代理问题,进而以此问题为视角,探讨信息在资本市场中的作用,以及制度环境对信息作用的影响。

3.1.1 资本市场运转中存在的问题

对于任何经济体而言,如何将居民储蓄合理、有效地分配给各种投资项目,实现资本的有效配置,是一项重要挑战。一方面,市场中存在众多的企业和企业家想要吸收居民储蓄,为其投资项目和商业计划筹集必要的资金;另一方面,市场中还有各种类型的投资者,他们拥有一定量的闲置资金,希望通过合理的途径和方式进行投资,并获取相应的报酬。当资本市场在理想和完美[①]的情况下,利用市场机制就可以将资金从持有者合理地引导至需求者,实现资本的有效配置。然而,现实市场并不是完美的,由于信息不对称和动机差异,至少存在两个影响资金配置的主要问题:信息问题和代理问题。第一,一般意义而言,企业内部人员[②]通常比外部投资者拥有更多的信息。这主要体现在内部人员更加了解有关公司当前经营状况和未来发展前景的信息,更熟知相应投资项目的真实价值,而且企业内部人员还具有利用这种信息优势损害投资者利益而扩大自身利益的动机、途径和能力。市场中的投资者在进行项目投资时均会面临信息问题。第二,当投资者将资金用于企业家的商业项目之后,企业家可能会滥用投资者提供的资金,损害投资者利益,从而产生代理问题。

(1)信息问题

信息问题[③]产生的原因来源于两个方面:一是企业家和投资者之间存在着巨大的信息差异,企业家往往比投资者掌握着更多信息;二是企业家和投

---

① 市场完美是经济学和财务学中的假设世界,其特征主要包括完全竞争、完全理性、信息充分、不存在信息不对称等。

② 企业内部人员是一个较为宽泛的概念,是相对于企业外部人员而言的,通常意义上指企业管理人员。

③ 信息经济学中又称为“柠檬”问题。

资者之间存在着利益冲突。信息问题的存在可能会导致资本市场配置资源的功能弱化甚至消失(Akerlof,1970)[98]。Akerlof(1970)[98]以旧货市场为例,详细介绍了信息导致市场萎缩乃至消失的问题①。在市场对各类资本进行配置的过程中,信息问题同样存在并可能导致严重后果。假如资本市场中一半的商业项目是好的,另一半商业项目是差的。企业家和投资者均是理性决策者,并依据其自身掌握的信息进行估值和投资决策。当投资者没有办法识别好的商业项目与坏的商业项目时,坏商业项目的企业家将努力声称其商业项目是“好”的,并声明其项目与好的商业项目具有一样的价值。虽然投资者能够意识到这一问题,但却无法识别项目的好坏。此时,投资者为避免信息劣势导致的利益损失,会更加倾向于使用平均价值对无法区分的商业项目进行估值。综合上述分析,由于企业家和投资者之间的信息和动机差异,信息问题的存在会导致资本市场整体低估好的商业项目、高估差的商业项目,这会导致一系列不良的经济后果。比如,好商业项目的资金需求者面临价值低估所导致的损失,使得他们将逐步退出资本市场,这会使资本市场的规模变小。而且,市场中剩余的商业项目同样会面临信息问题,最终导致资本市场萎缩甚至消失。

(2)代理问题

代理问题的产生起源于企业经营权和所有权的分离②。投资者将自有资本投资于企业之后,基本不主动参与企业的经营管理,而是将经营管理权委托给企业家。由于投资者无法直接观测到企业家的努力程度与工作效率,企业家就可能出现工作懒惰、推脱责任、提高报酬等一系列损害投资者利益的情况。比如,对于股权投资者,当投资者购入公司股份之后,企业家可能将这些资金用于超额的在职消费、薪水津贴等,投资于净现值为负的商业项目,作出一系列有损股权投资者利益的投资与经营决策(Jensen and Meckling,1976)[99];对于债权投资者,当投资者购入企业债权之后,企业家

① 在旧车市场(二手车)上,卖家和买家对于交易车辆的质量信息是严重不对称的。其中,卖家了解车辆的质量,而买家并不知道。而且,卖家会利用买家不了解交易车辆质量的信息劣势,以次充好。此时,买家为规避损失,会根据市场中好车和坏车的平均质量出价。这导致好车价格被低估,坏车质量被高估。进一步地,拥有好车的卖家会不断退出市场,市场交易车辆的平均质量不断下降。如此循环下去,市场中将只有坏车进行交易。严重时市场甚至萎缩消失。

② 现今绝大多数企业,尤其是具有一定规模的企业,均具有企业所有权和经营权分离的特征。因此,代理问题往往普遍存在。

可能将这些资金用于支付股权投资者的现金股利，投资于具有更高风险的商业项目，企业家还可能在债权投资者不知情的情况下继续借入具有更高优先偿还权的债务（Smith and Warner，1979）[100]。这些行为均对企业家有利，但却有损债权投资者的利益。支付现金股利和发行优先偿还权债务的行为降低了企业偿债能力。高风险商业项目可能产生较大的收益或损失，但较大的收益将由企业家独享，而较大的损失却由企业家和债权投资者共同分担，这无疑增加了债权投资者的风险。代理问题同样会产生一系列不良的经济后果。投资者在面临高昂代理成本时会不断提高其风险溢价程度，这使得资本的价格不断提高，企业整体资本成本不断上升，从而影响投资效率。此外，部分投资者在高代理问题的风险下会退出市场，资本市场亦会面临萎缩的风险。

3.1.2 信息在资本市场中的作用

由于信息问题和代理问题的存在，市场在对资本进行配置的过程受到了阻碍，这在一定程度上影响了资本的有效配置。缓解信息问题和代理问题，是保证资本市场的正常运转、提高资本配置效率的重要前提。在已有研究中，已经发现存在多种机制可在一定程度上克服信息问题和代理问题，如签订合同、公司治理机制、信息披露与信息媒介、公司控制权市场等，这些机制在发挥作用时均离不开信息的支持。信息在缓解信息问题和代理问题、促进资本有效配置方面发挥着重要作用。

为分析信息在资本市场中的作用，需要结合信息和资金的流动过程进行分析。图3－1展示了在一定的制度环境下资本市场中信息和资金的流动过程。图3－1右侧展示了信息是如何从商业企业流向投资者和中介机构的。商业企业通过财务报告、各项临时和定期公告、新闻发布会等形式向投资者直接传递信息，也利用金融机构、金融分析师等信息媒介传递信息。需要注意的是，除商业企业主动发布的信息外，资本市场中还存在多种竞争性信息来源，投资者会通过各种渠道积极获取与投资决策相关的信息①。

① 投资者搜集、处理其他有关商业企业非主动披露的信息往往需要承担更高的成本，其信息不确定性也更高。所以说，寻求更具有成本效益的信息供给制度、提高信息的确定性十分必要。而财务会计制度就是在这种背景下应运而生的。

图3－1左侧展示了资本是如何从投资者手中流向商业企业的。一类是直接由投资者流向企业，比如企业直接发行股票和债券、私募资本、天使融资等；另一类是投资者的资本通过金融机构流向商业企业，比如银行、风险投资基金、证券公司、保险公司等。

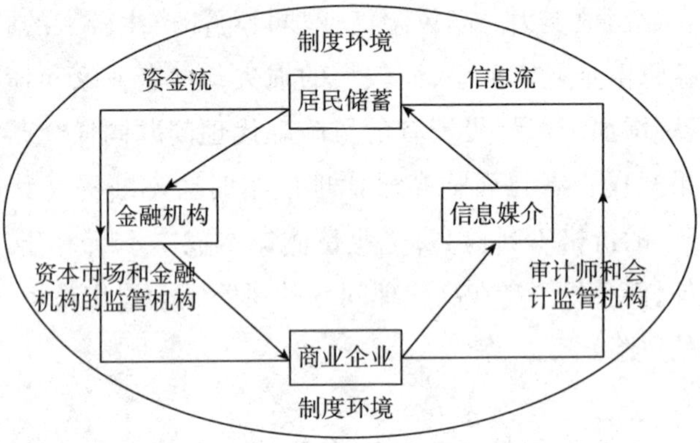

图3－1　制度环境下资本市场中的资金流和信息流

(1)缓解信息问题

信息在缓解信息问题中发挥着重要作用：一方面，企业家和投资者通过签订最优理想合同，激励企业家更完全地披露其拥有的私有信息，降低信息不对称，尽量减少错误估值问题（Kreps，1990）[101]；另一方面，由于资本市场中信息具有公共物品属性，可以利用监管制度使管理层披露其拥有的私有信息。因此，信息问题的存在产生了对信息、信息监管、信息媒介的需求。如何将企业家的私有信息公平地传播至投资者手中，成为解决信息问题的关键。

(2)解决代理问题

代理问题的解决方法同样依赖于信息。常见的解决代理问题的方法有签订合同、董事会、信息媒介、公司控制权市场等公司内外部治理机制。这些解决代理问题的机制均对信息有着较大依赖。

签订合同是解决代理问题的重要方法。投资者和企业家之间可以签订最佳合同以协调各方的利益冲突。比如，股权投资者与企业家签订薪酬合同、债权投资者和企业家签订借款合同。一方面，这些合同在签订过程中大量运用信息作为参考；另一方面，这些合同要求企业家在履约过程中披露有关企业的各项信息，以便于投资者监督企业家是否依照合同履行合约，以及企业家是否从保护外部投资者利益的视角进行经营与管理。因此,信息在签订合同解决代理问题方面发挥着重要作用。

公司内部治理机制,如董事会,是解决代理问题的重要途径。董事会代表外部投资者①的利益,承担着监督和约束管理层行为的责任。董事会在监督管理层的过程中,同样需要利用信息进行决策。公司的外部治理机制,如公司控制权市场、经理人市场,是缓解代理问题的重要途径。公司控制权市场和经理人市场通过对信息的吸收与消化,会对经营不善的企业形成收购威胁,对不尽责的管理层形成声誉威胁。其他治理机制,比如信息媒介,也在缓解代理问题方面发挥着重要作用。信息媒介包括证券分析师、证券评级机构、各种媒体②等,它们通过搜集、加工处理各种信息,分析企业的运营状况和企业家行为,揭露管理层损害投资者利益的行为,以抑制代理问题。

签订合同、董事会、公司控制权市场、信息媒介等都属于广义的公司治理机制,这些因素综合在一起,共同决定了代理问题能否得到缓和与解决。信息在公司治理缓解代理问题的过程中承担着重要角色。因此,信息具有缓和与减轻资本市场代理问题的重要作用。

3.1.3 制度环境对信息作用的影响

信息在资本市场中发挥着重要作用,通过信息流高速、及时地传递,促进资金流的正常流转,提高资本配置效率。信息流和资金流均在一定的制度环境下传播和分配,受到制度环境的重要影响。根据图 3 - 1 信息和资金的流动过程分析,制度环境对信息在资本市场中的作用至少存在四个方面的影响。

首先,信息披露制度受到制度环境的影响。解决信息问题和代理问题的一个代表性方案就是利用监管制度,建立符合市场需求的披露方案,使管理层披露更多的私有信息。然而,以政府监管为核心的信息披露制度受到制度环境的重要影响。

其次,信息媒介受到制度环境的影响。信息借助于信息媒介向投资者

---

① 董事会成员分为内部董事和外部董事:其中内部董事由拥有较高比例股份的股权投资者选举产生,主要代表大股东的利益;外部董事代表中小股东、其他类型投资者及员工的利益。

② 由于媒体融合的发展态势,媒体不仅包括财经媒体,同时也包括其他报道财经方面的综合性媒体,不仅包括传统的广播、电视、报纸、杂志等媒体,还包括新兴的网络媒体。

传播，这一过程与制度环境存在强大的交互作用。金融分析师和证券评级机构的行为和动机受到制度环境的影响。各种媒体处于一定的制度环境之中，其传播信息的自由度、深度和广度都与制度环境密切相关。

再次，金融机构受到制度环境的影响。金融机构是资本配置的重要部门，其汇集投资者的资金，并投资于相应的商业项目。不同的制度环境导致金融机构在资本配置中的地位不同，会形成以直接融资为主体和间接融资为主体的差异性资本市场，两种资本配置对于信息的需求及其作用有着较大差异。金融机构的行为也受到制度环境的影响，在不同的金融发展环境下，金融机构在资本配置过程中呈现出较大差异。

最后，投资者与企业家的行为和动机也受到制度环境的影响。投资者和企业家都属于独立的决策行为人，存在于一定的制度环境中。在不同的制度环境下，投资者和企业在信息的需求动机、搜集倾向、决策利用程度等方面存在着很大差异。

市场对资源进行配置的过程相对于图 3－1 所示简图而言更加复杂，制度环境对信息在资本配置作用中的影响也不仅仅局限于上述四个方面。在3.3 中，将围绕本书研究主题，以会计信息为核心，详细分析制度环境对会计信息资本配置作用的影响。

3.2 会计信息影响资本配置的微观机制分析

信息在缓解信息问题和代理问题、促进资本有效配置方面发挥着重要作用。作为资本市场中重要的信息来源，会计信息在资本配置过程中发挥着不可替代的作用，这也是会计信息重要的经济业绩之一。本节在梳理会计信息产生经济业绩渠道的基础上，从资本配置中面临的信息问题和代理问题出发，对会计信息影响资本配置的微观机制进行理论分析。

3.2.1 会计信息经济业绩的渠道

在资本市场中，存在着多种多样的竞争性信息。从信息披露主体而言，可以将其划分为三种信息来源：企业披露信息、信息中介披露信息和投资者搜集信息。从监管要求而言，可以将信息划分为两种来源：强制性披露信息和自愿披露信息。会计信息属于企业披露信息，大多数是强制性披露信息，也包含少量自愿披露信息。但是,自愿性财务会计信息的披露也受到政府的严格监管①。信息中介主要利用其专业专长和获取信息的优势,进行信息的搜集、加工、处理、再披露,多数属于自愿性披露信息,而且信息中介获取信息的重要来源就是会计信息。在竞争性信息市场中,投资者往往还主动通过各种途径获取企业信息,以满足其投资决策的需求。但其搜集的信息往往具有高度不确定性,并需要花费高昂成本。当其他来源的公有信息②供给不足时,投资者获取信息比重就会提高。由于其属于私有信息,无法保证投资者获取信息的公平性,导致投资者之间存在信息不对称的现象。

根据上述信息源的分析,会计信息无疑是其中最重要的一种信息来源。相对于其他信息来源,会计信息受到法律法规的严格监管,信息的真实性和可靠性较高;而且是由企业披露的公有信息,既可以降低投资者获取信息的成本,又能够保证投资者公平地获取企业相关信息。所以会计信息在市场中发挥着重要作用,能够产生不可忽视的经济业绩。当然,会计信息的供给也需要付出一定的成本。为保持符合市场最低要求的会计信息供给,政府不仅需要聘请专业人员制定、修改、维护公认会计准则,提供会计信息的供给标准,还需要在信息市场中承担监管者角色。企业需要使用包括人力资本在内的其他资源提供符合政府监管要求的会计信息。注册会计师等审计中介机构亦要对企业的会计信息进行审计,以保证会计信息的质量。因此,从增加社会福利的角度而言,扩大会计信息的经济业绩,使会计信息成为具有成本效益的信息来源,有利于提高经济运行效率。

从扩大会计信息的经济业绩而言,需要关注三个问题:一是会计信息是否具有经济业绩;二是会计信息经济业绩的程度如何;三是会计信息是如何产生经济业绩的。对于会计信息是否具有经济业绩以及程度如何,相关文献已经进行了深入分析,并形成了广泛共识。对于会计信息影响经济业绩渠道的研究也取得了一系列成果。Bushman 和 Smith(2001)[102]将财务会计信息影响经济业绩③区分为三个方面的渠道,如图 3-2 所示:第一,项目识

① 只要是企业披露的财务会计信息,无论其是自愿性的,还是强制性的,仅需要遵循《会计法》、财政部《企业财务会计准则》以及证监会《上市公司信息披露办法》等相关法律、行政法规的要求。

② 主要是指企业披露的信息和信息中介发布的信息。当信息中介市场不发达时,企业披露信息的重要性更为突出。

③ 在 Bushman 和 Smith(2001)的研究中,其探讨的是财务会计信息的经济收益,这是一个更为广泛的概念。本书所关注的资本配置是会计信息经济收益的一个方面。

别。帮助管理者、投资者识别和区分投资机会的好坏。第二,治理作用。对管理者剥削和对项目选择的约束。第三,降低投资者之间的信息不对称。后续相关研究表明会计信息产生经济业绩的渠道纷繁复杂,如降低信息不对称、降低信息不确定性、提高未来预测性、提高信息中介的信息能力、监督管理层、防止管理者剥削、降低代理成本等。

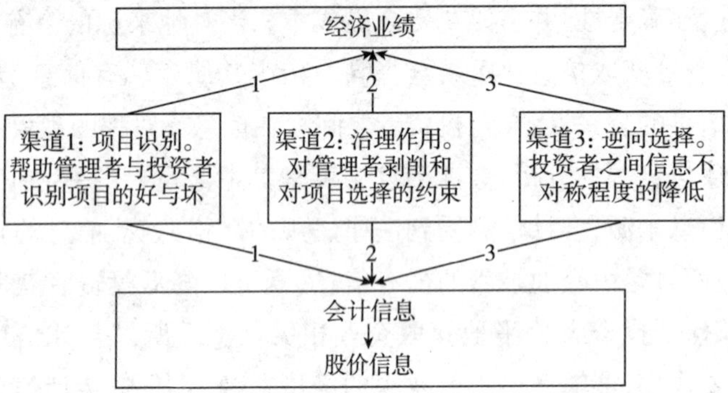

图 3-2　会计信息影响经济业绩的三种渠道

3.2.2　会计信息影响资本配置的微观机制:信息效应与治理效应

从资本配置的视角而言,应当如何对会计信息产生经济业绩的纷繁复杂的众多渠道进行分析呢?对这一问题的分析应当回到资本配置问题的起点。在资本配置过程中,主要存在什么样的问题妨碍了资本的有效配置?资本配置市场为什么对信息有着强烈的需求?信息在资本市场中的作用又是什么?

在3.1的分析中,无论制度环境是否完善,以市场为主体的资本配置过程都存在信息问题和代理问题两大障碍,影响了资本的配置效率。在解决信息问题和代理问题的各种机制中,都对信息有着强烈依赖,产生了信息需求。信息在缓解信息问题和代理问题中发挥着关键作用。考虑到会计信息是市场中具有竞争性的信息来源,基于信息在资本市场中的作用,从资本市场中面临的信息问题和代理问题出发,可以将会计信息产生经济业绩的众多渠道区分为两大类别①:一类渠道主要用于缓解资本市场中的信息问题,比如降低信息不对称、降低信息不确定性、提高未来预测性、提高信息中介

① 对比 Bushman 和 Smith(2001)的研究,其定义的项目识别渠道和逆向选择渠道具有一定的共性。财务会计信息均是承担信息角色,用以解决信息问题。

的信息能力等；而另一类渠道主要缓解资本市场中的代理问题，比如监督管理层、防止管理者剥削、降低代理成本等。

会计信息缓解信息问题和代理问题的基本原理和作用机制存在较大区别，可以将会计信息的微观机制定义为信息效应和治理效应，如图3－3所示：一方面，会计信息主要基于公开的信息披露机制，通过降低投资者之间、管理层和投资者之间等各方面的信息不对称，达到缓解信息问题的目的。因此，将会计信息缓解信息问题的机制称为信息效应。另一方面，会计信息主要利用各种公司内外部治理机制，约束和监督管理层，达到降低代理问题的目的。因此，将会计信息缓解代理问题的机制称为治理效应。

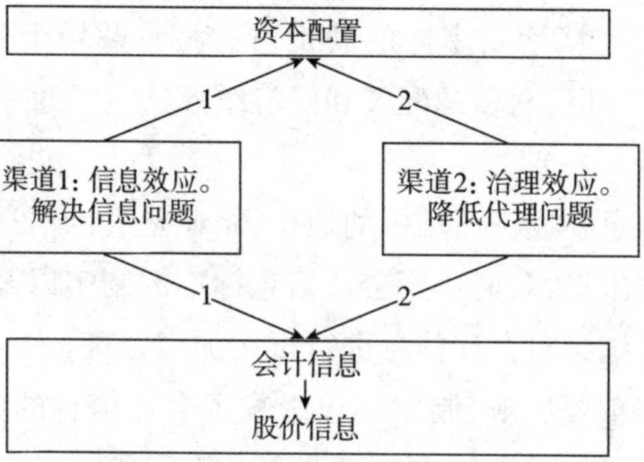

图3－3　会计信息影响资本配置的微观机制：信息效应与治理效应

综合上述分析，以资本配置中面临的信息问题和代理问题为出发点，将会计信息资本配置的微观机制区分为信息效应和治理效应。这在一定程度上将众多纷繁复杂的渠道进行了归类分析，简化为两种基本效应。这对于进一步的经验和理论分析具有一定的指导意义。首先，在各种资本配置中，会计信息微观机制的效应是否都在发挥作用？其次，信息效应和治理效应在各类资本配置中的相对地位如何？更为关键的是，从资本配置中的问题出发，依据会计信息的作用原理，将复杂的众多渠道简化为两种微观机制，为后续的理论分析和实证检验均提供了可能性①。

① 一方面，当中间机制降低为两个层面时，才能在实证检验中借助中介效应模型和自体抽样法，将会计信息的治理效应和信息效应相剥离；另一方面，市场微观结构理论中的信息不对称指标测量方法也为中介效应模型提供了重要的工具。

3.3 制度环境对会计信息资本配置作用的影响机理

3.3.1 制度环境对会计信息经济业绩的影响

作为生产、交换、分配基础的制度环境，是政治、经济、法律、文化、社会等一系列正式与非正式规则的总和。由于制度环境对人类的经济交易行为与政治交易行为均存在有效的激励机制，并由此导致了不同制度环境下交易机制和交易成本的重大差异。从此视角而言，包括政府、企业、投资者、经济中介等在内的经济活动主体的动机、行为、收益均会受到制度环境的影响。所以说，制度环境对资源配置和经济绩效产生了重要影响，是影响经济发展的重要力量。

围绕会计信息在经济活动中的地位，企业是会计信息的供给者，投资者是会计信息的需求者，政府负责会计信息标准的制定以及后续的监管工作，信息中介等中介组织对会计信息进行再次加工处理。由于制度环境对各种经济主体均存在重要影响，制度环境影响了会计信息的监管、供给、需求和传播等各个过程，对会计信息的经济业绩均有重要影响。

首先，从会计信息的监管视角而言，政府通过构建一系列制度来保证会计信息的供给标准，并对企业会计信息的供给状况承担监督责任。一般而言，政府通过立法、行政管理等形式确定会计信息的供给标准。比如，中国政府通过《公司法》《会计法》等法律确定企业供给会计信息的责任，利用《企业会计准则》《中小企业会计准则》《上市公司信息披露办法》等行政法规确定会计信息标准和披露程序，并通过财政部、发改委、国资委、证监会、银保监会等一系列行政部门对企业会计信息供给状况进行监督。政府受到制度环境的影响，导致不同制度环境下会计信息的供给标准和执行状况存在很大差异，影响了会计信息的经济业绩。

其次，从会计信息的供给视角而言，在政府监管标准的规范下，企业向市场提供合规性会计信息。此外，企业出于筹集资金、降低资金成本等方面的需求，还存在主动向市场披露更多信息的动机。但是，企业动机、行为和收益均受到制度环境的影响。在制度环境较好的地区，企业面临的交易成本较低，更倾向于利用规则进行市场行为。企业提供高质量会计信息的动机较强,而且披露行为的收益也较大。在制度环境较差的地区,企业面临高昂的交易成本,企业提供高质量会计信息的动机和收益均会受到影响。

再次,从会计信息的需求视角而言,投资者是会计信息最重要的使用主体。投资者使用会计信息的能力、对会计信息的需求以及利用会计信息的收益均会受到制度环境的影响。在不同的制度环境下,投资者使用会计信息进行决策的能力存在差异。一般而言,金融发展程度较高地区的投资者利用信息的能力较强。当制度环境较好时,投资者的利益能够得到较好的保护,其在投资行为中使用会计信息的频率越高,对会计信息的需求也就越大,而且利用会计信息的收益也较大。

最后,从信息中介的视角而言,证券分析师等信息中介具有专业专长,以及搜集、处理、加工信息的优势,可以对包括会计信息在内的其他信息进行处理,向投资者提供更加专业的信息。注册会计师等社会中介组织对会计信息进行鉴证报告,对会计信息的质量进行保障。证券分析师和注册会计师等中介组织也受到制度环境的影响,其发布信息的质量、审计质量也会在不同的制度环境下呈现出差异性特征,这会影响会计信息的经济业绩。

综合上述分析,制度环境改变了政府、企业、投资者、信息中介等经济主体从事经济活动的动机、行为和收益,从而对会计信息的监管、供给、需求、传播存在着重要影响,最终影响了会计信息的经济业绩。

3.3.2 一般性制度环境对会计信息资本配置作用的影响

制度环境可以影响会计信息的治理效应和信息效应,进而影响会计信息的资本配置作用。在 Bushman 和 Smith(2001)[102]的研究中,详细列举了影响会计信息经济业绩的重要制度环境,包括审计制度、沟通的基础设施和环境、金融分析师团体、金融系统架构、法律环境、其他公司控制机制、行业集中度、政治对商业活动的影响、人力资本等 9 个主要方面。沿着上述研究思路,本书将会计信息的经济业绩集中于资本配置方面,分析了制度环境对会计信息资本配置作用的影响,具体如图 3 - 4 所示。

(1)审计制度

审计制度是对会计信息质量的一种制度保障。高质量的审计制度可以提高会计数据的精确性,进而提高会计信息的资本配置作用。在严格的审计制度下,会计数字受管理层偏见和错误的影响较小,往往具有更高的精确

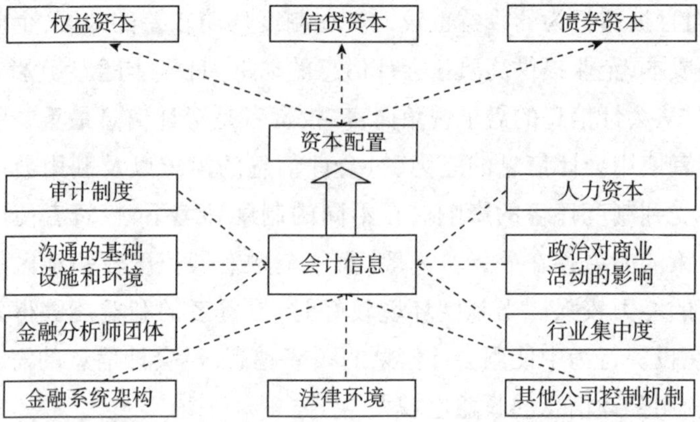

图3－4　制度环境对会计信息资本配置作用的影响

性和可信度。因此，被严格审计的会计信息可以向管理层和投资者等信息使用者提供更高质量的决策相关信息。具体而言，可以更有效地帮助识别投资项目的好坏、减轻投资者信息问题导致的逆向选择状况、约束管理者道德风险导致的代理问题。而且，由于外部审计制度增加了会计信息的可信度，经济活动参与人①将会增加对会计数据的决策依赖性。

（2）沟通的基础设施和环境

会计信息的传播依赖于沟通的基础设施。具有更广传播范围、更快传播速度的基础设施可以增加信息的传播速度和传播成本，经济活动的参与者可以快速、便捷、廉价地获取会计信息，会计信息影响资本配置的作用也会随之提高。会计信息通过各种沟通媒介②进行传播和扩散，其对资本配置的影响也将增加。此外，沟通环境也非常重要，一个自由、公平的媒介环境可以保证信息在传播过程中受到的干扰较少，从而增加会计信息的资本配置作用。

（3）金融分析师团体

由于金融分析师团体的复杂性，其和会计信息之间的相互作用呈现出

---

① 投资者、董事会、管理层、竞争者、并购者等都是经济活动的参与主体，其在经济决策的过程中需要通过各种制度安排和信息渠道获取与决策相关的信息，这些制度安排和信息与财务会计制度及其提供的信息形成竞争性信息来源。当财务会计制度及其提供的信息更可靠时，由于其作为正式制度的便利性和成本效益原则，经济活动的参与人会更多地依赖于会计信息进行决策，增加对会计信息的利用程度。

② 传统的报纸、刊物、广播、电视，以及新兴的互联网等都构成了信息的传播媒介。

一定的变动性,即金融分析师和会计信息之间的相互作用是替代性的还是补充性的并不明确。一方面,金融分析师依赖于其专业专长,通过对会计信息的解读,促进了会计信息的进一步传播,从而增强了会计信息的资本配置作用。与此同时,高质量的会计信息又可以增加分析师预测的精确性。因此,从此视角而言,金融分析师团体和会计信息是互补性关系。另一方面,金融分析师不仅具有专业专长,还拥有更多的信息来源,具有信息优势。其对信息的收集、加工与处理可以帮助经济活动参与者克服会计信息质量较差的局限性。会计信息的质量较高时,又能够在一定程度上降低经济参与者对金融分析师研究活动的需求。因此,从此视角而言,金融分析师团体和会计信息是替代性关系。

(4)金融系统架构

会计信息对资本配置的影响会随着国家金融系统结构而变化。不同的资本配置方式对信息需求的数量、来源以及方式均有所不同。比如,信贷资本配置过程中银行与企业之间的信息问题不同于权益资本配置过程中投资者与企业之间的信息问题。在信贷资本配置过程中,银行比普通投资者具有更高的信息优势、更多的信息来源、更长期的银企合作关系。这使得在信贷资本配置过程中,会计信息的信息效应有所下降,治理效应有所上升。此外,金融系统的发育程度也会影响会计信息的资本配置效应。在金融发育程度较高的市场环境中,会计信息在资本配置中发挥的作用可能更大。

(5)法律环境

会计信息影响资本配置的作用会随着法律环境而变化。法律环境影响会计信息的资本配置作用至少存在两种路径:一是对外部投资者的保护,降低公司内部人对投资者权益的侵害程度。较高的法律环境赋予了投资者较大的法律权利,当投资者拥有更多的有关管理层决策及其经营成果的信息时,便可以更好地行使法律所赋予的权力以对抗公司内部人对自身权益的侵害。因此,当法律环境较好时,会计信息通过治理效应缓解代理问题、促进资本配置的作用越大。二是在整体上保护公司和个人产权,保证各项契约权利的执行程度。法律通过对产权和契约的保护,既可以保证私有产权不受政府及他人侵占,也可以保证投资者和公司之间的各项商务契约得到有效执行。虽然会计信息资本配置作用的微观机制之一为信息效应,即通过提供高质量的信息吸引投资者及其资本参与经济活动。但是,当外部法律环境较差时，由于投资者和公司的产权与契约权利无法得到有效保障，这将大大阻碍投资者的投资行为，影响资本配置进程。

(6)其他公司控制机制

其他公司控制机制[①]可能会增强会计信息的资本配置效应。会计信息可以为公司各种的控制机制提供信息。公司其他控制机制的有效性可以放大会计信息的经济效益。具体到资本配置而言，可以促进会计信息通过治理效应缓解代理问题，提高资本的有效配置。在这些控制机制中，频繁使用会计信息是一个显著特征。所以，当控制机制越有效时，就可以扩大会计信息通过治理效应促进资本配置的作用。

(7)行业集中度

在某一具体的行业内部，当少数公司拥有更多生产资源时，行业集中度会越来越高。此时，会计信息资本配置的效应可能随着行业集中度的上升(甚至是垄断)而有所下降。行业高度集中或者是垄断降低了信息需求。当行业集中度上升时，一方面，导致参与此类经济活动的企业和投资者减少；另一方面，此类经济活动参与者将采用其他更具有成本效益的方式进行资本配置[②]。

(8)政治对商业活动的影响

商业活动政策会影响会计信息在资本配置过程中的作用。政府和官员利用商业活动政策进行财富转移的能力在不同国家和地区呈现出差异化特征。随着商业活动政策环境的变差，政府和官员从公司剥削财富的能力和倾向上升。管理层和投资者的经济收益会随着政府和官员的剥削而不断下降，其对会计信息的运用和处理动机将随之变弱，会计信息对资本配置的影响也会有所减弱。

(9)人力资本

会计信息的资本配置作用会随着人口教育水平的提高而增强。一方面，具有更高教育水平的管理者和投资者能够更加容易地理解会计数据具

① 其他的公司控制机制是一个广泛的治理范畴，比如管理层的激励计划、活跃的公司控制权市场等。在这些控制机制中，频繁地使用会计信息是一个显著特征。所以，当控制机制越有效时，就可以扩大会计信息通过治理效应促进资本配置的作用。

② 需要注意的是，在行业高度集中和垄断状态，行业经济活动的参与者降低了对会计信息的依赖，会采用其他更具有成本效益的方式进行资本配置。但是，这种行为可能提高了行业经济活动参与者的利益，却有可能损害整体经济体的利益。

有的信息内涵,这可以扩大会计信息的信息效应,增强其在资本配置中的作用。另一方面,公司控制系统中广泛使用会计数字制定各项合约,如激励计划大多与财务指标和股价指标相联系。良好的教育水平可以帮助公司员工更好地理解自身行为对会计指标和股价指标的影响,进而促进以会计和股价指标为基础的控制机制取得良好效果。这一途径可以扩大会计信息的治理效应,缓解代理问题,提高资本配置效率。

在上述所列的9个影响会计信息资本配置作用的制度环境中,审计制度、金融分析师团体、其他的公司控制机制、行业集中度可以在一个国家内进行研究。而沟通的基础设施和环境、金融系统架构、法律环境、政治对商业活动的影响、人力资本等在一个国家和地区内部往往具有相似性,因此常用于跨国研究。

3.3.3 中国"新兴加转轨"时期制度环境的特殊性——市场、金融与法律

在20世纪50年代至70年代期间,中国尚未进行改革开放,仍在全国范围内实行计划经济制度。自70年代后期开始进行改革开放,逐步开始了市场化进程改革。中国改革开放始于东南沿海地区,经历了由点及面、由东部到西部、由沿海到内地的改革进程。由于中国国土面积较大,地域辽阔,再加之改革开放进程的特殊性①,中国的市场化改革并不平衡。由于历史、地理、政策等诸多方面的影响,中国逐步形成了东部地区优于西部地区、中部地区优于西部地区的不平衡局面(刘慧龙等,2014;樊纲等,2011)[83, 103]。与西方成熟市场经济国家内部所具有统一的制度环境不同,中国的制度环境具有明显的不平衡性、不完备性、不确定性和变革性。

制度环境对会计信息的经济业绩存在重要影响。从资本配置的视角而言,审计制度、沟通的基础设施、金融分析师团体、金融系统架构、法律环境、其他的公司控制机制、行业集中度、政治对商业活动等一系列的制度环境都会影响会计信息在资本配置中的作用。然而,在中国"新兴加转轨"的制度背景下,市场化程度、金融发展水平和法律水平等三个方面成为众多制度环

① 中国政府在1978年12月的十一届三中全会之后开始了改革开放的进程,其在政策上实行了从沿海到沿江沿边、从东部到中西部、由点及面的过程。

境中最突出的因素,对中国经济发展有着重要影响。这也使得其成为影响会计信息资本配置作用最重要的制度环境。

一般而言,市场化程度、金融发展水平和法律环境等制度环境在一个国家或地区内部是基本一致的,但在不同国家之间却存在较大差异。众多跨国研究的文献表明,较高的市场化程度、金融发展水平和良好的法律环境能够促进资本的有效配置。与成熟市场经济体不同,中国内部不同地区之间的市场化程度、金融发展水平和法律环境却呈现出较大差异。东南部沿海地区市场化进程较快,金融发展水平较高,法律环境较好,资本配置的过程也与成熟市场经济体相似。所以,会计信息可以利用信息效应和治理效应解决信息问题和代理问题,能够在资本配置中正常发挥作用。在中西部的部分地区,市场化程度较低,金融发展水平较为落后,法律环境也比较差,资本配置中仍有相当高的比重受到政府的干预。此时,会计信息在资本配置中的作用就会受到影响。

3.4 会计信息在不同资本配置作用中的共性与差异

从上文分析中可以发现,由于信息问题和代理问题普遍存在,作为资本市场中重要信息来源的会计信息,在资本配置过程中发挥着重要作用;作为资本配置基础的制度环境,和财务会计制度之间存在较大的交互作用,对会计信息的资本配置作用存在重要影响。但是,在建立多层次资本市场的现实背景下,存在多种资本以及相应的资本市场,其中最重要的就是权益资本、信贷资本市场和债券资本市场。由于不同资本及其配置过程在市场属性、投资者特征等方面存在一定程度的不同,这导致会计信息在其中的作用也存在一定的差异,并使得制度环境对会计信息资本配置作用的影响也呈现出一定的不同。

3.4.1 会计信息资本配置微观机制的共性与差异

根据资本配置过程中面临的信息问题和代理问题,可以将会计信息在资本配置中的微观机制区分为信息效应和治理效应,其中,信息效应主要解决信息问题,治理效应主要解决代理问题。进一步的问题是,会计信息影响资本配置作用的信息效应和治理效应是否同时在发挥作用,两种效应发挥作用的大小与何种因素相关。这与市场对公有信息的依赖程度以及投资者治理能力紧密相关。

会计信息的信息效应能否发挥作用取决于市场对公有信息的依赖能力。市场中存在着多种信息来源,不同投资者获取信息的方式和来源有所差异。其中,会计信息属于公有信息来源,市场中的投资者均能平等获取会计信息。如果市场对公有信息的依赖程度较高,大多数投资者均是通过公有信息进行投资决策,那么会计信息缓解信息不对称、解决信息问题的信息效应就会充分发挥作用;反之,如果市场对公有信息依赖性较差,多数投资者是通过和企业管理层进行沟通交流等方式获取私有信息进行投资决策,那么会计信息缓解信息不对称、解决信息问题的信息效应就会大打折扣。如图3－5A所示,会计信息的信息效应会随着市场对公有信息依赖程度的提高而有所增强。

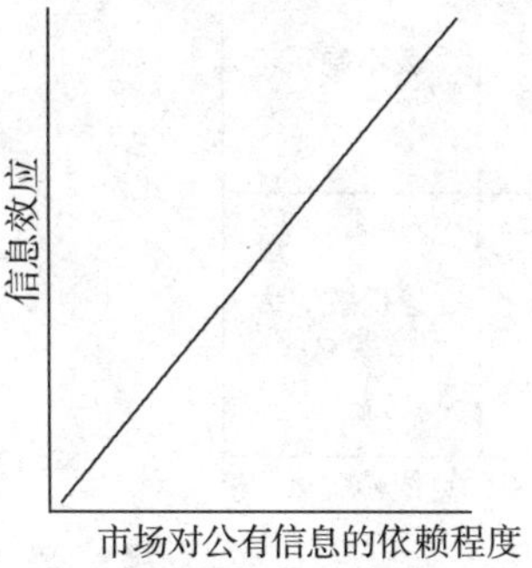

图3-5A 信息效应

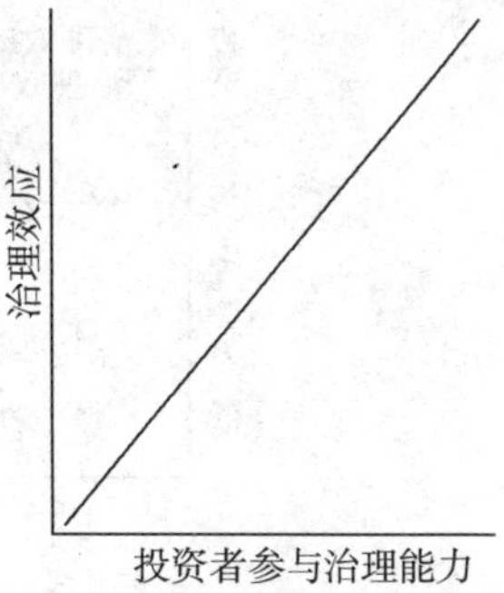

图3-5B 治理效应

图3－5 会计信息微观机制决定因素

会计信息治理效应能否发挥作用取决于投资者参与公司治理的能力。在不同的资本配置市场中,投资主体的类型不同,其参与公司治理的能力存在差异。当投资者参与公司治理的能力越强,会计信息的治理效应缓解代理问题的作用也就越大。如果投资者参与治理的能力较弱,尽管投资者有强烈的利用会计信息参与治理的意愿,但却无法充分利用会计信息参与公司治理以维护自身利益。此时,投资者更多的是依赖于市场流动性和交易机制,通过"用脚投票"方式来规避高昂的代理问题。正如图3－5B所示,会计信息的治理效应会随着投资者参与治理能力的上升而有所增强。

进一步地,将市场对公有信息的依赖程度区分为高、低两个维度,将投资者参与公司治理的能力区分高、低两个维度，并将其组合在一起，构成包含4个类别的二阶矩阵，如图3－6所示。在方格1中，市场对公有信息的依赖程度较低，使得会计信息的信息效应较低，投资者参与公司治理的能力较强，使得会计信息的治理效应较大，因此，会计信息的治理效应会大于信息效应，居于主导地位。在方格3中，市场对公有信息的依赖程度较高，使得会计信息的信息效应较大，投资者参与公司治理的能力较弱，使得会计信息的治理效应较小，因此，会计信息的信息效应会大于治理效应，居于主导地位。在方格2和方格4中，信息效应和治理效应的大小并不易于判断，属于一个实证命题。在不同的资本配置过程中，投资者参与治理能力的差异以及资本市场对公有信息的依赖性不同，导致会计信息资本配置的微观机制呈现出一定的差异。

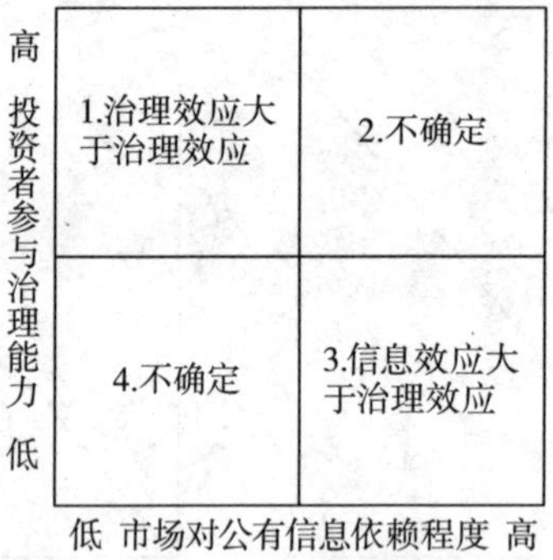

图3－6　会计信息微观机制差异矩阵

3.4.2　制度环境对会计信息资本配置作用影响的共性与差异

制度环境与财务会计制度之间存在强大的交互作用，这使得会计信息在资本配置中的作用受到制度环境的影响。考虑到不同制度环境的差异性，制度环境对会计信息作用的影响可能是“互补性”的，也可能是“替代性”的。比如，审计制度可以增加会计信息的可靠性，促进会计信息发挥作用，与会计信息之间呈“互补性”关系；行业高度集中时往往采用非市场化方式配置资源，降低了会计信息的需求和作用，与会计信息呈“替代性”关系。在“新兴加转轨”的制度背景下，中国的制度环境与西方成熟经济体存在较大差异，其最大特点就是制度环境的不平衡性。因此，市场化程度、金融发展水平和法律环境等制度环境对会计信息资本配置作用的影响往往变得更加复杂。

当制度环境较好时，制度环境更加接近于成熟市场经济国家，金融发展水平较高，法律环境也较好，资源配置主要通过市场完成。此时，会计信息在资本配置的过程中能够正常发挥作用，既能通过信息效应缓解信息不对称，又能通过治理效应降低代理成本，促进资本的优化配置。

当制度环境较差时，市场化程度和金融发展水平较低，法律环境也较差，这些问题与资本配置过程中的信息问题和代理问题交织在一起，使得会计信息在资本配置中的作用变得更加复杂。首先，如果政府通过各种方式对资本进行配置，资本配置将呈现出明显的非市场化特征。这将大大降低资本配置过程中会计信息的需求，进而导致高质量会计信息的供给不足，使得会计信息的作用被削弱，影响会计信息在资本配置中的作用。其次，如果政府并未对资本配置进行过多干预，资本配置将呈现出市场化特征。此时，制度缺失使得投资者更加依赖于反映企业财务状况和经营成果的会计信息。会计信息会部分替代制度环境不完善所导致的功能缺失。此时，会计信息在资本配置中的作用会进一步增强。

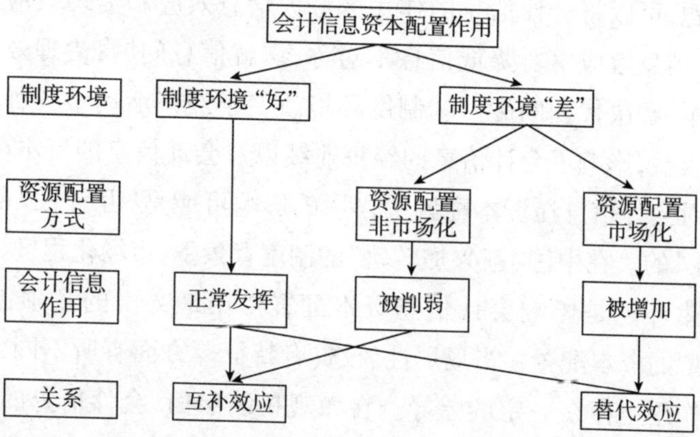

图3-7　不同情形下制度环境对会计信息资本配置作用的影响差异

结合上述分析，制度环境对会计信息的资本配置作用存在重要影响。当制度环境较好时，会计信息能够在资本配置过程中正常发挥作用。当制度环境较差时：如果资本配置呈非市场化特征，则会计信息的作用会被削弱；如果资本配置是市场化的，则会计信息的作用会被增强。对比不同情境下会计信息在制度环境好或者差时的作用,可以发现制度环境与会计信息之间的关系是存在差异的。当资本配置呈现出非市场化特征时,制度环境与会计信息呈“互补性”关系,会计信息的资本配置作用会随着制度环境的变差而被削弱;当资本配置呈现出市场化特征时,制度环境与会计信息呈“替代性”关系,会计信息的资本配置作用会随着制度环境的变差而被增强。具体关系如图 3－7 所示。

3.5 本章小结——一个理论分析框架

本部分以信息经济学和制度经济学相关理论为基础,结合中国的制度背景,对会计信息影响资本配置的微观机制、制度环境对会计信息资本配置的影响,以及会计信息在不同资本配置中的共性和差异进行了概括性分析。理论分析的结果表明:①无论制度环境是否完善,信息问题和代理问题始终是影响资本有效配置的重要障碍,而信息在缓解信息问题和代理问题的机制中具有关键作用。②作为市场中具有竞争性的信息来源,优化资本配置是会计信息重要的经济业绩。进一步地,根据资本配置中面临的信息问题和代理问题,可以将会计信息的作用区分为信息效应和治理效应两种微观机制,其中信息效应主要降低信息不对称,缓解信息问题;治理效应主要降低代理成本,解决代理问题。③制度环境改变了经济活动中各种主体的动机、行为、收益,影响了会计信息的经济业绩以及会计信息的资本配置作用。制度环境对会计信息在资本配置中作用的影响可能是“互补性”的,也可能是“替代性”的。在中国“新兴加转轨”的制度背景下,市场化程度、金融发展水平和法律环境是影响会计信息资本配置作用最突出的三项制度要素。④不同类型的资本配置在市场属性、投资者特征等方面有所不同,会计信息在其中的作用也存在一定的差异。在微观机制层面,会计信息的信息效应和治理效应微观机制差异取决于市场对公有信息的依赖程度以及投资者参与公司治理的能力。在制度环境层面,在较好的制度环境中,会计信息能够正常发挥作用;在较差的制度环境中,当资源配置非市场化时,会计信息的作用被削弱,当资源配置采用市场化方式时,会计信息的作用会增强。因此,制度环境与会计信息呈现出“互补性”或“替代性”差异。

上述理论分析的结论共同构成了本书理论分析的框架,为后文进一步结合权益资本、信贷资本和债券资本的理论和实证研究奠定了基础。在此理论框架指导下，本书分别结合权益资本、信贷资本和债券资本的特征，重点分析以下三个方面的问题：第一，会计信息在三类资本配置作用中的微观机制问题；第二，制度环境对会计信息资本配置作用的影响问题；第三，上述两个问题在权益、信贷和债券三类资本中的共性和差异问题。

4 会计信息质量、信息不对称、制度环境测量与评价

为检验会计信息在资本配置中的作用，需要对会计信息质量进行测量；欲解开会计信息资本配置微观机制的“黑匣子”，需要正确测量会计信息通过信息效应缓解信息不对称的程度；为考察制度环境对会计信息资本配置作用的影响，需要对制度环境进行正确测量。基于此，本章主要对后续实证研究中共同使用的会计信息质量、信息不对称和制度环境等指标进行测量和评价。

4.1 会计信息质量的测量

基于盈余信息在会计信息中的核心信息地位，本节以盈余质量视角衡量会计信息质量。在对比各种盈余质量模型的基础上，最终选择应计利润模型测量会计信息质量。并从统计特征、年度特征和行业特征三个方面，对中国上市公司会计信息质量基本状况进行评价。

4.1.1 会计信息质量的测量视角

会计信息质量是一个综合的概念，研究者很难对其进行系统、全面的评价。会计信息质量还是一个多维度的概念，在不同的研究问题中，会计信息质量的衡量方法也应当有所差异。盈余信息是会计信息中最重要的核心信息，是企业一定时期内经营成果的集中反映，也是管理层、股东、投资者等信息使用者最为关注的信息，在资本配置过程中发挥核心的作用。因此，本书从盈余质量的视角出发对会计信息质量进行测量。

盈余质量的概念在已有文献中并没有统一结论。早在 1934 年，Graham

等(1934)[104]在其著作中描述华尔街投资者使用的股价评估模型为每股收益乘以"质量系数"。这个所谓的"质量系数"隐含着盈余质量的定义,它包括了公司具体特征,比如"规模、声誉、财务状况与发展前景以及公司的运营状况",就如同宏观因素中的"市场弹性"一样。O'Glove(1987)[105]在其以实践导向为基础的财务报告分析著作中重新介绍了这一术语。Lev(1989)[57]的研究使盈余质量的定义在学术研究领域予以普遍化,其在解释盈余回报模型所面临较低的拟合优度(R^2)时指出,已有研究没有认真质疑财务报告盈余数字质量和股票回报之间的联系。在此之后,众多文献沿着Lev(1989)[57]的思路详细探讨了会计信息质量特征和各种股价评估模型之间的关联。在此期间,由于盈余属性可以作为决策模型中质量的指示变量,众多文献使用不同的盈余指标作为盈余质量的测量:其中一些文献研究结果并没有因为盈余质量衡量方法的不同而改变,具有一定的稳健性;而另一些文献的研究结果在不同盈余质量衡量方法下发生改变,缺乏相应的稳健性。总体而言,随着相关研究的推进,不同的研究者从不同视角对盈余质量的概念及其测量提出了各自独创性的意见,研究成果层出不穷。但盈余质量的概念并没有变得更为清晰明朗,而是出现了众多的概念和测量方法,反而变得越来越富有争议性。

财务报告应当提供企业一定时期财务业绩的信息(美国SFAC)。根据SFAC的描述, Dechow等(2010)[106]在综合已有盈余质量文献的基础上,认为高质量的盈余应当提供与特定决策者相关的公司财务信息,所以不存在一个统一的盈余质量衡量方法,离开特定的决策情境探讨盈余质量是没有任何意义的,并提出了一个综合性的有关盈余质量的定义和分析框架。根据Dechow等(2010)[106]对盈余质量的定义,高质量的盈余应当具有三方面的特征:首先,盈余质量决定于信息的决策相关性。盈余质量只有在具体的决策模型和情境下才有意义,单独谈论盈余质量是没有任何意义的。其次,盈余质量在一定程度上取决于其是否反映了有关企业财务业绩方面的信息,尽管企业真实的财务业绩是无法观测到的。最后,盈余质量是由两方面的力量联合决定的。一是企业的财务业绩与决策的相关程度,二是会计信息系统计量企业业绩的能力。不同于已有文献将盈余质量限定在权益估值决策有用性的框架,Dechow等(2010)[106]的定义表明,盈余质量可以依据反映企业财务业绩的程度进行评价。这一分析框架得到了众多学者的广泛认同,为特定研究者在其研究主题中选择盈余质量的测量方法提供了相应的指导。本书即在 Dechow 等(2010)[106]有关盈余质量定义及分析框架的基础上,对现有文献中常用的盈余质量测量方法进行系统梳理,选择适合本书研究主题的测量模型,对上市公司盈余质量进行测量,并以此作为会计信息质量的代理变量。

4.1.2 会计信息质量的测量方法

本书主要基于盈余质量的视角,对会计信息质量进行测量。盈余质量指标包括盈余属性、投资者对盈余信息的反应、反映盈余错报的外部性指标等三大类别(Dechow et al.,2010)[106],合计十余种测量方法。

(1)盈余管理

盈余管理是文献中常用的反映盈余质量的指标。根据方式和手段的差异,盈余管理区分为应计盈余管理和真实活动盈余管理(Healy and Wahlen,1999)[107]。应计盈余管理产生于实际业务发生之后,管理层利用会计准则赋予的自由选择权①,对企业盈余进行有目标性的调整。需要注意的是,应计盈余管理并未对公司实际活动进行干涉,虽然改变了某一时点的盈余,但从公司存续期间而言,这种改变并不会产生实质性差别。真实盈余管理改变了实际商业活动(Ewert and Wagenhofer,2005)[108],管理层通过对商业活动时间和结构的选择,进而改变企业盈余,而这种选择往往与正常商业活动相违背(Roychowdhury,2006)[109],给企业带来了一定成本,并非企业的最优选择。众多文献利用应计盈余管理思路估计管理层操控盈余的程度,发展了一系列较为成熟的模型。因此,本书主要对比应计盈余管理的主流模型。

应计盈余管理的基本思路在于:首先,将企业总应计额区分为操控部分和非操控部分;其次,假定上述部分与企业特征变量之间存在一定关系;最后,利用假定的变量关系去识别操控性应计额和非操控性应计额,操控性应计额即为盈余管理程度。依据假定变量关系的不同,应计盈余管理模型主要包括琼斯模型、修正的琼斯模型、DD 模型。

---

① 会计准则都会赋予管理层一定的自由选择权,比如固定资产累计折旧计提中方法选择和使用年限估计、应收账款管理中计提坏账准备比例、存货管理中存货跌价准备计提等。

1)琼斯模型(Jones)

琼斯模型假定企业的总应计利润与年度销售收入变动、固定资产变动之间存在一定的线性关系,并以此估计企业的非操控性应计利润(Jones,1991)[110]。然后,将总应计利润减去非操控性应计利润后所得差额,即为操控性应计利润,表示盈余管理的幅度。具体模型如式(4.1)所示:

$$\mathrm{TA}_i/\mathrm{A}_{i-1} = \alpha_1(1/A_{i-1}) + \alpha_2(\Delta\mathrm{REV}_i/A_{i-1}) + \alpha_3(\mathrm{PPE}_i/A_{i-1}) + \varepsilon_i \tag{4.1}$$

其中,TA_i为公司 i 当期期末总应计利润,A_{i-1}为公司 i 上期期末总资产,$\Delta\mathrm{REV}_i$为公司 i 当期主营业务收入和上期主营业务收入的差额,PPE_i为公司 i 当期期末固定资产价值。

首先,对 Jones 模型(4.1)分行业分年度回归得到相应的估计系数 $\hat{\alpha}_1$,$\hat{\alpha}_2$,$\hat{\alpha}_3$ 。

其次,将 $\hat{\alpha}_1$,$\hat{\alpha}_2$,$\hat{\alpha}_3$ 代入模型(4.2),计算非操控性应计利润:

$$\mathrm{NDA}_i = \hat{\alpha}_1(1/A_{i-1}) + \hat{\alpha}_2(\Delta\mathrm{REV}_i/A_{i-1}) + \hat{\alpha}_3(\mathrm{PPE}_i/A_{i-1}) \tag{4.2}$$

最后,根据公式(4.3)即可计算操控性应计利润,即为管理层盈余管理的幅度:

$$\mathrm{DA}_i = \mathrm{TA}_i/A_{i-1} - \mathrm{NDA}_i \tag{4.3}$$

需要注意的是,在用盈余管理衡量盈余质量时,通常对其取绝对值。其数值越大,表示盈余管理的幅度越高,盈余质量越低。

2)修正的琼斯模型

修正的 Jones 模型克服了 Jones 模型在收入确认受到操控时估计非操控性应计利润可能出现的偏误(Dechow et al.,1995)[111]。其基本思路在于,首先利用琼斯模型(4.1)估计系数,然后将估计系数代入如下修正的琼斯模型(4.4),计算非操控性应计利润:

$$\mathrm{NDA}_i = \hat{\alpha}_1(1/A_{i-1}) + \hat{\alpha}_2[(\Delta\mathrm{REV}_i - \Delta\mathrm{REC}_i)/A_{i-1}] + \hat{\alpha}_3(\mathrm{PPE}_i/A_{i-1}) \tag{4.4}$$

模型(4.4)中 $\Delta\mathrm{REC}_i$表示公司 i 当期期末应收账款和上期期末应收账款余额的变动额。其与琼斯模型(4.3)相比,在计算非操控性应计利润时,对主营业务收入进行了应收账款变动额的调整。

3)DD 模型

与琼斯模型不同,DD 模型假定企业的应计利润与过去、现在、未来的现金流量保持一定的线性关系（Dechow and Dichev，2002）[112]。因此，建立如下模型(4.5)：

$$\Delta WC_{i,t} = \alpha_0 + \alpha_1 CFO_{i,t-1} + \alpha_2 CFO_{it} + \alpha_3 CFO_{i,t+1} + \varepsilon_{i,t} \quad (4.5)$$

模型中 $\Delta WC_{i,t}$ 为企业 i 第 t 期营运资本变动额，CFO 为经营活动现金流量的净额。将模型(4.5)分年度分行业回归，求取参数估计量 $\hat{\alpha}_0$，$\hat{\alpha}_1$，$\hat{\alpha}_2$，$\hat{\alpha}_3$。将上述参数代入模型(4.6)计算非操控性应计利润 $\Delta\widehat{WC}_{i,t}$：

$$\Delta\widehat{WC}_{i,t} = \widehat{\alpha_0} + \widehat{\alpha_1} CFO_{i,t-1} + \widehat{\alpha_2} CFO_{it} + \widehat{\alpha_3} CFO_{i,t+1} \quad (4.6)$$

然后，将营运资本变动额的实际值减去预测值，如式(4.7)所示，可以作为盈余管理 EM 的衡量指标。

$$EM = \Delta WC_{i,t} - \Delta\widehat{WC}_{i,t} \quad (4.7)$$

(2)应计利润质量

应计利润质量（Accruals Quality）由 Francis 等（2005）[19]在其研究中提出，其以 Dechow 和 Dichev（2002）[112]应计盈余管理模型中异常应计利润（非操控性应计利润）为基础，对公司一段期间的异常应计利润计算标准差衡量。根据此定义，应计利润质量不是简单以异常应计利润的绝对值大小来衡量，而是以一定时期内异常应计利润的标准差衡量。

在应计盈余管理模型中，通常假设总应计利润与相关变量之间具有一定的关系。依据这一关系，将总应计利润划分为两部分：非操控性应计利润和操控性应计利润。操控性应计利润代表了管理层对盈余数字的自主操控程度，可以在一定程度上衡量盈余管理程度，也有文献直接以此衡量盈余质量。

然而，直接用操控性应计利润衡量盈余质量会出现一定误差。考虑这样一种状况，一家公司的操控性应计利润很高，但是在一定时期内保持较为稳定的状态，波动性较小。此时，虽然该公司利润中经营现金流获取现金能力比较差，但是这种状况比较稳定。投资者在使用会计信息时能够利用操控性应计利润的稳定性进行预测，故该公司应计利润的质量较高。反之，如果一家公司的操控性应计利润较小，但在一段时期内波动较大，无法预测，其应计利润的不确定性较大，故应计质量较低。

在具体计量中，采用 McNichols（2002）[113]的观点，使用修正的 DD 模型估计非操控性应计利润：

$$TCA_{i,t} = \phi_{0,i} + \phi_{1,i}CFO_{i,t-1} + \phi_{2,i}CFO_{i,t} + \phi_{3,i}CFO_{i,t+1} + \phi_{4,i}\Delta REV_{i,t} + \phi_{5,i}\Delta PPE_{i,t} + v_{i,t} \tag{4.8}$$

对模型(4.8)分行业分年度回归,或者分公司按时间序列回归,获取模型的残差。定义应计利润质量为模型残差近五年的标准差,具体如式(4.9)所示:

$$AQ_{i,t} = \sqrt{\sum_{t-4}^{t} (v_{i,t} - meanv_{i,t})^2} \tag{4.9}$$

(3)盈余持续性

Lipe(1990)[114]最早提出了盈余持续性(Earnings Persistence)的概念,并将其定义为会计盈余对滞后一期盈余的回归系数。回归模型如下:

$$EARN_{i,t} = \phi_{0,i} + \phi_{1,i}ERAN_{i,t-1} + v_{i,t} \tag{4.10}$$

$EARN_{i,t}$ 和 $ERAN_{i,t-1}$ 分别表示公司 i 在第 t 期和第 $t-1$ 期的标准化盈余。对不同公司标准化盈余的时间序列数据按模型(4.10)回归,得到滞后一阶标准化盈余的系数 $\phi_{1,i}$ 。当其系数越高时,表明不同时期盈余之间的关系越强。因此,其越接近于1,则盈余持续性越高;越接近于0,则盈余持续性越低。

根据盈余持续性的定义,公司经营业绩的持续性以及会计信息系统反映经营业绩的能力都会影响盈余持续性,然而模型(4.10)却无法将两者予以区分,从而影响其应用(Dechow et al. 2010)[106]。此外,由于盈余持续性要求对不同公司按时间序列分别回归,对样本公司生存年限具有一定的要求。美国资本市场建立较早,公司存续时间较长,能在一定程度上满足上述要求。而中国资本市场时间较短,且多数公司上市时间较短,无法满足样本区间要求,其应用也受到一定限制。

(4)盈余预测能力

根据美国财务会计准则委员会(FASB)的概念框架体系,会计信息质量的相关性要求企业盈余具有一定的预测能力(Prediatability)。从会计准则制定者的视角而言,盈余预测能力是其中特别重要的盈余质量标准之一。Lipe(1990)[114]将其定义为历史盈余对未来盈余的预测能力,计算时采用和盈余持续性相同的模型,但具体度量有所区别,其是采用模型(4.10)回归残差的标准差衡量 $\sqrt{\sigma^2(\hat{v}_i)}$ 。当其值越大时,表明盈余的预测能力越低,其值越小时,表明盈余预测能力越高。Dechow 等(2010)[106]指出盈余预测能力和盈时，表明盈余预测能力越高。Dechow 等(2010)[106] 指出盈余预测能力和盈余持续性在本质上是基本相同的，是从同一角度对盈余质量的度量，所以和盈余持续性具有相似的特点。

(5)盈余平滑度

盈余平滑度(Smoothness)主要是指管理层利用其掌握的与公司未来收益相关的更多私有信息，对公司当期利润的暂时性波动进行平滑处理，以报告一个更具有代表性的盈余。管理者对当期利润的主观平滑处理降低了会计盈余的及时性，进而导致会计盈余的信息含量也随之降低。根据 Leuz 等(2003)[115] 的界定，盈余平滑度定义如下：

$$Smooth_{i,t} = \sigma_{t-9,t}(\mathrm{OI}_{i,t}/\mathrm{ASSET}_{i,t-1})/\sigma_{t-9,t}(\mathrm{CFO}_{i,t}/\mathrm{ASSET}_{i,t-1}) \tag{4.11}$$

其中，$\mathrm{OI}_{i,t}$为 i 公司 t 时期的营业利润，$\mathrm{CFO}_{i,t}$为 i 公司 t 时期的经营活动现金净流量，$\mathrm{ASSET}_{i,t}$表示 i 公司 t 时期期初($t-1$ 期期末)的总资产，$\sigma_{t-9,t}$表示取十年移动窗口期的标准差。

(6)盈余波动性

盈余波动性(Earnings Variability)一般用公司会计盈余在一定时期内的标准差衡量。其数值越大，表明盈余波动性越强，盈余质量越差；其数值越小，表明盈余波动性越弱，盈余质量越高。Dechow 和 Dichev(2002)[112] 采用经平均总资产标准化后的营业利润(Net Income Before Extraordinary Items)的标准差衡量盈余波动性，其数值越大，表明盈余波动性程度越大。

(7)盈余反应系数

盈余反应系数(Earnings Response Cofficient)的英文简称为 ERC，其定义为公司股票回报水平和增量盈余的回归系数。具体的，股票回报对增量和水平盈余回归的模型如下：

$$\mathrm{RET}_{i,t} = \phi_{0,i} + \phi_{1,i}\mathrm{EARN}_{i,t}/\mathrm{PV}_{i,t-1} + \phi_{2,i}\Delta\mathrm{ERAN}_{i,t}/\mathrm{PV}_{i,t-1} + \upsilon_{i,t} \tag{4.12}$$

其中，$\mathrm{RET}_{i,t}$表示 i 公司第 t 年度结束后三个月后起算的 15 个月内的累计回报率，$\mathrm{EARN}_{i,t}$为 i 公司第 t 年度营业净利润①，$\Delta\mathrm{EARN}_{i,t}$为 i 公司第 t 年度营业净利润的变化量，$\mathrm{PV}_{i,t}$表示 i 公司上期期末总市值。对上述模型进行横截

① 一般而言，在公司不发生重大变化的情况下，营业净利润是例外事项前利润的良好替代。

面或者时间序列回归，回归系数越大，表明股票回报反映会计业绩的能力越强，盈余信息含量也就越高，盈余质量也就越高。

(8)盈余不透明度

盈余不透明度(Earnings Opacity)常用于跨国数据研究，Bhattacharya 等(2003)[16]在其研究中将盈余不透明度定义为企业报告的会计盈余分布不能真实反映无法观测的经济盈余的分布程度。具体而言，将盈余透明度定义为盈余激进度(Earnings Aggressiveness)、盈余平滑度(Earnings Smoothing)和避免亏损(Loss Avoidance)三个项目的平均值予以衡量。

(9)盈余及时性

盈余及时性是指当期会计收益反应经济收益的程度(Ball et al.,2000)[116]。会计盈余对股票回报中包含的好消息和坏消息的反应能力均是盈余及时性的体现。

$$\mathrm{EARN}_{i,t} = \phi_{0,i} + \phi_{1,i}\mathrm{NEG}_{i,t} + \phi_{2,i}\mathrm{RET}_{i,t} + \phi_{3,i}\mathrm{NEG}_{i,t} \times \mathrm{RET}_{i,t} + \upsilon_{i,t} \tag{4.13}$$

其中，$\mathrm{EARN}_{i,t}$为 i 公司第 t 年度例外事项前利润(一般用营业净利润衡量)。$\mathrm{RET}_{i,t}$表示 i 公司第 t 年度结束后三个月后起算的 15 个月内的累计回报率，为虚拟变量，当 $\mathrm{EARN}_{i,t} <0$ 时，取值为 1；当 $\mathrm{EARN}_{i,t} >0$ 时，取值为 0。对模型进行横截面回归，模型调整的拟合优度即为盈余及时性的衡量指标，其数值越大，表明盈余越及时，盈余质量越高。

(10)盈余稳健性

盈余稳健性(Conservatism)的定义在现有文献中并不统一。Basu(1997)[117]将其定义为会计师在确认会计报表时，确认坏消息比确认好消息具有更高的倾向，盈余反映坏消息的程度比反映好消息的程度更大。Ball 等(2000)[116]将盈余稳健性界定为会计盈余反映经济损失和反映经济收益的差异。盈余稳健性研究中主要有以下两种衡量方法：

1)使用盈余及时性模型

在盈余稳健性的研究中，通常采用盈余及时性模型衡量盈余稳健性，具体如下：

$$\mathrm{EARN}_{i,t} = \phi_{0,i} + \phi_{1,i}\mathrm{NEG}_{i,t} + \phi_{2,i}\mathrm{RET}_{i,t} + \phi_{3,i}\mathrm{NEG}_{i,t} \times \mathrm{RET}_{i,t} + \upsilon_{i,t} \tag{4.14}$$

将上述模型的回归系数 $(\phi_{2,i} + \phi_{3,i})/\phi_{2,i}$ 定义为盈余稳健性的衡量指标，其数值越大，代表盈余稳健性越强。

2）基于会计基础的衡量指标

Penman 和 Zhang（2002）[118]的研究认为，当企业拥有的账面未记录资产越多，其会计信息越稳健。依据这一原理，其定义了会计稳健性指数 C - score。模型具体形式如下：

$$C-score=(\text{先进先出储备}+\text{估计的 R\&D 资产}+\text{估计的广告资产})/\text{净资产} \tag{4.15}$$

$C-score$ 的数值越大，代表会计稳健性越高。

（11）财务重述

财务报告重述是上市公司修正前期财务报告中差错的过程，简称为财务重述。西方学者的研究表明，由于财务重述反映了上市公司财务报告的前期差错，严重损害了公司财务报告的可信度，增加了信息不对称，会给公司带来严重的经济后果①（Kravet and Shevlin，2010；Park and Wu，2009；Kedia and Philippon，2009）[119-121]。公司一旦发生财务重述行为，则可以表明公司的盈余质量是相对较低的。使用财务报告重述衡量盈余质量可以避免研究者使用模型主观将低质量公司和高质量公司区分开来，从而避免模型设定偏误导致的后果。但是，财务报告重述衡量盈余质量也存在一些重要缺陷：一方面，由于公司财务重述信息披露得不完善，如果公司盈余质量较低但未进行财务重述，研究者会将其定义为盈余质量较高公司，从而出现严重的判别失误；另一方面，外部监管环境对企业是否进行财务重述行为存在重要影响。

（12）内部控制缺陷报告

根据《萨班斯—奥克斯利法案》的要求，在美上市公司必须在其年报中披露内部控制评价的相关内容，具体报告管理层对内部控制有效性的评估报告，注册会计师对管理层内部控制有效性评估报告的鉴证报告。因此，研究者可以借此发现管理层以及注册会计师报告中提及的公司内部控制缺陷。根据已有文献的证据，内部控制质量与操控性应计利润、盈余持续性等盈余质量指标之间存在显著的正相关关系。由此，内部控制报告可以成为衡量盈余质量的指标。内部控制缺陷报告和财务重述指标一样，具有相似的优缺点。

① 依据时间的长短，财务重述的经济后果可以划分为短期和长期后果。短期后果指财务重述公告日的较短窗口期，一般指 3 ~ 30 天时间内市场层面的经济后果；长期后果指超越财务重述公告日窗口期的当年或之后年度的经济后果。

4.1.3　上市公司会计信息质量的基本状况——基于应计利润质量模型

会计信息盈余质量的衡量方法众多,各种衡量方法从不同视角对盈余质量的不同方面进行测量。其中,代表盈余属性的应计利润模型在文献中得到了广泛使用。因此,本书主要使用应计利润模型估计盈余质量,并以此衡量会计信息质量。在应计利润模型中,具体包括琼斯模型、修正的琼斯模型、DD 模型和修正的 DD 模型。其中,应计利润标准差方法至少需要单一公司存续五年(Francis et al.,2005)[19],限制了其在中国上市公司的应用。在有关中国上市公司的文献中,修正的琼斯模型得到了广泛使用。故本书主要使用修正的琼斯模型衡量会计信息质量。同时,部分文献研究表明修正的琼斯模型并不比琼斯模型更可靠(夏立军,2003)[122]。出于模型简洁性考虑,本书同时使用琼斯模型衡量会计信息质量,以进行相关的稳健性检验。

(1)样本选择与数据来源

本书选择 2007—2014 年中国沪、深两市 A 股上市公司为研究样本。考虑到金融行业会计准则和计量方法的特殊性,删除金融行业公司。为避免样本选择导致的生存偏误,本书在测量会计信息质量时仅仅剔除了琼斯模型和修正的琼斯模型所用变量缺失的样本,以最大限度地保留原始样本①。此外,两类琼斯模型均需要分年度分行业回归,为保证估计结果的可靠性,本书剔除了某一年度单一行业样本观测低于 15 的组别(Roychowdhury,2006)[109]。为控制异常值对应计利润模型估计结果的影响,本书在估计修正的琼斯模型和琼斯模型时,对所用的连续性变量均在 1% 和 99% 分位数进行了缩尾(Winsorize)处理,但在计算操控性和非操控性利润时仍然使用未缩尾的原始数据进行计算。最后,再对计算的操控性应计利润进行 1% 和 99% 分位数的缩尾(Winsorize)处理,以克服异常值影响。本书所有数据处理和统计分析均在 Stata12.1 下完成。本书所使用上市公司财务数据来源于国泰安(CSMAR)数据库。

(2)变量说明

在估计琼斯模型和修正的琼斯模型时,需要利用总应计额、营业收入变

① 在后文第 5、第 6、第 7 章的实证研究中,将进一步依据研究目的进行样本选择。

动、固定资产价值和总资产，修正的琼斯模型还需使用应收账款变动额。

其中，总应计额(TA_i)主要有两种衡量方法：一是采用营业利润减去经营活动现金净流量，常用于美国市场的研究；二是考虑线下项目，采用净利润减去经营活动现金净流量。本书采用第二种方法计算总应计额。

其他变量方面，营业收入变动(ΔREV_i)以当期主营业务收入和上期主营业务收入的差额表示；固定资产价值(PPE_i)以当期期末资产负债表日固定资产的净值表示；应收账款变动(ΔREC_i)以当期期末应收账款余额和上期期末应收账款余额之差表示。总资产(A_{i-1})以上期期末总资产表示。

行业变量：无论是琼斯模型还是修正的琼斯模型，均需要对模型(4.1)进行横截面的分年度分行业回归，因此，正确划分行业类别十分重要。中国上市公司行业分布并不均匀，制造业公司占比较高。因此，本书主要参考国内文献的处理方式，依据中国证监会2001年行业分类进行判别。其中，制造业取两位行业代码，按亚类识别，其他行业取一位行业代码，按大类识别。剔除金融行业后共计21个行业类别。

(3)估计过程说明

在修正的琼斯模型估计过程中主要分为以下五个步骤[①]：第一，首先利用缩尾后的变量对模型(4.1)分行业分年度依次进行无常数项回归，根据行业和年度类别，需要进行158次回归，并记录各组别的回归系数[②]；第二，利用原始变量，根据各组别的系数，代入模型(4.4)计算非操控性应计利润；第三，将实际总应计利润减去非操控性应计利润，即为操控性应计利润；第四，对计算的操控性应计利润在1%和99%分位数进行了缩尾(Winsorize)处理，以克服异常值的影响；第五，对缩尾后的操控性应计利润取绝对值，即为会计信息质量的衡量。此数值越高，表示盈余管理的程度越大，会计信息质量越差。琼斯模型的估计过程与修正的琼斯模型基本一致，只不过在第二步中利用公式(4.2)计算非操控性应计利润。

(4)会计信息质量的统计特征

首先，绘制了琼斯模型和修正的琼斯模型下会计信息质量的直方图[③]，具体如图4-1所示。从中可以发现：第一，两类模型测量的会计信息质量均

① 修正的琼斯模型和琼斯模型详细估计代码见附录一所示。

② 分行业分年度回归次数高达158次，详细的回归结果见附录二所示。

③ 直方图的绘制以及后续的正态性检验使用的是未取绝对值的操控性应计利润。

与正态分布有着显著差异，与正态分布相比，呈现出明显的尖峰厚尾特性；第二，两类模型测量的会计信息质量的图形较为相似，这在一定程度上验证了两类模型测量结果基本相同。

其次，对两类模型计算的会计信息质量进行了基本描述性统计，具体结果如表4－1所示。从中可以发现：第一，琼斯模型和修正的琼斯模型计算的会计信息质量在均值、中位数、标准差、偏度、峰度等重要统计量方面基本一致，再一次表明两类模型计算的结果高度相似；第二，偏度、峰度等数值表明会计信息质量与正态分布相比具有较大差异。

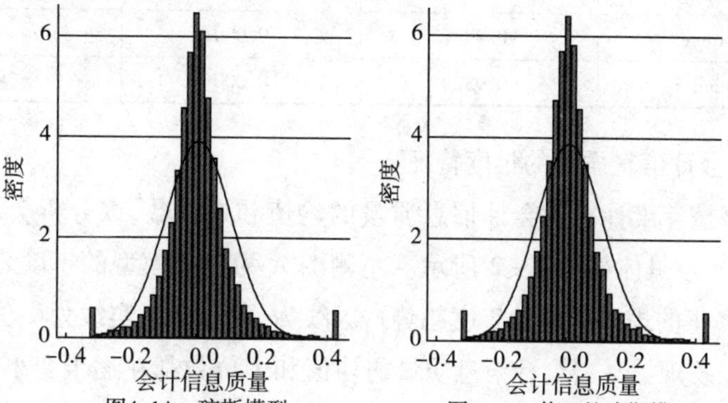

图4–1A　琼斯模型　　图4–1B　修正的琼斯模型

图4－1　会计信息质量直方图

表4－1　会计信息质量基本描述性统计

基本统计量	琼斯模型	修正的琼斯模型
均值	0.0690	0.0700
中位数	0.0450	0.0450
标准差	0.0760	0.0760
最小值	0	0
第二十五分位数	0.0200	0.0200
第七十五分位数	0.0890	0.0900
最大值	0.436	0.442
偏度	2.392	2.383
峰度	9.939	9.918
样本数量	15267	15267

最后，对两类模型计算的会计信息质量进行相关分析。为保证结论的可

靠性，同时采用参数和非参数方法，具体包括皮尔逊相关系数（Pearson）、斯皮尔曼相关系数（Spearman）和 Kendall τ 相关系数进行检验。相关系数如表 4－2 所示。参数和非参数方法下两类模型计算的相关系数均在 0.90 以上，在 1% 的显著性水平上显著正相关。这表明琼斯模型和修正的琼斯模型衡量的会计信息质量具有高度相关性，与直方图等图形展示的结果基本一致。

表 4－2　会计信息质量相关分析

检验方法	相关系数	概率 P 值	显著性水平
Pearson	0.994	0.000	***
Spearman	0.987	0.000	***
Kendall τ	0.932	0.000	***

（5）会计信息质量的年度特征

本书按年度计算了会计信息质量的均值和中位数，以分析会计信息质量年度趋势，具体如图 4－2 所示。左侧图 A 为琼斯模型的年度趋势，右侧图 B 为修正的琼斯模型的年度趋势。虚线为均值趋势，实线为中位数趋势。从中可以发现：第一，会计信息质量的均值和中位数都在逐步变小。由于会计信息质量是反向指标，表明会计信息质量随着时间的推移在不断提高。第二，琼斯模型和修正琼斯模型的年度趋势基本相同，表明两者测量的会计信息质量在年度分布上同样保持一致。第三，均值和中位数的年度趋势线基本平行，表明两者都呈现出相同的逐渐下降态势。

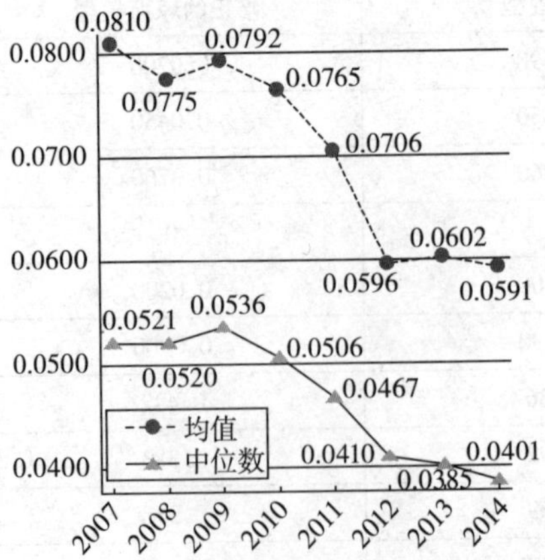

图4-2A　琼斯模型

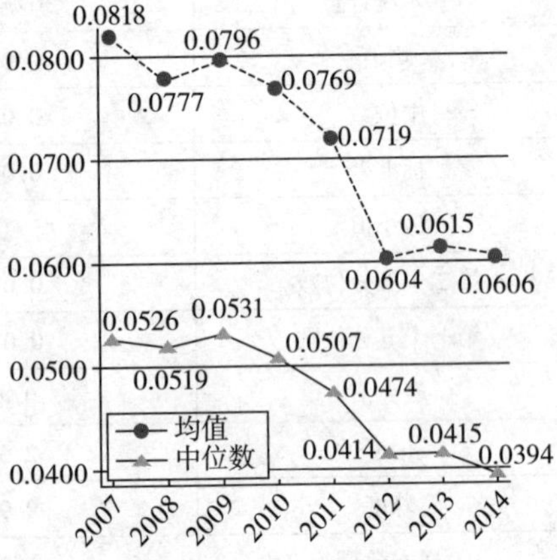

图4-2B　修正的琼斯模型

图 4－2　会计信息质量年度特征

(6)会计信息质量的行业特征

本书按行业类别计算了会计信息质量的均值和中位数,以分析会计信息质量行业特征。图 4 – 3 展示了行业均值分布状况,图 4 – 4 展示了行业中位数的分布状况。

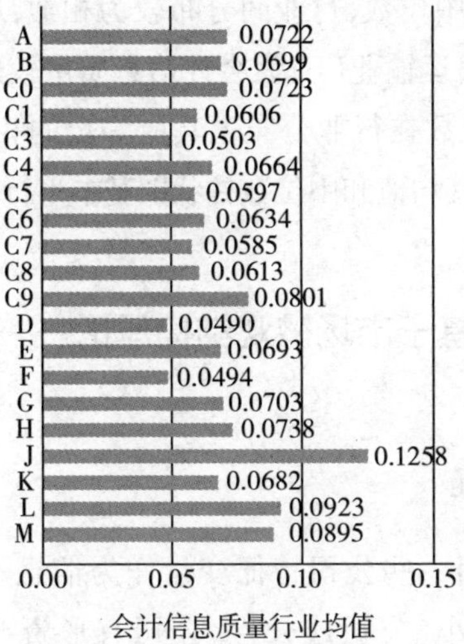

图4–3A 琼斯模型

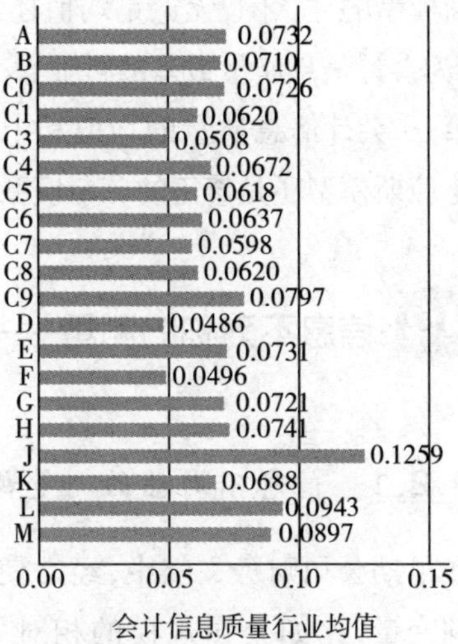

图4–3B 修正的琼斯模型

图 4 – 3 会计信息质量行业特征:均值差异

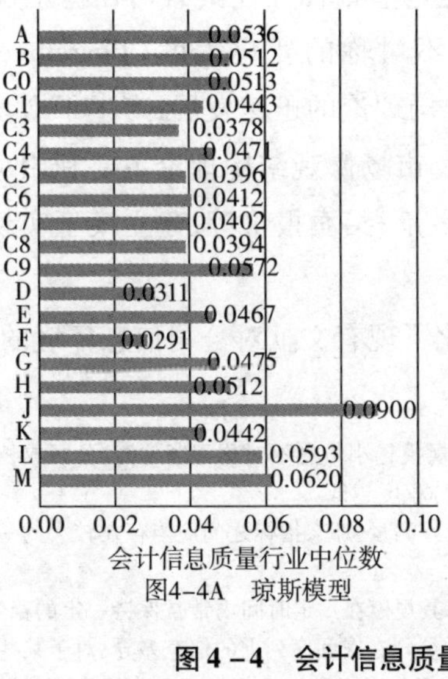

图4–4A 琼斯模型

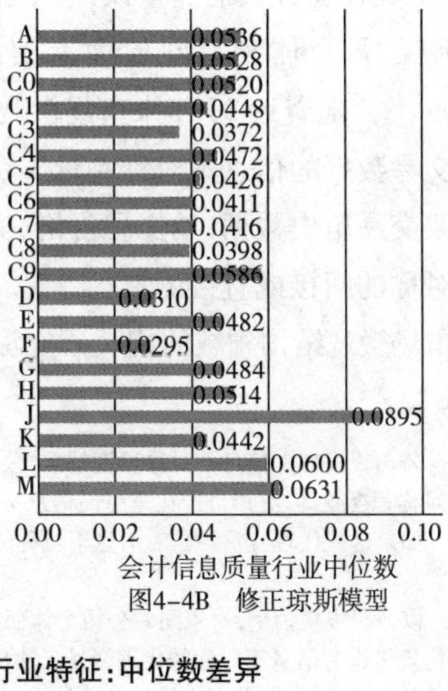

图4–4B 修正琼斯模型

图 4 – 4 会计信息质量行业特征:中位数差异

会计信息质量的行业分布特征呈现出以下特点：第一，不同行业间的会计信息质量存在较大差异。无论是琼斯模型还是修正的琼斯模型，无论是均值还是中位数，均表明会计信息质量指标在不同行业间存在较大差异。第二，琼斯模型和修正的琼斯模型在行业间的分布特征基本一致。对比琼斯模型和修正琼斯模型的柱状图，无论是均值还是中位数，行业间分布较为相似，房地产业(J)为会计信息质量最差的行业，交通运输业(F)为会计信息质量较好的行业。第三，会计信息质量的均值和中位数在行业分布上具有一定的相似性。无论是琼斯模型还是修正的琼斯模型，其均值和中位数柱状图基本平行。

4.2 信息不对称的测量——基于市场微观结构理论

4.2.1 信息不对称的测量视角

在早期公司财务文献中，经常使用一些公司特征变量作为信息不对称的代理变量，比如公司规模的相对大小、公司成长性、公司有形资产比重等①。此类指标主要存在三方面的缺陷：一是这些指标均不是信息不对称的直接测量，无法真实反映信息不对称程度；二是这些指标之间存在不一致性，表明其存在较大的测量误差②；三是这些指标往往具有内在稳定性③，无法反映公司个体和时间层面上信息不对称的变化程度（Bharath et al., 2009）[123]。随着近20年来市场微观结构理论的迅速发展，产生了众多基于股票交易数据的信息不对称测量方法。市场微观结构理论主要利用可观测的股票交易历史数据，如交易价格、交易量、买卖报价等，建立模型实现对信息不对称的间接或直接测量。

市场微观结构领域的相关研究深化了现有文献对公司信息环境的理解，

① 公司规模越大信息不对称程度越低，公司规模越小信息不对称程度越高；公司成长性越快信息不对称程度越高；有形资产比重越高信息不对称程度越低。

② 如果这些代理变量均是对信息不对称的较好测量，那么指标之间应当存在较大的一致性和相关性。

③ 以公司规模为例，对于同一公司个体而言，其规模在一定时间内常常保持一定的稳定性，此时用公司规模作为信息不对称的代理变量无法反映公司在时间序列上的信息差异；对于某些规模相同或接近的公司而言，其公司规模的差异较小，此时用公司规模作为信息不对称的代理变量无法反映不同公司在个体上的信息差异。

其对信息不对称的测量方法在公司财务领域中得到了广泛使用。需要注意的是，众多文献发现市场微观结构测量指标与公司重要特征或重大事件具有显著的相关性。比如，盈余信息(Lee et al.,1993)[124]、公司并购事件(Chae,2005)[125]、公司破产事件宣告(Seredny akov,2005)[126]、股利分配宣告(Graham et al.,2006)[127]、股票分割(Desai et al.,1998)[128]、债券评级(Chae,2005)[125]、公司接管通告(Jennings,1994)[129]、投行资产的不透明性(Flannery et al.,2004)[130]、公司的产权性质(Heflin and Shaw,2000)[131]、披露质量(Heflin et al.,2005)[132]、贷款利率(Odders - White and Ready,2006)[133]、股价投资敏感度(Chen et al.,2007)[134]。这些公司重大事件往往代表着复杂的信息环境，意味着较高的信息不对称程度。而市场微观结构的相关指标与公司重大事件间相关联的一致性，进一步表明了其可以衡量公司信息环境或者信息不对称程度。相对于公司特征变量，基于股票交易数据的市场微观结构变量更加接近信息不对称的内在含义，衡量准确性更高。因此，本书利用市场微观结构的相关研究成果对公司信息不对称进行测量。

4.2.2 信息不对称的测量方法

市场微观结构中可以用来测量信息不对称的方法较多，按测量模型主要分为买卖价差法、知情交易概率法、价量结合法、交易成本法、综合指标法等；按股票交易数据来源又区分为日间交易数据法和日内交易数据法，其中日间交易数据法是以交易日为频率的股票数据计算市场微观结构指标，日内交易数据法是以日内高频交易数据计算市场微观结构指标①。由于各种测量模型之间往往存在密切联系，从而使得按测量模型的方法难以分类，因此，本书主要采用交易数据的方法进行分类。

从数据来源的可靠性上而言，日间交易数据法和日内交易数据法各有优缺点。日内交易数据属于高频数据，以其为数据来源的测量模型往往能实现对信息不对称程度的更加直接的度量，但同时面临着数据可得性、及时性和适用性等问题。日间交易数据更多基于市场微观结构基础理论，其具

① 早期研究多使用交易日频率的日间交易数据。然而，随着数据存储和处理技术的发展，现有研究开始利用日内交易数据。比如，五分钟数据、三分钟数据、一分钟数据、分笔数据(三至五秒刷新一次)、逐笔数据。

有较高的数据可得性优势，在金融市场得到了广泛的应用，但同时面临着准确性问题（Goyenko et al.，2009）[135]。因此，本书主要使用日内交易高频数据的知情交易概率法测度信息不对称。

知情交易概率（EKMO）源自市场微观结构理论中的信息模型，是由 Easley 等（1996）[136]基于做市商市场的序贯交易状况提出的。知情交易概率模型认为市场中的交易在交易日连续地发生于众多股票交易者和做市商之间。交易者依据掌握信息程度的不同可以区分为知情交易者和不知情交易者。知情交易者掌握股票价值的私有信息，其交易目的是利用私有信息获取利润。不知情交易者并不掌握私有信息，其交易目的是保持流动性。

在某一独立的交易日中，信息事件发生的概率为 α。信息事件是指与股票价值相关的新信息，其在不同的交易日之间是相互独立的。进一步地，信息事件又区分为“好消息”和“坏消息”，其中“坏消息”是利空消息，发生的概率为 δ，“好消息”是利好消息，发生的概率为 $1-\delta$。

知情交易者和不知情交易者的交易目的和交易时机均有所不同。不知情交易者并不知道信息事件是否发生，也不知道信息事件的“好”与“坏”，交易是随机性的，故假设不知情交易者的买方与卖方的交易订单到达率为 ε，并服从独立的泊松分布。需要注意的是，在某一独立的交易日，无论信息事件是否发生以及发生消息的“好”与“坏”，不知情交易者的买方与卖方的交易订单到达率均为服从独立泊松分布的概率 ε。但是，知情交易者是基于信息进行交易的，只有当信息事件发生时知情交易者才会进行交易。同样假设知情交易者买方与卖方交易订单的到达率服从独立泊松分布的概率 μ，然而知情交易者在“好”消息发生时会买入股票提交买方订单，在“坏”消息发生时会卖出股票提交卖方订单。基于这一原理，绘制交易订单中买单和卖单到达概率二叉树图：

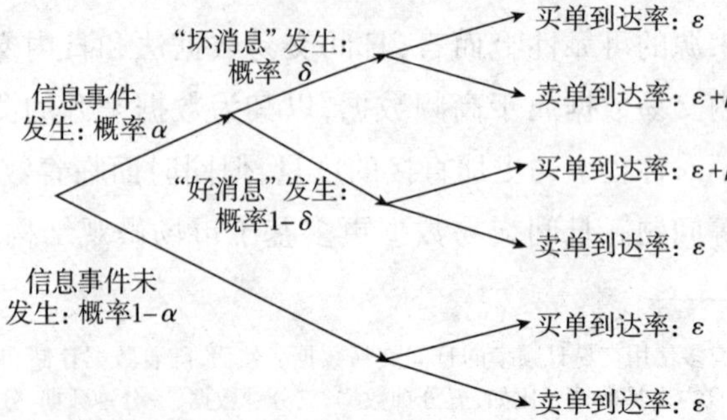

图 4-5　EKMO 模型序贯交易订单到达率二叉树图

根据上述二叉树模型，在某一独立的交易日内，t 时刻一笔卖方订单的到达概率由三部分构成，即“好消息”发生时卖方订单到达率、“坏消息”发生时卖方订单到达率、无消息发生时卖方订单到达率，具体如式(4.16)所示：

$$P(S_t) = \alpha\delta(\varepsilon + \mu) + \alpha(1-\delta)\varepsilon + (1-\alpha)\varepsilon = \alpha\delta\mu + \varepsilon \tag{4.16}$$

其中，由知情交易者发起的卖方订单到达率的概率为：

$$\frac{\alpha\delta\mu}{\alpha\delta\mu + \varepsilon} \tag{4.17}$$

同理，在某一独立的交易日内，t 时刻一笔买方订单的到达概率由三部分构成，即“好消息”发生时买方订单到达率、“坏消息”发生时买方订单到达率，无消息发生时买方订单到达率，具体如式(4.18)所示：

$$P(S_t) = \alpha\delta\varepsilon + \alpha(1-\delta)(\varepsilon + \mu) + (1-\alpha)\varepsilon = (1-\delta)\alpha\mu + \varepsilon \tag{4.18}$$

其中，由知情交易者发起的买方订单到达率的概率为：

$$\frac{(1-\delta)\alpha\mu}{(1-\delta)\alpha\mu + \varepsilon} \tag{4.19}$$

一笔订单中知情交易者发起的订单概率为卖方订单和买方订单概率之和，将式(4.17)和式(4.19)相加得到式(4.20)，即为知情交易概率 PIN：

$$\text{PIN} = \frac{\alpha\delta\mu}{\alpha\delta\mu + \varepsilon} + \frac{(1-\delta)\alpha\mu}{(1-\delta)\alpha\mu + \varepsilon} = \frac{\alpha\mu}{\alpha\mu + 2\varepsilon} \tag{4.20}$$

知情交易概率的计算需要估计 4 个待估参数 $\alpha,\delta,\varepsilon,\mu$，分别代表信息事件发生的概率、“坏消息”发生的概率、不知情交易者订单到达率和知情交易者订单到达率。Easley 等(1996)[136] 提出可以借助极大似然法，利用股票交易历史订单中买入和卖出数据进行估计。具体而言，在某一个具体的交易日内，在信息事件未知的情况下①，交易时间 T 区间内，买方订单和卖方订单次数的似然函数为：

---

① 信息事件未知不仅包括信息事件是否发生未知，信息发生以后是“好消息”还是“坏消息”也是未知的。

$$L[\{B,S\}/\theta] = (1-\alpha)e^{-\varepsilon T}\frac{(\varepsilon T)^B}{B!}e^{-\varepsilon T}\frac{(\varepsilon T)^S}{S!} + \alpha\delta e^{-\varepsilon T}\frac{(\varepsilon T)^B}{B!}e^{-(\mu+\varepsilon)T}\frac{[(\mu+\varepsilon)T]^S}{S!} + \alpha(1-\delta)e^{-(\mu+\varepsilon)T}\frac{[(\mu+\varepsilon)T]^B}{B!}e^{-\varepsilon T}\frac{(\varepsilon T)^S}{S!} \tag{4.21}$$

假设在一定区间 h 内,各个交易日是相互独立的,可以构造联合似然函数,如式(4.22)所示:

$$L(M/\theta) = \prod_{i=1}^{h} L[\{B,S\}/\theta] \tag{4.22}$$

具体而言,利用一定区间 h 个交易日每天买方订单和卖方订单次数,利用最优化方法估计出上述四个待估参数,从而利用式(4.20)计算知情交易概率。

4.2.3 上市公司信息不对称的基本状况

(1)样本选择与数据来源

本书样本公司为2007—2014年中国沪、深两市A股非金融类上市公司。为避免样本选择导致的生存性偏误,在估计知情交易概率时最大限度地利用全部样本公司①。估计上市公司知情交易概率的数据来自大智慧交易数据库,具体为日内交易高频数据。数据记录了交易日内大约每隔一分钟股票交易的最高价、最低价、成交量、成交额、成交均价等信息。针对高频数据的特征,本书借鉴Goyenko等(2009),Hasbrouck,(2009)[135, 137]的做法,对交易观测数据进行筛选:①删除了交易量或交易价格为负的交易记录;②删除了最高买价高于最低卖价的交易记录;③删除了买卖价差高于买卖价格中位数四倍的交易记录;④删除了股票单位价格高于350元以上的交易记录。此外,根据Easley等(1997)[138]的研究,利用EKOP模型估计知情交易概率至少需要60个交易日数据。因此,本书还删除了在一个公历年度的交易区间内交易天数低于90的交易数据。

(2)买卖方向的判断与选择

在利用EKMO模型估计知情交易概率时,估计的输入变量为每个交易

① 后文在具体检验会计信息资本配置作用的计量模型中,则会根据模型所用变量情况做进一步样本筛选工作。

日中买方订单(B)和卖方订单(S)的数量。但是交易所公布的交易数据并未提供某一笔交易是买方发起的(买方订单)还是卖方发起的(卖方订单)。因此,需要依据一定的方法判断交易方向,即确定一笔交易属于买方订单还是卖方订单,才能统计每个交易日买方订单和卖方订单的数量。Lee 和 Ready(1991)[139]依据交易数据建立了订单买卖方向判断准则,并在后续国内外文献中得到了广泛使用。所以,本书主要借鉴 Lee 和 Ready(1991)[139]的方法,依据成交价格与买卖报价中点对比判断订单方向。详细判断准则如式(4.23)所示:

$$BS=\begin{cases} if\ (ASK_{1t}+BID_{1t})/2 > PRICE_t, B \\ if\ (ASK_{1t}+BID_{1t})/2 < PRICE_t, S \\ if\ (ASK_{1t}+BID_{1t})/2 = PRICE_t \begin{cases} if\ PRICE_t > PRICE_{t-1}, B \\ if\ PRICE_t < PRICE_{t-1}, S \\ if\ PRICE_t = PRICE_{t-1}, \\ continue \end{cases} \end{cases} \tag{4.23}$$

具体的,首先计算 t 时刻买卖报价的中点。最高价视为买方的最高报价,记为 ASK_{1t},最低价视为卖方的最低报价,记为 BID_{1t},两者的中点记为 $MA_t=(ASK_{1t}+BID_{1t})/2$。然后将成交价格 $PRICE_t$ 和买卖报价的中点 MA_t 进行对比,当 $PRICE_t$ 大于 MA_t 时,则将此笔订单视为买方发起的,记为 B;当 $PRICE_t$ 小于 MA_t 时,则将此笔订单视为卖方发起的,记为 S。如果 $PRICE_t$ 等于 MA_t,则将 $PRICE_t$ 与上笔交易的价格 $PRICE_{t-1}$ 进行对比,当 $PRICE_t$ 大于 $PRICE_{t-1}$ 时,记为 B;当 $PRICE_t$ 小于 $PRICE_{t-1}$ 时,记为 S。最后,如果 $PRICE_t$ 等于 $PRICE_{t-1}$ 时,则继续对比 $PRICE_t$ 与 $PRICE_{t-2}$ 的大小,以此类推,直至判断出订单方向为止①。

(3)上市公司信息不对称的估计说明

对于信息不对称的估计,需要分年度分公司依次采用最优化方法计算

① 根据 Stata 编制的判别准则程序代码,对比的滞后期数未存在大于 10 的现象。

待估参数,进而利用式(4.20)求取各个公司每一年度的知情交易概率①。在估计过程中,部分样本公司在某一年度可能出现无法收敛的状况。本书将此类公司年度样本进行删除处理。

(4)信息不对称的年度特征

本书按年度计算了信息不对称的均值和中位数,以分析信息不对称年度趋势,具体如图 4-6 所示。

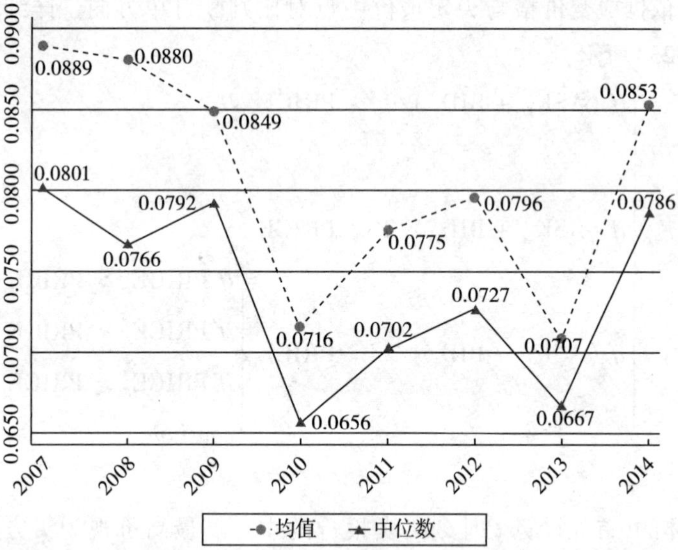

图 4-6 信息不对称年度特征

其中,虚线为知情交易概率均值的年度趋势,实线为知情交易概率中位数的年度趋势。从中可以发现:第一,知情交易概率的均值和中位数年度趋势基本相同。均值趋势线和中位数的趋势线基本平行,均值始终高于中位数。表明两者趋势相同,且存在一定程度的右偏现象。第二,知情交易概率在波动中保持较高水平。反映信息不对称的知情交易概率在 2007—2014 年期间虽然有所波动,但均值和中位数维持在 0.08 和 0.07 左右的高位水平,这表明上市公司的信息不对称水平较高。第三,知情交易概率呈现出"V"形发展态势。在 2007—2014 年期间,知情交易概率呈现出先下降后上升的"V"形发展态势,这表明信息不对称程度在 2008 年之后有所下降,但近两年

① 知情交易概率估计采用 SAS 软件,具体的程序代码见附录四所示。

又出现有所上升的恶化趋势。

(5)信息不对称的行业特征

本书按行业类别计算了知情交易概率的均值和中位数,以分析信息不对称的行业特征。图4-7展示了信息不对称在行业均值和行业中位数方面的分布状况。左侧图A为信息不对称各个行业均值柱状图,右侧图B为信息不对称各个行业中位数柱状图。信息不对称的行业分布特征呈现出以下特点:第一,行业间信息不对称水平存在一定的差异,但并不是很大;第二,行业间信息不对称水平的均值和中位数分布状况呈现出一定的差异。

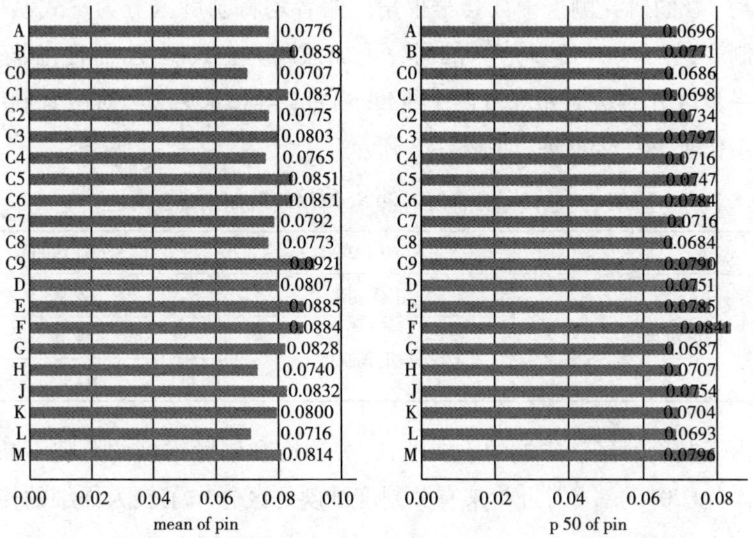

图4-7A　行业均值　　图4-7B　行业中位数

图4-7　信息不对称行业特征

4.3 制度环境的测量

4.3.1 制度环境的概念与维度

对制度及其制度环境概念的详细界定和维度的正确区分是对制度环境进行准确测量的前提(宋渊洋等,2015)[140]。自North和Thomas(1973)[3],North(1981)[66]的研究开始关注制度以来,制度对经济的影响开始成为经济管理学的主要研究主题。根据North(1990)[141]的定义,制度是指包括政治、经济、法律、文化、社会等一系列正式与非正式规则的总和,包括正式制度和非正式制度两个方面。North(1990)[141]关于制度维度的区分相对较为粗糙,后续研究开始关注制度的详细维度。Scott(1995)[142]的研究从社会学角度对制度纬度进行了详细区分,其将制度区分为认知、规范、规制三个方面。

North(1990)[141]和Scott(1995)[142]关于制度环境的界定以及具体维度的区分奠定了制度研究的基石,对后续制度以及制度环境的具体区分和测量产生了重要影响。North(1990)[141]的研究侧重于经济学视角,而Scott(1995)[142]的研究侧重于社会学视角。两者均将制度区分为正式制度和非正式制度,但Scott(1995)[142]的研究更加强调非正式制度,而且将非正式制度进一步区分为认知和规范两个维度。Peng等(2009)[143]对两者制度维度的关系作了进一步梳理,如表4-3所示。

表4-3 North(1990)和Scott(1995)制度维度对比

	North(1990)	Scott(1995)
制度维度区分	正式制度	规制
	非正式制度	规范
		认知

由于制度对经济影响的重要性,有关制度和制度维度的研究不断推进。宋渊洋等(2015)[140]对近年来有关制度维度的区分作了较为详细的梳理,具体如表4-4所示。

表4-4 制度维度具体区分对比①

研究学者	正式制度	非正式制度
Busenitz et al.(2000);Gaur and Lu(2007);Xu et al.(2004)[144-146]	规制	认知与规范
Ghemawat(2001)[147]	管理、经济	文化
Pattnaik(2007)[148]	产品市场、资本市场、劳动力市场、开放程度	政治与社会系统

① 宋渊洋等(2015)对制度环境维度区分作了详细的说明。

续表

研究学者	正式制度	非正式制度
Bae and Salomon(2010)[149]	政治、规制、法律、经济	文化、规范、认知
Berry et al. (2010)[150]	经济、金融、政治、管理、知识、人口、全球连通性	文化

资料来源:宋渊洋等(2015)。相对于宋渊洋等(2015)的总结,本书认为(Busenitz et al. (2000),Gaur and Lu,(2007)以及 Xu et al. (2004)对于制度维度的分类是基本相似的,虽然 Busenitz et al. (2000)将非正式制度划分为认知与规范,但仍然将其综合到一起测量。这与 Gaur and Lu(2007)以及 Xu et al. (2004)的方法是基本相似的。

整体而言,鉴于制度对于经济的重要性,有关制度及其具体维度的研究较多,相关结论亦呈现出一定的差异。然而,由于现有研究多遵循 North(1990)[141]和 Scott(1995)[142]的视角,研究结论仍然呈现出一定的共性。一是大部分研究将制度区分为正式制度和非正式制度两个层面;二是虽然承认非正式制度的多维性,但由于非正式制度的具体维度往往难以区分,在具体操作中常常进行合并研究;三是依据正式制度的职能,对正式制度进行具体化研究;四是较为重视制度环境在不同地区和国家间的差异,侧重于跨国层面制度环境分析。

中国制度环境最重要的特征就是制度环境的变革性和地区制度环境的不平衡性①。一方面,自 20 世纪 70 年代后期以来,中国开展了以市场制度为核心的制度变革,引发了制度环境的重大变革,中国从完全计划经济开始向市场经济转变,而且这一进程依然持续;另一方面,由于中国地域辽阔,国土面积较大,加之中国特殊的改革政策②,导致中国各地区制度环境呈现出较大差异。因此,利用中国各地区制度发展的不平衡性特征,众多文献将国与国之间制度环境对经济影响的研究模式,扩展到中国内部各地区制度环境差异对经济影响的研究。同时,由于中国是一个历史悠久的多民族国家,经历了几千年的民族交流融合过程,在中华民族范围内形成了大致相同的社会规范、道德水准等非正式制度。所以,中国情景的研究更多的是关注正式制度对经济的影响。而且,这种研究还能够控制跨国研究中遗漏不同国

① 一般而言,中国情形下的制度研究多指正式制度,原因在于,改革促进了中国各地区正式制度的变革,并导致各地区制度环境的不平衡性,而非正式制度受到的影响较小。

② 中国的改革开放始于东南沿海地区,经历了由点及面、由东部到西部、由沿海到内地的改革进程。

家具有较大差异的非正式制度影响的优点。

随着制度研究的逐步深入，正式制度的研究呈现出具体化特征，开始按照制度的职能属性进行维度划分（Berry et al.，2010）[150]。正式制度是人类设计的某种规则，以满足某特定领域活动的需要。因此，依据制度所属的领域和职能划分不仅具有一定的合理性，也可以研究制度具体职能的详细状况。一般而言，根据制度职能的划分，正式制度主要包括政治、经济、金融、法律等维度。考虑到中国作为中央集权制的国家，以及改革开放对正式制度的影响，市场化程度、金融发展水平和法律环境无疑是影响经济的重要制度维度。因此，本书从正式制度的视角出发，考察市场化程度、金融发展水平和法律环境等正式制度对会计信息资本配置作用的影响①。

4.3.2 制度环境的测量方法

不同文献有关制度环境的测量有所差异。本书将有关中国制度环境的测量方法进行梳理对比，尤其关注市场化程度、金融发展水平和法律环境三个方面的测量。结合本书的研究主题，根据各种测量方法的特点，选择恰当的方法对中国制度环境进行测量。

（1）市场化程度测量方法

现有文献中对于市场化程度的测量主要有以下几种方法：一是市场化指数。多数文献直接使用樊纲（2011）[103]的市场化指数作为市场化水平的衡量（刘慧龙等，2014；孙铮等，2005；Firth et al.，2009；Wang and Song，2013）[83, 151-153]。二是市场化指数的二级、三级分指标。此类文献并未采用樊纲(2011）[103]的市场化指数作为市场化程度的衡量，而是采用市场化指数的次级指标。比如采用二级指标产品市场发育程度（Gao et al.，2010）[154]、要素市场发育程度等（丁烈云等，2008）[155]。三是使用国内生产总值（GDP）占政府预算的比重。市场化程度反映了市场在资源配置方面发挥的作用。市场化程度越高，资源更多地由市场进行配置；市场化程度越低，资源更多地由政府进行配置。因此，采用市场在资源配置中的作用可以衡量市场化程度（Wang and Qian，2011）[156]。四是依据研究主题的其他方法。部分文献不

---

① 当然，已经有学者注意到非正式制度在中国各地区的差异性，并开展了相关研究。这既是本书的一个局限，也是未来的研究方向。

关注整体市场化状况,而关注市场化的某一个具体方面,常采用调查问卷等方法进行测量,比如采用问卷调查方法调查各地区企业家精神的市场化程度(蒋春燕等,2010)[157]。

(2)金融发展水平测量方法

现有文献中对于金融发展水平的测量主要有以下几种方法:一是市场化指数的二、三级分指标。樊纲(2011)[103]的市场化指数包括五个方面,其中一方面为要素市场发育。要素市场发育的第一个方面即为金融业市场化,具体包括金融业竞争以及信贷资金分配市场化。该指标越高,代表金融业竞争越激烈,银行更多的是按市场经济原则进行信贷决策,表明地区金融发展程度越高,可以用于衡量金融发展水平(代光伦等,2012;解维敏等,2011;刘行等,2014;黄志忠等,2013;沈红波等,2011)[74, 77, 158-160]。二是银行融资发达程度。金融发展水平的高低可以用企业利用银行进行融资的便利程度进行衡量。当金融发展水平越高时,企业越容易从银行筹集到需要的资金。诸多文献利用此原理构建了反映金融环境的指标,比如金融机构存款余额占国内生产总值(GDP)的比例(张璟等,2008)[161]、银行向非国有部门贷款占国内生产总值(GDP)的比例(张军等,2005)[72]、银行期末贷款余额占国内生产总值(GDP)的比例(郑志刚等,2010)[162]、去除非农业贷款后贷款余额占国内生产总值(GDP)的比例(郑志刚等,2010)[162]、金融机构贷款总额占国内生产总值(GDP)的比例(唐松等,2009)[163]、金融资产占国内生产总值(GDP)的比例、短期贷款总额与长期贷款总额之比(金祥荣等,2008)[164]等指标。三是证券融资发达程度。银行业仅仅是金融环境的一个方面,企业通过多种金融渠道进行资金融通,比如证券市场。因此,已有文献使用证券市场的发展程度衡量金融发展水平,比如股票市场总市值占国内生产总值(GDP)的比例、股票市场的流通市值占国内生产总值(GDP)的比例、上市公司数量与人口数量的比例(郑志刚等,2010)[162]。

(3)法律环境测量方法

现有文献中对于法律环境的测量主要有以下几种方法:一是市场化指数的二、三级分指标。比如使用二级指标"中介组织发育和法律制度环境"作为对法律环境的衡量(刘慧龙等,2014)[83]。二是世界银行问卷调查指数。世界银行2006年出版了《政府治理、投资环境与和谐社会——中国120个城市竞争力的提升》的研究报告(世界银行,2006)[165]。该项报告旨在反映各地政府的服务质量，其中有一项为“对法律的信心指数”，可以衡量法律环境（万华林等，2010）[166]。三是经济案件结案率。经济案件结案率是指经济案件的结案数量和收案数量的比率。由于案件的结案依赖于法院的审判和执行效率，代表了各地区法律体系的效率，可以衡量法律环境（余明桂等，2008）[167]。四是公检法财政支出占国内生产总值（GDP）的比重，其原理在于利用法律系统的投入量衡量法律制度环境（金祥荣等，2008）[164]。

（4）制度环境测量方法的对比与选择

现有文献中有关制度环境的测量方法较多，如何从众多方法中选择适合研究主题的测量方案十分重要。综合现有制度环境测量方法，一共可以划分为三种类别，各类测量方法各有其优缺点。

一是结合研究主题采用问卷调查等一手数据来源直接进行制度环境测量。如用问卷方法调查各地区企业家精神的市场化程度（蒋春燕等，2010）[157]。这种方法具有紧密结合研究主题的优点，但同时存在工作量大、数据信度、效度以及可重复性差等缺点。中国地域辽阔、地区众多，以全国范围为情景的研究直接使用问卷调查法工作量太大，收集处理数据的任务艰巨，往往难以实现。由于问卷调查本身的信度、效度等问题又难以实现较好的控制和检验，而且此类工作的可重复性较差。这些问题都严重限制了问卷调查法的使用。

二是使用经济统计数据作为代理变量进行制度环境的测量。如国内生产总值（GDP）占政府预算的比重（Wang and Qian，2011）[156]、经济案件结案率（余明桂等，2008）[167]、公检法财政支出占国内生产总值（GDP）的比重（金祥荣等，2008）[164]、金融机构存款余额占国内生产总值（GDP）的比例（张璟等，2008）[161]、银行向非国有部门贷款占国内生产总值（GDP）的比例（张军等，2005）[72]、银行期末贷款余额占国内生产总值（GDP）的比例（郑志刚等，2010）[162]、去除非农业贷款后贷款余额占国内生产总值（GDP）的比例（郑志刚等，2010）[162]、金融机构贷款总额占国内生产总值（GDP）的比例（唐松等，2009）[163]、金融资产占国内生产总值（GDP）的比例、短期贷款总额与长期贷款总额之比（金祥荣等，2008）[164]、股票市场总市值占国内生产总值（GDP）的比例、股票市场的流通市值占国内生产总值（GDP）的比例、上市公司的数量与人口数量的比例（郑志刚等，2010）[162]等指标。此类方法往往根据研究主题利用经济统计数据构建制度环境测量指标。这类指标相对容易获取和验证，且具有较大的灵活性，多用于行业、区域层面的研究。但是这些指标均不是对制度环境的直接测量,容易出现较大的测量误差。比如,反映法律环境的两个指标:公检法财政支出占国内生产总值(GDP)的比重(金祥荣等,2008)[164]、经济案件结案率(余明桂等,2008)[167],分别是从法律投入和法律产出角度测量法律环境,均不是对法律环境的全面测量。再如,反映金融发展水平的两类指标:银行融资发达程度和证券融资发达程度,仅仅反映了金融环境的一个方面,难免存在较大的测量误差。因此,此类指标较少用于企业层面的微观研究。

三是利用樊纲(2011)[103]的中国市场化指数及其二级、三级分指标进行制度环境的测量。在制度环境测量方法中,使用最为广泛的就是樊纲(2011)[103]的《中国市场化指数——各地区市场化相对进程2011年报告》。樊纲等自2001年发布第一个市场化进程报告以来(樊纲等,2001)[168],已经先后发布了6个有关市场化进程的研究报告(樊纲等,2011;樊纲等,2003;樊纲等,2004;樊纲等,2007;樊纲等,2010)[103, 169-172]。该报告采用统计数据和问卷调查相结合的方法,从政府与市场关系、非国有经济发展、产品市场发育程度、要素市场发育程度、市场中介组织的发育和法律制度环境五个方面对中国各地区的市场化程度进行了测量。该报告提供了一个市场化指数的总得分,五个方面的一级指标得分,26个二级、三级指标得分,对市场化的各个方面进行了较为全面的测量。该指标作为对中国各地区制度环境的直接测量,是中国制度环境测量最重要的研究成果之一,在后续文献中被广泛使用。据不完全统计,直接使用或者在此指标上进一步开发作为制度环境测量的核心期刊文献在百篇以上①。

综合上述对比分析的结果,本书选择樊纲(2011)[103]的市场化指数及其各个分指标,衡量市场化程度、金融发展水平和法律环境等制度环境。原因在于:首先,此指标在现有文献中得到了广泛使用,具有一定的公信力;其次,此指标比较适合企业层面的微观研究,符合本书的研究主题;最后,采用相一致的方法对市场化程度、金融发展水平和法律环境进行评价,研究结论具有更好的一致性和可比性。具体而言,本书使用市场化指数总得分衡量市场化程度,记为MFE;使用"要素市场发育程度"下属的二级指标"金融业市场化"衡量金融发展水平,记为FFE;使用"市场中介组织的发育和法律制

① 应用此指标衡量制度环境的文献较多,本书未将全部文献列示于参考文献目录。

度环境”衡量法律环境，记为 LFE。

樊纲(2011)[103]的市场化指数的最新数据更新至 2009 年，缺失 2010—2014 年的数据。对于缺失数据的处理，现有文献有两种主要的处理方法：一是采用 2009 年的数据直接替代。考虑到市场化进程是相对稳定的渐进过程，故采用 2009 年地区市场化指数近似代替 2010—2014 年的市场化指数(孙铮等，2005；王彦超等，2008；夏立军等，2005)[151, 173, 174]。二是采用一定方法进行估算。主要包括平均增长率法(余明桂等，2008)[175]、一元线性回归法(徐光伟等，2010)[176]、移动加权平均法等。在后文实证研究中，本书不仅采用直接替换法估计 2010—2014 年的缺失数据，而且采用平均增长率法、一元线性回归法和直接删除法进行相应的稳健性检验①。

现有文献已经注意到，无论上述哪一种方法均可能存在误差②。因此，现有文献中对此指标的测量尺度进行了降类处理，将原始的定比数据降低为定类数据，尽量降低测量误差的影响。因此，本书分年度计算了各地区市场化程度、金融发展水平和法律环境的中位数，将高于中位数地区定义为市场化程度、金融发展水平和法律环境高，取值为 1，低于中位数地区定义为市场化程度、金融发展水平和法律环境低，取值为 0，从而实现了定比数据到定类数据的转化③。

4.3.3 上市公司制度环境的基本状况

本书利用樊纲(2011)[103]的市场化指数的总得分以及相应的子指标衡量市场化程度、金融发展水平和法律环境。上市公司以其注册地为依据，确定相应的制度环境的测量数据。考虑到制度环境是以地区为依据进行测量，本书首先分析了上市公司区域分布状况，然后对中国各地区市场化程度、金融发展水平和法律环境的制度状况作了分析，以初步了解中国制度环境的差异及其对上市公司可能存在的影响。

截至 2015 年 12 月 31 日，中国沪、深两市 A 股共计 2814 家上市公司，其

① 直接替换法、一元线性回归法和平均增长率法下的制度环境估计结果如附录五所示。

② 误差既包括樊纲等(2011)指数本身的测量误差，也包括直接替换法和估算法等方法的误差。

③ 在 4.3.3 的制度环境评价中，本书采用原始的定比数据进行评价。

中主板上市公司1542家,中小企业板777家,创业板495家[①]。依据公司的注册地,上市公司区域分布状况极其不平衡。图4－8依据上市公司数量从高到低绘制了区域分布的柱状图。广东省的上市公司数量最多,高达423家。青海省的上市公司数量最少,仅有10家。两者相差40余倍。其中,广东、浙江、江苏、北京和上海的上市公司数量超过200家,而宁夏、西藏、青海的上市公司数量在20家以下。

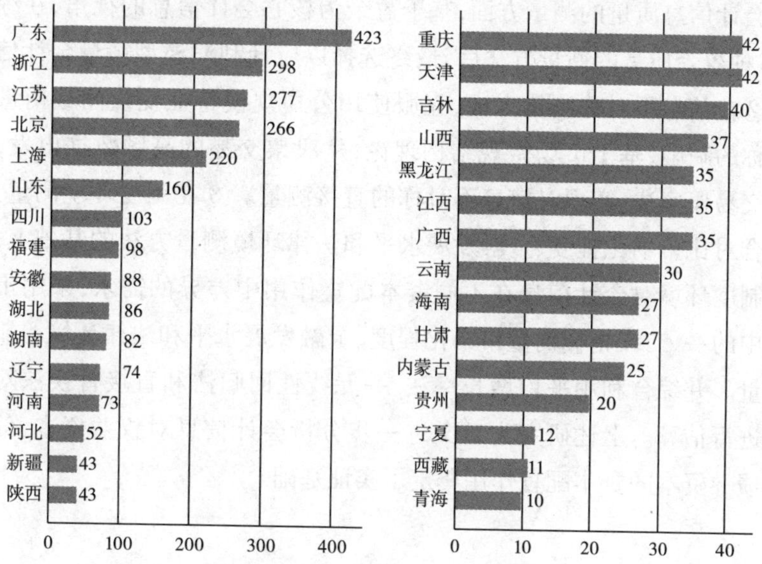

图4－8 上市公司区域分布

中国上市公司的区域分布呈现出明显的东部地区大于中部地区、中部地区大于西部地区的态势。在中部地区,江西省的上市公司数量偏少,仅有35家,相对低于其他中部省份。在西部地区,四川和新疆地区的上市公司数量较多,其中四川省的上市公司数量达103家,仍然高于一般的中东部省份。

一是中国各地区制度环境具有一定的不平衡性。二是中国制度环境呈现出明显的东部地区大于中部地区、中部地区大于西部地区的态势。

① 根据WIND数据库整理统计。

4.4 本章小结

本章在梳理、对比、总结相关测量方法的基础上，对后续实证研究中使用的会计信息质量、信息不对称和制度环境变量进行了测量，并利用中国上市公司 2007—2014 年的样本数据，对三个指标的基本状况进行了评价。①在会计信息质量的测量方面，基于盈余为核心会计信息的视角，在综合对比 11 种盈余质量的衡量方法后，最终选择以应计利润模型衡量会计信息质量。②在信息不对称测量方面，克服使用公司规模特征变量间接衡量信息不对称的缺陷，基于市场微观结构理论，从股票交易的高频数据出发，利用知情交易概率法，实现对信息不对称的直接测量。③在制度环境测量方面，在综合对比市场化程度、金融发展水平和法律环境测量方法的基础上，考虑对比制度环境对会计信息在不同资本配置作用中差异的需求，采用市场化指数中的一、二级指标衡量市场化程度、金融发展水平和法律环境等制度环境变量。并综合利用平均增长率法、一元线性回归法和直接替换法对缺失数据进行估算。上述研究为后文进一步分析会计信息对权益资本、信贷资本和债券资本的资本配置作用奠定了实证基础。

5 会计信息与权益资本配置

权益资本是市场中最重要的资本来源之一。自1991年中国建立股票市场以来，经过20多年的发展，上市公司的数量和规模取得了快速发展，其中，上市公司数量增长至2827家，总市值增加至53万亿元①。投资者的规模也不断扩大，投资者开户总数突破3亿户②。在中国资本市场的发展历程中，中国上市公司呈现出强烈的股权融资偏好，股权融资的规模呈现出持续上涨的态势。截至2015年年底，中国上市公司累计实际募集股权融资7.5万亿元，其中首发募集资金2.4万亿元，增发募集资金4.5万亿元，配股募集资金0.6万亿元③。股权融资是上市公司外源融资的重要组成部分，成为资本市场中最重要的资本来源。从公司层面而言，权益资本是公司最重要的外部资金来源，以合适的成本价格募集恰当的权益资本对于公司发展尤为重要。从市场层面而言，合理引导投资者的资金通过股权投资流向有价值的商业项目是市场效率的重要体现，这对于资本市场的正常运转以及经济的健康发展都具有重要意义。

虽然中国资本市场中上市公司的数量和规模取得了快速增长，股权融资的基本功能已经逐步实现，但是权益资本配置过程中依然存在诸多问题，严重阻碍了资本市场的进一步发展。这些问题既包括市场经济普遍面临的共性问题，也包括具有中国鲜明制度背景的特殊问题。一方面，无论是在西方发达国家中较完备的资本市场，还是在中国“新兴加转轨”背景下不完善的资本市场，信息不对称和代理问题都普遍存在，是影响权益资本配置的重要障碍。另一方面，中国“新兴加转轨”背景下制度的不完备性，为权益资本

---

① 数据源自WIND数据库，为2015年12月末的统计数据。
② 数据源白WIND数据库，为2015年6月末的统计数据。
③ 数据源自WIND数据库，为2015年12月末的统计数据。

的配置增加了新的障碍，并与信息问题和代理问题交织在一起，严重影响了资本市场的正常运转和权益资本的良好配置。在这种背景下，如何实现权益资本的优化配置成为理论和实践中的重要问题。

权益资本成本是权益资本配置中的核心概念。从投资者视角而言，权益资本成本是投资者要求的内含报酬率；从企业视角而言，权益资本成本是企业使用资金付出的成本。在资本配置市场层面，权益资本成本作为权益资本的价格信号，是权益资本配置的重要工具，对于引导权益资本的流向发挥着关键作用。在宏观经济运行层面，权益资本成本是反映资本市场发展和证券制度建设的基本考量指标，反映着资本市场整体的运作效率（肖珉，2008）[177]。在某种程度上，权益资本成本的高低代表了证券市场发达程度和资源配置的效率（徐浩萍等，2007）[178]。在微观的企业层面，权益资本成本是企业筹集资金和投资项目的重要参考，对企业的财务决策、经营绩效和公司价值都具有十分重要的影响。由此可见，权益资本成本作为一种定价机制，成为权益资本配置中的重要方面。

基于权益资本成本在权益资本配置中的核心地位，众多文献以权益资本成本为视角，考察影响权益资本配置的重要因素。一方面，信息和信息披露水平的提高，能够有效缓解资本市场中面临的信息和代理问题，降低权益资本成本，促进权益资本的优化配置。另一方面，在中国"新兴加转轨"的背景下，制度环境也是影响权益资本成本的重要因素，在权益资本配置过程中发挥着重要作用。比如，随着投资者法律保护水平的提高，权益资本成本会有所降低（王俊秋，2013；Hail and Leuz，2006；沈艺峰等，2005；肖珉等，2008）[179-182]。会计信息是资本市场中具有竞争性的信息来源之一，在权益资本配置的过程中发挥着重要作用。会计信息质量的提高能够显著降低权益资本成本，促进权益资本的优化配置（Botosan and Plumlee，2002；Botosan，1997；Fu et al.，2012；Liangliang，2013；Chen et al.，2015）[14, 15, 183-185]。

会计信息是通过一系列复杂的渠道发挥降低权益资本成本的作用，比如降低信息不对称、缓解代理问题、发挥治理作用等。在现有文献中，研究者在理论分析中注意到了会计信息产生经济业绩的渠道，并依据这些渠道推导出高质量会计信息能够降低权益资本成本，但在实证检验中却忽略了这些中间渠道，而是直接检验会计信息质量和权益资本成本之间的关系。这样处理具有研究设计上的简洁性，能够迅速扩展会计信息经济业绩的研究领域,但是也存在一些问题无法解释。比如,会计信息降低权益资本成本的中间渠道是否存在?如果存在,哪些渠道发挥主要作用,哪些渠道未能够发挥作用?而这些问题的解答,对于扩大会计信息的经济业绩、优化权益资本配置具有重要的理论和实践意义。此外,会计制度和其他制度特征之间可能存在强大的相互作用。在中国"新兴加转轨"的制度背景下,会计信息影响权益资本配置的作用可能会受到制度环境的影响。从制度环境视角考察会计信息对权益资本的配置作用十分必要。

在第3章的理论分析中,基于资本配置中面临的问题,将会计信息资本配置的微观机制区分为信息效应和治理效应,并指出制度环境对会计信息资本配置作用存在"互补性"或"替代性"关系。在上述理论的基础上,结合中国权益资本市场的运行状况,从权益资本成本的视角出发,进一步理论分析了会计信息影响权益资本配置的微观机制以及制度环境对会计信息权益资本配置作用的影响。随后利用中国沪、深两市A股上市公司的经验数据,借助中介效应模型、分组回归和自体抽样法等计量模型,对理论分析所提出的假设进行了实证检验。

本章的内容安排如下:第一节为理论分析与研究假设,主要以权益资本成本为视角,围绕会计信息在权益资本配置中的作用、微观机制以及制度环境对会计信息权益资本配置作用的影响进行分析,并提出了可检验的研究假说;第二节为研究设计,主要包括样本选择和数据来源、核心变量权益资本成本的测量、解释变量和控制变量的测量,以及模型构建四个组成部分;第三节为实证结果分析,具体遵循描述性统计、相关分析、多元线性回归分析的步骤展开;第四节为稳健性检验,主要进行了关键变量权益资本成本、会计信息质量、制度环境的稳健性检验,同时进行了面板数据模型和滞后项回归的内生性检验;第五节为研究结论。

5.1 理论分析与研究假设

5.1.1 会计信息影响权益资本配置的作用

权益资本配置是会计信息重要的经济业绩。作为资本市场中具有竞争性的信息来源,高质量会计信息能够缓解权益资本配置中的信息问题和代理问题,降低权益资本成本,优化权益资本配置。

首先,会计信息能够缓解权益资本配置过程中的信息问题,降低权益资本成本。具体主要有以下几种渠道:①降低投资者之间的信息不对称。高质量会计信息能够有效降低不同投资者之间的信息不对称程度。对于会计信息质量较高的公司,投资者将会认为与其他投资者之间的股票交易更多的是按"公允价值"进行的。这将提高公司股票的流动性,降低投资者股票交易成本,增加股票需求,从而降低权益资本成本。②降低管理层和投资者之间的信息不对称。高质量会计信息可以有效缓解管理层和投资者之间的信息不对称程度,降低投资者对公司未来收益进行预测时的估计风险,从而降低投资者要求的必要报酬率。③降低信息的不确定性。高质量会计信息可以更好地反映企业的经营状况,既能在一定程度上降低信息本身的不确定性,又能在一定程度上提高对企业不确定性经营状况的预测。这能够有效降低投资者利用信息进行投资决策的评估风险,从而降低投资者的风险溢价和投资回报率,进而降低权益资本成本。④信号效应。高质量会计信息能够发挥信号传递的效应。具有良好商业项目的"好"公司可以通过高质量会计信息向投资者传递信号,从而吸引投资者的资金。不具有良好商业项目的"差"公司无法模仿这一行为,其提高会计信息质量的行为会帮助投资者识别其"差"商业项目的事实,反而会引发投资者的逃离行为。因此,会计信息质量还发挥着信号传递的效应,高质量会计信息往往代表着公司拥有良好的商业项目,从而降低了管理层和投资者的信息不对称,吸引投资者的资金,更容易得到投资者偏好,进而降低权益资本成本。⑤增强证券分析师和信息中介的信息调节作用。高质量会计信息可以降低分析师和信息中介获取信息的成本,这会导致两方面的影响:一是增加分析师和信息中介的关注程度,二是提高分析师和信息中介供给信息的精确程度。无论是分析师和信息中介关注度的增加,还是供给信息精确度的增加,都能够间接地向投资者传递更多有关公司价值的信息,降低信息不对称,降低权益资本成本。⑥辅助决策效应。高质量会计信息可以向管理者和投资者提供决策相关的信息,帮助管理者和投资者识别项目的好坏。此外,高质量会计信息还能够更好地反映到股票价格之中,从而通过股票价格,间接帮助管理者和投资者识别项目好坏。总体上,高质量会计信息通过直接和间接的方式提供识别项目好坏的信息,发挥辅助决策效应。这些既有利于提高企业的资本效益,又能降低投资者的投资风险,进而降低权益资本成本。

其次,会计信息能够缓解权益资本配置过程中的代理问题,降低权益资本成本。当股权投资者将资本投入企业之后,将由企业的管理层进行资本的运营和管理。由于管理层和股东之间存在动机和利益差异,管理层有动机从事损害投资者的经济活动以增加自身利益。这种代理问题将使股东面临高昂的代理成本,股权投资者往往通过提高股票回报率的方式对自身承担的代理风险进行补偿,从而提高了权益资本成本。高质量会计信息本身就是公司治理机制的重要组成部分,同时又是其他治理机制的重要输入变量,可以提高治理效应,降低企业的代理问题,进而降低权益资本成本。会计信息降低权益资本成本的渠道具体有以下两种:①约束管理层的决策。高质量会计信息能够较好地反映企业财务状况和经营成果,能够对管理层的行为和决策形成一定约束,进而控制管理者将资金投向较好的商业项目以及从较差的商业项目中剥离。②降低管理者对投资者利益行为的剥削。高质量会计信息能够为企业各项治理机制提供重要支持。公司各项治理机制在缓解代理问题过程中大量使用会计信息,比如董事会对管理层的薪酬合约往往以会计信息为基础。高质量会计信息有助于促进各项治理机制正常发挥作用,抑制管理层对投资者利益的剥削,降低代理成本。总体而言,高质量会计信息既能形成对管理层的约束,又能降低管理者对投资者利益行为的剥削,缓解股权投资者面临的道德风险问题,有效降低投资者面临的代理成本,从而降低权益资本成本。

综合上述会计信息影响权益资本配置的分析,提出以下研究假说H5-1。

假说 H5-1:会计信息通过调整权益资本成本影响权益资本配置。在其他条件一定的情况下,会计信息质量越高,企业面临的权益资本成本越低。

5.1.2 会计信息影响权益资本配置的微观机制:信息效应大于治理效应

会计信息能够通过多种渠道影响权益资本成本,发挥权益资本配置作用,如图5-1所示。依据权益资本配置过程中面临的信息问题和代理问题,可以将会计信息降低权益资本成本的渠道汇总为两种微观机制:信息效应和治理效应。会计信息的信息效应是通过多种方式作用于信息问题,通过缓解信息问题降低权益资本成本;会计信息的治理效应是通过多种方式作用于代理问题，通过缓解代理问题降低权益资本成本。

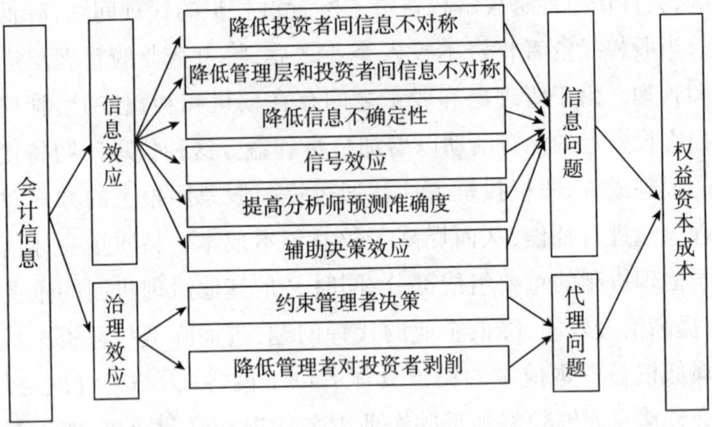

图5-1　会计信息影响权益资本配置的微观机制：信息效应与治理效应

根据上文的分析，会计信息通过信息效应和治理效应的微观机制降低权益资本成本，影响权益资本配置。那么，在中国上市公司中，会计信息降低权益资本成本的信息效应和治理效应是否均在发挥作用？如果两种效应同时存在，信息效应和治理效应是同等重要，还是一种效应居于主导地位？这些问题的解答对于进一步促进会计信息权益资本配置作用的发挥具有重要意义。

一般而言，会计信息的信息效应和治理效应的大小取决于市场对公有信息的依赖程度以及投资者参与治理的能力等。市场对公共信息的依赖程度越强，会计信息的信息效应越大。当投资者积极参与公司治理，规避风险的能力越强，会计信息的治理效应越大。中国上市公司的权益资本市场是公开募集资本的市场。上市公司需要向公众投资者披露有关公司经营管理的各种信息。投资者获取信息的主要来源是公司披露的公有信息。因此，在权益资本市场，投资者广泛利用会计信息进行投资决策，会计信息的信息效应能够较充分地发挥作用。权益资本市场的投资者属于公众投资者。公众投资者积极主动地参与公司治理的动机较小，能力较弱。当管理层未按照约定用途使用投资者资金而损害投资者利益时，投资者更多的是选择"用脚投票"的方式规避自己面临高昂的代理成本和信息风险，而不是主动参与公司治理去约束管理层。因此，在权益资本市场，投资者利用会计信息参与公司治理降低代理问题的效应较小。

综合上述会计信息影响权益资本配置微观机制的分析，提出以下研究假说 H5 - 2。

假说 H5 - 2：会计信息通过信息效应和治理效应的微观机制降低权益资本成本，且信息效应大于治理效应，发挥主导作用。

5.1.3 制度环境对会计信息权益资本配置作用的影响：互补性

在中国转型时期的经济背景下，会计信息的作用必将受到外部制度环境的影响。制度环境会影响企业行为的收益或损失，进而影响企业的行为动机与决策偏好（North，1990）[141]。会计信息通过调节权益资本成本发挥资本配置作用，但这种影响在不同的制度环境下可能存在差异。市场化程度、金融发展水平和法律环境是中国制度环境中最重要的三个方面，对会计信息的权益资本配置作用存在重要影响。

（1）市场化程度的影响

从市场化视角而言，会计信息影响权益资本成本的作用在处于不同市场化程度的企业中可能存在显著差异。相对于处于市场化程度低地区企业，会计信息影响权益资本成本的作用在市场化程度高地区企业中较大，主要原因有以下两个方面。

首先，市场化影响资源配置过程中信息的利用效率，进而影响会计信息的权益资本配置作用。高质量会计信息能够通过多种方式降低信息不对称，缓解信息问题，降低权益资本成本，但这依赖于企业所处的市场化环境。在市场化程度较高地区，资源配置更多的是由市场决定的，会计信息质量能够作为资源配置的重要信号，并在权益资本配置的过程中充分发挥定价作用。在市场化程度较低地区，资源配置受到一定程度的行政干预，资本的配置更多的是由政府决定的，会计信息在权益资本配置过程中的作用受到限制，降低权益资本成本的积极影响也被削弱。

其次，市场化影响企业的行为目标，进而影响会计信息权益资本配置作用的发挥。市场化作为企业的经营环境，对企业的行为目标产生全面影响。在市场化程度较高地区，企业面临较强的竞争环境，企业行为目标更多以市场为导向，通过积极提高会计信息质量，降低信息问题和代理问题，降低权益资本成本。在市场化程度较低地区，政府干预程度较高，经济制度更加政治化，企业倾向于通过寻租、垄断、政府公关等活动进行股权融资。企业行为目标的变化影响了会计信息作用的发挥，削弱了会计信息对权益资本配置的积极影响。

基于以上分析，本书提出假说 H5－3A。

H5－3A：会计信息的权益资本配置效应受到市场化程度的影响。相对于市场化程度较低地区，会计信息降低权益资本成本的效应在市场化程度较高的地区更大。

(2)金融发展水平的影响

金融发展的研究经历了从宏观机制向微观机制转变的过程。在金融发展研究的早期阶段，经济学家主要关注金融发展影响经济增长的宏观作用，并发现了金融发展促进经济增长的经验证据（King and Levine，1993）[186]。这些文献主要基于国家层面的横截面数据，结论受到遗漏变量、内生性等研究设计的困扰，其有效性被后续文献不断质疑（Love，2003）[76]。金融发展的研究开始转向微观视角，寻找影响经济增长的微观机制。Love（2003），Rajan和 Zingales（1998）[76, 88]指出金融发展促进经济增长的核心机制在于缓解信息不对称，降低公司的融资约束，提高公司投资效率和市场配置效率，并在行业层面提供了经验证据。然而，在更加微观的公司层面，金融发展如何调整公司的行为及其后果，进而影响资本配置的效率呢？

North（1990）[141]指出制度环境会影响企业行为的收益或损失，进而影响企业的行为动机与决策偏好。在中国“新兴加转轨”的制度背景下，地区金融发展水平呈现出明显的不平衡性，东部地区明显高于中西部地区。这既成为中国资本市场发展的重要制度特征，又成为影响上市公司行为的制度背景。会计信息能够通过信息效应和治理效应发挥权益资本配置作用，但在不同的金融发展水平下呈现出一定的差异。具体而言，会计信息降低权益资本成本的效应在金融发展水平高的地区更加显著，而在金融发展水平低的地区被削弱。具体原因主要有以下两个方面。

首先，在不同的金融发展水平下，金融资源的配置方式是存在差异的。在较低的金融发展水平下，金融体系资源配置主要遵从政治上的主从秩序（Huang，2003）[187]。较强力量的行政干预扭曲了资源配置，导致了金融市场配置资源低效率（赵奇伟，2009）[188]。同时，金融机构之间的竞争不够充分，关系型融资成为主要的融资方式。金融资源的配置未能充分考虑会计信息质量所蕴含的信息风险，从而降低了会计信息在权益资本配置中的作用。

在较高的金融发展水平下，金融资源配置目标逐渐从服从政府融资偏好的行政目标向商业化目标转变（李青原等，2013）[189]，金融机构之间的竞争更加激烈，资源配置更加市场化，信息成为引导资源配置的重要力量（朱凯等，2009）[89]，实现资源的有效分配（刘广瑞等，2014）[190]。权益资本配置将充分考虑公司的信息差异，包括会计信息质量所蕴含的治理、内控以及信息质量的差异，并据此配置资源。会计信息质量高的公司将具有更低的权益资本成本。

其次，在不同的金融发展水平下，投资者识别信息的能力和运用信息进行决策的能力是存在差异的（Rajan and Zingales，1998；朱凯等，2009）[88, 89]。在较低的金融发展水平下，投资者的信息识别能力和运用能力较差，根据公司信息质量进行差异化定价的能力受到限制。投资者面临较高的逆向选择风险，一方面导致权益资本成本整体增加，另一方面降低了会计信息的经济后果，影响了信息的定价功能，导致会计信息影响权益资本成本的效应受到限制。而在金融发展程度较高地区，投资者识别和利用信息的能力增强，能够区分不同公司之间的信息差异并据此作出决策。会计信息的信息效应和治理效应能够充分发挥作用。综合上述分析发现，会计信息对权益资本成本的影响在不同金融发展水平下是存在差异的，据此提出本书的假说H5－3B。

H5－3B：会计信息的权益资本配置效应受到金融发展水平的影响。相对于金融发展水平较低地区，会计信息降低权益资本成本的效应在金融发展水平较高的地区更大。

（3）法律环境的影响

法律环境是市场经济的重要基石，也是市场配置资源的重要保障。自La Porta等（1998），La Porta等（1997），La Porta等（2003）[191－193]开创性地研究以来，法律环境对企业、市场乃至经济增长的研究方兴未艾。中国仍处于“新兴加转轨”的制度背景下，虽然法律环境和法治化建设水平已经取得了较大进步，但依然存在诸多问题。由于制度、文化等方面的影响，中国虽然引进了众多较为先进的法律制度，但却面临难以有效运转的困境（Pistor and Xu，2005）[194]。法律环境不仅包括立法，还包括法律的执行即司法过程。由于渐进式的改革进程和特殊的制度、地域背景，中国各地区的法律环境呈现出较大的不平衡性。这种不平衡性会对会计信息权益资本配置作用产生重要影响。从法律环境视角而言，会计信息影响权益资本成本的作用在不同法律环境下的企业中可能存在显著差异。相对处于法律环境低地区企业，会计信息影响权益资本成本的作用在法律环境高地区企业中较大，主要原因在于法律环境对股权投资者的权利保护具有重要影响。

一方面，法律环境对股东权利的保护能够提高股权投资者的利益保障，提高投资者通过股票市场向企业投资的积极性，促进权益资本市场的发展与繁荣（李维安等，2011）[87]。权益资本市场的发展与繁荣是会计信息发挥权益资本配置作用的重要前提。另一方面，当法律环境越完善时，投资者面临的诉讼成本较低，执法效率较高，这既增加了权益资本配置过程中对会计信息的需求，又促进了会计信息的信息效应和治理效应作用的发挥。综合上述分析发现，会计信息对权益资本成本的影响在不同法律环境下是存在差异的，据此提出本书的假说 H5－3C。

H5－3C：会计信息的权益资本配置效应受到法律环境的影响。相对于法律环境较差地区，会计信息降低权益资本成本的效应在法律环境较好的地区更大。

5.2 研究设计

科学的研究设计是对研究假说进行实证研究的重要前提。本书首先选择具有代表性的样本和数据，利用事前权益资本成本法估算权益资本成本，以会计信息质量、信息不对称和制度环境为解释变量，并参照已有文献控制重要的影响变量，综合利用多元线性回归模型、中介效应模型、分组回归和自体抽样等方法构建恰当的统计模型进行实证检验。

5.2.1 样本选择与数据来源

本书所使用上市公司财务数据来源于国泰安（CSMAR）数据库，公司治理指标源于国泰安（CSMAR）和色诺芬（CCER）数据库。制度环境依据中国市场化指数衡量。本书选择 2007—2014 年中国沪、深两市 A 股上市公司非平行面板数据为研究样本。考虑到金融行业的特殊性，删除金融行业公司，删除研究变量缺失公司，最终得到 8786 个公司的年度观测。此外，为控制异常值对实证研究结果的影响，对书中所用连续性变量均在 1% 和 99% 分位数进行了缩尾

(Winsorize)处理。本章所有数据处理和统计分析均在Stata12.1下完成。

5.2.2 被解释变量——权益资本成本

本书被解释变量为权益资本成本。权益资本成本是企业在资本市场筹集权益资本时,股权投资者对其投入资本的期望报酬率。从此意义而言,权益资本成本不是由企业管理层主观决定的,而是市场综合利用各种信息发现的,相当于权益资本的价格,是投资者期望报酬率的重要体现。因此,权益资本成本的高低既是市场对权益资本配置的重要方式,又是市场对权益资本配置的重要体现。权益资本成本是引导资金流动的重要标志,也是市场资源配置效率的重要体现。权益资本成本的测量方法分为两大类别:事后测量法和事前测量法。

(1)事后权益资本成本测量法

事后权益资本成本测量法主要考虑风险补偿,具体包括资本资产定价模型(Sharpe,1964)[195]、三因素模型(Fama and French,1993)[196]、套利定价模型(Goldenberg and Robin,1991; Bower et al.,1984; Elton et al.,1994)[197-199]。

1)资本资产定价模型(CAPM)

资本资产定价模型立足于投资组合理论,阐明了资产收益与风险之间的关系:

$$r_e = r_f + \beta(r_m - r_f) \tag{5.1}$$

r_e为资产的期望报酬率,即为权益资本成本;r_f为无风险利率,r_m为市场组合的期望报酬率;$r_m - r_f$为风险溢价,即单位风险的市场价值;β为资产收益相对于市场组合收益的敏感系数,即资产相对于市场组合的风险差异。根据资本资产定价模型,权益资本成本(期望报酬率)等于无风险收益与风险溢价之和。资本资产定价模型在实际应用中面临一个难点:风险溢价的确定。后续研究利用各种方法确定风险溢价以检验资本资产定价模型,但并未发现资产期望报酬率和风险溢价的正相关关系(Fama and French,1992; Lakonishok and Shapiro,1986)[200,201]。这一缺点限制了资本资产定价模型在研究中的广泛应用。

2)三因素模型(FFM)

三因素模型在资本资产定价模型的基础上进行了扩展,认为影响资产期望收益率的因素不仅有风险溢价，还包括公司市值、账面市值比等因素（Fama and French，1993）[196]。

$$r_e = r_f + \beta \times (r_m - r_f) + s \times E(\text{SME}) + h \times E(\text{HML}) \quad (5.2)$$

相对于资本资产定价模型，三因素模型增加了公司市值、账面市值比。具体而言，$E(\text{SME})$为小型企业资产组合与大型企业资产组合期望报酬率的差异，$E(\text{HML})$为高账面市值比资产组合和低账面市值比资产组合期望报酬率的差异，s和h分别是资产收益率相对于企业规模和账面市值比的敏感性系数。三因素模型是一个经验模型，虽然缺乏相应的理论支撑，但在最初却得到了经验证据的支持。但是，进一步研究表明，三因素模型和资本资产定价模型均存在较大测量误差，对权益资本成本的估算缺乏准确性（Fama and French，1997）[202]。

3）套利定价模型（APT）

套利定价模型是一个相对广义的资本资产定价模型（Goldenberg and Robin，1991；Bower et al.，1984；Elton et al.，1994）[197-199]。

$$r_e = r_f + \sum_{j=1}^{n} \beta_j (r_m - r_f) \quad (5.3)$$

套利定价模型认为影响资产期望报酬率的因素众多，如通货膨胀水平、工业生产指数。假定影响资产报酬率的因素为n个，β_j为资产收益率与第j个因素（合计n个因素）的敏感系数。将n个因素对期望报酬率的影响求和，再加上无风险利率就是资产的权益资本成本（期望报酬率）。套利定价模型在理论上考虑了更多影响期望报酬率的因素，具有更好的解释能力。但是并没有明确界定哪些因素影响期望报酬率，这在一定程度上限制了应用范围。

总体而言，事后权益资本成本主要利用已经实现的股票回报数据预测期望收益率，这依赖于一项严格假设：资本市场相对有效，能够对风险进行正确定价，利用已实现的平均收益对未来收益进行无偏估计。然而，有效市场假设可能并不成立，已实现数据受到众多因素的干扰，存在较大噪音。这会使得此类方法可能存在较大测量误差，从而导致事后权益资本成本估算不正确（Fama and French，1997；Edwin，1999；Pastor and Stambaugh，1999）[202-204]。后续研究逐步转向了以预测数据为基础的事前权益资本测量法。在中国，仅有少数文献使用事后权益资本成本测量法（姜付秀等，

2006)[205],多数研究使用事前权益资本成本测量法(黄娟娟等,2006;支晓强等,2010;汪祥耀等,2011;高芳等,2012;肖珉,2008;徐浩萍等,2007;沈红波,2007;蒋琰,2009;沈洪涛等,2010;许慧,2011;罗进辉,2012)[24, 25, 27, 28, 177, 178, 206-210]。

(2)事前权益资本成本测量法

近年来,众多文献发展了事前权益资本成本①测量方法,并在会计(Easton,2009)[211]和公司财务(Pastor et al. ,2008;Lee et al. ,2009;Chava and Purnanandam,2010)[212-214]领域得到了广泛使用。事前权益资本成本又称隐含权益资本成本,是指股票经过风险调整的未来现金流贴现至现行股票价值的折现率,其测量方法均基于股利折现模型。相对于事后权益资本成本测量法(CAPM,FFM,APT),事前权益资本成本测量法克服了对历史已实现股票收益数据的依赖,能够在一定程度上降低股价波动噪音的影响(Lee et al. ,2010)[215]。依据具体测量原理和发展思路,事前权益资本成本测量方法主要有三种类别:戈登增长模型、基于干净盈余假设的剩余收益模型、基于非干净盈余假设的剩余收益模型(Lee et al. ,2010)[215]。

1)戈登增长模型(EPR,GGM)

戈登增长模型主要利用当前股票价值是未来预期股利的现值思想(Gordon and Gordon,1997)[216]。在一个有限的估计期,终期股利被假定为最后一期的资本收益。具体公式如下所示:

$$P_t = \sum_{i=1}^{T-1} \frac{\mathrm{DPS}_{t+i}}{(1+r_e)} + \frac{\mathrm{EPS}_{t+T}}{r_e\,(1+r_e)^{T-1}} \tag{5.4}$$

具体而言,P_t为 t 期每股价值,DPS_{t+i}为 $t+i$ 期普通股每股股利,EPS_{t+i}为 $t+T$ 期普通股每股收益,r_e为内含报酬率,即为权益资本成本。戈登增长模型将无限期间的股利折现模型转化为有限期间的估值模型。此模型依据预测期间的不同划分为 EPR 模型和 GGM 模型。EPR 模型的预测区间 $T=1$,即简单利用公司现行股价和未来一期预期股利和收益数据计算权益资本成本。GGM 模型预测区间 $T=5$,即利用公司现行股价和未来 5 期的预期股利和收益数据计算权益资本成本②。

① 事前权益资本成本又称为隐含资本成本(Implied Cost Capital , ICC)。

② 预期数据(主要包括预期每股收益、预期每股股利等)存在多种获取方法,比如管理层预测、分析师预测、基于历史盈余的预测等。

2)基于干净盈余假设的剩余收益模型(GLS,CT)

基于股利贴现模型,利用剩余收益的概念发展成为剩余收益模型。剩余收益发展于经济学中的经济利润,是指企业账面收益减去股东所要求的必要报酬的差额。剩余收益模型经过一系列扩展,应用最为广泛的分别是GLS 模型(Gebhardt et al., 2001)[217]和 CT 模型(Claus and Thomas, 2001)[218]。

GLS 模型:

基于股利折现模型和剩余收益模型,根据 Gebhardt 等(2001)[217]的推导①,股票的价值定义为:

$$P_t = B_t + \sum_{i=1}^{\infty} \frac{E_t[\mathrm{NI}_{t+i} - r_e B_{t+i-1}]}{(1+r_e)^i} = B_t + \sum_{i=1}^{\infty} \frac{E_t[(\mathrm{ROE}_{t+i} - r_e) B_{t+i-1}]}{(1+r_e)^i} \tag{5.5}$$

其中,B_t为资产的账面价值;$E_t[-]$为基于 t 时点的预测信息;NI_{t+i}为 $t+i$ 时期的净收入;B_{t+i-1}为 $t+i-1$ 时期的资产账面价值,r_e为权益资本成本②。虽然 GLS 模型从股利折现模型发展而来,但借助于剩余收益的概念,将公司的价值定义为各项会计指标的方程,在一定程度上克服了公司价值受股利政策影响的缺陷。

上述模型将公司价值表述为无限期的形式,但在实际应用中必须将无限期转换为有限期模型,具体如下:

$$P_t = B_t + \sum_{i=1}^{3} \frac{(\mathrm{FROE}_{t+i} - r_e) B_{t+i-1}}{(1+r_e)^i} + \mathrm{TV} \tag{5.6}$$

$$\mathrm{TV} = \sum_{i=4}^{T-1} \frac{(\mathrm{FROE}_{t+i} - r_e) B_{t+i-1}}{(1+r_e)^i} + \frac{(\mathrm{FORE}_{t+T} - r_e) B_{t+i-1}}{r_e (1+r_e)^{T-1}} \tag{5.7}$$

在式(5.7)中,P 为公司股票价值;B 为公司账面价值,用每股净资产表示,当处于预测期时,则为预测的每股净资产;FROE 为预测的净资产收益率;r_e为权益资本成本;TV 为超出有限预测期后的终值。对于 t 时期权益资本成本的估计,预测期 T 需要 12 期。

① 详细推导过程见 Gebhardt, W. R., C. M. Lee and B. Swaminathan. Toward an Implied Cost of Capital[J]. *Journal of Accounting Research*, 2001,39(1):135-176.

② 权益资本成本即为内含报酬率。

在 12 期的预测期中，需要对净资产收益率 FROE 以及公司账面价值 B 进行预测。对于净资产收益率 FROE①，前 3 期采用分析师预测数据，第 4 期至第 12 期假设公司的 ROE 向行业 ROE② 的中位数等差回归，一般以行业 ROE 的中位数替代。对于公司账面价值 B，依据干净剩余假设计算，具体如式(5.8)所示：

$$\begin{aligned} B_{t+i} &= B_{t+i-1} + \mathrm{FEPS}_{t+i} - \mathrm{FDPS}_{t+i} = \\ &B_{t+i-1} + \mathrm{FEPS}_{t+i}(1-k) = \\ &B_{t+i-1} + B_{t+i} \times \mathrm{FROE}_{t+i}(1-k_{t+i}) \end{aligned} \tag{5.8}$$

其中，k 为股利支付率，当 i 为 0 时采用 t 时期的实际股利支付率，当 i 大于等于 1 时采用包括 t 期在内的向前 6 期平均股利支付率替代。

CT 模型：

基于美国通用会计准则满足干净盈余假设③，Claus 和 Thomas(2001)[218] 利用未来 5 期的分析师预测数据建立了 CT 模型。

$$P_t = B_t + \sum_{i=1}^{T} \frac{\mathrm{RIPS}_{t+i}}{(1+r_e)^i} + \frac{\mathrm{RIPS}_T(1+g)}{(r_e-g)(1+r_e)} \tag{5.9}$$

$$\mathrm{RIPS}_{t+i} = \mathrm{EPS}_{t+i} - r_e B_{t+i-1} \tag{5.10}$$

$$g = r_f - 3\% \tag{5.11}$$

其中，T 为预测期间，具体为 5 期数据；P 为股票价格；B 为账面价值，具体为每股净资产；r_e 为权益资本成本；RIPS 为剩余收益，表示为式(5.10)所示；EPS 为每股收益；g 为超出有限预测期后的剩余收益固定增长率；r_f 为 10 年期无风险利率。

在 5 期的预测期中，需要估计每股收益 EPS 和每股净资产 B。对于每股收益 EPS，使用分析师预测数据，而当分析师预测数据缺失时，假设每股收益以固定增长率 g 保持稳定增长进行滚动估计，即依据式(5.12)计算：

$$\mathrm{EPS}_{t+i} = \mathrm{EPS}_{t+i-1}(1+g) \tag{5.12}$$

对于公司账面价值 B，依据干净盈余的剩余收益假设计算，具体如式(5.13)：

① 净资产收益率的预测有多种方法，比如历史盈余预测法和实际盈余替换法。

② 行业 ROE 的历史数据为过去 9 年数据。

③ 虽然股票回购和股票发行在一定程度上违反了干净盈余假设，但分析师在盈余预测时并不考虑此类意外事项。因此，基于分析师盈余预测数据的模型基本满足干净盈余假设。

$$B_{t+i} = B_{t+i-1} + B_{t+i} \times \text{FROE}_{t+i}(1 - k_{t+i}) \tag{5.13}$$

其中，k 为股利支付率，当 i 为 0 时采用 t 时期的实际股利支付率，当 i 大于等于 1 时采用包括 t 期在内的向前 6 期平均股利支付率替代。

3）基于非干净盈余假设的剩余收益模型（PEG，OJ）

PEG 模型：

Easton（2004）[219]基于市盈率和市盈增长比率，利用证券分析师的盈利预测，在假定未来盈利增长率一定的情况下，提出了相对简洁的 PEG 模型。PEG 模型具体形式如下：

$$r_e = \sqrt{\frac{\text{EPS}_2 - \text{EPS}_1}{P_0}} = \sqrt{\frac{\text{EPS}_2 - \text{EPS}_1}{\text{EPS}_1 \times \text{PE}}} = \sqrt{\frac{1}{\text{PEG}}} \tag{5.14}$$

其中，EPS_t 为证券分析师预测的 t 期期末每股盈余，P_0 为 0 时期每股股票价格，PE 为市盈率，PEG 为市盈率相对盈利的增长比率。PEG 模型将权益资本成本转化为 PEG 指标倒数的平方根，相对于其他事前权益资本测量法具有一些应用上的明显优点：首先，PEG 模型在估计权益资本成本时只需要两期盈余预测数据，缩短了预测期长度，从而降低了数据的初始误差；其次，由于其无须利用账面价值，也就无须对股利支付率进行估计，从而在另一个方面降低了估计误差；最后，PEG 模型还具有操作简便和容易理解的优点。重要的是，在对比各种事前权益资本测量方法在中国上市公司的适用性后，毛新述等（2012）[220]发现 PEG 模型要优于在国内文献中广泛使用的 GLS 模型。

OJ 模型：

基于干净盈余假设的剩余收益估值模型存在一个重要缺陷，即当公司对外发行的股本发生变化之后，干净剩余假设将被违背。而剩余收益估值模型往往需要使用较长的预测期①，在此期间很难保证公司不发生资本交易②。为克服此缺陷，Ohlson 和 Juettner – Nauroth（2005）[221]提出了非正常盈余增长的 OJ 模型。OJ 模型的理论基础在于公司价值依赖于盈余及其增长等财富创造方面，而不是公司的净资产及其增长。相对于 GLS、CT 等模型，OJ 模型无须干净盈余假设，具有较强的适用性以及实践价值（Ohlson，

① CT 模型一般使用 5 期预测期间，而 GLS 模型一般使用 12 期预测期间。

② 公司对外增发新股、并购重组、进行股票股利分配等资本交易行为均会导致资本变动，影响公司对外发行股票的数量。

2005)[222]。

OJ 模型认为股票价值取决于预期每股收益及其增长率和资本成本，而与股利无关。因此，股票价格表示为式(5.15)所示：

$$P_0 = \sum_{t=1}^{\infty} \frac{\mathrm{DPS}_t}{(1 + r_e)^t} \tag{5.15}$$

其中，将其转化为两期的形式：

$$P_0 = \frac{\mathrm{EPS}_1}{r_e} + \frac{\mathrm{EPS}_2 - \mathrm{EPS}_1 - r_e(\mathrm{EPS}_1 - \mathrm{DPS}_1)}{r_e(r_e - g_p)} \tag{5.16}$$

利用式(5.16)，求解权益资本成本的表达式，如下：

$$r_e = A + \sqrt{A^2 + \frac{\mathrm{EPS}_1}{P_0} \times \left[\frac{\mathrm{EPS}_2 - \mathrm{EPS}_1}{\mathrm{EPS}_1} - (\gamma - 1)\right]} \tag{5.17}$$

$$A = \frac{\left(\gamma - 1 + \frac{\mathrm{DPS}_1}{P_0}\right)}{2} \tag{5.18}$$

$$\gamma = \lim_{t \to \infty}(\mathrm{EPS}_{t+1}/\mathrm{EPS}_t) = 1 + g \tag{5.19}$$

其中，EPS 为预期每股盈余，DPS 为预期每股股利，g 为每股盈余的长期增长率。从 OJ 模型发现，权益资本成本的计算只需要最近两期的预期每股盈余 EPS，以及最近一期的预期每股股利 DPS，而无须对更长期间的 EPS 和 DPS 进行预测，也无须对账面价值进行预测。然而，此模型应用的一个难点是需要对长期每股盈余增长率 g 进行预测。一般而言，将长期增长率 g 定义为 $r_f - 3\%$，r_f为 10 年期长期国债收益率，减去 3% 为扣除通货膨胀率的影响。

(3)测量方法选择——事前权益资本成本测量模型

由于事后权益资本法受到市场噪音的干扰，本书依据现有文献研究成果，主要采用事前权益资本成本法进行计算。事前权益资本成本法主要包括戈登增长模型和剩余收益模型两种类别。由于剩余收益模型是在戈登增长模型的基础上发展而来，并充分利用了剩余收益的概念，在文献中得到了广泛使用。所以本书使用剩余收益模型估算权益资本成本。

然而，剩余收益模型依然区分为基于干净盈余假设和非干净盈余假设两类模型，具体包括 GLS，CT，PEG，OJ 等多种测量模型。每一种模型都有其假设条件、适用范围和优缺点，不可避免地存在各种形式的测量误差。各种权益资本成本测量模型均是国外学者建立，其在中国的适用性方面依然存在疑问。毛新述等(2012)[220]的研究对比分析了权益资本成本模型在中国上市公司的适用性问题,发现在国内文献中广泛使用的 GLS 模型由于预测盈余的假定较强,无法很好地捕捉到各项风险因素;而 OJ 模型测量的权益资本成本和公司各项风险因素的系数与预期相反,同时存在适用性的困扰;PEG 模型是相对较好的测量中国上市公司权益资本成本的模型。

从权益资本成本计算的数据需求视角分析,事前权益资本成本法的可靠性依赖于对未来盈余的估计。首先,中国上市公司分析师盈余预测数据存在大量的缺失值,预测期越长,盈余预测缺失现象越严重;其次,当预测期大于3期时又使用基于历史盈余的盈余预测方法,预测期越长盈余预测偏差越大;最后,资产账面价值的预测又依赖于盈余预测和股利支付率预测,中国上市公司股利支付率波动较大,存在较大的预测偏差。总体而言,预测期越长预测偏误越大。综合上述相关文献模型对比的结论,以及结合中国上市公司预测数据的实际情况,本书最终选用需要两期分析师预测数据的 PEG 模型估计权益资本成本。当然,由于权益资本成本模型选择的重要性,后文将采用其他较适合的权益资本成本测量模型进行稳健性检验。

5.2.3 解释变量与控制变量

(1)解释变量

本书解释变量为会计信息质量、信息不对称和制度环境,其中,会计信息质量以应计质量模型为基础进行测量,具体采用修正的琼斯模型计算,详细测量方式见 4.1.3,记为 ERQ;信息不对称利用市场微观结构理论中的知情交易概率模型计算,详细测量方式见 4.2.3,记为 ASY;制度环境采用樊纲指数衡量,详细测量方式见 4.3.3,市场化程度记为 MFE,金融发展水平记为 FFE,法律环境记为 LFE。

(2)权益资本成本影响因素的控制变量

根据权益资本成本研究的相关文献(Fu et al.,2012;Bhattacharya et al.,2013;Boubakri et al.,2012;Dhaliwal et al.,2015;Guedhami and Mishra,2009)[183,223-226],权益资本成本主要受到微观公司财务因素和宏观经济因素的影响。为有效检验会计信息质量对权益资本成本的影响,本书在多元线性回归模型中控制了以下研究变量:公司系统性风险、公司规模、财务风险、账面市值比、总资产周转率、盈利能力、股票流动性。其中,公司系统性风险用上市公司股票的贝塔值衡量,记为 BETA;公司规模以上市公司年末资产总额的自然对数衡量,记为 SIZE;财务风险以上市公司期末的资产负债率衡量,记为 LEV;账面市值比以上市公司期末股东权益的账面价值除以股东权益的市场价值衡量,记为 BM;总资产周转率以上市公司当期销售收入除以平均总资产衡量,记为 STR;盈利能力以上市公司期末的总资产收益率衡量,记为 ROA;股票流动性以上市公司股票当年日均换手率衡量,记为 LIQ。

此外,为控制行业差异以及年度因素的影响,本书还控制了行业和年度效应。其中,行业虚拟变量以中国证监会 2001 年颁布的《上市公司行业分类指引》行业大类为依据,由于制造业上市公司数量众多且内部差异较大,制造业采用亚类取两位行业代码,其他行业按大类取一位行业代码,合计 21 个行业设置 20 个虚拟变量,以 IND 表示;为控制宏观经济政策及经济波动的影响,本书对样本区间 8 年设置 7 个年度哑变量,以 YEAR 表示。表 5 - 1 展示了权益资本成本影响因素中主要变量的简要说明。

表 5 - 1 权益资本成本影响因素变量简要说明

变量类型	变量名称	表示符号	变量说明
因变量	权益资本成本	SCOST	PEG 模型计算的权益资本成本,稳健性检验中使用 OJ 模型和 PEG 模型的均值衡量
解释变量	会计信息质量	ERQ	修正的琼斯模型计算的操控性应计利润的绝对值;稳健性检验中使用琼斯模型计算
	信息不对称	ASY	知情交易概率模型计算的知情交易概率
	市场化程度	MFE	1:市场化程度高;0:市场化程度低
	金融发展水平	FFE	1:金融发展水平高;0:金融发展水平低
	法律环境	LFE	1:法律环境高;0:法律环境低
控制变量	公司系统性风险	BETA	上市公司股票的年度贝塔值衡量
	公司规模	SIZE	上市公司年末资产总额的自然对数衡量
	财务风险	LEV	上市公司期末的资产负债率衡量
	账面市值比	BM	上市公司期末股东权益的账面价值除以股东权益的市场价值衡量
	资产周转率	STR	上市公司当期销售收入除以平均总资产衡量
	盈利能力	ROA	上市公司期末的总资产收益率衡量

续表

变量类型	变量名称	表示符号	变量说明
控制变量	流动性	LIQ	上市公司股票当年日均换手率衡量
	行业效应	IND	行业代码制造业取两位,其他行业取一位,20个哑变量
	年度效应	YEAR	2007—2014 年度效应,7 个哑变量

(3)信息不对称影响因素的控制变量

根据信息不对称研究的相关文献(Bhattacharya et al.,2013;Lambert et al.,2012;于蔚等,2012)[223, 227, 228],本书控制了影响信息不对称的重要因素,主要包括公司规模、盈利能力、公司年龄、董事长总经理两职合一、股权集中度等因素。其中,公司规模以上市公司年末资产总额的自然对数衡量,记为 SIZE;盈利能力以上市公司期末总资产收益率衡量,记为 ROA;公司年龄以公司上市年份衡量,记为 AGE;董事长总经理两职合一以虚拟变量表示,当董事长总经理为同一人时取值为 1,不是同一人时取值为 0,记为 DUAL;股权集中度以第一大股东持股比例衡量,记为 INS。与权益资本成本的影响因素相同,信息不对称影响因素同样控制了行业和年度效应。表 5-2 展示了信息不对称影响因素中主要变量的简要说明。

表 5-2 信息不对称影响因素变量简要说明

变量类型	变量名称	表示符号	变量说明
因变量	信息不对称	ASY	知情交易概率模型计算的知情交易概率
解释变量	会计信息质量	ERQ	修正的琼斯模型计算的操控性应计利润的绝对值;稳健性检验中使用琼斯模型计算
控制变量	公司规模	SIZE	上市公司年末资产总额的自然对数衡量
	盈利能力	ROA	上市公司期末总资产收益率衡量
	公司年龄	AGE	公司上市年份衡量
	两职合一	DUAL	董事长总经理为同一人时取值为 1,不是同一人时取值为 0
	股权集中度	INS	第一大股东持股比例衡量
	行业效应	IND	行业代码制造业取两位,其他行业取一位,20个哑变量
	年度效应	YEAR	2007—2014 年度效应,7 个哑变量

5.2.4 研究模型

(1)会计信息影响权益资本成本模型

为检验会计信息影响权益资本成本的整体机制,本书构建如下多元回归模型(5.20):

$$\begin{aligned} SCOST = {} & \beta_0 + \alpha_1 ERQ + \\ & \beta_1 BETA + \beta_2 SIZE + \beta_3 LEV + \beta_4 BM + \\ & \beta_5 STR + \beta_6 ROA + \beta_7 LIQ + \sum_j IND + \sum_k YEAR + \varepsilon \end{aligned} \tag{5.20}$$

其中,SCOST 代表权益资本成本,ERQ 代表会计信息质量,其数值越大表示会计信息质量越低,其余为影响权益资本成本的其他控制变量,具体含义如表 5-1 所示。根据假设 H5-1,会计信息能够通过调节权益资本成本影响权益资本配置,会计信息质量越高则权益资本成本越低。因此,本书预测会计信息质量 ERQ 的系数显著为正①。

(2)会计信息影响权益资本成本的微观机制模型

为检验会计信息影响权益资本成本的微观机制,本书借助中介效应模型和自体抽样法实现信息效应和治理效应的分离,具体采用如下步骤:

首先,构建会计信息影响信息不对称的模型(5.21):

$$\begin{aligned} ASY = {} & \beta_0 + \omega_1 ERQ + \beta_1 SIZE + \beta_2 ROA + \beta_3 AGE + \\ & \beta_4 DUAL + \beta_5 INS + \sum_j IND + \sum_k YEAR + \varepsilon \end{aligned} \tag{5.21}$$

其中,ASY 代表信息不对称,ERQ 代表会计信息质量,其余为影响信息不对称的其他控制变量。根据假说 H5-2,会计信息能够通过缓解信息不对称的信息效应降低权益资本成本,会计信息质量越高则信息不对称程度越低,因此,本书预期会计信息质量 ERQ 的系数显著为正。

然后,在模型(5.20)的基础上加入信息不对称变量 ASY,构建如下模型(5.22):

① 会计信息质量越高,权益资本成本越低。但会计信息质量是一个反向指标,其数值越大表明会计信息质量越差。因此,预期会计信息质量的系数为正。

$$\begin{aligned} \text{SCOST} = {} & \beta_0 + \alpha_1' \text{ERQ} + \eta_1 \text{ASY} + \\ & \beta_1 \text{BETA} + \beta_2 \text{SIZE} + \beta_3 \text{LEV} + \beta_4 \text{BM} + \\ & \beta_5 \text{STR} + \beta_6 \text{ROA} + \beta_7 \text{LIQ} + \sum_j \text{IND} + \sum_k \text{YEAR} + \varepsilon \end{aligned} \tag{5.22}$$

此时，将模型(5.20)、模型(5.21)、模型(5.22)结合起来分析。模型(5.20)主要检验会计信息能否调节权益资本成本发挥权益资本配置作用，ERQ 系数 α_1 是会计信息通过信息效应和治理效应影响权益资本成本的总效应；模型(5.22)在模型(5.20)的基础上引入了信息不对称变量 ASY，从而将会计信息影响权益资本成本的信息效应分离出来，此时 ERQ 的系数 α_1' 仅表示会计信息影响权益资本成本的治理效应。而模型(5.21)中 ERQ 的系数 ω_1 与模型(5.22)中 ASY 的系数 η_1 相乘得到 $\omega_1 * \eta_1$，代表会计信息通过缓解信息不对称影响权益资本成本的信息效应。

会计信息影响权益资本成本的信息效应和治理效应的相对大小通过以下逻辑进行检验：如果模型(5.22)中 α_1' 的系数不显著，表明信息效应发挥主导作用；如果模型(5.22)中 η_1 不显著而 α_1' 显著，表明治理效应发挥主导作用；如果两者都显著，需要对比治理效应和信息效应的相对大小，即判断 $\omega_1 * \eta_1 - \alpha_1'$ 的符号，如果其为“正”，则表明信息效应大于治理效应；如果其为“负”，则表明治理效应大于信息效应。

中介效应模型可以实现将会计信息的信息效应和治理效应分离，并借助上述方法计算出两种效应的大小及其差异。但这是一次抽样的结果，只能对治理效应 α_1' 进行统计上的假设检验。而对于多个回归方程中的不同回归系数无法进行假设检验。比如，信息效应 $\omega_1 * \eta_1$，信息效应和治理效应的差异 $\omega_1 * \eta_1 - \alpha_1'$。因此，本书进一步采用自体抽样法构造统计量进行两种效应差异的显著性检验（于蔚等，2012；Cleary，1999；Efron and Tibshirani，1994）[228-230]。

自体抽样法检验的具体步骤①如下：第一步，假设样本能够较好地代表总体，则从 N 家样本公司中采用随机有放回抽样法抽取 n 家公司②，其中 $n=N$；第二步，以抽取的 n 家公司为样本，对模型(5.21)和模型(5.22)回

① 通过自体抽样法对信息效应以及信息效应与治理效应差异进行显著性检验；主要利用 STATA 程序实现，详细步骤参见附录六中的程序代码和说明。

② 可以借助伪随机数的方法进行随机有放回抽样。

归，计算信息效应，以及信息效应和治理效应和系数差异；第三步，重复步骤一、二进行1000次，得到1000个信息效应，以及1000个信息效应和治理效应和系数差异；第四步，利用第三步获取的1000组系数，构造统计量进行假设检验。检验的原假设分别是信息效应等于零（$\omega_1 * \eta_1 = 0$）、信息效应与治理效应的差异等于零（$\omega_1 * \eta_1 - \alpha'_1 = 0$），最终依据概率P值进行统计推断。

（3）制度环境影响会计信息权益资本配置作用模型

检验会计信息权益资本配置作用在不同制度环境下的差异，属于调节效应或交互效应的范畴，常常采用构造交互项或者分组回归的方法进行检验。交互项的假设检验属于沃尔德检验（WALD），其统计量构造依赖于严格的同方差假设，假设检验的结果并不可靠，且受到小样本的困扰。在本书的研究样本中，由于不同制度环境地区样本公司的属性有较大差异，存在明显的组间异方差现象，这会影响交互项检验的可靠性。因此，对于假说H5－3的检验，本书使用了分组回归的方法，通过对比制度环境好地区和制度环境差地区会计信息质量的回归系数，分析会计信息对权益资本成本的影响在不同制度环境下的差异。会计信息质量的回归系数越大，会计信息影响权益资本成本的效应越高。根据假设H5－3，会计信息质量影响权益资本配置的作用在市场化程度高、金融发展水平高以及法律环境较好的地区更大，本书预期会计信息质量对权益资本成本的回归系数在市场化程度高、金融发展水平高以及法律环境较好的地区更大，应当大于在市场化程度低、金融发展水平低以及法律环境较差地区的回归系数。

虽然分组回归可以避免构造交互项在沃尔德检验（WALD）强假设的缺陷，但却面临另一个严重的问题，即缺乏假设检验。分组回归是将样本按不同种类分别回归的处理，这是一次抽样的结果，是一个随机命题。在这种情况下直接对比系数大小，虽然具有直观数量上的高低意义，但却缺乏统计上的意义，因为这是一次抽样的结果①。为克服分组回归下直接对比组间系数差异缺乏统计检验支持的缺陷（连玉君等，2008）[231]，本书进一步采用自体抽样法（Bootstrap）对组间系数差异进行统计检验（Cleary，1999；Efron and Tibshirani，

① 当然，如果分组回归结果为关键变量的系数在其中一组显著，而在另外一组不显著，此时通过判断回归系数的显著性也具有统计上的意义。然而，多数情况下关键变量的系数在两组中均显著。此时，无论是对比系数大小，还是系数的显著性，均缺乏统计上的意义。

1994)[229, 230]。检验的原假设为 $H_0: d = 0$，即制度环境好组和制度环境差组①的“会计信息质量系数”不存在显著差异。检验的统计量采用自体抽样法计算，具体步骤分为五步（韩少真等，2015）[232]：第一步，将制度环境高组 n_1 家公司和制度环境低组 n_2 家公司的样本混合，得到 $N = n_1 + n_2$ 家样本公司；第二步，从 N 家公司随机有放回抽取 n_1 和 n_2 家公司，将其分别分配至制度环境好组和制度环境差组；第三步，将模型（5.20）按制度环境好组和制度环境差组分组回归，并计算两组会计信息质量 ERQ 的系数差异，记为 d_i；第四步，重复步骤二、三进行 1000 次，得到 1000 个组间系数差异 d_i；第五步，计算 1000 个 d_i 中大于实际系数差异 d 的比率，得到经验 P 值进行统计推断②（见表 5－3）。

表 5－3　分组回归组间会计信息质量系数差异预期

制度环境	组别	预期系数大小	组别	预期显著性
市场化程度分组	市场化程度高	大于	市场化程度低	显著
金融发展水平分组	金融发展水平高	大于	金融发展水平低	显著
法律环境分组	法律环境好	大于	法律环境差	显著

5.3 实证结果分析

5.3.1 描述性统计

表 5－4 提供了研究样本主要变量的描述性统计量，主要包括均值、中位数、标准差、最小值、二十五分位数、七十五分位数、最大值等。

表 5－4　主要变量描述性统计

变量符号	均值	中位数	标准差	最小值	P25	P75	最大值
SCOST	0.108	0.103	0.042	0.019	0.081	0.128	0.27
ERQ	0.071	0.045	0.085	0.001	0.02	0.088	0.556
ASY	0.079	0.073	0.044	0.000	0.061	0.089	0.983

① 制度环境分别指市场化程度、金融发展水平和法律环境三个方面。

② 通过自体抽样法对组间系数差异进行显著性检验主要利用 STATA 程序实现，详细步骤参见附录七中的程序代码和说明。

续表

变量符号	均值	中位数	标准差	最小值	P25	P75	最大值
BETA	1.108	1.111	0.233	0.509	0.959	1.257	1.683
SIZE	22.173	21.987	1.261	19.47	21.266	22.916	25.775
LEV	0.462	0.47	0.203	0.054	0.307	0.621	0.899
BM	0.387	0.355	2.48	-12.219	0.163	0.666	13.82
STR	0.708	0.598	0.477	0.065	0.389	0.882	2.696
ROA	0.049	0.044	0.048	-0.17	0.022	0.073	0.199
LIQ	1.651	1.385	1.117	0.179	0.807	2.234	5.698
AGE	9.018	9	5.897	0	4	14	21
DUAL	0.198	0	0.399	0	0	0	1
INS	38.26	37.333	15.631	8.927	25.572	49.794	75.992
MFE	0.815	1	0.388	0	1	1	1
FFE	0.777	1	0.416	0	1	1	1
LFE	0.814	1	0.389	0	1	1	1

注:P25,P75分别指第二十五和第七十五百分位数。

首先,对于关键被解释变量权益资本成本,其均值为10.8%,中位数为10.3%,两者的差异较小,说明样本公司权益资本成本不存在严重偏态;其最小值为1.9%,最大值为27.0%,样本离差高达25%,标准差为4.2%,说明样本公司的权益资本成本存在较大差异,后文将重点研究造成样本公司权益资本成本出现较大差异的原因。

其次,对于解释变量会计信息质量,其均值为0.071,中位数为0.045,这与刘慧龙等(2014)[233]利用修正的琼斯模型测量状况基本一致;而且均值和中位数之间存在一定的差异,说明样本公司会计信息质量存在一定程度的右偏现象,这与修正的琼斯模型测量残差取绝对值有一定关联,后文将在共线性检验中重点关注会计信息质量的共线性问题;其最小值为0.001,最大值为0.556,样本离差高达0.555,标准差为0.085,说明样本公司的会计信息质量存在较大差异,后文将重点研究会计信息质量的差异与权益资本成本的差异是否存在联系。

再次,对于解释变量信息不对称:其均值为0.079,中位数为0.073,最大为0.983,最小值接近于0,方差为0.044,说明样本公司信息不对称程度存在较大差异,后文将研究信息不对称的差异在会计信息影响权益资本成本的过程中发挥何种作用。

复次，对于解释变量制度环境，市场化程度 MFE 的均值为 0.815，说明样本中 81.5% 的公司注册地处于市场化程度高的地区；金融发展水平 FFE 的均值为 0.777，说明样本中 77.7% 的公司注册地处于金融发展水平高的地区，法律环境 LFE 的均值为 0.814，说明样本中 81.4% 的公司注册地处于法律环境好的地区。样本分布状况与整体上市公司的分布状况基本一致，说明样本选择过程不存在明显的偏误，能够较好地代表上市公司的总体状况。

最后，控制变量方面，多数控制变量的均值和中位数均比较接近，而且具有一定的方差，说明以上变量未存在严重的偏态，样本具有较好的代表性，不存在严重样本选择偏差问题。尽管总资产周转率 STR 中位数和均值之间存在一定的差异，呈现出一定的右偏现象，但并不严重。考虑到样本数量较大，认为总资产周转率若不存在严重共线性问题则不会对回归结果可靠性产生重要影响，本书将在回归分析中重点关注总资产周转率的共线性问题。

5.3.2 相关分析

在相关分析中，本书将所有变量区分为权益资本成本模型变量和信息不对称模型变量，分别进行相关分析。

(1)权益资本成本模型主要变量相关分析

表 5-5 提供了权益资本成本模型主要变量之间的相关系数，具体采用皮尔逊相关系数进行分析。

表 5-5 主要变量相关分析——权益资本成本模型

变量	SCOST	ERQ	ASY	BETA	SIZE	LEV	BM
SCOST	1						
ERQ	0.100***	1					
ASY	0.034***	0.007***	1				
BETA	0.121***	0.001	-0.014	1			
SIZE	0.215***	-0.059***	0.173***	0.030***	1		
LEV	0.261***	0.082***	0.018	0.037***	0.426***	1	
BM	-0.041***	-0.020**	-0.021	0.01	-0.040***	-0.077***	1

续表

变量	SCOST	ERQ	ASY	BETA	SIZE	LEV	BM
STR	-0.015	-0.032***	-0.001	-0.032***	0.016*	0.122***	-0.003
ROA	-0.210***	-0.034***	-0.012	-0.090***	0.020**	-0.400***	0.005
LIQ	-0.164***	0.051***	0.001	0.102***	-0.305***	0.034***	0.003
	STR	*ROA*	*LIQ*				
STR	1						
ROA	0.115***	1					
LIQ	-0.062***	-0.189***	1				

注：***，** 和 * 分别代表在1%，5%和10%的显著性水平上显著。

权益资本成本与会计信息质量的相关系数为0.100，且在1%的显著性水平上显著为正。由于会计信息质量是反向指标，其数值越大则会计信息质量越差。因此，会计信息质量越低的公司，权益资本成本越高。这说明在不考虑其他因素的情况下，会计信息质量是影响权益资本成本的重要因素，初步支持了本书的假说 H5-1。

权益资本成本与信息不对称的相关系数为0.034，且在1%的显著性水平上显著为正，说明信息不对称程度越高的公司，权益资本成本越高。同时，信息不对称与会计信息质量的相关系数为0.007，且在1%的显著性水平上显著为正，说明会计信息质量越低的公司，信息不对称程度越高。综合起来分析：会计信息质量与信息不对称正相关，信息不对称与权益资本成本正相关。那么，会计信息是否通过降低信息不对称影响权益资本成本呢？这需要在多元回归分析中进一步验证。

权益资本成本与控制变量之间的相关分析显示：权益资本成本与公司系统性风险的相关系数为0.121，与资产负债率的相关系数为0.261，且在1%的显著性水平上为正，表明公司系统性风险和资产负债率越高，权益资本成本越大；权益资本成本与账面市值比的相关系数为-0.041，与总资产收益率的相关系数为-0.210，与股票流动性的相关系数为-0.164，且在1%的显著性水平上为负，表明账面市值比、总资产收益率和股票流动性越高的股票，权益资本成本越低；权益资本成本与公司规模的相关系数为0.215，在1%的显著性水平上为正，与风险预期并不一致，这可能是单变量检验导致的；权益资本成本与总资产周转率的相关系数为-0.015，但并不显著，表明在单变量两者并不存在显著的相关关系。总体而言,权益资本成本与控制变量间的相关系数符号基本符合理论预期,多数具有统计意义上的显著性。

所有自变量之间的相关分析显示:首先,会计信息质量与其他自变量之间的相关系数均在10%以下,表明关键解释变量和其他控制变量之间不存在高度的相关性,回归分析中多重共线性的问题会大大降低;其次,虽然多数控制变量之间的相关系数具有统计显著性,但未有变量之间的相关系数超过50%,但资产负债率、总资产收益率和公司规模之间的相关系数较高。一方面,这三个变量不是模型的关键解释变量,属于控制变量,它们之间较高的相关性并不会影响会计信息质量系数估计的可靠性。另一方面,本书将在后续回归分析中进行方差膨胀因子的多重共线性检验,以尽可能检测模型的共线性状况,避免共线性问题。

(2)信息不对称模型变量的相关分析

表5-6提供了信息不对称模型主要变量之间的相关系数,具体采用皮尔逊相关系数进行分析。

表5-6 主要变量相关分析——信息不对称模型

变量符号	PIN	ERQ	SIZE	ROA	AGE	DUAL	INS
PIN	1						
ERQ	0.007***	1					
SIZE	0.173***	-0.059***	1				
ROA	-0.012	-0.034***	0.020**	1			
AGE	0.035*	0.054***	0.211***	-0.203***	1		
DUAL	0.020	0.002	-0.149***	0.047***	-0.186***	1	
INS	-0.014	-0.007	0.266***	0.129***	-0.142***	-0.058***	1

注:***,**和*分别代表在1%,5%和10%的显著性水平上显著。

信息不对称与会计信息质量的相关系数为0.007,且在1%的显著性水平上显著为正,说明会计信息质量越低的公司,信息不对称程度越高。将这一结果和表5-5中会计信息质量、信息不对称和权益资本成本的相关系数结合起来分析,会计信息质量能够影响信息不对称,而信息不对称又能够影响权益资本成本,因此,可以考虑使用中介效应模型将会计信息影响权益资本成本的信息效应分离出来,从而对比分析信息效应和治理效应。但是,这一分离工作需要借助中介效应模型,而两种效应差异的统计检验需要利用自体抽样法,后文将进行进一步分析。

信息不对称与控制变量之间的相关分析显示:信息不对称与公司规模的相关系数为0.173,在1%的显著性水平上显著正相关,说明公司规模越大的公司,信息不对称程度越高。现有文献关于公司规模和信息不对称的关系有一定的争议,部分文献认为规模越大的公司,信息披露越好,信息不对称程度越低。也有文献认为规模大的公司难以向投资者传递信息,信息不对称程度较高。这进一步说明用公司特征变量衡量信息不对称程度是存在偏误的,采用市场微观结构的理论和数据才是对信息不对称的直接度量。信息不对称与公司年龄的相关系数为0.035,在10%的显著性水平上显著正相关,说明历史越长的公司,信息不对称程度越高。总资产收益率、股权集中度与信息不对称负相关,但并不显著。信息不对称与两职合一正相关,说明董事长、总经理两职合一公司比分离公司的信息不对称程度更高。总体而言,信息不对称与控制变量之间的相关系数的符号基本符合理论预期,多数具有一定统计意义上的显著性。

所有自变量之间的相关分析显示:首先,会计信息质量与其他自变量之间的相关系数均在0.1以下,表明关键解释变量和其他控制变量之间不存在高度的相关性,回归分析中多重共线性的问题会大大降低;其次,控制变量之间的相关系数虽然多数在统计意义上具有显著性,但未有变量之间的相关系数超过0.3,这说明信息不对称模型的自变量之间不存在高度的相关性,模型共线性困扰得到了一定程度的降低。尽管如此,本书将在后续回归分析中依然进行方差膨胀因子的多重共线性检验,以尽可能监控模型共线性状况,避免共线性问题。

概而言之,上述单变量分析中各主要变量之间的关系与预期基本一致,后文将利用回归模型进行多变量关系检验。

5.3.3 会计信息影响权益资本成本的多元回归分析

为检验本书的假说H5-1,本书对模型(5.20)进行了多元回归分析。为克服异方差的影响,本书采用怀特稳健性标准误进行统计推断,具体回归结果如表5-7所示。此外,本书还进行了多重共线性检验,表5-8展示了表5-7中各个回归结果主要解释变量的方差膨胀因子以及所有变量方差膨胀因子的均值。

首先对解释变量是否存在多重共线性问题进行了诊断。本书分别计算了表5－7回归模型中解释变量的方差膨胀因子（Variance Inflation Factor，VIF），具体如表5－8所示。根据Freund和Littell（1986）的文献，在多重共线性诊断时，如果VIF小于5，说明没有严重的共线性问题。计算结果表明，模型中未发现有变量的方差膨胀因子大于5，解释变量会计信息质量在各模型中的方差膨胀因子均小于1.5，这说明关键解释变量会计信息质量不存在严重的共线性问题。此外，考虑到行业和年度虚拟变量后模型所有变量的方差膨胀因子均值均小于3，说明模型整体不存在严重的共线性问题，未受到严重的共线性困扰。

表5－7中回归结果（1）报告了控制变量的回归结果：公司系统性风险与权益资本成本的回归系数为0.0202，在1%的显著性水平上正相关，说明随着企业风险的增加，企业的权益资本成本也在上升；公司规模与权益资本成本的回归系数为0.0020，在1%的显著性水平上正相关，说明在控制其他因素的情况下，公司规模的增加反而会导致权益资本成本上升①；账面市值比、资产周转率、总资产收益率和流动性变量与权益资本成本的回归系数均显著为负，说明这些变量的提高能够降低企业的权益资本成本。

表5－7中回归结果（2）至（5）报告了会计信息质量对权益资本成本的回归结果。回归结果（2）未控制行业和年度虚拟变量，相当于全样本混合回归（Pooled OLS）；回归结果（3）控制了行业虚拟变量，但未控制年度虚拟变量；回归结果（4）控制了年度虚拟变量，但未控制行业虚拟变量；回归结果（5）对行业和年度虚拟变量均予以控制。回归分析结果表明，无论是否控制行业、年度效应，会计信息质量均在1%的显著性水平上与权益资本成本正相关。由于会计信息质量是反向指标，其数值越大，表明会计信息质量越差。因此，上述回归结果表明；会计信息质量对权益资本成本存在显著的正向影响，会计信息质量越高，则权益资本成本越低；会计信息质量越差，则权益资本成本越高。证明了本书的假设H5－1；依次加入行业和年度的虚拟变量后会计信息质量的回归系数稍微有所下降，从0.0400降低至0.0289，但显著性水平未发生变化，均在1%的显著性水平上显著，这是由于会计信息的差异部分由行业和年度因素解释；增加行业和年度虚拟变量后模型的拟

① 公司规模和权益资本成本的关系较为复杂，现有文献中两者呈正向、负向以及非线性的关系，但公司规模是影响权益资本成本的重要因素已成为文献的共识。本书研究会计信息对权益资本成本的影响，简单将公司规模予以控制即可。

合优度有所上升,模型的解释能力增强。

概而言之,上述回归结果表明,会计信息是影响权益资本配置的重要因素,会计信息质量越高,则权益资本成本越低;会计信息质量越低,则权益资本成本越高。会计信息能够调节权益资本成本发挥权益资本配置作用,证明了本书的假说 H5-1。

表 5-7 会计信息影响权益资本成本的多元回归分析

变量	结果(1)	结果(2)	结果(3)	结果(4)	结果(5)
BETA	0.0202***	0.0175***	0.0096***	0.0055**	0.0200***
	(11.37)	(11.01)	(9.10)	(4.72)	(2.56)
SIZE	0.0020***	0.0027***	0.0035***	0.0040***	0.0017***
	(3.83)	(4.59)	(5.87)	(7.60)	(8.56)
LEV	0.0321***	0.0254***	0.0295***	0.0225***	0.0344***
	(11.15)	(10.11)	(7.83)	(9.10)	(6.76)
BM	-0.0003*	-0.0003	-0.0004**	-0.0003*	-0.0004**
	(-2.01)	(-1.83)	(-1.62)	(-1.97)	(-1.74)
STR	-0.0022**	0.0002	-0.0026***	-0.0004	-0.0026***
	(-2.69)	(-2.26)	(0.18)	(-2.71)	(-0.36)
ROA	-0.1304***	-0.1255***	-0.1229***	-0.1172***	-0.1242***
	(-9.00)	(-9.32)	(-9.03)	(-8.78)	(-8.42)
LIQ	-0.0074***	-0.0074***	-0.0035***	-0.0034***	-0.0073***
	(-17.00)	(-16.83)	(-17.25)	(-6.64)	(-6.51)
ERQ		0.0400***	0.0296***	0.0398***	0.0289***
		(7.48)	(5.67)	(7.55)	(5.64)
行业效应	NO	NO	YES	NO	YES
年度效应	NO	NO	NO	YES	YES
Constant	0.0534***	0.0431***	0.0407***	0.0090	0.0065
	(5.70)	(4.50)	(3.90)	(0.92)	(0.60)
Obs	8786	8786	8786	8786	8786
R_squ	0.1217	0.1309	0.1842	0.1592	0.2127
Adj. R_squ	0.1210	0.1301	0.1817	0.1578	0.2096
F Value	152.9385	137.8533	65.5051	95.0118	61.8494

注:圆括号内为稳健性 t 值。***,** 和 * 分别代表在 1%,5% 和 10% 的显著性水平上显著。行业和年度虚拟变量的回归结果未在表格中展示。

表 5－8　会计信息影响权益资本成本的多元回归分析:方差膨胀因子

变量	结果(1)	结果(2)	结果(3)	结果(4)	结果(5)
BETA	1.0459	1.0465	1.1816	1.3415	1.5430
SIZE	1.5987	1.5928	1.7568	1.7658	1.9514
LEV	1.8871	1.8998	2.1376	1.9898	2.2356
BM	1.0087	1.0095	1.0127	1.0106	1.0139
STR	1.0679	1.0698	1.4422	1.0712	1.4478
ROA	1.4038	1.4042	1.4608	1.4515	1.5102
LIQ	1.1988	1.1981	1.2197	1.7492	1.7968
ERQ		1.0256	1.1357	1.0298	1.1398
Mean VIF	1.3159	1.2808	2.8064	1.9484	2.8061

注:表中未列示行业和年度虚拟变量的方差膨胀因子;Mean VIF 的计算将行业和年度虚拟变量考虑在内。

5.3.4　会计信息影响权益资本成本微观机制的多元回归分析

为检验假说 H5－2,本书对模型(5.20)、模型(5.21)和模型(5.22)依次进行回归。由于3个模型中各研究变量之间具有量纲差异,无法对回归系数相对大小进行直接比较,故本书采用标准化系数法进行回归分析。为克服公司个体差异导致的异方差问题,本书采用怀特稳健标准误进行统计推断。为避免共线性问题,本书还进行了多重共线性检验①。此外,为考察会计信息的信息效应和治理效应差异的统计显著性,采用自体抽样法(Bootstrap)进行统计推断。具体回归结果如表 5－9 所示,自体抽样法统计推断结果如表 5－10所示。

表 5－9　会计信息影响权益资本成本微观机制的多元回归分析

变量	结果(1)	结果(2)	结果(3)
BETA	0.0297**		0.0383***
	(2.56)		(2.76)
SIZE	0.1181***	0.1909***	0.1149***
	(8.56)	(16.21)	(6.98)

① 方差膨胀因子检验表明不存在严重的共线性问题。详细表格如附录八中附表 8－1 所示。

续表

变量	结果(1)	结果(2)	结果(3)
LEV	0.1043***		0.0991***
	(6.76)		(5.80)
BM	-0.0191*		-0.0192
	(-1.74)		(-1.54)
STR	-0.0043		-0.0138
	(-0.36)		(-0.98)
ROA	-0.1334***	-0.0348***	-0.1484***
	(-8.42)	(-2.77)	(-7.94)
LIQ	-0.0865***		-0.0835***
	(-6.51)		(-5.08)
AGE		0.0048	
		(0.54)	
DUAL		-0.0054	
		(-0.55)	
INS		-0.0490***	
		(-4.31)	
ASY			0.6753**
			(2.04)
ERQ	0.0636***	0.1270***	0.0390***
	(5.64)	(2.68)	(5.70)
行业效应	YES	YES	YES
年度效应	YES	YES	YES
Obs	8786	8786	8786
R_squ	0.2127	0.0503	0.2226
Adj. R_squ	0.2096	0.0471	0.2181
F Value	61.8494	38.0911	45.4728

注:模型采用标准化系数估计,无常数项。括号内为稳健性t值。***,**和*分别代表在1%,5%和10%的显著性水平上显著。行业和年度虚拟变量的回归结果未在表格中展示。方差膨胀因子检验结果如附录八中附表8-1所示。

回归结果(1)是模型(5.20)标准化系数的回归结果。其中,会计信息质量(ERQ)对权益资本成本回归的标准化系数显著为正,表明会计信息能够调节权益资本成本发挥权益资本配置作用,进一步支持了假说H5-1。此时，会计信息质量（ERQ）的标准化系数为0.0636，是包含了治理效应和信息效应的总体效应。

回归结果（2）是模型（5.21）标准化系数的回归结果。其中，会计信息质量（ERQ）对信息不对称回归的标准化系数显著为正，表明会计信息质量是影响信息不对称的重要因素。会计信息的质量越高时，信息不对称程度越低，会计信息质量越低时，信息不对称程度越高。此时，会计信息质量（ERQ）的标准化系数为0.1270，代表会计信息通过信息效应发挥权益资本配置作用的路径系数。

回归结果（3）是模型（5.22）标准化系数的回归结果。相对于模型（5.20），模型（5.22）增加了信息不对称变量（ASY）。其中，会计信息质量（ERQ）对权益资本成本回归的标准化系数均显著为正，与表5－7的回归结果保持一致，再一次验证了本书的假说H5－1；信息不对称对权益资本成本回归的标准化系数显著为正，表明信息不对称是影响权益资本配置的重要因素，信息不对称程度越大，权益资本成本越高。此时，由于控制了代表信息效应的信息不对称变量，会计信息质量（ERQ）的标准化系数α_1'为0.0390，是总体效应分离信息效应后的净效应，即为治理效应。而会计信息通过信息效应影响权益资本成本的系数为模型（5.21）中会计信息质量（ERQ）标准化系数ω_1与模型（5.22）信息不对称变量（ASY）标准化系数η_1的乘积$\omega_1 * \eta_1$，具体为0.0858。会计信息通过信息效应降低权益资本成本的比例为68.75%，通过治理效应降低权益资本成本的比例为31.25%。

会计信息的信息效应、治理效应以及两种效应差异的显著性检验通过自体抽样法计算[①]，具体如表5－10所示。检验结果表明，会计信息的治理效应α_1'、信息效应$\omega_1 * \eta_1$、信息效应与治理效应的差异$\omega_1 * \eta_1 - \alpha_1'$均在1%的显著性水平上显著。上述结果表明，会计信息的信息效应和治理效应均能降低权益资本成本，发挥权益资本配置作用；但信息效应显著大于治理效应，处于主导地位，这证明了本书的假说H5－2。

① 检验的具体过程可参见附录六的STATA程序代码。

表5-10 会计信息影响权益资本成本的微观机制:治理效应与信息效应

	原假设	系数	百分比
会计信息通过治理效应影响权益资本成本变动	α_1'	0.0390***	31.25%
	$H_0: \alpha_1' = 0$	[0.000]	[0.000]
会计信息通过信息效应影响权益资本成本变动	$\omega_1 * \eta_1$	0.0858***	68.75%
	$H_0: \omega_1 * \eta_1 = 0$	[0.003]	[0.003]
信息效应与治理效应的差异	$\omega_1 * \eta_1 - \alpha_1'$	0.0468***	37.50%
	$H_0: \omega_1 * \eta_1 - \alpha_1' = 0$	[0.006]	[0.006]

注:方括号内为经验P值,具体使用自体抽样法1000次的结果计算。***,**和*分别代表在1%,5%和10%的显著性水平上显著。

5.3.5 制度环境影响会计信息权益资本配置作用的多元回归分析

为检验假说H5-3A、假说H5-3B和假说H5-3C,本书对模型(5.20)按制度环境的高低进行了分组回归。具体分别按市场化程度、金融发展水平和法律环境进行分组回归。为克服异方差影响,模型采用怀特稳健性标准误进行统计推断。为避免共线性问题,本书还进行了多重共线性检验①。为对比会计信息质量对权益资本成本的回归系数在不同制度环境下的系数差异是否显著,本书采用自体抽样法1000次进行显著性检验②。表5-11展示了分组回归分析的结果。

结果(1)和结果(2)为市场化程度分组回归结果,结果(1)为市场化程度高组样本回归结果,结果(2)为市场化程度低组样本回归结果。对于中国上市公司,无论处于市场化程度高地区还是低地区,会计信息质量的系数(ERQ)均显著为正,说明会计信息通过影响权益资本成本发挥权益资本配置作用的效应普遍存在。其中,市场化程度高地区样本的会计信息质量系数为0.0278,市场化程度低地区样本的会计信息质量系数为0.0252。两者的差异为0.0026,市场化程度高组样本高于市场化程度低组样本10.32%。直观而言,会计信息影响权益资本成本的效应在市场化程度高地区大于市场化程度低地区。进一步采用Bootstrap法进行组间系数差异的显著性检验,为保证统计推断的可靠性,自体抽样次数设定为1000次。自体抽样法下

① 方差膨胀因子检验表明不存在严重的共线性问题。详细表格如附录八中附表8-2所示。
② 检验的具体过程可参见附录七的STATA程序代码。

得到组间差异的经验 P 值为 0.0511，在 10% 的显著性水平上显著。总而言之，回归结果表明相对于市场化程度差地区，会计信息质量影响权益资本成本的效应在市场化程度高地区更大，支持了本书的假说 H5－3A。

结果（3）和结果（4）为金融发展水平分组回归结果，结果（3）为金融发展水平高组样本回归结果，结果（4）为金融发展水平低组样本回归结果。首先，对于中国上市公司，无论处于金融发展水平高地区还是低地区，会计信息质量的系数（ERQ 的系数）均显著为正，说明会计信息通过影响权益资本成本发挥权益资本配置作用的效应普遍存在。其中，金融发展水平高地区样本的会计信息质量系数为 0.0309，金融发展水平低地区样本的会计信息质量系数为 0.0212。两者的差异为 0.0097，金融发展水平高组样本高于金融发展水平低组样本 45.75%。直观而言，会计信息影响权益资本成本的效应在金融发展水平高地区大于金融发展水平低地区。进一步采用 Bootstrap 法进行组间系数差异的显著性检验，为保证统计推断的可靠性，自体抽样次数设定为 1000 次。自体抽样法下得到组间差异的经验 P 值为 0.0061，在 1% 的显著性水平上显著。总而言之，回归结果表明相对于金融发展水平低地区，会计信息质量影响权益资本成本的效应在金融发展水平高地区更大，支持了本书的假说 H5－3B。

结果（5）和结果（6）为法律环境分组回归结果，结果（5）为法律环境好组样本回归结果，结果（6）为法律环境差组样本回归结果。同样的，对于中国上市公司，无论处于法律环境好地区还是差地区，会计信息质量的系数（ERQ）均显著为正，说明会计信息通过影响权益资本成本发挥权益资本配置作用的效应普遍存在。其中，法律环境好地区样本的会计信息质量系数为 0.0304，法律环境差地区样本的会计信息质量系数为 0.0214。两者的差异为 0.0090，法律环境好组样本高于法律环境差组样本 42.06%。直观而言，会计信息影响权益资本成本的效应在法律环境好地区大于法律环境差地区。进一步采用 Bootstrap 法进行组间系数差异的显著性检验，为保证统计推断的可靠性，自体抽样次数设定为 1000 次。自体抽样法下得到组间差异的经验 P 值为 0.0020，在 1% 的显著性水平上显著。总而言之，回归结果表明相对于法律环境差地区，会计信息质量影响权益资本成本的效应在法律环境好地区更大，支持了本书的假说 H5－3C。

总体而言，从结果（1）至结果（6）可以发现两点规律：首先，会计信息影响权益资本成本的效应普遍存在。在考虑市场化程度、金融发展水平和法律环境三个制度层面的因素下，无论是处于制度环境好或者差的地区，会计信息质量均对权益资本成本存在显著的正向影响，是影响权益资本成本的重要因素。这说明随着中国市场化的改革，以及中国会计制度的逐步完善，会计信息在权益资本配置中发挥着重要作用；其次，会计信息影响权益资本成本的效应在制度环境好的地区大于制度环境差的地区。具体的，会计信息影响权益资本成本的效应在市场化程度高地区大于市场化程度低地区，在金融发展水平高地区大于金融发展水平低地区，在法律环境好地区大于法律环境差地区。这证明了本书的假说 H5－3A、假说 H5－3B 和假说 H5－3C，制度环境对会计信息权益资本配置作用存在重要影响，两者之间呈现出较强的"互补性"关系。当制度环境较好时，会计信息能够更好地影响权益资本成本，发挥资本配置作用；而当制度环境较差时，会计信息影响权益资本成本的效应被削弱，资本配置的作用同样受到影响。

表 5－11　制度环境影响会计信息权益资本配置作用的多元回归分析

变量	市场化程度分组		金融发展水平分组		法律环境分组	
	高	低	高	低	高	低
	结果(1)	结果(2)	结果(3)	结果(4)	结果(5)	结果(6)
BETA	0.0066***	0.0013	0.0076***	－0.0028	0.0078***	－0.0022
	(2.73)	(0.25)	(2.97)	(－0.52)	(3.29)	(－0.40)
SIZE	0.0038***	0.0078***	0.0047***	0.0057***	0.0038***	0.0071***
	(7.11)	(7.36)	(7.91)	(5.66)	(7.11)	(6.69)
LEV	0.0174***	0.0399***	0.0182***	0.0360***	0.0167***	0.0423***
	(4.51)	(5.73)	(4.42)	(5.44)	(4.34)	(6.04)
BM	－0.0004*	0.0000	－0.0002	－0.0003	－0.0004**	0.0000
	(－1.80)	(0.09)	(－1.07)	(－1.00)	(－2.02)	(0.04)
STR	0.0003	－0.0040	－0.0004	0.0007	0.0009	－0.0088***
	(0.26)	(－1.39)	(－0.27)	(0.30)	(0.72)	(－3.44)
ROA	－0.1183***	－0.1326***	－0.1262***	－0.1178***	－0.1194***	－0.1316***
	(－7.22)	(－4.97)	(－7.26)	(－4.53)	(－7.33)	(－5.01)
LIQ	－0.0035***	－0.0001	－0.0037***	－0.0005	－0.0036***	－0.0015
	(－5.83)	(－0.10)	(－5.79)	(－0.48)	(－5.97)	(－1.26)

续表

变量	市场化程度分组		金融发展水平分组		法律环境分组	
	高	低	高	低	高	低
	结果(1)	结果(2)	结果(3)	结果(4)	结果(5)	结果(6)
ERQ	0.0278***	0.0252**	0.0309***	0.0212*	0.0304***	0.0214*
	(4.81)	(2.17)	(5.03)	(1.88)	(5.32)	(1.71)
行业效应	YES	YES	YES	YES	YES	YES
年度效应	YES	YES	YES	YES	YES	YES
Constant	0.0224*	-0.1007***	0.0044	-0.0524**	0.0172	-0.0704***
	(1.77)	(-4.15)	(0.33)	(-2.35)	(1.41)	(-2.84)
Obs	6898	1888	6273	2513	6971	1815
R_squ	0.2026	0.3215	0.2077	0.2925	0.2041	0.3063
Adj. R_squ	0.1987	0.3071	0.2034	0.2793	0.2002	0.2917
F Value	46.9936	19.3842	42.4496	18.8645	47.7118	21.5051
系数差异	0.0026*[0.0511]		0.0097***[0.0061]		0.0090***[0.0020]	

注：圆括号内为稳健性t值。方括号内为经验P值。***，**和*分别代表在1%，5%和10%的显著性水平上显著。年度和行业虚拟变量的回归结果未在表格中展示。方差膨胀因子检验结果如附录八中附表8-2所示。

5.4 稳健性检验

为保证研究结论的可靠性，本书进行了一系列稳健性检验。具体包括更换权益资本成本度量方法为综合模型、使用琼斯模型衡量会计信息质量、采用不同方法估计制度环境等测量结论的稳健性。此外，还利用个体时间双向固定效应面板数据模型估计方法、滞后项回归方法等克服内生性问题，考察结论的稳健性。

5.4.1 更换权益资本成本度量模型

权益资本成本作为本书的被解释变量，衡量的准确性会影响研究结论的可靠性。在5.2.2分析中，本书对比了权益资本成本的主要测量方法，在事前权益资本法中选择PEG模型衡量权益资本成本。为保证检验结果的稳健性，本书又借鉴Guedhami和Mishra（2009）[226]等的做法，综合采用OJ和

PEG 两种模型分别计算权益资本成本。为克服各类模型测量误差的影响，具体将两种模型计算的权益资本成本求取算术平均值，作为各个样本公司权益资本成本的衡量指标，对书中模型重新估计，具体回归结果如表 5－12 和表 5－13 所示。

表 5－12 为会计信息影响权益资本配置的微观机制的回归结果。回归结果表明，会计信息通过信息效应降低权益资本成本的系数为 0.0864 (0.1270 * 0.6800)，占总体效应的比重为 83.56%，通过治理效应降低权益资本成本的系数为 0.0170，占总体效应的比重为 16.44%。这进一步表明，会计信息能够通过信息效应和治理效应降低权益资本成本，但信息效应大与治理效应，占主导地位，支持了本书的假说 H5－2。

表 5－13 为制度环境影响会计信息权益资本配置作用的分组多元回归分析。回归结果表明：在市场化程度高、金融发展水平高、法律环境好的地区，会计信息对权益资本成本存在显著的正向影响，表明会计信息质量越差的企业，权益资本成本越高；而在市场化程度低、金融发展水平低、法律环境差的地区，会计信息对权益资本成本的系数相对小于制度环境高的地区，而且在统计上也并不显著。这表明无论是统计意义还是系数相对大小而言，会计信息对权益资本成本的影响在制度环境差的地区被削弱，相对低于制度环境好的地区。进一步表明制度环境与会计信息的权益资本配置作用存在"互补性"关系，支持了假说 H5－3A、假说 H5－3B 及假说 H5－3C。

表 5－12　会计信息影响权益资本成本微观机制回归：更换权益资本成本模型

变量	结果(1)	结果(2)	结果(3)
BETA	0.0289**		0.0351**
	(2.38)		(2.44)
SIZE	0.0822***	0.1909***	0.0903***
	(5.62)	(16.21)	(5.27)
LEV	0.1308***		0.1048***
	(7.92)		(5.67)
BM	−0.0043		−0.0082
	(−0.37)		(−0.61)
STR	−0.0101		−0.0197
	(−0.79)		(−1.30)

续表

变量	结果(1)	结果(2)	结果(3)
ROA	0.0050	-0.0348***	-0.0114
	(0.35)	(-2.77)	(-0.70)
LIQ	-0.0694***		-0.0586***
	(-5.11)		(-3.50)
AGE		0.0048	
		(0.54)	
DUAL		-0.0054	
		(-0.55)	
INS		-0.0490***	
		(-4.31)	
ASY			0.6800***
			(3.59)
ERQ	0.0541***	0.1270***	0.0170***
	(4.40)	(2.68)	(4.52)
行业效应	YES	YES	YES
年度效应	YES	YES	YES
Obs	7509	7509	7509
R_squ	0.2296	0.0503	0.2541
Adj. R_squ	0.2261	0.0471	0.2490
F Value	59.7890	38.0911	45.4333

注：模型采用标准化系数估计，无常数项。圆括号内为稳健性t值。***、**和*分别代表在1%、5%和10%的显著性水平上显著。行业和年度虚拟变量的回归结果未在表格中展示。方差膨胀因子检验结果如附录八中附表8-3所示。

表5-13 制度环境影响会计信息权益资本配置作用回归：更换权益资本成本模型

变量	市场化程度分组		金融发展水平分组		法律环境分组	
	高	低	高	低	高	低
	结果(1)	结果(2)	结果(3)	结果(4)	结果(5)	结果(6)
BETA	0.0056**	0.0041	0.0064**	0.0021	0.0060**	0.0030
	(2.19)	(0.77)	(2.33)	(0.40)	(2.39)	(0.53)
SIZE	0.0028***	0.0054***	0.0036***	0.0042***	0.0029***	0.0053***
	(4.99)	(4.42)	(5.63)	(3.79)	(5.23)	(4.38)

续表

变量	市场化程度分组		金融发展水平分组		法律环境分组	
	高	低	高	低	高	低
	结果(1)	结果(2)	结果(3)	结果(4)	结果(5)	结果(6)
LEV	0.0274***	0.0305***	0.0256***	0.0333***	0.0255***	0.0338***
	(6.62)	(3.67)	(5.69)	(4.47)	(6.20)	(4.08)
BM	-0.0002	0.0005	0.0002	-0.0002	-0.0002	0.0001
	(-0.97)	(1.02)	(0.88)	(-0.48)	(-0.78)	(0.21)
STR	-0.0011	0.0026	-0.0018	0.0042*	-0.0013	0.0002
	(-0.81)	(0.90)	(-1.30)	(1.68)	(-1.00)	(0.08)
ROA	0.0023	-0.0142	-0.0048	0.0036	0.0096	-0.0334
	(0.15)	(-0.56)	(-0.31)	(0.15)	(0.66)	(-1.29)
LIQ	-0.0034***	0.0012	-0.0033***	-0.0002	-0.0035***	0.0007
	(-5.15)	(0.98)	(-4.67)	(-0.22)	(-5.35)	(0.58)
ERQ	0.0265***	0.0176	0.0291***	0.0144	0.0275***	0.0096
	(4.18)	(1.13)	(4.23)	(1.05)	(4.41)	(0.56)
行业效应	YES	YES	YES	YES	YES	YES
年度效应	YES	YES	YES	YES	YES	YES
Constant	0.0191	-0.0755***	0.0065	-0.0443*	0.0142	-0.0558**
	(1.45)	(-2.75)	(0.44)	(-1.80)	(1.10)	(-2.04)
Obs	5934	1575	5363	2146	5990	1519
R_squ	0.2247	0.2932	0.2131	0.3004	0.2252	0.2844
Adj. R_squ	0.2203	0.2750	0.2081	0.2845	0.2207	0.2664
F Value	48.1984	14.3339	40.2663	17.0668	48.1987	13.7182

注：圆括号内为稳健性 t 值。***，** 和 * 分别代表在 1%，5% 和 10% 的显著性水平上显著。年度和行业虚拟变量的回归结果未在表格中展示。方差膨胀因子检验结果如附录八中附表 8-4 所示。

5.4.2 更换会计信息质量测量方法

会计信息质量是本书的关键解释变量，衡量的准确性会影响研究结论的可靠性。在 4.1 的分析中，本书梳理了主要的衡量方法，选择应计利润模型中修正的琼斯模型衡量会计信息质量。夏立军(2003)[122]对比分析了各种盈余管理模型在中国的适用性问题，结果表明，对于中国的上市公司，修正的琼斯模型并不比琼斯模型更可靠。而且，琼斯模型应用的变量更少，模型形式也较为简洁。因此，本书又采用琼斯模型计算会计信息质量，并以此为自变量，对书中的相关模型重新估计，以检验研究结论的可靠性。具体回归结果如表5－14和表5－15所示。

表5－14为会计信息影响权益资本配置的微观机制的回归结果：会计信息质量对权益资本成本存在显著影响，其中信息效应的系数约为0.0724（0.1701 * 0.4254），所占比重为80%，治理效应的系数约为0.0181，所占比重为20%，进一步支持了假设H5－2。表5－15为制度环境影响会计信息权益资本配置作用的多元回归分析：相对于金融发展水平和法律环境较低的地区，会计信息影响权益资本成本的效应在金融发展水平高和法律环境好的地区更大；在市场化程度分组回归中，虽然市场化程度高和低地区的会计信息质量系数较为接近，但市场化程度高地区依然略大于市场化程度低地区，且市场化程度高地区在1%的显著性水平上显著，市场化程度低地区在5%的显著性水平上显著。上述稳健性检验结果基本支持了假说H5－3A、假说H5－3B及假说H5－3C。

表5－14　会计信息影响权益资本成本微观机制回归：更换会计信息质量测量法

变量	结果(1)	结果(2)	结果(3)
BETA	0.0299***		0.0383***
	(2.58)		(2.76)
SIZE	0.1178***	0.1907***	0.1146***
	(8.54)	(16.19)	(6.96)
LEV	0.1045***		0.0993***
	(6.77)		(5.82)
BM	－0.0188*		－0.0190
	(－1.72)		(－1.52)
STR	－0.0046		－0.0142
	(－0.39)		(－1.01)
ROA	－0.1332***	－0.0348***	－0.1484***
	(－8.41)	(－2.77)	(－7.94)
LIQ	－0.0870***		－0.0842***
	(－6.55)		(－5.12)

续表

变量	结果(1)	结果(2)	结果(3)
AGE		0.0049	
		(0.54)	
DUAL		-0.0053	
		(-0.54)	
INS		-0.0489***	
		(-4.30)	
PIN			0.4254**
			(2.05)
ERQ	0.0631***	0.1701***	0.0181***
	(5.50)	(3.58)	(5.68)
行业效应	YES	YES	YES
年度效应	YES	YES	YES
Obs	8786	8786	8786
R_squ	0.2126	0.0502	0.2228
Adj. R_squ	0.2095	0.0470	0.2182
F Value	61.7948	38.0502	45.4509

注:模型采用标准化系数估计,无常数项。圆括号内为稳健性t值。***,**和*分别代表在1%,5%和10%的显著性水平上显著。行业和年度虚拟变量的回归结果未在表格中展示。方差膨胀因子检验结果如附录八中附表8-5所示。

表5-15 制度环境影响会计信息权益资本配置作用回归:更换会计信息质量测量法

变量	市场化程度分组		金融发展水平分组		法律环境分组	
	高	低	高	低	高	低
	结果(1)	结果(2)	结果(3)	结果(4)	结果(5)	结果(6)
BETA	0.0066***	0.0012	0.0076***	-0.0028	0.0078***	-0.0022
	(2.74)	(0.24)	(2.99)	(-0.52)	(3.30)	(-0.40)
SIZE	0.0038***	0.0078***	0.0047***	0.0057***	0.0038***	0.0071***
	(7.09)	(7.37)	(7.88)	(5.65)	(7.09)	(6.70)
LEV	0.0174***	0.0401***	0.0183***	0.0361***	0.0167***	0.0424***
	(4.52)	(5.77)	(4.44)	(5.46)	(4.35)	(6.06)
BM	-0.0004*	0.0000	-0.0002	-0.0003	-0.0004**	0.0000
	(-1.78)	(0.10)	(-1.05)	(-1.00)	(-2.00)	(0.05)

续表

变量	市场化程度分组		金融发展水平分组		法律环境分组	
	高	低	高	低	高	低
	结果(1)	结果(2)	结果(3)	结果(4)	结果(5)	结果(6)
STR	0.0003	-0.0040	-0.0004	0.0007	0.0008	-0.0088***
	(0.23)	(-1.38)	(-0.29)	(0.30)	(0.69)	(-3.45)
ROA	-0.1180***	-0.1329***	-0.1259***	-0.1179***	-0.1191***	-0.1319***
	(-7.20)	(-4.98)	(-7.24)	(-4.53)	(-7.31)	(-5.02)
LIQ	-0.0035***	-0.0001	-0.0037***	-0.0005	-0.0036***	-0.0015
	(-5.86)	(-0.12)	(-5.82)	(-0.50)	(-6.00)	(-1.27)
ERQ	0.0280***	0.0275**	0.0304***	0.0230*	0.0306***	0.0242*
	(4.64)	(2.25)	(4.77)	(1.93)	(5.13)	(1.82)
行业效应	YES	YES	YES	YES	YES	YES
年度效应	YES	YES	YES	YES	YES	YES
Constant	0.0227*	-0.1007***	0.0049	-0.0523**	0.0175	-0.0706***
	(1.80)	(-4.15)	(0.36)	(-2.35)	(1.43)	(-2.85)
Obs	6898	1888	6273	2513	6971	1815
R_squ	0.2025	0.3218	0.2074	0.2927	0.2039	0.3066
Adj. R_squ	0.1985	0.3074	0.2031	0.2795	0.2000	0.2920
F Value	46.9391	19.3958	42.3740	18.8740	47.6437	21.3606

注：圆括号内为稳健性t值。***，** 和* 分别代表在1%，5%和10%的显著性水平上显著。年度和行业虚拟变量的回归结果未在表格中展示。方差膨胀因子检验结果如附录八中附表8-6所示。

5.4.3 改变制度环境衡量方法

制度环境作为重要的解释变量，衡量的准确性会影响结论的可靠性。本书市场化程度、金融发展水平、法律环境等制度环境数据来自樊纲等(2011)[103]的中国市场化指数，缺失2010—2014年的数据，需用一定的方法进行估算，估算的准确性可能会影响结论的可靠性。在上文模型中，根据市场化发展的稳定性特征，直接将2009年的数据代替2010—2014年的数据。考虑到现有文献中存在直接剔除法、平均增长率法、一元线性回归法等多种方法处理缺失数据，为保持研究结论的稳健性，分别采用上述方法进行稳健性测试。

(1)直接剔除数据缺失年份。对于市场化程度指标缺失年份,本书采用2009年的制度环境指标直接替代,可能会存在一定的偏差。无论在稳健性检验中采用何种方法估计缺失数据,但始终不是制度环境的真实度量,仍有存在偏差的可能性。为此,本书直接剔除指标缺失年份的样本,只保留2007—2009年的数据,对上文的模型重新估计。具体回归结果如表5-16所示。会计信息质量的系数在制度环境好的地区大于制度环境差的地区,且在制度好地区显著,制度差地区不显著,进一步支持了假说H5-3A、假说H5-3B及假说H5-3C。

表5-16 制度环境影响会计信息权益资本配置作用回归:剔除数据缺失年份

变量	市场化程度分组		金融发展水平分组		法律环境分组	
	高	低	高	低	高	低
	结果(1)	结果(2)	结果(3)	结果(4)	结果(5)	结果(6)
BETA	0.0169***	-0.0007	0.0163***	0.0054	0.0183***	0.0016
	(2.99)	(-0.06)	(2.75)	(0.54)	(3.22)	(0.15)
SIZE	0.0016	0.0079***	0.0027**	0.0030*	0.0013	0.0074***
	(1.57)	(3.77)	(2.52)	(1.66)	(1.30)	(3.48)
LEV	0.0165**	0.0501***	0.0123	0.0561***	0.0183**	0.0375***
	(2.28)	(3.71)	(1.56)	(4.55)	(2.52)	(2.79)
BM	-0.0002	-0.0007	-0.0001	-0.0012	-0.0002	-0.0007
	(-0.33)	(-0.63)	(-0.18)	(-1.31)	(-0.44)	(-0.69)
STR	-0.0001	-0.0149**	-0.0011	-0.0079*	-0.0005	-0.0147***
	(-0.03)	(-2.50)	(-0.47)	(-1.78)	(-0.26)	(-2.93)
ROA	-0.1829***	-0.1465***	-0.1954***	-0.1419***	-0.1833***	-0.1761***
	(-5.73)	(-3.00)	(-6.03)	(-2.86)	(-5.65)	(-3.65)
LIQ	-0.0034***	0.0037*	-0.0030**	-0.0002	-0.0031**	-0.0000
	(-2.81)	(1.74)	(-2.28)	(0.08)	(-2.53)	(-0.02)
ERQ	0.0506***	0.0366	0.0533***	0.0297	0.0531***	0.0307
	(4.41)	(1.59)	(4.47)	(1.34)	(4.66)	(1.22)
行业效应	YES	YES	YES	YES	YES	YES
年度效应	YES	YES	YES	YES	YES	YES
Constant	0.0449**	-0.1061**	0.0200	0.0007	0.0444**	-0.0711
	(1.99)	(-2.27)	(0.82)	(0.02)	(1.99)	(-1.49)

续表

变量	市场化程度分组		金融发展水平分组		法律环境分组	
	高	低	高	低	高	低
	结果(1)	结果(2)	结果(3)	结果(4)	结果(5)	结果(6)
Obs	1893	531	1741	683	1877	1547
R_squ	0.2526	0.3292	0.2576	0.3037	0.2564	0.3090
Adj. R_squ	0.2409	0.2917	0.2450	0.2709	0.2447	0.2726
F Value	16.4347	6.3668	14.6940	8.5590	16.5631	6.4772

注：圆括号内为稳健性 t 值。* * *，* * 和 * 分别代表在 1%，5% 和 10% 的显著性水平上显著。年度和行业虚拟变量的回归结果未在表格中展示。方差膨胀因子检验结果如附录八中附表 8 - 7 所示。

(2)采用平均增长率法。对制度环境缺失数据直接剔除的方法虽然排除了偏误的困扰，但无法反映最近几年资本市场的经验证据，损失了大量样本。因此，本书采用平均增长率法估算 2010—2014 年的制度环境指数①，并以此作为外部环境的衡量指标，对上文设定的模型重新估计和检验。具体回归结果如表 5 - 17 所示，回归结果基本保持不变，支持了本书的假说与结论。

表 5 - 17　制度环境影响会计信息权益资本配置作用回归：平均增长率法

变量	市场化程度分组		金融发展水平分组		法律环境分组	
	高	低	高	低	高	低
	结果(1)	结果(2)	结果(3)	结果(4)	结果(5)	结果(6)
BETA	0.0066***	0.0013	0.0072***	-0.0007	0.0078***	-0.0005
	(2.73)	(0.25)	(2.75)	(-0.14)	(3.27)	(-0.09)
SIZE	0.0038***	0.0078***	0.0046***	0.0060***	0.0038***	0.0064***
	(7.11)	(7.36)	(7.53)	(6.31)	(7.11)	(6.15)
LEV	0.0174***	0.0399***	0.0190***	0.0307***	0.0167***	0.0410***
	(4.51)	(5.73)	(4.56)	(4.76)	(4.30)	(5.97)
BM	-0.0004*	0.0000	-0.0003	-0.0002	-0.0004*	-0.0000
	(-1.80)	(0.09)	(-1.34)	(-0.60)	(-1.86)	(-0.10)

① 平均增长率法估计的市场化程度、金融发展水平和法律环境指数如附录五所示。

续表

变量	市场化程度分组		金融发展水平分组		法律环境分组	
	高	低	高	低	高	低
	结果(1)	结果(2)	结果(3)	结果(4)	结果(5)	结果(6)
STR	0.0003	-0.0040	-0.0006	0.0008	0.0007	-0.0051**
	(0.26)	(-1.39)	(-0.46)	(0.35)	(0.57)	(-2.04)
ROA	-0.1183***	-0.1326***	-0.1317***	-0.1076***	-0.1195***	-0.1260***
	(-7.22)	(-4.97)	(-7.42)	(-4.30)	(-7.22)	(-4.90)
LIQ	-0.0035***	-0.0001	-0.0037***	-0.0007	-0.0035***	-0.0023**
	(-5.83)	(-0.10)	(-5.65)	(-0.72)	(-5.85)	(-2.04)
ERQ	0.0278***	0.0252**	0.0321***	0.0210**	0.0288***	0.0244*
	(4.81)	(2.17)	(5.09)	(2.01)	(5.11)	(1.93)
行业效应	YES	YES	YES	YES	YES	YES
年度效应	YES	YES	YES	YES	YES	YES
Constant	0.0224*	-0.1007***	0.0073	-0.0568***	0.0118	-0.0519**
	(1.77)	(-4.15)	(0.52)	(-2.75)	(0.94)	(-2.18)
Obs	6898	1888	6088	2698	6769	2017
R_squ	0.2026	0.3215	0.2095	0.2753	0.2056	0.2946
Adj. R_squ	0.1987	0.3071	0.2051	0.2630	0.2016	0.2809
F Value	46.9936	19.3842	41.7349	19.1038	46.9608	18.0605

注:圆括号内为稳健性 t 值。***,** 和 * 分别代表在 1%,5% 和 10% 的显著性水平上显著。年度和行业虚拟变量的回归结果未在表格中展示。方差膨胀因子检验结果如附录八中附表 8-8 所示。

(3)采用一元线性回归法。平均增长率法虽然利用了制度环境的历史数据,但不能可靠反映制度环境发展的动态变化。部分文献采用一元线性回归法,利用制度环境指数时间序列的滞后项回归,对制度环境进行估计。因此,本书采用一元线性回归法估算 2010—2014 年的制度环境指数①,并以此作为制度环境的衡量指标,对上文设定的模型重新估计和检验,具体回归结果如表 5-18 所示,回归结果基本保持不变,支持了本书的假说与结论。

① 一元线性回归法估计的市场化程度、金融发展水平和法律环境指数如附录五所示。

表 5-18 制度环境影响会计信息权益资本配置作用回归：一元线性回归法

变量	市场化程度分组		金融发展水平分组		法律环境分组	
	高	低	高	低	高	低
	结果(1)	结果(2)	结果(3)	结果(4)	结果(5)	结果(6)
BETA	0.0061**	0.0021	0.0035	0.0062*	0.0082***	-0.0012
	(2.52)	(0.41)	(1.15)	(1.96)	(3.45)	(-0.22)
SIZE	0.0038***	0.0070***	0.0040***	0.0042***	0.0039***	0.0065***
	(6.97)	(6.83)	(6.12)	(5.80)	(7.29)	(6.15)
LEV	0.0180***	0.0396***	0.0193***	0.0252***	0.0172***	0.0378***
	(4.66)	(5.77)	(4.13)	(4.95)	(4.47)	(5.33)
BM	-0.0004*	0.0000	-0.0003	-0.0004	-0.0004**	0.0000
	(-1.87)	(0.07)	(-1.10)	(-1.46)	(-2.12)	(0.08)
STR	0.0001	-0.0008	-0.0010	-0.0003	0.0002	-0.0022
	(0.08)	(-0.28)	(-0.68)	(-0.16)	(0.14)	(-0.87)
ROA	-0.1186***	-0.1274***	-0.1386***	-0.1097***	-0.1177***	-0.1377***
	(-7.17)	(-4.85)	(-7.19)	(-5.23)	(-7.21)	(-5.16)
LIQ	-0.0035***	-0.0008	-0.0031***	-0.0039***	-0.0036***	-0.0011
	(-5.71)	(-0.69)	(-4.26)	(-4.86)	(-6.00)	(-0.97)
ERQ	0.0291***	0.0241**	0.0357***	0.0231***	0.0292***	0.0224*
	(4.94)	(2.04)	(4.95)	(3.04)	(5.21)	(1.68)
行业效应	YES	YES	YES	YES	YES	YES
年度效应	YES	YES	YES	YES	YES	YES
Constant	0.0233*	-0.0808***	0.0083	0.0034	0.0158	-0.0599**
	(1.83)	(-3.48)	(0.56)	(0.21)	(1.28)	(-2.52)
Obs	6817	1969	5700	3086	6909	1877
R_squ	0.2033	0.3047	0.2243	0.2122	0.2061	0.2892
Adj. R_squ	0.1993	0.2907	0.2186	0.2049	0.2022	0.2750
F Value	46.6800	18.2754	35.7637	27.2953	48.1838	17.0132

注：圆括号内为稳健性 t 值。***，** 和 * 分别代表在 1%，5% 和 10% 的显著性水平上显著。行业和年度虚拟变量的回归结果未在表格中展示。方差膨胀因子检验结果如附录八中附表 8-9 所示。

5.4.4 采用面板数据回归模型估计

在上文模型中，均是采用截面数据（OLS）的方法对所设定模型进行估计，并对行业和年度效应通过虚拟变量的方式予以控制。本书样本区间为2007—2014年合计8年，属于面板追踪数据，因此采用面板数据模型对上文设定模型估计进行敏感性检验。相对于普通的最小二乘法，面板数据模型能够更好地控制无法观测的公司异质性变量，缓解遗漏变量导致的内生性问题（韩少真等，2015）[234]。依据豪斯曼（Hausman）检验的结果，采用面板数据固定效应模型进行敏感性检验。由于面板数据固定效应模型无法估计不随时间改变的变量系数，剔除了行业虚拟变量，但保留了时间效应，属于个体时间双向固定效应模型。回归结果基本保持不变，支持了本书的假说与结论。具体回归结果如表5－19和表5－20所示。

表5－19为会计信息影响权益资本配置的微观机制的回归结果：会计信息质量对权益资本成本存在显著影响，其中信息效应的系数为0.0150（0.1036＊0.1451），所占比重为68%，治理效应的系数为0.0070，所占比重为32%。会计信息在权益资本配置中的信息效应大于治理效应，进一步支持了假说H5－2。表5－20为制度环境影响会计信息权益资本配置作用的多元回归分析：会计信息影响权益资本成本的系数在市场化程度高、金融发展水平高和法律环境好的地区显著，而在市场化程度低、金融发展水平低和法律环境差的地区不显著，且在制度环境好地区大于制度环境差地区，进一步表明制度环境对会计信息的权益资本配置作用产生了重要影响，支持了假说H5－3A、假说H5－3B及假说H5－3C。

表5－19　会计信息影响权益资本成本微观机制回归：面板数据模型

变量	结果(1)	结果(2)	结果(3)
BETA	0.0010		0.0017
	(0.39)		(0.53)
SIZE	0.0059***	0.0023	0.0050**
	(2.99)	(1.59)	(2.14)
LEV	0.0203***		0.0150*
	(3.10)		(1.80)

续表

变量	结果(1)	结果(2)	结果(3)
BM	-0.0004*		-0.0003*
	(-1.93)		(-1.75)
STR	0.0047		0.0021
	(1.38)		(0.53)
ROA	-0.2111***	-0.0059	-0.2368***
	(-9.05)	(-0.58)	(-8.11)
LIQ	-0.0032***		-0.0032***
	(-4.93)		(-3.86)
AGE		0.0049***	
		(3.15)	
DUAL		-0.0009	
		(-0.45)	
INS		-0.0002**	
		(-2.48)	
ASY			0.1451*
			(1.81)
ERQ	0.0125**	0.1036**	0.0070**
	(2.26)	(2.42)	(2.38)
年度效应	YES	YES	YES
Constant	-0.0289	-0.0039	-0.0101
	(-0.67)	(-0.12)	(-0.20)
Obs	8786	8786	8786
With. R_squ	0.1416	0.0231	0.1409
B. R_squ	0.1209	0.0002	0.1306
O. R_squ	0.1430	0.0009	0.1532
F Value	57.3523	26.4075	37.2829

注：模型采用个体时间双向固定效应估计。圆括号内为稳健性t值。***，**和*分别代表在1%，5%和10%的显著性水平上显著。年度虚拟变量的回归结果未在表格中展示。

表 5-20 制度环境影响会计信息权益资本配置作用回归:面板数据模型

变量	市场化程度分组		金融发展水平分组		法律环境分组	
	高	低	高	低	高	低
	结果(1)	结果(2)	结果(3)	结果(4)	结果(5)	结果(6)
BETA	0.0025	-0.0066	0.0041	-0.0098	0.0028	-0.0064
	(0.92)	(-1.01)	(1.39)	(-1.48)	(1.05)	(-0.91)
SIZE	0.0063***	0.0077*	0.0069***	0.0055	0.0064***	0.0073*
	(2.73)	(1.77)	(2.74)	(1.31)	(2.73)	(1.65)
LEV	0.0173**	0.0180	0.0195**	0.0169	0.0198***	0.0092
	(2.29)	(1.24)	(2.41)	(1.22)	(2.64)	(0.61)
BM	-0.0005**	-0.0001	-0.0005*	-0.0002	-0.0005**	-0.0001
	(-2.17)	(-0.35)	(-1.91)	(-0.66)	(-2.37)	(-0.37)
STR	0.0061	-0.0022	0.0071*	-0.0057	0.0077**	-0.0082
	(1.57)	(-0.29)	(1.81)	(-0.79)	(2.01)	(-1.15)
ROA	-0.2180***	-0.2325***	-0.2118***	-0.2149***	-0.2069***	-0.2457***
	(-7.72)	(-5.66)	(-7.26)	(-5.05)	(-7.25)	(-5.70)
LIQ	-0.0037***	-0.0008	-0.0039***	-0.0010	-0.0039***	-0.0014
	(-5.08)	(-0.55)	(-4.84)	(-0.74)	(-5.37)	(-0.90)
ERQ	0.0110*	0.0130	0.0146**	0.0123	0.0127**	0.0129
	(1.91)	(0.83)	(2.36)	(0.79)	(2.17)	(0.76)
行业效应	YES	YES	YES	YES	YES	YES
年度效应	YES	YES	YES	YES	YES	YES
Constant	-0.0366	-0.0557	-0.0529	-0.0025	-0.0424	-0.0363
	(-0.74)	(-0.59)	(-0.98)	(-0.03)	(-0.84)	(-0.38)
Obs	6898	1888	6273	2513	6971	1815
With. R_squ	0.1424	0.1567	0.1375	0.1561	0.1433	0.1456
B. R_squ	0.1024	0.2024	0.1289	0.1565	0.1024	0.1601
O. R_squ	0.1306	0.1999	0.1390	0.1690	0.1331	0.1806
F Value	44.5177	13.3158	37.2085	15.6359	46.3320	12.2074

注:模型采用个体时间双向固定效应估计。圆括号内为稳健性 t 值。***,**和*分别代表在1%,5%和10%的显著性水平上显著。年度虚拟变量的回归结果未在表格中展示。

5.4.5 滞后项回归

尽管本书采用面板数据模型能够在一定程度上控制遗漏无法观测的公司异质性变量导致的内生性问题,但却不能解决两者在理论上可能存在互为因果关系导致的内生性问题。利用会计信息和权益资本成本因果关系中时间上的连续性,前期的会计信息质量影响当期的权益资本成本,但当期的权益资本成本无法影响前期的会计信息质量。因此,本书采用会计信息质量的滞后项作为解释变量,对上文设定的模型重新检验以控制内生性问题①,估计结果基本保持不变,进一步证明了本书的假设与结论。具体回归结果如表5－21和表 5－22 所示。

表5－21 为会计信息影响权益资本配置的微观机制的回归结果:会计信息质量对权益资本成本存在显著影响,其中信息效应的系数为 0.1064 (0.1450 * 0.7341),所占比重为 65%,治理效应的系数为 0.0562,所占比重为 35%。会计信息在权益资本配置中的信息效应大于治理效应,进一步支持了假说 H5－2。表 5－22 为制度环境影响会计信息权益资本配置作用的多元回归分析:会计信息影响权益资本成本的系数在市场化程度高、金融发展水平高和法律环境好的地区显著大于在市场化程度低、金融发展水平低和法律环境差的地区,进一步表明制度环境对会计信息的权益资本配置作用产生了重要影响。

表 5－21 会计信息影响权益资本成本微观机制回归:滞后项回归

变量	结果(1)	结果(2)	结果(3)
BETA	0.0307**		0.0401***
	(2.42)		(2.68)
SIZE	0.1278***	0.1990***	0.1247***
	(8.51)	(16.22)	(7.01)

---

① 解决内生性问题的计量方法还有工具变量法,本书亦使用会计信息滞后项作为会计信息的工具变量,利用两阶段最小二乘法进行了估计。回归结果并不理想,在前文回归分析中,较稳定变量的系数出现了重大变化。为此,进行了工具变量模型的相关检验,主要包括识别不足的似然比检定、弱工具变量的 F 检定以及过度识别的 Sargan 检定(滞后两期时)。检验结果表明,工具变量的回归模型并不适用。最终,本书决定采用滞后项回归法以克服内生性问题。

续表

变量	结果(1)	结果(2)	结果(3)
LEV	0.1053***		0.1082***
	(6.26)		(5.87)
BM	-0.0180		-0.0185
	(-1.52)		(-1.38)
STR	0.0003		-0.0070
	(0.03)		(-0.47)
ROA	-0.1234***	-0.0270**	-0.1297***
	(-7.32)	(-2.12)	(-6.68)
LIQ	-0.0981***		-0.0969***
	(-6.91)		(-5.55)
AGE		-0.0051	
		(-0.53)	
DUAL		-0.0117	
		(-1.21)	
INS		-0.0447***	
		(-3.45)	
ASY			0.7341***
			(2.63)
ERQ	0.0607***	0.1450***	0.0562***
	(4.74)	(3.45)	(4.90)
行业效应	YES	YES	YES
年度效应	YES	YES	YES
Obs	7421	7421	7421
R_squ	0.2091	0.0530	0.2215
Adj. R_squ	0.2056	0.0493	0.2164
F Value	53.7652	37.5746	40.9856

注:模型采用标准化系数估计,无常数项。圆括号内为稳健性t值。***,**和*分别代表在1%,5%和10%的显著性水平上显著。行业和年度虚拟变量的回归结果未在表格中展示。方差膨胀因子检验结果如附录八中附表8-10所示。

表 5-22 制度环境影响会计信息权益资本配置作用回归：滞后项回归

变量	市场化程度分组		金融发展水平分组		法律环境分组	
	高	低	高	低	高	低
	结果(1)	结果(2)	结果(3)	结果(4)	结果(5)	结果(6)
BETA	0.0073***	-0.0004	0.0090***	-0.0061	0.0086***	-0.0037
	(2.74)	(-0.07)	(3.20)	(-1.02)	(3.32)	(-0.60)
SIZE	0.0043***	0.0083***	0.0052***	0.0074***	0.0043***	0.0075***
	(7.17)	(7.07)	(7.70)	(6.44)	(7.24)	(6.37)
LEV	0.0186***	0.0406***	0.0194***	0.0342***	0.0171***	0.0457***
	(4.28)	(5.19)	(4.16)	(4.52)	(3.96)	(5.82)
BM	-0.0004*	0.0001	-0.0002	-0.0003	-0.0004*	0.0000
	(-1.68)	(0.20)	(-0.88)	(-0.82)	(-1.86)	(0.13)
STR	0.0005	-0.0017	-0.0001	0.0018	0.0011	-0.0080***
	(0.35)	(-0.53)	(-0.07)	(0.66)	(0.83)	(-2.73)
ROA	-0.1082***	-0.1402***	-0.1142***	-0.1257***	-0.1112***	-0.1332***
	(-6.15)	(-4.83)	(-6.15)	(-4.31)	(-6.38)	(-4.57)
LIQ	-0.0040***	-0.0003	-0.0042***	-0.0005	-0.0041***	-0.0015
	(-6.27)	(-0.26)	(-6.16)	(-0.45)	(-6.46)	(-1.19)
ERQ	0.0399***	0.0215***	0.0387***	0.0254***	0.0379***	0.0230**
	(3.47)	(2.87)	(3.75)	(2.88)	(3.72)	(2.56)
行业效应	YES	YES	YES	YES	YES	YES
年度效应	YES	YES	YES	YES	YES	YES
Constant	0.0373***	-0.0855***	-0.0013	-0.0592**	0.0108	-0.0974***
	(2.64)	(-3.20)	(-0.08)	(-2.38)	(0.79)	(-3.43)
Obs	5818	1603	5290	2123	5892	1529
R_squ	0.1987	0.3270	0.2046	0.2956	0.2000	0.3117
Adj. R_squ	0.1941	0.3105	0.1996	0.2802	0.1955	0.2951
F Value	40.5371	18.4060	36.7607	17.1686	41.2180	17.3399

注：圆括号内为稳健性 t 值。***，** 和 * 分别代表在 1%，5% 和 10% 的显著性水平上显著。行业和年度虚拟变量的回归结果未在表格中展示。方差膨胀因子检验结果如附录八中附表 8-11 所示。

5.5 本章小结

权益资本成本作为投资者要求的内含报酬率，是企业使用资金必须付出的成本，在权益资本配置过程中发挥价格作用。因此，本书以权益资本成本为视角，理论分析会计信息在权益资本配置过程中的微观机制以及制度环境对会计信息权益资本配置作用的影响，并以中国沪、深两市 A 股 2007—2014 年的上市公司为样本，综合利用多元线性回归法、中介效应模型、分组回归、自体抽样法等多种统计方法进行实证检验。研究发现：①会计信息通过影响权益资本成本发挥权益资本配置作用，会计信息的质量越高，权益资本成本越低。②会计信息影响权益资本成本的微观机制可以区分为信息效应和治理效应。会计信息均能够通过两种效应降低权益资本成本，但是信息效应大于治理效应，居主导地位。③会计信息影响权益资本成本的作用受到制度环境的影响，两者呈现出“互补性”关系。在市场化程度高、金融发展水平高、法律环境好的地区，会计信息能够正常发挥权益资本配置作用，会计信息降低权益资本成本的系数显著为正。在市场化程度低、金融发展水平低、法律环境差的地区，会计信息的权益资本配置作用被削弱，会计信息降低权益资本成本的系数相对较小或者不具备统计意义上的显著性。为保证研究结论的稳健性，本书又进行了一系列稳健性检验，具体包括更换权益资本成本、会计信息质量和制度环境衡量方法的敏感性检验，采用面板数据模型和滞后项回归方法克服内生性问题的稳健性检验，上述结论基本保持不变。

6 会计信息与信贷资本配置

债务融资是企业最重要的融资方式之一，由于中国债券市场发展相对缓慢，银行信贷资金成为企业债务融资的主要来源，因此，信贷资本配置质量的高低对于中国经济健康发展具有重要影响（张敏等，2010）[29]。为促进信贷资本的优化配置，中国于20世纪80年代开始了银行商业化的改革，目的在于利用市场的力量提高配置效率。

信贷资本配置主要通过银企之间的债务合约完成，研究债务合约的影响因素及其后果对于优化信贷资本配置具有重要意义。从信贷资本配置决策过程而言，银企之间债务合约主要分为两个方面：首先决定是否为企业发放贷款，其次决定债务合约中的贷款期限和利率（陆正飞等，2008）[48]，对企业而言转化为债务可得性、债务期限结构和债务成本问题，这三个方面被视为债务合约的三个关键要素。银企之间的债务合约作为一个系统决策过程，需将上述三要素作为一个整体考虑，关注债务合约三要素中可能出现互补决策效应，如银行对某信息风险高的企业发放贷款的看似“不理智”行为，可能通过提高贷款利率的方式进行补偿。

影响信贷资本实现有效配置的主要原因是市场中广泛存在的信息不对称，银企之间存在的信息不对称可能产生一系列道德风险和逆向选择问题。银行作为资金的供给者会通过债务合约进行自我保护，比如降低信贷资金的供给量（对次级客户不发放贷款）、缩短债务合约的期限、提高贷款利率等。会计信息在信贷资本配置过程中发挥着重要作用：一方面，会计信息通过对企业财务状况和经营成果的反映，降低管理层和银行之间的信息不对称，降低信息的不确定性；另一方面，会计信息作为重要的信息来源，在银行与企业之间签订的契约中被广泛使用。另外，制度环境也是影响信贷资本配置的重要因素（Khwaja and Mian，2005）[36]。市场化程度、金融发展水平和法律环境作为一种制度安排,对债务合约具有重要影响。

现有文献提供了会计信息影响信贷资源配置的证据,也发现了制度环境对信贷资本配置的影响,但对会计信息与制度环境之间交互作用影响信贷资本配置的关注较少。会计信息通过一系列的微观机制影响信贷资本配置,并通过债务成本、债务期限结构和债务可得性表现出来,而现有文献对会计信息影响信贷资本配置的微观机制关注较少。此外,债务可得性、债务期限结构和债务成本是债务合约的三个要素,考察会计信息对信贷资本配置的影响要对债务合约三要素进行系统考察。因此,本章首先以债务成本为视角,考察会计信息影响信贷资本配置的微观机制,以及市场化程度、金融发展水平和法律环境等制度环境对会计信息信贷资本配置作用的影响。此外,考虑到债务合约三要素的系统性关联,还进一步分析了会计信息对债务可得性和债务期限结构的影响。

本章内容主要安排如下:第一节为理论分析与研究假设,第二节为研究设计,第三节为实证结果分析,第四节为稳健性检验,第五节为基于债务可得性和债务期限结构的进一步分析,第六节为研究结论。

6.1 理论分析与研究假设

6.1.1 会计信息影响信贷资本配置的作用

现实世界中存在众多因素会限制信贷资本的配置效率。无论一个国家和地区的制度环境是否完善,信贷配给现象都普遍存在。这主要源于信息不对称、信息不完全以及代理问题(Jaffee and Russell,1976;Stiglitz and Weiss,1981;Bester,1987;Brookfield and Ormrod,2000)[34, 35, 235, 236]。银行和企业之间的信息不对称导致银行面临较高的逆向选择,这会成为信贷资本配置的重要障碍。即使银行和企业之间的信息是对称的,但信息的不完全性增加了银行未来的不确定性风险,同样会对信贷资本配置产生重要影响。银行一旦将资金借给企业,企业和银行之间就存在动机和利益差异导致的代理问题。企业将信贷资金用于高风险的商业项目等行为带来的收益由其独享,而产生的风险却需要银行一起承担,增加了银行的道德风险,使银行面临高昂的代理成本。

会计信息能够提供反映企业财务状况和经营成果的信息，是有关企业信息的重要来源，在银行的信贷决策中被广泛使用（Williamson，1985）[37]。贷款的利率反映了信贷资本的价格，是企业使用信贷资本必须付出的债务成本。会计信息的质量能够通过多种机制影响企业的平均债务成本，进而促进信贷资本的优化配置。

首先，会计信息能够缓解信贷资本配置过程中的信息问题，降低平均债务成本。主要有以下几种渠道：①高质量的会计信息能够缓解银行和企业之间的信息不对称。相对于企业的股东和管理层，银行处于信息劣势的地位，其对于企业经营成果和财务状况等方面的了解程度比企业的管理层和股东较低。由于银行和企业之间存在着动机和利益的差异。企业有可能隐藏商业项目的不利信息，夸大商业项目的利好消息，以获取银行贷款。这种信息不对称使得银行面临较高的信息风险，其会通过提高贷款利率的方式进行补偿。而高质量会计信息可以更好地反映企业的经营成果和财务状况，降低银企之间的信息不对称程度以及由此带来的信息风险。对于会计信息质量高的企业，银行会以较低的利率发放贷款，从而降低了企业的平均债务成本。②降低信息的不确定性。银行需要利用会计以及其他信息进行信贷决策，然而信息本身就具有较大的不确定性。信息的不确定性意味着无法对企业的真实状况实现良好反映，这会导致银行面临较高的信息风险。此时，银行可以通过提高贷款利率的方式对其高信息风险进行补偿，企业面临的债务成本将会增加。高质量会计信息能够更好地反映企业的财务状况和经营成果，这在一定程度上降低了信息本身的不确定性，也就降低了银行面临的信息风险，企业的平均债务成本也会随之降低。③降低未来的不确定性。在信贷资本的配置过程中，由于债务合约的长期性，即使不存在信息不对称和信息不确定性，未来的不确定性依然会增加银行的风险。比如，企业未来经营状况恶化会增加银行面临的违约风险，如果企业一旦破产，银行将会面临利息和本金均无法完全收回的损失。高质量会计信息不仅能够实现对企业历史状况和现有情况的良好反映，还能较好地预测企业的未来状况。重要的是，高质量会计信息还具有一定程度的企业破产概率预测能力（Ohlson，1980；Altman，1968）[237, 238]。此外，许多理论和实践中被广泛使用的信贷风险评估预测模型都大量地使用会计信息，而高质量会计信息是提高这些预测模型准确性的基础。这都表明高质量会计信息能够降低银行未来的不确定性和风险，从而降低企业的平均债务成本。

其次，会计信息能够缓解信贷资本配置过程中的代理问题，降低平均债务成本。信贷资本的配置主要是通过债务契约实现的。银行借助于债务契约，能够充分发挥治理作用，有效缓解代理问题，降低自身面临的风险。虽然不同的银企之间的债务契约在形式、内容等方面都有所不同，但是均大量地使用会计信息（孙铮等，2006）[239]。高质量会计信息在债务契约中的作用更大，能够更好地通过治理效应缓解代理问题，从而降低企业的平均债务成本。①监督企业行为。银行将信贷资金借给企业使用后，需要获取企业经营成果、财务状况、资金使用情况等方面的信息，以监督企业的各方面行为。而会计信息是企业各方面状况的整体反映，高质量会计信息能够更好地反映企业实际状况，降低了银行监督企业行为的成本和风险，提高监督效率。在其他情况一定的情况下，银行会对易于监督的企业以较低的贷款利率进行回应，这在一定程度上降低了企业的平均债务成本。②约束企业行为。银行将信贷资金交付企业后，为防止企业牺牲银行的利益来满足管理层和股东等个人私欲，通常会在债务契约中加入明确的禁止性条款，以约束企业的行为。这些禁止性条款往往需要借助于会计信息进行识别。比如，禁止改变资金用途需要利用会计信息中的现金流量进行识别。高质量会计信息能够更好地反映企业管理层和股东的行为，从而提高债务合约对企业行为的约束能力。随着银行对企业行为约束力的增加，它们之间的代理成本随之降低，企业将面临降低的债务成本。③提高债务合约执行能力。在债务合约中，银行经常以会计信息中提供的各项指标作为会计合约的履约标准（孙铮等，2006）[239]。比如，企业经营成果的净利率、财务状况的净资产等。当企业的某些会计指标超出债务合约规定的范围时，银行就可以采取执行条款以避免自身的利益受损。然而，这必须建立在企业的会计信息能够正确反映企业各方面状况的基础上。高质量会计信息可以更好地保证债务合约的执行能力。④降低银行违约损失。在市场正常运行的状况下，企业面临经营失败等破产的风险不可避免。当银行将信贷资金交付企业后，如果企业由于经营失败、现金流短缺等导致无法如期归还贷款的违约事件后，如何最大限度地降低银行的违约损失是一个重要问题。此时，银行往往需要通过参与债务重组、破产清算、法律诉讼等方式，最大限度地回收本金和利息，以降低自身的损失。会计信息在这些事件发生后对债务合约的履行和债权人权利的保护具有重要作用(Sloan,2001)[38]。高质量会计信息能够帮助银行更好地参与特殊事务处理,依据债务合约充分发挥治理能力,降低自身损失。所以说,高质量会计信息能够充分发挥治理作用,提高债务合约对企业的监督和约束能力,保证债务合约的执行能力,降低银行的违约损失。银行与企业之间的代理问题在一定程度上得到缓解,银行将给予企业较低的利率,企业面临的平均债务成本也较低。

综合上述会计信息影响信贷资本配置的分析,提出以下研究假说 H6 - 1。

H6 - 1:会计信息通过调整平均债务成本影响信贷资本配置。在其他条件一定的情况下,会计信息质量越高,企业的平均债务成本越低。

6.1.2 会计信息影响信贷资本配置的微观机制:治理效应大于信息效应

上文分析的结果表明,会计信息可以通过一系列渠道影响作为价格信号的债务成本(利率),发挥信贷资本配置作用。依据第 3 章的理论,从信贷资本配置中面临的信息问题和代理问题出发,可以将会计信息影响平均债务成本的渠道区分为两种效应:信息效应和治理效应。一方面,会计信息能够通过信息效应缓解银企之间的信息问题,降低平均债务成本;另一方面,会计信息能够通过治理效应缓解银企之间的代理问题,保证债务合约的实现,降低平均债务成本。具体如图 6 - 1 所示。

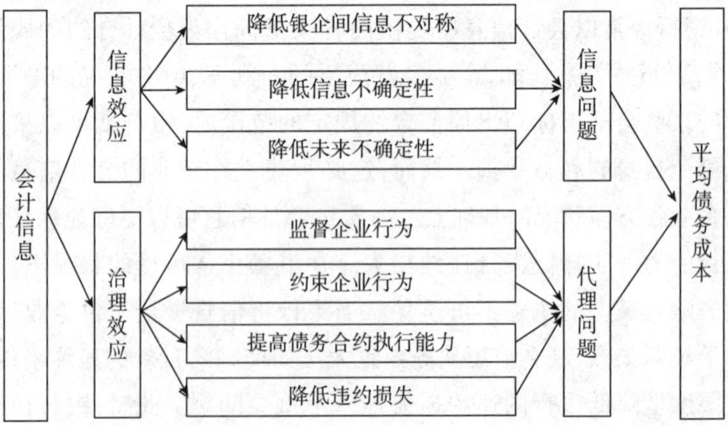

图 6 - 1 会计信息影响信贷资本配置的微观机制:信息效应与治理效应

进一步分析会计信息影响平均债务成本的微观机制，信息效应和治理效应是否都在发挥作用呢？已有研究简单对会计信息和债务成本进行了回归，只能发现会计信息的总体效应，并不能回答上述问题。而且，如果在信贷资本配置的过程中，会计信息的两种效应均发挥了作用，那么哪种效应在发挥主导作用呢？欲解开会计信息发挥信贷资本配置作用的"黑匣子"，需结合第3章的理论，通过信贷市场对公有信息的依赖程度以及信贷投资者参与治理能力进行分析。

首先，不同于权益资本市场中的股权投资者，信贷资本市场中的银行属于金融中介机构，拥有较多的私有信息，具有较强的信息优势，对公有信息的依赖性较弱。银行在进行信贷决策时，除拥有公开披露的财务会计等信息之外，还能够获取有关企业的其他私有信息。比如，银行会通过专门的信贷员深入企业实地调查企业的相关信息；通过查阅企业与银行的往来账项、历史存贷款记录，获取企业的资信信息；通过工商、税务、法院、不动产管理部门等政府主管机构，获取企业的各方面信息。此外，银行会针对信息不对称程度较高的重大客户，聘请专门的资信评估机构对企业进行评估。由此可见，作为金融中介机构的银行拥有众多的私有信息来源渠道，这些渠道都是普通的投资者所不具备的。因此，银行对公有信息的依赖性要远远低于分散性股权投资者。所以，会计信息在降低银企之间信息不对称方面的信息效应相对较小。

其次，相对于分散性的股权投资者，信贷资本投资者银行有着较强的治理意愿和治理能力。当银行将信贷资金交付给企业后，为降低管理层损害自身利益的代理问题①，银行有着强烈的参与公司治理的意愿。作为金融机构的银行，拥有人员、知识、信息等方面专长，也具有参与公司治理的能力。银行参与公司治理的目的在于实现对管理层的约束和监督，保证债务合约的履行。然而，出于监督成本的考虑，银行并不是通过观测管理层行为的方式进行直接监督，而是通过观察企业的各项重要的会计指标，间接监督管理者是否存在违反债务合约的行为（Watts and Zimmerman，1990）[240]。由此可见，在信贷资本配置的过程中，高质量会计信息能够更好地发挥治理效应，降低债务合约中的代理成本。综合上述分析，在信贷资本配置过程中，会计

① 比如，违规使用信贷资金、在银行不知情的情况下举借新的贷款等。

信息的信息效应较小，未发挥主导作用；会计信息的治理效应较大，在其中发挥主导作用。据此提出研究假说 H6－2。

假说 H6－2：会计信息通过信息效应和治理效应的微观机制降低平均债务成本，且治理效应大于信息效应，发挥主导作用。

6.1.3 制度环境对会计信息信贷资本配置作用的影响：互补性

改革开放以来，为完善信贷资本配置的效率，中国政府于 20 世纪 80 年代开始了包括银行业在内的金融体系市场化改革，开始利用市场的力量对信贷资本进行配置。相对于其他要素市场，金融市场化改革相对比较缓慢，所以信贷资本的配置过程受制度环境的影响较大。会计信息不仅能够减少信息不对称，为银行信贷决策提供有用的信息，还是银行参与治理、实施贷款监督、降低代理成本的重要工具，在信贷资本配置中发挥着重要作用。会计信息的信贷资本配置作用主要是通过债务合约实现的，而制度环境对债务合约又存在重要影响（Fan et al.，2012）[241]。制度环境不仅仅影响着信贷资金需求者企业的行为和收益，更重要的是对信贷资金的供给者银行产生了重要影响。在不同的市场化程度、金融发展水平和法律环境下，企业和银行的行为及其收益都在发生着变化，导致会计信息在信贷资本配置中的作用受到影响。所以，会计信息减少信息不对称的信息效应和降低代理成本的治理效应可能受到制度环境的影响，在不同的制度环境下呈现出一定的差异。

（1）市场化程度的影响

市场化程度越高的地区，银行和企业的行为收益越符合市场原则，信贷资本的配置更多的是依靠市场进行的。而在市场化程度较低地区，政府在信贷资本配置中发挥作用的比例越高。政府干预银企之间的债务合约成为影响信贷资本配置的重要方式之一。具体而言，出于实现其政治和社会目标的目的，政府往往会对银行的信贷决策施加影响，促使银行对某一类企业发放贷款。而且，由于政府目标的多元性和政策的多变性，受到政府“照顾”的企业并不是一成不变的。国有企业、具有政治关联的民营企业、招商引资企业、符合地方产业政策企业等，都有可能受到政府的青睐。这对会计信息在信贷资本配置中的作用产生了重要影响。一方面，政府对银行信贷决策的干预直接降低了会计信息的作用；另一方面，这些企业在一定程度上得到了政府担保，间接降低了会计信息的作用。所以在市场化程度较低的地区，会计信息在信贷资本配置中的作用被削弱;而在市场化程度较高的地区,信贷资本配置更多的是依靠市场的力量进行的。此时,会计信息在信贷资本的配置过程中可以充分发挥其信息作用和治理作用。基于以上分析,本书提出假说 H6-3A。

H6-3A:会计信息的信贷资本配置效应受到市场化程度的影响。相对于市场化程度较低地区,会计信息降低平均债务成本的效应在市场化程度较高的地区更大。

(2)金融发展水平的影响

在不同的金融发展水平下,银行的信贷决策是具有显著差异的。在较低的金融发展水平下,银行商业化程度不高,信贷资本呈现出一定的垄断趋势。当银行处于垄断地位时,其往往倾向于利用自身的优势获取超额利润。比如,银行对信息风险较低的借款企业依然设置较高的贷款利率(Pagano,1993)[242],设置非常严格的信贷条件,甚至使用配给的方式分配信贷资金,导致了严重的信贷配给问题(Guzman,2000)[243]。此时,信贷资本的配置过程受到一定程度的扭曲,银行利用其垄断优势地位分配信贷资本,降低了其利用会计信息进行信贷决策和信贷监督的动力。而在金融发展程度高的地区,银行竞争程度较高,信贷资本也较为宽裕。为提高自身的经济效益以及降低经营风险,银行有着强烈的动机搜集、处理、利用借款企业的各种信息进行信贷决策和信贷监督。同时,由于企业可选择的银行较多,为获取更加低成本的信贷资本,企业也有动机去改善会计信息的质量,以更好地反映自身的经营成果和财务状况,降低银企之间的信息不对称以及银行搜集信息和监督的成本。会计信息在信贷资本配置中能够充分地发挥信息作用和治理作用。随着会计信息质量的提高,银企之间的信息问题和代理问题得到缓解,降低了银行的信息风险,企业所面临的利率水平和平均债务成本就越低。综合上述分析发现,会计信息对平均债务成本的影响在不同金融发展水平下是存在差异的,据此提出本书的假说 H6-3B。

H6-3B:会计信息的信贷资本配置效应受到金融发展水平的影响。相对于金融发展水平较低地区,会计信息降低平均债务成本的效应在金融发展水平较高的地区更大。

(3)法律环境的影响

法律环境是对投资人权利保护的重要保证。相对于权益资本的投资者,信贷资本投资者更多地依赖于法律环境维护自身的利益。作为信贷投资者的银行,属于企业的债权人,既不参与企业的各项经营和管理,也不享受企业经营的剩余收益,只能享受固定的约定收益率(贷款利率),而且还面临着资本无法回收的风险。所以,信贷资本投资者银行对自身风险的控制以及利益的保护就显得尤为重要。银行对自身信贷的保护更多的是依赖于债务合约实现的,而债务合约对企业的约束力来源于良好的法律环境。当一个国家或地区的法制建设比较完善,且执法效力较高时,债务合约才能形成对企业的良好监督、约束与威慑。当企业出现违反债务合约的行为时,银行能够以债务合约为依据,借助于良好的法律体系,最大限度地维护自身利益。债务合约中大量使用会计信息作为履约条款的具体标准。高质量会计信息有助于促进债务合约的履行,降低银行的风险,从而降低企业的平均债务成本。但是,会计信息对信贷资本配置的影响只有在法律环境较好的地区才能充分发挥作用。在法律环境较差的地区,一方面,法制建设不健全,无法对市场经济中债务合约中的纠纷给出相应解释;另一方面,司法效率低下,经济案件的受理率、审理时间和执行能力都呈现出不同程度的低迷态势。当企业违反债务合约条款而侵害银行的信贷时,银行通过法律途径维护自身利益的成本高、进程慢、效率低,而且还面临法院判决生效后无法执行、自身损失无法弥补的困境。这些原因直接损害了会计信息对信贷资本配置的影响。由于法律环境的落后,银行无法充分利用会计信息、通过债务合约和法律武器维护自身利益,就开始转向其他非正式制度以保障自身利益。比如,在债务合约中大量地使用担保人制度、抵押和质押制度,或者借助于其他社会关系有选择性地发放贷款。这些措施大大降低了信贷资本配置过程中对高质量会计信息的需求和使用效率。由于制度、文化等方面的影响,中国虽然引进了众多较为先进的法律制度,但却面临难以有效运转的困境(Pistor and Xu,2005)[194]。由于渐进式的改革进程和特殊的制度、地域背景,中国各地区的法律环境呈现出较大的不平衡性。所以,在中国各地区法律环境呈现出较大不平衡性的背景下,会计信息对平均债务成本的影响在不同法律环境下是存在差异的,据此提出本书的假说 H6－3C。

H6－3C:会计信息的信贷资本配置效应受到法律环境的影响。相对于法律环境较差地区,会计信息降低平均债务成本的效应在法律环境较好的地区更大。

6.2 研究设计

6.2.1 样本选择与数据来源

本书采用2007—2014年中国沪、深两市A股上市公司为样本,剔除金融行业公司、净资产小于0的异常公司、财务及公司治理数据缺失公司,最终得到包含8967个观测值的非平行面板数据。本书所用上市公司财务和治理数据来源于国泰安(CSMAR)和色诺芬(CCER)数据库。为降低异常值对实证结果的影响,对所有连续性变量进行上下1%分位数的缩尾(Winsorize)处理,后文所有的数据分析和统计处理均采用Stata12.1完成。

6.2.2 研究变量

(1)被解释变量——平均债务成本

利率是信贷资本的价格,对企业而言转化为债务成本。为分析会计信息对信贷资本配置的影响,以及对比会计信息在不同资本配置中的作用差异,本书选择平均债务成本作为因变量。平均债务成本变量表示企业平均借款支付的成本,参考已有文献的处理方法(Fields et al.,2012;Pittman and Fortin,2004;Anginer et al.,2015;Billett et al.,2015)[244-247],本书采用财务费用除以当期借款的平均余额(期初与期末借款余额的平均数)衡量,记为CCOST。同时,考虑到债务可得性和债务期限结构也是债务合约要素的重要方面,本书将在进一步分析中考察会计信息质量对债务可得性以及债务期限结构的影响,以全面分析会计信息通过影响债务合约三要素发挥信贷资本配置的作用。

(2)解释变量

本书解释变量为会计信息质量、信息不对称和制度环境。其中,会计信息质量以应计质量模型为基础进行测量,具体采用修正的琼斯模型计算,详细测量方式见4.1.3,记为ERQ;信息不对称利用市场微观结构理论中的知情交易概率模型计算,详细测量方式见4.2.3,记为ASY;制度环境采用樊纲指数衡量,详细测量方式见4.3.3,市场化程度记为MFE,金融发展水平记为FFE,法律环境记为LFE。

(3)平均债务成本影响因素的控制变量

根据平均债务成本研究的相关文献(Fields et al.,2012;Pittman and Fortin,2004;Anginer et al.,2015;Billett et al.,2015)[244-247],平均债务成本主要受到企业偿债能力和风险水平的影响。为有效检验会计信息质量对平均债务成本的影响,本书在多元线性回归模型中控制了已有文献中常用反映企业偿债能力和风险水平的重要指标:流动比率、有形资产比例、股东权益比例、营业毛利率、公司规模、营业收入增长率、自有资金比例、权益筹资能力。流动比率为流动资产除以流动负债,记为LIQR;有形资产比例为总资产减去无形资产、商誉和开发支出再除以期初总资产,记为TANG;股东权益比例为所有者权益除以总资产,记为EQUR;营业毛利率为主营业务利润除以主营业务收入,记为OPEM;公司规模为期末总资产的自然对数,记为SIZE;营业收入增长率为当期主营业务收入除以上期主营业务收入,为克服主营业务收入增长率波动较大的影响,取其近3年主营业务增长率的平均数,记为GROW;自有资金比例为经营现金流净额减去投资现金流净额再除以期初总资产,记为OWN;权益筹资能力为当期配股增发资金除以期初总资产,记为OFFE。

此外,为控制行业差异以及年度因素的影响,本书还控制了行业和年度效应。其中,行业虚拟变量以中国证监会2001年颁布的《上市公司行业分类指引》行业大类为依据,由于制造业上市公司数量众多且内部差异较大,制造业采用亚类取两位行业代码,其他行业按大类取一位行业代码,合计21个行业设置20个虚拟变量,以IND表示;为控制宏观经济政策及经济波动的影响,本书对样本区间8年设置7个年度哑变量,以YEAR表示。表6-1展示了平均债务成本影响因素中主要变量的简要说明。

表6-1 平均债务成本影响因素变量简要说明

变量类型	变量名称	表示符号	变量说明
因变量	平均债务成本	CCOST	财务费用除以当期借款的平均余额
解释变量	会计信息质量	ERQ	修正的琼斯模型计算的操控性应计利润的绝对值;稳健性检验中使用琼斯模型
	信息不对称	ASY	知情交易概率模型计算的知情交易概率
	市场化程度	MFE	1:市场化程度高;0:市场化程度低
	金融发展水平	FFE	1:金融发展水平高;0:金融发展水平低
	法律环境	LFE	1:法律环境好;0:法律环境差

续表

变量类型	变量名称	表示符号	变量说明
控制变量	流动比率	LIQR	流动资产除以流动负债
	有形资产比例	TANG	总资产减去无形资产、商誉和开发支出再除以期初总资产
	股东权益比例	EQUR	所有者权益除以总资产
	营业毛利率	OPEM	主营业务利润除以主营业务收入
	公司规模	SIZE	期末总资产的自然对数
	营业收入增长率	GROW	当期主营业务收入除以上期主营业务收入
	自有资金比例	OWN	经营现金流净额减去投资现金流净额再除以期初总资产
	权益筹资能力	OFFE	当期配股增发资金除以期初总资产
	行业效应	IND	行业代码制造业取两位,其他行业取一位,20 个哑变量
	年度效应	YEAR	2007—2014 年度效应,7 个哑变量

(4)信息不对称影响因素的控制变量

根据5.2.3 的分析,信息不对称影响因素的控制变量主要包括:公司规模、盈利能力、公司年龄、董事长总经理两职合一、股权集中度等因素,以及行业和年度效应。表6－2 展示了信息不对称影响因素中主要变量的简要说明。

表6－2　信息不对称影响因素变量简要说明

变量类型	变量名称	表示符号	变量说明
因变量	信息不对称	ASY	知情交易概率模型计算的知情交易概率
解释变量	会计信息质量	ERQ	修正的琼斯模型计算的操控性应计利润的绝对值;稳健性检验中使用琼斯模型计算
控制变量	公司规模	SIZE	上市公司年末资产总额的自然对数衡量
	盈利能力	ROA	上市公司期末总资产收益率衡量
	公司年龄	AGE	公司上市年份衡量
	两职合一	DUAL	董事长总经理为同一人时取值为1,不是同一人时取值为0
	股权集中度	INS	第一大股东持股比例衡量
	行业效应	IND	行业代码制造业取两位,其他行业取一位,20 个哑变量
	年度效应	YEAR	2007—2014 年度效应,7 个哑变量

6.2.3 研究模型

为考察会计信息通过影响平均债务成本发挥信贷资本配置的作用，以及对比会计信息在权益、信贷、债券等不同资本配置中的作用差异，本章借鉴第5章中模型构建的思路，尽量采用相一致的研究模型，综合利用多元线性回归法、中介效应模型、分组回归、自体抽样法等多种方法进行实证检验。

(1)会计信息影响平均债务成本模型

为检验会计信息影响平均债务成本的整体机制，本书构建如下检验模型：

$$\begin{aligned}\mathrm{CCOST} = {} & \beta_0 + \alpha_1\mathrm{ERQ} + \beta_1\mathrm{LIQR} + \beta_2\mathrm{TANG} + \beta_3\mathrm{EQUR} + \\ & \beta_4\mathrm{OPEM} + \beta_5\mathrm{SIZE} + \beta_6\mathrm{GROW} + \beta_7\mathrm{OWN} + \\ & \beta_8\mathrm{OFFE} + \sum_j \mathrm{IND} + \sum_k \mathrm{YEAR} + \varepsilon \end{aligned} \tag{6.1}$$

其中，CCOST代表平均债务成本，ERQ代表会计信息质量，其数值越大，表示会计信息质量越低，其余为影响平均债务成本的其他控制变量，具体含义如表6-1所示。根据假说H6-1，会计信息质量越高，则平均债务成本越低；反之，会计信息质量越低，则平均债务成本越高。因此，本书预测会计信息质量ERQ的系数显著为正。

(2)会计信息影响平均债务成本的微观机制模型

为检验会计信息影响平均债务成本的微观机制，本书采用如下步骤：

首先，构建会计信息影响信息不对称的模型(6.2)：

$$\begin{aligned}\mathrm{ASY} = {} & \beta_0 + \omega_1\mathrm{ERQ} + \beta_1\mathrm{SIZE} + \beta_2\mathrm{ROA} + \beta_3\mathrm{AGE} + \\ & \beta_4\mathrm{DUAL} + \beta_5\mathrm{INS} + \sum_j \mathrm{IND} + \sum_k \mathrm{YEAR} + \varepsilon \end{aligned} \tag{6.2}$$

其中，ASY代表信息不对称，ERQ代表会计信息质量，其余代表影响信息不对称的其他控制变量，具体含义如表6-2所示。根据假说H6-2，会计信息能够通过缓解信息不对称的信息效应发挥作用，本书预期会计信息质量ERQ的系数显著为正。

然后，在模型(6.1)的基础上加入信息不对称变量ASY，构建如下模型(6.3)：

$$\mathrm{CCOST} = \beta_0 + \alpha_1{}'\mathrm{ERQ} + \eta_1\mathrm{ASY} +$$

$$\beta_1 \text{LIQR} + \beta_2 \text{TANG} + \beta_3 \text{EQUR} + \beta_4 \text{OPEM} + \beta_5 \text{SIZE} + \beta_6 \text{GROW} + \beta_7 \text{OWN} + \beta_8 \text{OFFE} + \sum_j \text{IND} + \sum_k \text{YEAR} + \varepsilon \quad (6.3)$$

此时,将模型(6.1)、模型(6.2)、模型(6.3)结合起来分析。模型(6.1)主要检验会计信息能否影响信贷资本配置,ERQ 系数 α_1 代表会计信息降低平均债务成本的信息效应和治理效应,是一种总效应;模型(6.3)在模型(6.1)的基础上引入了信息不对称变量 ASY,从而将会计信息影响平均债务成本的信息效应分离出来,此时,ERQ 的系数 α_1' 仅表示会计信息影响平均债务成本的治理效应。而模型(6.2)中 ERQ 的系数 ω_1 与模型(6.3)中 ASY 的系数 η_1 相乘得到 $\omega_1 * \eta_1$,代表会计信息影响平均债务成本的信息效应。

会计信息影响平均债务成本的信息效应和治理效应的相对大小通过以下逻辑进行检验:如果模型(6.3)中 α_1' 的系数不显著,表明信息效应发挥主导作用;如果模型(6.3)中 η_1 不显著而 α_1' 显著,表明治理效应发挥主导作用;如果两者都显著,需要对比治理效应和信息效应的相对大小,即判断 $\omega_1 * \eta_1 - \alpha_1'$ 的符号,如果其为"正",则表明信息效应大于治理效应,发挥主导作用,如果其为"负",则表明治理效应大于信息效应,发挥主导作用。最后,对于信息效应 $\omega_1 * \eta_1$、信息效应和治理效应的差异 $\omega_1 * \eta_1 - \alpha_1'$,采用自体抽样法构造统计量进行统计检验①。具体检验步骤和第 5 章相一致,在此不再复述。

(3)制度环境影响会计信息信贷资本配置作用模型

为考察会计信息对平均债务成本的影响在不同制度环境下的差异,检验假说 H6-3A、假说 H6-3B、假说 H6-3C,本书同样采用分组回归的方法进行检验。具体将研究样本按市场化程度、金融发展水平和法律环境的高低分组,对模型(6.1)分别回归。通过对比制度环境好地区和制度环境差地区会计信息质量的回归系数的差异,并利用自体抽样法 1000 次进行统计检验②。具体检验步骤和第 5 章相一致,在此不再复述(见表 6-3)。

① 详细检验过程参见附录六的 STATA 程序。
② 详细检验过程参见附录七的 STATA 程序。

表 6-3 分组回归组间会计信息质量系数差异预期①

制度环境	组别	预期系数大小	组别	预期显著性
市场化程度分组	市场化程度高	大于	市场化程度低	显著
金融发展水平分组	金融发展水平高	大于	金融发展水平低	显著
法律环境分组	法律环境高	大于	法律环境低	显著

6.3 实证结果分析

6.3.1 描述性统计

表6-4提供了研究样本主要变量的描述性统计量，主要包括均值、中位数、标准差、最小值、二十五分位数、七十五分位数、最大值、样本数量等。

表 6-4 主要变量描述性统计

变量	均值	中位数	标准差	最小值	P25	P75	最大值	样本数
CCOST	0.020	0.021	0.022	-0.060	0.006	0.035	0.0680	8388
ERQ	0.079	0.049	0.104	0.001	0.021	0.094	0.754	8388
ASY	0.077	0.072	0.043	0	0.061	0.086	0.983	8388
LIQR	1.550	1.245	1.206	0.235	0.869	1.796	7.899	8388
TANG	0.946	0.967	0.069	0.589	0.935	0.987	1	8388
EQUR	0.478	0.466	0.192	0.072	0.334	0.615	0.914	8388
OPEM	0.070	0.053	0.175	-0.753	0.013	0.127	0.685	8388
SIZE	22.13	22.00	1.250	19.31	21.27	22.90	25.49	8388
GROW	0.188	0.104	0.534	-0.651	-0.040	0.267	3.741	8388
OWN	0.116	0.098	0.166	-0.316	0.021	0.191	0.764	8388
OFFE	0.034	0	0.133	0	0	0	0.945	8388
ROA	0.033	0.030	0.055	-0.201	0.010	0.057	0.198	8388
AGE	12.91	13	4.546	2	10	16	22	8388
DUAL	0.124	0	0.329	0	0	0	1	8388

① 制度环境与会计信息信贷资本配置作用呈"互补性"关系，这与权益资本相一致。因此，系数差异预期表和表5-3相一致。

续表

变量	均值	中位数	标准差	最小值	P25	P75	最大值	样本数
INS	36.25	34.32	15.74	8.50	23.43	48.07	75.92	8388
MFE	0.763	1	0.426	0	1	1	1	8388
FFE	0.764	1	0.425	0	1	1	1	8388
LFE	0.746	1	0.435	0	0	1	1	8388

注:P25,P75分别指第二十五和第七十五百分位数。

首先,对于关键被解释变量平均债务成本:其均值为2%,中位数为2.1%,两者的差异较小,说明样本公司平均债务成本不存在严重偏态;其最小值为-6%,最大值为6.8%,样本离差高达12.8%,标准差为2.2%,说明样本公司的平均债务成本存在较大差异,后文将重点研究造成样本公司平均债务成本出现较大差异的原因。而且,与权益资本成本相比,平均债务成本整体较低,这也说明信贷融资比权益融资的成本低。

其次,对于解释变量会计信息质量、信息不对称以及制度环境变量,其样本描述性统计与权益资本配置模型中的样本描述性统计基本一致。这表明本书的样本选择过程不存在严重的偏误,样本选择具体结果虽然略有差异,但基本状况是保持一致的。

最后,控制变量方面,多数控制变量的均值和中位数均比较接近,而且具有一定的方差,说明以上变量未存在严重的偏态,样本具有较好的代表性,不存在严重样本选择偏差问题。但是,公司成长性和自有资金比例的均值和中位数存在一定的差异,呈现出一定的偏态。本书将在后面的回归分析中重点关注上述变量可能出现的共线性问题。

6.3.2 相关分析

在相关分析中,本书将所有变量区分为平均债务成本模型变量和信息不对称模型变量,进行相关分析。由于在5.3.2中已进行过信息不对称模型变量之间的相关分析,本节将不再重复此项工作,只进行信贷资本配置模型变量之间的相关分析。表6-5提供了平均债务成本模型主要变量之间的相关系数,具体采用皮尔逊相关系数进行分析。

表 6-5 主要变量相关分析——平均债务成本模型

变量	CCOST	ERQ	ASY	LIQR	TANG	EQUR	OPEM
CCOST	1						
ERQ	0.057***	1					
ASY	0.032***	0.004***	1				
LIQR	-0.508***	0.078***	-0.053***	1			
TANG	-0.103***	0.055***	-0.027**	0.097***	1		
EQUR	-0.306***	-0.068***	-0.038***	0.593***	-0.089***	1	
OPEM	-0.214***	0.019*	-0.001	0.200***	-0.019*	0.269***	1
SIZE	-0.021*	-0.088***	0.149***	-0.189***	0.050***	-0.318***	0.193***
GROW	-0.031***	0.203***	-0.023**	-0.0120	-0.008	-0.061***	0.151***
OWN	-0.032***	-0.105***	0.004	-0.078***	-0.155***	0.100***	0.197***
OFFE	0.013	0.164***	-0.032***	0.0150	-0.030***	0.014	0.052***
	SIZE	GROW	OWN	OFFE			
SIZE	1						
GROW	0.060***	1					
OWN	0.142***	0.219***	1				
OFFE	-0.007	0.244***	0.171***	1			

注：***，** 和 * 分别代表在 1%，5% 和 10% 的显著性水平上显著。

平均债务成本与会计信息质量的相关系数为 0.057，且在 1% 的显著性水平上显著为正。由于会计信息质量是反向指标，其数值越大，则会计信息质量越差。因此，会计信息质量越低的公司，平均债务成本越高。这说明在不考虑其他因素的情况下，会计信息质量是影响平均债务成本的重要因素，初步支持了本书的假说。

平均债务成本与信息不对称的相关系数为 0.032，且在 1% 的显著性水平上显著为正，说明信息不对称程度越高的公司，平均债务成本越高。同时，信息不对称与会计信息质量的相关系数为 0.004，且在 1% 的显著性水平上显著为正，说明会计信息质量越低的公司，信息不对称程度越高。综合起来分析：会计信息质量与信息不对称正相关，信息不对称与平均债务成本正相关。那么，会计信息是否通过降低信息不对称影响平均债务成本呢？这需要在多元回归分析中进一步验证。

平均债务成本与其余控制变量之间的相关分析显示：首先，平均债务成本与流动比率、有形资产比例、股东权益比率、营业毛利率、成长性、自有资金比例的相关系数均在1%的显著性水平上负相关,表明这些反映企业偿债能力的指标越高,企业平均债务成本越低,与已有文献和理论的结果基本相符。其次,平均债务成本与公司规模的相关系数在10%的显著性水平上负相关,这表明公司规模越大的公司,平均债务成本较低,但显著性水平并不高。最后,权益筹资能力反而与平均债务成本正相关。企业的增发配股行为反而导致企业面临较高的平均债务成本,这可能与增发配股所导致的代理问题有一定的联系。总体而言,平均债务成本与控制变量之间的相关系数的符号基本符合理论预期,多数具有一定统计意义上的显著性。

所有自变量之间的相关分析显示:首先,除去公司成长性、自有资金比例和权益筹资能力外,会计信息质量与其他自变量之间的相关系数均在10%以下,表明关键解释变量和其他控制变量之间不存在高度的相关性,回归分析中多重共线性的问题会大大降低。会计信息质量与公司成长性、自有资金比例和权益筹资能力的相关系数虽然较高,但依然低于20%,属于低度相关,不会导致严重的共线性问题。其次,由于控制了众多影响信贷决策的因素,控制变量之间整体上存在一定的相关性。流动比率和股东权益比例的相关系数较高,属于中度相关。虽然控制变量之间存在较高的相关性,但这些变量都是影响信贷决策的重要因素,如果盲目遗漏这些变量,将会导致估计结果严重右偏。综合上述因素,考虑到控制变量与关键解释变量会计信息质量的相关系数较低,本书将保留这些控制变量。此外,本书将在后续的回归分析中进行方差膨胀因子的多重共线性检验,以尽可能地检测模型的共线性状况,以便及时对模型作出调整,避免严重的共线性问题。

概而言之,上述单变量分析中各主要变量之间的关系与预期基本一致,后文将利用回归模型进行多变量关系检验。

6.3.3 会计信息影响平均债务成本的多元回归分析

为检验本书的假说H6-1,本书对模型(6.1)进行了多元回归分析。为克服异方差的影响,本书采用怀特稳健性标准误进行统计推断,具体回归结果如表6-6所示。此外,本书还进行了多重共线性检验,表6-7展示了表6-6中各个回归结果主要解释变量的方差膨胀因子以及所有变量方差膨胀因子的均值。

表6-7的计算结果显示，模型中未发现有变量的方差膨胀因子大于5，解释变量会计信息质量在各模型中的方差膨胀因子均小于1.3，根据Freund和Littell(1986)的判别标准，表明关键解释变量会计信息质量不存在严重的共线性问题。此外，考虑到行业和年度虚拟变量后模型所有变量的方差膨胀因子的均值均小于3.5，说明模型整体不存在严重的共线性问题，未受到严重的共线性困扰。

表6-6中回归结果(1)报告了控制变量的回归结果：首先，流动比率、有形资产比例、股东权益比率、营业毛利率、成长性、自有资金比例等变量对平均债务成本的回归系数均显著为负，这与上文相关分析的结果基本一致。进一步表明，反映企业偿债能力的指标表现越好，企业的平均债务成本越低。其次，公司规模对平均债务成本的相关系数为-0.0021，且在1%的显著性水平上负相关，这表明在控制其他因素的情况下，公司规模越大的公司，平均债务成本越低。最后，权益融资能力与企业的平均债务成本的相关系数为0.0123，在1%的显著性水平上为正，表明企业在发生增发、配股等行为之后，平均债务成本反而会上升。

表6-6中回归结果(2)至(5)报告了会计信息质量对平均债务成本的回归结果。回归结果(2)未控制行业和年度虚拟变量，相当于全样本混合回归(Pooled OLS)；回归结果(3)控制行业虚拟变量，但未控制年度虚拟变量；回归结果(4)控制年度虚拟变量，但未控制行业虚拟变量；回归结果(5)对行业和年度虚拟变量均予以控制。回归分析结果表明，无论是否控制行业、年度效应，会计信息质量均在1%的显著性水平上与平均债务成本正相关。由于会计信息质量是反向指标，其数值越大，则表明会计信息质量越差。因此，上述回归结果表明会计信息质量对平均债务成本存在显著的正向影响，会计信息质量越高，平均债务成本越低，会计信息质量越差，平均债务成本越高，证明了本书的假说H6-1；依次加入行业和年度的虚拟变量后会计信息质量的回归系数稍微有所下降，从0.0116降低至0.0010，但显著性水平未发生变化，均在1%的显著性水平上显著，这是由于会计信息的差异部分由行业和年度因素所解释；增加行业和年度虚拟变量后模型的拟合优度有所上升，模型的解释能力增强。

概而言之，上述回归结果表明会计信息是影响信贷资本配置的重要因素，会计信息质量越高，则平均债务成本越低，会计信息质量越低，则平均债务成本越高,会计信息能够调节平均债务成本发挥信贷资本配置的作用,证明了本书的假说 H6-1。

表 6-6　会计信息影响平均债务成本的多元回归分析

变量	结果(1)	结果(2)	结果(3)	结果(4)	结果(5)
LIQR	-0.0105***	-0.0105***	-0.0102***	-0.0103***	-0.0101***
	(-36.01)	(-35.84)	(-34.58)	(-35.23)	(-34.02)
TANG	-0.0190***	-0.0190***	-0.0185***	-0.0201***	-0.0196***
	(-5.71)	(-5.74)	(-5.48)	(-6.05)	(-5.78)
EQUR	-0.0097***	-0.0096***	-0.0133***	-0.0094***	-0.0132***
	(-5.68)	(-5.60)	(-7.36)	(-5.52)	(-7.37)
OPEM	-0.0133***	-0.0132***	-0.0109***	-0.0133***	-0.0107***
	(-7.13)	(-7.01)	(-5.60)	(-7.02)	(-5.42)
SIZE	-0.0021***	-0.0020***	-0.0021***	-0.0018***	-0.0018***
	(-12.51)	(-12.16)	(-12.30)	(-10.29)	(-10.42)
GROW	-0.0012**	-0.0011**	-0.0006	-0.0013**	-0.0007
	(-2.32)	(-2.18)	(-1.14)	(-2.44)	(-1.37)
OWN	-0.0080***	-0.0081***	-0.0129***	-0.0085***	-0.0134***
	(-5.52)	(-5.34)	(-8.56)	(-5.59)	(-8.82)
OFFE	0.0123***	0.0123***	0.0127***	0.0125***	0.0128***
	(6.72)	(6.63)	(6.94)	(6.79)	(7.12)
ERQ		0.0016***	0.0014***	0.0020***	0.0010***
		(3.65)	(3.56)	(3.83)	(3.42)
行业效应	NO	NO	YES	NO	YES
年度效应	NO	NO	NO	YES	YES
Constant	0.1051***	0.1047***	0.1167***	0.1034***	0.1151***
	(21.22)	(20.80)	(22.59)	(20.59)	(22.33)
Obs	8388	8388	8388	8388	8388
R_squ	0.5087	0.5103	0.5456	0.5162	0.5514
Adj. R_squ	0.5084	0.5100	0.5446	0.5156	0.5502
F Value	488.6665	429.8115	220.2561	263.4912	187.4095

注:圆括号内为稳健性 t 值。***,** 和*分别代表在1%,5%和10%的显著性水平上显著。行业和年度虚拟变量的回归结果未在表格中展示。

表 6-7　会计信息影响平均债务成本的多元回归分析：方差膨胀因子

变量	结果(1)	结果(2)	结果(3)	结果(4)	结果(5)
LIQR	1.6533	1.6751	1.8223	1.6965	1.8450
TANG	1.0618	1.0621	1.1838	1.0733	1.1958
EQUR	1.9193	1.9555	2.2054	1.9597	2.2108
OPEM	1.2404	1.2436	1.3533	1.2587	1.3694
SIZE	1.2561	1.2726	1.3769	1.3507	1.4642
GROW	1.1360	1.1758	1.1824	1.2049	1.2121
OWN	1.1906	1.2099	1.2854	1.2262	1.3023
OFFE	1.0824	1.1039	1.1092	1.1085	1.1138
ERQ		1.1241	1.2167	1.1285	1.2207
Mean VIF	1.3175	1.3136	3.3126	1.5536	3.0238

注：表中未列示行业和年度虚拟变量的方差膨胀因子；Mean VIF 的计算将行业和年度虚拟变量考虑在内。

6.3.4　会计信息影响平均债务成本微观机制的多元回归分析

为检验假说 H6-2，本书对模型(6.1)、模型(6.2)和模型(6.3)依次进行回归。为克服量纲差异，本书采用标准化系数法进行回归分析。为克服公司个体差异导致的异方差问题，本书采用怀特稳健标准误进行统计推断。此外，本书还进行了方差膨胀因子的多重共线性检验①。为检验会计信息的信息效应和治理效应差异显著性，本书采用自体抽样法(Bootstrap)进行统计推断②。具体回归结果如表 6-8 所示，自体抽样法统计推断结果如表 6-9 所示。

表 6-8　会计信息影响平均债务成本微观机制的多元回归分析

变量	结果(1)	结果(2)	结果(3)
LIQR	-0.4366***		-0.4363***
	(-22.12)		(-22.10)
TANG	-0.0779***		-0.0775***
	(-7.97)		(-7.94)

① 方差膨胀因子检验表明不存在严重的共线性问题。详细表格如附录八中附表 8-12 所示。

② 详细检验过程参见附录六的 STATA 程序。

续表

变量	结果(1)	结果(2)	结果(3)
EQUR	-0.0756***		-0.0760***
	(-5.11)		(-5.13)
OPEM	-0.0547***		-0.0543***
	(-4.18)		(-4.15)
GROW	-0.0005		-0.0004
	(-0.05)		(-0.03)
OWN	-0.0917***		-0.0916***
	(-8.42)		(-8.40)
OFFE	0.0438***		0.0441***
	(4.48)		(4.50)
SIZE	-0.0986***	0.1756***	-0.1002***
	(-9.10)	(13.92)	(-9.00)
ROA		-0.0325***	
		(-2.60)	
AGE		0.0196**	
		(2.03)	
DUAL		-0.0078	
		(-0.77)	
INS		-0.0421***	
		(-3.28)	
ASY			0.0096*
			(1.80)
ERQ	0.0183***	0.1971**	0.0181***
	(3.64)	(2.13)	(3.65)
行业效应	YES	YES	YES
年度效应	YES	YES	YES
Obs	8388	8388	8388
R_squ	0.3678	0.0475	0.3679
Adj. R_squ	0.3651	0.0439	0.3651
F Value	96.1509	32.0620	93.5206

注：模型采用标准化系数估计，无常数项。圆括号内为稳健性t值。***，**和*分别代表在1%，5%和10%的显著性水平上显著。年度和行业虚拟变量的回归结果未在表格中展示。方差膨胀因子检验结果如附录八中附表8-12所示。

回归结果(1)是模型(6.1)标准化系数的回归结果。其中,会计信息质量(ERQ)对平均债务成本回归的标准化系数显著为正,表明会计信息能够调节平均债务成本发挥信贷资本配置作用。此时,会计信息质量(ERQ)的标准化系数为0.0183,是包含了治理效应和信息效应的总体效应。

回归结果(2)是模型(6.2)标准化系数的回归结果。其中,会计信息质量(ERQ)对信息不对称回归的标准化系数显著为正,表明会计信息质量是影响信息不对称的重要因素。当会计信息质量越高时,信息不对称程度越低,会计信息质量越低时,信息不对称程度越高。此时,会计信息质量(ERQ)的标准化系数为0.1971,代表会计信息质量通过信息效应发挥信贷资本配置作用的路径系数。

回归结果(3)是模型(6.3)标准化系数的回归结果。相对于模型(6.1),模型(6.3)增加了信息不对称变量(ASY)。其中,会计信息质量(ERQ)对平均债务成本回归的标准化系数均显著为正,与表6-6的回归结果保持一致,再一次验证了本书的假说H6-1;信息不对称对平均债务成本回归的标准化系数显著为正,表明信息不对称是影响信贷资本配置的重要因素,信息不对称程度越大,平均债务成本越高;此时,由于控制了代表信息效应的信息不对称变量,会计信息质量(ERQ)的标准化系数α_1'为0.0181,是总体效应去除信息效应后的净效应,即为治理效应。而会计信息通过信息效应影响平均债务成本的系数为模型(6.2)中会计信息质量(ERQ)标准化系数ω_1与模型(6.3)信息不对称变量(ASY)标准化系数η_1的乘积$\omega_1 * \eta_1$,具体为0.0019。会计信息通过信息效应降低平均债务成本的比例为9.5%,通过治理效应降低平均债务成本的比例为90.5%。

会计信息的信息效应、治理效应以及两种效应的差异通过自体抽样法计算得到,具体结果如表6-9所示。检验结果表明,会计信息的治理效应α_1'在1%的显著性水平上显著,会计信息的信息效应$\omega_1 * \eta_1$在5%的显著性水平上显著,信息效应与治理效应的差异$\omega_1 * \eta_1 - \alpha_1'$在1%的显著性水平上显著。上述结果表明,会计信息的信息效应和治理效应均能降低平均债务成本,发挥信贷资本配置作用;但治理效应显著大于信息效应,处于主导地位,这证明了本书的假说H6-2。

表 6-9 会计信息影响平均债务成本的微观机制:治理效应与信息效应

	原假设	系数	百分比
会计信息通过治理效应影响平均债务成本变动	α_1'	0.0181***	90.50%
	$H_0: \alpha_1'=0$	[0.000]	[0.000]
会计信息通过信息效应影响平均债务成本变动	$\omega_1 * \eta_1$	0.0019**	9.50%
	$H_0:\omega_1 * \eta_1=0$	[0.041]	[0.041]
信息效应与治理效应的差异	$\omega_1 * \eta_1 - \alpha_1'$	0.0162***	81.00%
	$H_0:\omega_1 * \eta_1 - _1'=0$	[0.000]	[0.000]

注:方括号内为经验 P 值,具体使用自体抽样法 1000 次的结果计算。***,**和*分别代表在1%,5%和10%的显著性水平上显著。

6.3.5 制度环境影响会计信息信贷资本配置作用的多元回归分析

为检验假说 H6-3A、假说 H6-3B 和假说 H6-3C,本书对模型(6.1)按制度环境的高低进行了分组回归。具体分别按市场化程度、金融发展水平和法律环境进行分组回归。为克服异方差影响,模型采用怀特稳健性标准误进行统计推断。此外,本书还进行了方差膨胀因子的多重共线性检验①。为对比会计信息质量对平均债务成本的回归系数在不同制度环境下的系数差异是否显著,本书采用自体抽样法 1000 次进行显著性检验。表6-10展示了分组回归分析的结果。

结果(1)和结果(2)为市场化程度分组回归结果,结果(1)为市场化程度高组样本回归结果,结果(2)为市场化程度低组样本回归结果。首先,虽然会计信息质量对平均债务成本的回归系数均为正,但其在市场化程度高的地区显著为正,在市场化程度低的地区并不显著。其次,从回归系数的相对大小而言,市场化程度高地区样本的会计信息质量系数为 0.0110,市场化程度低地区样本的会计信息质量系数为 0.0015。两者的差异为 0.0095,会计信息质量的回归系数在市场化程度高地区大于市场化程度低地区 6 倍左右。直观而言,会计信息影响平均债务成本的效应在市场化程度高地区大于市场化程度低地区。进一步采用 Bootstrap 法进行组间系数差异的显著性检验,为保证统计推断的可靠性,自体抽样次数设定为1000 次。自体抽样法

① 方差膨胀因子检验表明不存在严重的共线性问题。详细表格如附录八中附表 8-13 所示。

下得到组间差异的经验P值为0.0017,在1%的显著性水平上显著。总体而言,无论从系数的显著性、相对大小以及自体抽样法检验而言,相对于市场化程度低地区,会计信息质量影响平均债务成本的效应在市场化程度高地区更大,支持了本书的假说H6－3A。

结果(3)和结果(4)为金融发展水平分组回归结果,结果(3)为金融发展水平高组样本回归结果,结果(4)为金融发展水平低组样本回归结果。首先,虽然会计信息质量对平均债务成本的回归系数均为正,但其在金融发展水平高的地区显著为正,在金融发展水平低的地区并不显著。其次,从回归系数的相对大小而言,金融发展水平高地区样本的会计信息质量系数为0.0141,金融发展水平低地区样本的会计信息质量系数为0.0010。两者的差异为0.0131,会计信息质量的回归系数在金融发展水平高地区大于金融发展水平低地区13倍左右。直观而言,会计信息影响平均债务成本的效应在金融发展水平高地区大于金融发展水平低地区。进一步采用Bootstrap法进行组间系数差异的显著性检验,为保证统计推断的可靠性,自体抽样次数设定为1000次。自体抽样法下得到组间差异的经验P值为0.0094,在1%的显著性水平上显著。总体而言,无论从系数的显著性、相对大小以及自体抽样法检验而言,相对于金融发展水平低地区,会计信息质量影响平均债务成本的效应在金融发展水平高地区更大,支持了本书的假说H6－3B。

结果(5)和结果(6)为法律环境分组回归结果,结果(5)为法律环境好组样本回归结果,结果(6)为法律环境差组样本回归结果。首先,虽然会计信息质量对平均债务成本的回归系数均为正,但其在法律环境好的地区显著为正,在法律环境差的地区并不显著。其次,从回归系数的相对大小而言,法律环境好地区样本的会计信息质量系数为0.0115,法律环境差地区样本的会计信息质量系数为0.0010。两者的差异为0.0015,会计信息质量的回归系数在法律环境好地区大于法律环境差地区6.6倍左右。直观而言,会计信息影响平均债务成本的效应在法律环境好地区大于法律环境差地区。进一步采用Bootstrap法进行组间系数差异的显著性检验,为保证统计推断的可靠性,自体抽样次数设定为1000次。自体抽样法下得到组间差异的经验P值为0.0070,在1%的显著性水平上显著。总体而言,无论从系数的显著性、相对大小以及自体抽样法检验而言,相对于法律环境差地区,会计信息质量影响平均债务成本的效应在法律环境好地区更大,支持了本书的假说 H6 -3C。

总体而言,从结果(1)至结果(6)发现,会计信息影响平均债务成本的效应在制度环境好的地区显著存在,但在制度环境差的地区并不显著。这一现象在市场化程度、金融发展水平和法律环境的制度差异性下普遍存在。这说明制度的完备性是会计信息充分发挥作用的一个必要条件。当制度趋于完善时,信贷资本的配置更多的是市场化的行为,对会计信息的需求也随之增加,会计信息就能够充分发挥信贷资本配置作用。当制度环境较差时,一些非正式制度替代了市场行为,对会计信息的需求也随之下降,会计信息的作用也无法充分发挥。这证明了本书的假说 H6 -3A、假说 H6 -3B 和假说 H6 -3C,制度环境对会计信息信贷资本配置作用存在重要影响,两者之间呈现出较强的“互补性”关系。当制度环境较好时,会计信息能够更好地影响平均债务成本,发挥信贷资本配置作用;而当制度环境较差时,会计信息影响平均债务成本的效应被削弱,信贷资本配置的作用同样受到影响。此外,相对于权益资本配置的公开市场,制度环境对会计信息在信贷资本配置中的作用影响更大。

表6-10　制度环境影响会计信息信贷资本配置作用的多元回归分析

变量	市场化程度分组		金融发展水平分组		法律环境分组	
	高	低	高	低	高	低
	结果(1)	结果(2)	结果(3)	结果(4)	结果(5)	结果(6)
LIQR	-0.0082***	-0.0074***	-0.0081***	-0.0079***	-0.0083***	-0.0071***
	(-19.76)	(-10.17)	(-19.58)	(-10.12)	(-19.93)	(-10.01)
TANG	-0.0284***	-0.0167***	-0.0295***	-0.0162***	-0.0288***	-0.0184***
	(-7.87)	(-2.59)	(-7.92)	(-2.65)	(-7.63)	(-3.32)
EQUR	-0.0067***	-0.0133***	-0.0069***	-0.0142***	-0.0051***	-0.0174***
	(-3.42)	(-3.83)	(-3.50)	(-3.94)	(2.59)	(-5.19)
OPEM	-0.0079***	-0.0052*	-0.0070***	-0.0066**	-0.0087***	-0.0023
	(-3.90)	(-1.85)	(-3.45)	(-2.34)	(-4.29)	(-0.82)
SIZE	-0.0021***	-0.0003	-0.0020***	-0.0010**	-0.0020***	-0.0008**
	(-9.70)	(-0.65)	(-8.93)	(-2.35)	(-9.15)	(-2.01)
GROW	-0.0003	0.0008	-0.0003	0.0008	-0.0003	0.0005
	(-0.51)	(1.13)	(-0.55)	(1.11)	(-0.44)	(0.76)

续表

变量	市场化程度分组		金融发展水平分组		法律环境分组	
	高	低	高	低	高	低
	结果(1)	结果(2)	结果(3)	结果(4)	结果(5)	结果(6)
OWN	-0.0139***	-0.0105***	-0.0133***	-0.0113***	-0.0125***	-0.0138***
	(-8.04)	(-4.04)	(-7.78)	(-4.14)	(-7.16)	(-5.46)
OFFE	0.0065***	0.0086***	0.0071***	0.0074**	0.0069***	0.0083***
	(3.30)	(3.00)	(3.62)	(2.46)	(3.46)	(3.01)
ERQ	0.0110**	0.0015	0.0141***	0.0010	0.0115***	0.0015
	(2.56)	(0.56)	(3.35)	(0.37)	(2.76)	(0.54)
行业效应	YES	YES	YES	YES	YES	YES
年度效应	YES	YES	YES	YES	YES	YES
Constant	0.1230***	0.0693***	0.1229***	0.0829***	0.1197***	0.0851***
	(19.43)	(6.47)	(19.44)	(7.73)	(18.58)	(8.45)
Obs	6396	1992	6406	1982	6255	2133
R_squ	0.3759	0.3916	0.3715	0.3858	0.3688	0.4098
Adj. R_squ	0.3724	0.3807	0.3681	0.3747	0.3653	0.3999
F Value	77.2611	27.4266	75.1272	26.4490	71.2609	32.8760
系数差异	0.0095***[0.0017]		0.0131***[0.0094]		0.0015***[0.0070]	

注：圆括号内为稳健性t值。方括号内为经验P值。***，**和*分别代表在1%，5%和10%的显著性水平上显著。年度和行业虚拟变量的回归结果未在表格中展示。方差膨胀因子检验结果如附录八中附表8-13所示。

6.4 稳健性检验

为保证研究结论的可靠性，本书进行了一系列稳健性检验。具体包括使用交乘项方法检验制度环境影响、琼斯模型衡量会计信息质量、采用不同的估计方法预测制度环境等方法测量结论的稳健性。此外，还利用个体时间双向固定效应面板数据模型估计方法、滞后项回归方法等克服内生性问题，考察结论的稳健性。

6.4.1 利用交乘项检验制度环境影响

在上文的分析之中，为考察制度环境对会计信息信贷资本配置作用的影响，本书采用分组回归法，通过对比制度环境好地区和制度环境差地区的组间系数差异，并利用自体抽样法进行显著性检验。这种处理方法能够克服组间异方差和小样本统计推断的偏误。此外，构造交乘项的方法也是检验调节或者交互效应的重要方法。因此，本书通过构造交乘项的方法对制度环境的影响进行了稳健性检验。

具体的，在模型(6.1)的基础上加入制度环境以及制度环境与会计信息质量的交乘项，构建如下检验模型(6.4)：

$$\begin{aligned} CCOST = {} & \beta_0 + \alpha_1 ERQ + \phi_1 FE + \phi_2 ERQ \times FE + \\ & \beta_1 LIQR + \beta_2 TANG + \beta_3 EQUR + \beta_4 OPEM + \\ & \beta_5 SIZE + \beta_6 GROW + \beta_7 OWN + \beta_8 OFFE + \\ & \sum_j IND + \sum_k YEAR + \varepsilon \end{aligned} \tag{6.4}$$

其中，FE 代表制度环境变量，在回归分析中分别用市场化程度 MFE、金融发展水平 FFE、法律环境 LFE 予以替换。其余变量的含义同模型(6.1)。根据假说 H6－3，会计信息的信贷资本配置在制度环境好的地区更大。因此，本书预测会计信息质量与制度环境的交乘项的系数显著为正。

具体回归结果如表 6－11 所示，其中，结果(1)为市场化程度影响，结果(2)为金融发展水平影响，结果(3)为法律环境影响。在结果(1)中，会计信息质量与市场化程度的交乘项 MFE * ERQ 的系数为 0.0086，在 10% 的显著性水平上显著；在结果(2)中，会计信息质量与金融发展水平的交乘项 FFE * ERQ 的系数为 0.0127，在 1% 的显著性水平上显著；在结果(3)中，会计信息质量与法律环境的交乘项 LFE * ERQ 的系数为 0.0098，在 5% 的显著性水平上显著。上述回归结果进一步验证了制度环境对会计信息质量的信贷资本配置作用有重要影响，支持了假说 H6－3A、假说 H6－3B 及假说H6－3C。

表 6－11　制度环境影响会计信息信贷资本配置作用回归：交乘项检验法

变量	市场化程度	金融发展水平	法律环境
	结果(1)	结果(2)	结果(3)
LIQR	－0.0080***	－0.0080***	－0.0080***
	(－22.13)	(－22.14)	(－22.13)
TANG	－0.0256***	－0.0251***	－0.0254***
	(－8.09)	(－7.97)	(－8.04)

续表

变量	市场化程度	金融发展水平	法律环境
	结果(1)	结果(2)	结果(3)
EQUR	-0.0087***	-0.0087***	-0.0086***
	(-5.06)	(-5.11)	(-5.03)
OPEM	-0.0068***	-0.0069***	-0.0068***
	(-4.09)	(-4.16)	(-4.08)
SIZE	-0.0017***	-0.0017***	-0.0017***
	(-8.92)	(-8.94)	(-8.91)
GROW	-0.0001	-0.0001	-0.0001
	(-0.12)	(-0.11)	(-0.15)
OWN	-0.0122***	-0.0121***	-0.0122***
	(-8.39)	(-8.30)	(-8.41)
OFFE	0.0072***	0.0071***	0.0071***
	(4.39)	(4.31)	(4.37)
ERQ	0.0106***	0.0138***	0.0115***
	(2.63)	(3.59)	(2.92)
MFE	-0.0023***		
	(-4.04)		
MFE * ERQ	0.0086*		
	(1.85)		
FFE		-0.0020***	
		(-3.53)	
FFE * ERQ		0.0127***	
		(2.84)	
LFE			-0.0026***
			(-4.69)
LFE * ERQ			0.0098**
			(2.15)
行业效应	YES	YES	YES
年度效应	YES	YES	YES
Constant	0.1097***	0.1095***	0.1097***
	(20.82)	(20.76)	(20.84)

续表

变量	市场化程度	金融发展水平	法律环境
	结果(1)	结果(2)	结果(3)
Obs	8388	8388	8388
R_squ	0.3689	0.3687	0.3693
Adj. R_squ	0.3662	0.3659	0.3665
F Value	91.5049	91.8211	91.8845

注:圆括号内为稳健性t值。* * * ,* * 和*分别代表在1%,5%和10%的显著性水平上显著。行业和年度虚拟变量的回归结果未在表格中展示。方差膨胀因子检验结果如附录八中附表8-14所示。

6.4.2 更换会计信息质量测量方法

会计信息质量是本书的关键解释变量,衡量的准确性会影响研究结论的可靠性。基于第5章稳健性检验的思路,本书采用琼斯模型测量会计信息质量,并以此为自变量,对书中的相关模型重新估计,以检验研究结论的可靠性。具体回归结果如表6-12和表6-13所示。

表6-12为会计信息影响信贷资本配置的微观机制的回归结果。结果(1)表明会计信息质量对平均债务成本存在显著影响,进一步证明了假说H6-1;虽然结果(2)中会计信息质量对信息不对称的回归系数显著为正,但结果(3)中信息不对称对平均债务成本的回归系数并不显著,由此说明会计信息通过信息效应降低平均债务成本的效应并不显著;结果(3)中控制信息不对称变量之后,会计信息的回归系数为治理效应的净效应,依然显著为正;从系数相对大小而言,信息效应的系数为0.0017(0.2100*0.0085),治理效应系数为0.0190,治理效应远远高于信息效应,进一步支持了假说H6-2。

表6-13为制度环境影响会计信息信贷资本配置作用的多元回归分析。从中发现,虽然会计信息质量对平均债务成本的系数均为正值,但只有在市场化程度高、金融发展水平高、法律环境好的地区才显著;而且从系数的相对大小而言,相对于制度环境差的地区,会计信息质量在市场化程度高、金融发展水平高、法律环境好的地区更大。这一回归结果与上文基本一致,进一步支持了假说H6-3A、假说H6-3B及假说H6-3C。

表 6-12　会计信息影响平均债务成本微观机制回归:更换会计信息质量测量法

变量	结果(1)	结果(2)	结果(3)
LIQR	-0.4365***		-0.4362***
	(-22.11)		(-22.09)
TANG	-0.0779***		-0.0775***
	(-7.98)		(-7.94)
EQUR	-0.0757***		-0.0761***
	(-5.11)		(-5.13)
OPEM	-0.0547***		-0.0543***
	(-4.19)		(-4.15)
GROW	-0.0008		-0.0007
	(-0.07)		(-0.06)
OWN	-0.0918***		-0.0916***
	(-8.42)		(-8.41)
OFFE	0.0438***		0.0440***
	(4.48)		(4.50)
SIZE	-0.0987***	0.1755***	-0.1003***
	(-9.11)	(13.91)	(-9.02)
ROA		-0.0325***	
		(-2.60)	
AGE		0.0197**	
		(2.03)	
DUAL		-0.0078	
		(-0.77)	
INS		-0.0420***	
		(-3.28)	
ASY			0.0085
			(0.80)
ERQ	0.0192***	0.2100**	0.0190***
	(3.73)	(2.48)	(3.75)
行业效应	YES	YES	YES
年度效应	YES	YES	YES
Obs	8388	8388	8388

续表

变量	结果(1)	结果(2)	结果(3)
R_squ	0.3678	0.0475	0.3679
Adj. R_squ	0.3652	0.0438	0.3652
F Value	96.1368	32.0732	93.5072

注:模型采用标准化系数估计,无常数项。圆括号内为稳健性t值。***,** 和 *分别代表在1%,5%和10%的显著性水平上显著。行业和年度虚拟变量的回归结果未在表格中展示。方差膨胀因子检验结果如附录八中附表8-15所示。

表6-13 制度环境影响会计信息信贷资本配置作用回归:更换会计信息质量测量法

变量	市场化程度分组		金融发展水平分组		法律环境分组	
	高	低	高	低	高	低
	结果(1)	结果(2)	结果(3)	结果(4)	结果(5)	结果(6)
LIQR	-0.0082***	-0.0074***	-0.0080***	-0.0079***	-0.0083***	-0.0071***
	(-19.74)	(-10.19)	(-19.56)	(-10.13)	(-19.92)	(-10.02)
TANG	-0.0284***	-0.0168***	-0.0295***	-0.0163***	-0.0288***	-0.0185***
	(-7.87)	(-2.60)	(-7.93)	(-2.68)	(-7.63)	(-3.34)
EQUR	-0.0067***	-0.0132***	-0.0069***	-0.0142***	-0.0051***	-0.0174***
	(-3.44)	(-3.81)	(-3.51)	(-3.92)	(-2.61)	(-5.18)
OPEM	-0.0079***	-0.0052*	-0.0070***	-0.0065**	-0.0087***	-0.0023
	(-3.91)	(-1.84)	(-3.46)	(-2.31)	(-4.30)	(-0.81)
SIZE	-0.0021***	-0.0003	-0.0020***	-0.0010**	-0.0020***	-0.0008**
	(-9.73)	(-0.63)	(-8.96)	(-2.32)	(-9.17)	(-1.99)
GROW	-0.0003	0.0008	-0.0003	0.0007	-0.0003	0.0005
	(-0.49)	(1.05)	(-0.53)	(0.98)	(-0.43)	(0.68)
OWN	-0.0139***	-0.0105***	-0.0133***	-0.0113***	-0.0125***	-0.0138***
	(-8.07)	(-4.05)	(-7.81)	(-4.15)	(-7.18)	(-5.47)
OFFE	0.0065***	0.0085***	0.0072***	0.0073**	0.0069***	0.0082***
	(3.32)	(2.98)	(3.65)	(2.44)	(3.48)	(2.99)
ERQ	0.0105**	0.0021	0.0133***	0.0016	0.0110**	0.0020
	(2.37)	(0.75)	(3.06)	(0.58)	(2.57)	(0.73)
行业效应	YES	YES	YES	YES	YES	YES
年度效应	YES	YES	YES	YES	YES	YES

续表

变量	市场化程度分组		金融发展水平分组		法律环境分组	
	高	低	高	低	高	低
	结果(1)	结果(2)	结果(3)	结果(4)	结果(5)	结果(6)
Constant	0.1232***	0.0691***	0.1231***	0.0826***	0.1199***	0.0849***
	(19.47)	(6.45)	(19.48)	(7.70)	(18.62)	(8.43)
Obs	6396	1992	6406	1982	6255	2133
R_squ	0.3759	0.3913	0.3716	0.3852	0.3689	0.4095
Adj. R_squ	0.3725	0.3804	0.3681	0.3741	0.3653	0.3997
F Value	77.2172	27.3896	75.0747	26.3615	71.2218	32.8284

注：圆括号内为稳健性 t 值。***，** 和 * 分别代表在 1%，5% 和 10% 的显著性水平上显著。行业和年度虚拟变量的回归结果未在表格中展示。方差膨胀因子检验结果如附录八中附表 8-16 所示。

6.4.3 改变制度环境衡量方法

制度环境作为重要的解释变量，衡量的准确性会影响结论的可靠性。根据第 5 章稳健性检验中的分析思路，本书又采用三种不同的方法对制度环境进行处理：直接剔除制度环境缺失年份数据、采用平均增长率法估计缺失年份数据、采用一元线性回归法估计缺失年份数据①。然后利用上述方法处理下的制度环境进行分组回归的稳健性检验。具体结果如表 6-14、表 6-15、表 6-16 所示。

其中，表 6-14 为直接剔除缺失样本年份数据，即为仅保留 2007—2009 年样本区间的分组回归结果。表 6-15 为采用平均增长率法估计 2010—2014 年数据的分组回归结果。表 6-16 为采用一元线性回归法估计 2010—2014 年数据的分组回归结果。三种处理方法下稳健性检验的结果与上文基本保持一致，无论是从系数的显著性还是从系数的相对大小而言，相对于制度环境差的地区，会计信息质量对平均债务成本的影响在市场化程度和金融发展水平高、法律环境好的地区更大，支持了假说 H6-3A、假说 H6-3B 及假说 H6-3C。

① 详细的处理方法可参加第 5 章稳健性检验的结果，在此不再详述。

表 6-14 制度环境影响会计信息信贷资本配置作用回归:剔除数据缺失年份

变量	市场化程度分组		金融发展水平分组		法律环境分组	
	高	低	高	低	高	低
	结果(1)	结果(2)	结果(3)	结果(4)	结果(5)	结果(6)
LIQR	-0.0095***	-0.0064***	-0.0091***	-0.0076***	-0.0097***	-0.0058***
	(-12.51)	(-5.27)	(-11.56)	(-6.79)	(-12.79)	(-4.72)
TANG	-0.0250***	-0.0075	-0.0261***	-0.0073	-0.0242***	-0.0119
	(-3.94)	(-0.64)	(-3.96)	(-0.68)	(-3.65)	(-1.15)
EQUR	0.0010	-0.0108*	0.0008	-0.0103*	0.0032	-0.0177***
	(0.31)	(-1.88)	(0.25)	(-1.91)	(1.01)	(-3.26)
OPEM	-0.0067**	-0.0015	-0.0055	-0.0040	-0.0082**	0.0060
	(-2.09)	(-0.31)	(-1.63)	(-0.95)	(-2.57)	(1.33)
SIZE	-0.0032***	-0.0017**	-0.0032***	-0.0021***	-0.0030***	-0.0028***
	(-8.64)	(-2.13)	(-8.31)	(-3.02)	(-8.08)	(-3.57)
GROW	-0.0001	0.0012	-0.0003	0.0017	0.0000	0.0002
	(-0.13)	(0.93)	(-0.32)	(1.46)	(0.01)	(0.12)
OWN	-0.0144***	-0.0128***	-0.0142***	-0.0132***	-0.0122***	-0.0184***
	(-6.32)	(-2.99)	(-6.16)	(-3.08)	(-5.24)	(-4.44)
OFFE	0.0008	0.0113***	0.0028	0.0087*	0.0014	0.0117***
	(0.29)	(2.61)	(1.00)	(1.83)	(0.51)	(2.65)
ERQ	0.0100**	0.0077	0.0136**	0.0071*	0.0115**	0.0078
	(2.07)	(1.37)	(2.01)	(1.86)	(2.08)	(1.56)
行业效应	YES	YES	YES	YES	YES	YES
年度效应	YES	YES	YES	YES	YES	YES
Constant	0.1367***	0.0895***	0.1421***	0.0951***	0.1306***	0.1195***
	(13.18)	(4.51)	(13.43)	(5.44)	(12.46)	(6.44)
Obs	2317	711	2227	801	2286	742
R_squ	0.3941	0.3080	0.3820	0.3289	0.3814	0.3578
Adj. R_squ	0.3861	0.2785	0.3736	0.3037	0.3731	0.3316
F Value	38.3884	8.6627	35.2839	9.7944	33.4526	11.7055

注:圆括号内为稳健性t值。***,**和*分别代表在1%,5%和10%的显著性水平上显著。行业和年度虚拟变量的回归结果未在表格中展示。方差膨胀因子检验结果如附录八中附表8-17所示。

表6-15　制度环境影响会计信息信贷资本配置作用回归：平均增长率法

变量	市场化程度分组		金融发展水平分组		法律环境分组	
	高	低	高	低	高	低
	结果(1)	结果(2)	结果(3)	结果(4)	结果(5)	结果(6)
LIQR	-0.0082***	-0.0074***	-0.0079***	-0.0083***	-0.0084***	-0.0072***
	(-19.76)	(-10.17)	(-18.99)	(-11.09)	(-19.99)	(-9.96)
TANG	-0.0284***	-0.0167***	-0.0293***	-0.0161***	-0.0298***	-0.0117**
	(-7.87)	(-2.59)	(-7.59)	(-2.83)	(-7.91)	(-2.08)
EQUR	-0.0067***	-0.0133***	-0.0080***	-0.0113***	-0.0049**	-0.0166***
	(-3.42)	(-3.83)	(-4.02)	(-3.29)	(-2.46)	(-4.80)
OPEM	-0.0079***	-0.0052*	-0.0060***	-0.0089***	-0.0094***	-0.0003
	(-3.90)	(-1.85)	(-2.90)	(-3.33)	(-4.66)	(-0.11)
SIZE	-0.0021***	-0.0003	-0.0021***	-0.0009**	-0.0020***	-0.0010**
	(-9.70)	(-0.65)	(-9.10)	(-2.30)	(-9.08)	(-2.27)
GROW	-0.0003	0.0008	-0.0003	0.0008	-0.0002	0.0007
	(-0.51)	(1.13)	(-0.55)	(1.15)	(-0.31)	(0.92)
OWN	-0.0139***	-0.0105***	-0.0129***	-0.0128***	-0.0122***	-0.0164***
	(-8.04)	(-4.04)	(-7.45)	(-4.76)	(-6.95)	(-6.34)
OFFE	0.0065***	0.0086***	0.0063***	0.0090***	0.0062***	0.0095***
	(3.30)	(3.00)	(3.16)	(3.15)	(3.12)	(3.40)
ERQ	0.0110**	0.0015	0.0089**	0.0025	0.0098**	0.0020
	(2.56)	(0.56)	(2.07)	(0.89)	(2.21)	(0.73)
行业效应	YES	YES	YES	YES	YES	YES
年度效应	YES	YES	YES	YES	YES	YES
Constant	0.1230***	0.0693***	0.1252***	0.0791***	0.1189***	0.0823***
	(19.43)	(6.47)	(19.42)	(7.87)	(18.65)	(7.98)
Obs	6396	1992	6183	2205	6234	2154
R_squ	0.3759	0.3916	0.3721	0.3870	0.3664	0.4223
Adj. R_squ	0.3724	0.3807	0.3686	0.3771	0.3628	0.4123
F Value	77.2611	27.4266	73.5352	28.9668	69.1554	32.6023

注：圆括号内为稳健性t值。***，**和*分别代表在1%，5%和10%的显著性水平上显著。行业和年度虚拟变量的回归结果未在表格中展示。方差膨胀因子检验结果如附录八中附表8-18所示。

表 6-16 制度环境影响会计信息信贷资本配置作用回归：一元线性回归法

变量	市场化程度分组		金融发展水平分组		法律环境分组	
	高	低	高	低	高	低
	结果(1)	结果(2)	结果(3)	结果(4)	结果(5)	结果(6)
LIQR	-0.0082***	-0.0073***	-0.0080***	-0.0081***	-0.0083***	-0.0073***
	(-19.44)	(-10.12)	(-16.69)	(-14.42)	(-20.20)	(-9.29)
TANG	-0.0280***	-0.0182***	-0.0275***	-0.0211***	-0.0282***	-0.0230***
	(-7.56)	(-2.78)	(-6.68)	(-4.18)	(-7.49)	(-3.93)
EQUR	-0.0074***	-0.0132***	-0.0057***	-0.0138***	-0.0052***	-0.0168***
	(-3.78)	(-3.79)	(-2.68)	(-4.74)	(-2.64)	(-4.67)
OPEM	-0.0076***	-0.0053*	-0.0061***	-0.0080***	-0.0090***	-0.0001
	(-3.71)	(-1.85)	(-2.85)	(-2.97)	(-4.48)	(-0.03)
SIZE	-0.0022***	-0.0002	-0.0021***	-0.0013***	-0.0019***	-0.0012***
	(-10.01)	(-0.52)	(-8.83)	(-3.83)	(-8.55)	(-2.73)
GROW	-0.0002	0.0008	-0.0001	-0.0002	-0.0004	0.0006
	(-0.37)	(1.13)	(-0.08)	(-0.26)	(-0.67)	(0.80)
OWN	-0.0134***	-0.0106***	-0.0145***	-0.0068**	-0.0123***	-0.0142***
	(-7.71)	(-4.09)	(-8.49)	(-2.52)	(-7.14)	(-5.42)
OFFE	0.0064***	0.0083***	0.0070***	0.0073**	0.0068***	0.0080***
	(3.22)	(2.90)	(3.46)	(2.55)	(3.41)	(2.77)
ERQ	0.0109**	0.0030	0.0055**	0.0036	0.0121***	0.0011
	(2.51)	(1.06)	(2.28)	(1.29)	(2.82)	(0.41)
行业效应	YES	YES	YES	YES	YES	YES
年度效应	YES	YES	YES	YES	YES	YES
Constant	0.1248***	0.0695***	0.1168***	0.0984***	0.1165***	0.0963***
	(19.61)	(6.47)	(17.09)	(10.91)	(18.34)	(9.04)
Obs	6387	2001	5403	2985	6439	1949
R_squ	0.3761	0.3928	0.3663	0.3884	0.3678	0.4062
Adj. R_squ	0.3727	0.3818	0.3621	0.3809	0.3643	0.3952
F Value	76.8970	27.2385	62.8942	37.3865	71.6975	29.0063

注：圆括号内为稳健性 t 值。***，** 和 * 分别代表在 1%，5% 和 10% 的显著性水平上显著。行业和年度虚拟变量的回归结果未在表格中展示。方差膨胀因子检验结果如附录八中附表 8-19 所示。

6.4.4 采用面板数据回归模型估计

为克服遗漏公司异质性变量导致的内生性问题,本书又采用面板数据模型进行了稳健性检验。根据豪斯曼(Hausman)检验的结果,固定效应优于随机效应;根据沃尔德检验的结果,应当控制时间效应。而固定效应模型无法估计不随时间改变的变量系数,所以去除行业效应。最终采用个体时间双向固定效应模型。具体回归结果如表 6-17 和表 6-18 所示。回归结果基本保持不变,支持了本书的假说与结论。

表 6-17 会计信息影响平均债务成本微观机制回归:面板数据模型

变量	结果(1)	结果(2)	结果(3)
LIQR	-0.0058***		-0.0058***
	(-9.67)		(-9.65)
TANG	-0.0126*		-0.0126*
	(-1.88)		(-1.88)
EQUR	0.0010		0.0008
	(0.30)		(0.26)
OPEM	-0.0111***		-0.0111***
	(-5.44)		(-5.41)
GROW	0.0001		0.0001
	(0.40)		(0.41)
OWN	-0.0097***		-0.0097***
	(-6.44)		(-6.41)
OFFE	0.0011		0.0012
	(0.96)		(1.01)
SIZE	-0.0005	0.0034**	-0.0006
	(-0.70)	(2.48)	(-0.76)
ROA		-0.0051	
		(-0.71)	
AGE		0.0062***	
		(3.45)	
DUAL		-0.0011	
		(-0.59)	

续表

变量	结果(1)	结果(2)	结果(3)
INS		-0.0001*	
		(-1.85)	
ASY			0.0105***
			(2.75)
ERQ	0.0009***	0.0281**	0.0008***
	(3.47)	(2.24)	(3.44)
年度效应	YES	YES	YES
Constant	0.0567***	-0.0451	0.0568***
	(3.07)	(-1.35)	(3.07)
Obs	8388	8388	8388
With. R_squ	0.1822	0.0257	0.1830
B. R_squ	0.3440	0.0006	0.3407
O. R_squ	0.2845	0.0025	0.2843
F Value	41.8983	23.5378	39.8698

注:模型采用个体时间双向固定效应估计。圆括号内为稳健性t值。***,**和*分别代表在1%,5%和10%的显著性水平上显著。年度虚拟变量的回归结果未在表格中展示。

表6-18 制度环境影响会计信息信贷资本配置作用回归:面板数据模型

变量	市场化程度分组		金融发展水平分组		法律环境分组	
	高	低	高	低	高	低
	结果(1)	结果(2)	结果(3)	结果(4)	结果(5)	结果(6)
LIQR	-0.0057***	-0.0061***	-0.0058***	-0.0056***	-0.0058***	-0.0058***
	(-8.32)	(-4.95)	(-8.56)	(-4.04)	(-8.40)	(-4.79)
TANG	-0.0190**	0.0101	-0.0180**	0.0054	-0.0168**	0.0055
	(-2.46)	(0.78)	(-2.25)	(0.41)	(-2.12)	(0.46)
EQUR	-0.0009	0.0057	-0.0006	0.0019	0.0002	0.0002
	(-0.23)	(0.91)	(-0.16)	(0.28)	(0.04)	(0.04)
OPEM	-0.0132***	-0.0065**	-0.0128***	-0.0064*	-0.0132***	-0.0056*
	(-5.17)	(-1.99)	(-5.18)	(-1.76)	(-5.12)	(-1.71)
SIZE	-0.0013	0.0012	-0.0012	0.0007	-0.0011	0.0003
	(-1.41)	(0.92)	(-1.24)	(0.47)	(-1.16)	(0.19)

续表

变量	市场化程度分组		金融发展水平分组		法律环境分组	
	高	低	高	低	高	低
	结果(1)	结果(2)	结果(3)	结果(4)	结果(5)	结果(6)
GROW	0.0001	0.0003	0.0001	0.0001	0.0001	0.0004
	(0.27)	(0.55)	(0.24)	(0.15)	(0.23)	(0.64)
OWN	-0.0095***	-0.0110***	-0.0097***	-0.0091***	-0.0094***	-0.0100***
	(-5.13)	(-4.58)	(-5.25)	(-3.60)	(-4.98)	(-4.32)
OFFE	0.0002	0.0036*	0.0000	0.0031	0.0005	0.0027
	(0.15)	(1.74)	(0.01)	(1.54)	(0.37)	(1.38)
ERQ	0.0033***	0.0021**	0.0035***	0.0015	0.0032***	0.0021
	(3.71)	(2.04)	(3.70)	(0.72)	(3.70)	(1.06)
年度效应	YES	YES	YES	YES	YES	YES
Constant	0.0799***	-0.0023	0.0756***	0.0145	0.0721***	0.0252
	(3.58)	(-0.07)	(3.40)	(0.39)	(3.23)	(0.73)
Obs	6396	1992	6406	1982	6255	2133
With. R_squ	0.1814	0.2036	0.1845	0.1873	0.1783	0.2011
B. R_squ	0.3357	0.3402	0.3317	0.2675	0.3275	0.3676
O. R_squ	0.2782	0.3090	0.2780	0.2916	0.2764	0.3248
F Value	34.3267	10.8597	33.0732	9.9336	32.5979	11.3896

注：模型采用个体时间双向固定效应估计。圆括号内为稳健性t值。***，**和*分别代表在1%，5%和10%的显著性水平上显著。年度虚拟变量的回归结果未在表格中展示。

6.4.5 滞后项回归

为克服会计信息质量和平均债务成本可能存在互为因果的内生性问题，本书利用因果关系时间链条的先后性，前期的会计信息质量影响当期的平均债务成本，但当期的平均债务成本无法影响前期的会计信息质量。因此，本书采用会计信息质量的滞后项作为解释变量，对上文设定的模型重新检验以控制内生性问题，估计结果基本保持不变，进一步证明了本书的假设与结论。具体回归结果如表6-19和表6-20所示。

表6－19 会计信息影响平均债务成本微观机制回归：滞后项回归

变量	结果(1)	结果(2)	结果(3)
LIQR	－0.4293***		－0.4287***
	(－19.99)		(－19.96)
TANG	－0.0840***		－0.0833***
	(－7.70)		(－7.63)
EQUR	－0.1016***		－0.1026***
	(－6.31)		(－6.36)
OPEM	－0.0415***		－0.0410***
	(－2.99)		(－2.96)
GROW	0.0014		0.0016
	(0.11)		(0.13)
OWN	－0.0878***		－0.0874***
	(－7.20)		(－7.16)
OFFE	0.0441***		0.0445***
	(4.33)		(4.37)
SIZE	－0.1065***	0.1842***	－0.1096***
	(－9.08)	(13.65)	(－9.14)
ROA		－0.0265**	
		(－2.28)	
AGE		0.0086	
		(0.81)	
DUAL		－0.0143	
		(－1.41)	
INS		－0.0402***	
		(－2.77)	
ASY			0.0160
			(1.38)
ERQ	0.0228**	0.1318**	0.0226**
	(2.02)	(2.23)	(2.01)
Obs	6908	6908	6908
R_squ	0.3745	0.0511	0.3748
Adj. R_squ	0.3714	0.0468	0.3716

续表

变量	结果(1)	结果(2)	结果(3)
F Value	85.9653	31.8345	83.5940

注：模型采用标准化系数估计，无常数项。圆括号内为稳健性t值。***，**和*分别代表在1%，5%和10%的显著性水平上显著。年度和行业虚拟变量的回归结果未在表格中展示。方差膨胀因子检验结果如附录八中附表8－20所示。

表6－20　制度环境影响会计信息信贷资本配置作用回归：滞后项回归

变量	市场化程度分组		金融发展水平分组		法律环境分组	
	高	低	高	低	高	低
	结果(1)	结果(2)	结果(3)	结果(4)	结果(5)	结果(6)
LIQR	-0.0080***	-0.0075***	-0.0079***	-0.0079***	-0.0080***	-0.0072***
	(-17.83)	(-9.11)	(-18.01)	(-8.53)	(-17.93)	(-9.07)
TANG	-0.0299***	-0.0194***	-0.0306***	-0.0195***	-0.0307***	-0.0207***
	(-7.52)	(-2.71)	(-7.51)	(-2.86)	(-7.32)	(-3.42)
EQUR	-0.0096***	-0.0174***	-0.0097***	-0.0179***	-0.0083***	-0.0207***
	(-4.52)	(-4.44)	(-4.57)	(-4.23)	(-3.86)	(-5.50)
OPEM	-0.0062***	-0.0033	-0.0048**	-0.0066**	-0.0066***	-0.0017
	(-2.87)	(-1.08)	(-2.25)	(-2.13)	(-3.06)	(-0.57)
SIZE	-0.0023***	-0.0006	-0.0022***	-0.0009*	-0.0022***	-0.0009**
	(-9.54)	(-1.26)	(-9.15)	(-1.83)	(-9.16)	(-2.12)
GROW	0.0000	0.0007	-0.0001	0.0008	-0.0001	0.0008
	(0.02)	(0.86)	(-0.13)	(0.91)	(-0.11)	(1.04)
OWN	-0.0138***	-0.0108***	-0.0132***	-0.0121***	-0.0126***	-0.0139***
	(-6.70)	(-3.70)	(-6.56)	(-3.78)	(-6.06)	(-4.85)
OFFE	0.0075***	0.0082***	0.0084***	0.0063**	0.0078***	0.0084***
	(3.35)	(2.68)	(3.83)	(1.97)	(3.47)	(2.83)
ERQ	0.0092**	0.0033	0.0141***	0.0026	0.0092**	0.0033
	(2.07)	(1.19)	(3.03)	(0.94)	(2.10)	(1.18)
行业效应	YES	YES	YES	YES	YES	YES
年度效应	YES	YES	YES	YES	YES	YES
Constant	0.1259***	0.0832***	0.1313***	0.0835***	0.1251***	0.0837***
	(17.90)	(6.94)	(18.82)	(6.76)	(17.32)	(7.49)
Obs	5287	1621	5390	1518	5155	1753

续表

变量	市场化程度分组		金融发展水平分组		法律环境分组	
	高	低	高	低	高	低
	结果(1)	结果(2)	结果(3)	结果(4)	结果(5)	结果(6)
R_squ	0.3767	0.4175	0.3735	0.4182	0.3711	0.4304
Adj. R_squ	0.3727	0.4050	0.3695	0.4048	0.3670	0.4191
F Value	67.6621	25.3600	67.1353	24.3066	62.9290	29.8206

注：圆括号内为稳健性t值。***，** 和 * 分别代表在1%，5%和10%的显著性水平上显著。行业和年度虚拟变量的回归结果未在表格中展示。方差膨胀因子检验结果如附录八中附表8-21所示。

6.5 基于债务可得性和债务期限结构的进一步分析

从企业视角看，银企之间的债务合约主要表现为债务可得性、债务期限结构以及债务成本三要素。从银行的视角看，信贷决策过程分为两个步骤：首先决定是否为企业发放贷款；其次，如果决定为企业发放贷款，进而决定贷款的期限、利率等。无论从企业视角还是银行的视角，信贷资本不仅通过债务成本的价格信号进行配置，还包括债务可得性和债务期限结构两个重要方面。因此，本书进一步分析了会计信息在债务可得性和债务期限结构方面的影响。

6.5.1 研究变量与模型

(1)研究变量

为考察会计信息质量对债务可得性和债务期限结构的影响，需构建债务可得性以及债务期限结构变量。其中，债务可得性变量表示企业当期获得贷款的能力，用上市公司期末与期初贷款余额之差衡量，其中贷款余额既包括长期借款和短期借款，也包括一年内到期的长期债务，为消除量纲的影响，将其再除以期初总资产，记为CABDE；债务期限结构变量表示长短期借款占贷款总额的比例，用上市公司长期贷款除以期末贷款余额衡量，记为CLORA。

债务可得性和债务期限结构都属于债务合约的重要方面，与平均债务成本具有相似的特点。因此,本书选择与平均债务成本相同的变量为控制变量。同时,还控制了行业和年度效应。

(2)研究模型

为检验会计信息质量对债务可得性和债务期限结构的影响。本书构建如下检验模型:

$$\begin{aligned} \text{CONTRACT} = \beta_0 + \alpha_1\text{ERQ} + \beta_1\text{LIQR} + \beta_2\text{TANG} + \beta_3\text{EQUR} + \\ \beta_4\text{OPEM} + \beta_5\text{SIZE} + \beta_6\text{GROW} + \beta_7\text{OWN} + \\ \beta_8\text{OFFE} + \sum_j \text{IND} + \sum_k \text{YEAR} + \varepsilon \end{aligned} \tag{6.5}$$

其中,CONTRACT 代表债务合约变量,在具体的回归分析中分别用债务可得性变量 CABDE 和债务期限结构变量 CLORA 进行替换。ERQ 代表会计信息质量,其数值越大,表示会计信息质量越低,其余为影响债务合约的其他控制变量,具体含义如表 6 – 21 所示。当会计信息质量增加时,银行面临的风险将会降低,企业更能获得贷款以及长期贷款;反之,当企业的会计信息质量变差时,银行的风险将上升,从而会谨慎为企业发放贷款以及长期贷款,企业获得贷款以及长期贷款的能力将下降。因此,当因变量为债务可得性变量 CABDE 和债务期限结构变量 CLORA,本书预测会计信息质量 ERQ 的系数均显著为负。

6.5.2 多元回归分析

(1)会计信息对债务可得性和债务期限结构的影响分析

为考察会计信息对债务可得性和债务期限结构的影响,本书分别以债务可得性和债务期限结构为因变量,对模型(6.5)进行多元回归分析。模型采用怀特稳健性标准误进行统计推断,且均控制了行业和年度效应。此外,本书还进行了方差膨胀因子的多重共线性检验①。具体回归结果如表 6 – 21 所示。

其中,结果(1)为债务可得性的回归结果:会计信息质量对债务可得性的回归系数为 –0.1631,在 1% 的显著性水平上显著,说明会计信息质量越差的公司,债务可得性越小;会计信息质量越高的公司,债务可得性越强。

① 方差膨胀因子检验表明不存在严重的共线性问题。详细表格如附录八中附表 8 – 22 所示。

其中结果(2)为债务期限结构的回归结果:会计信息质量对债务期限结构的回归系数为-0.0928,在1%的显著性水平上显著,说明会计信息质量越低的公司,长期债务比例越低;会计信息质量越高的公司,长期债务比例越高。

总而言之,上述回归结果表明会计信息不仅能够影响平均债务成本,还对债务可得性和债务期限结构存在重要影响。当会计信息的质量越高时,企业的债务可得性越强,长期债务的比例越高。会计信息在银企之间的债务合约三要素中得到普遍使用,从而发挥信贷资本配置的作用。

表6-21 会计信息对债务可得性和债务期限结构的回归分析

变量	结果(1):债务可得性	结果(2):债务期限结构
LIQR	0.0118***	0.0910***
	(8.18)	(16.57)
TANG	-0.0207	-0.2507***
	(-0.95)	(-4.97)
EQUR	-0.1742***	-0.3914***
	(-16.07)	(-16.70)
OPEM	0.0227**	0.0697***
	(2.47)	(2.90)
SIZE	0.0122***	0.0425***
	(9.81)	(14.99)
GROW	0.0454***	-0.0027
	(8.50)	(-0.39)
OWN	0.0723***	0.2060***
	(5.08)	(9.25)
OFFE	0.1253***	-0.0210
	(6.62)	(-0.91)
ERQ	-0.1631***	-0.0928***
	(-7.41)	(-2.60)
行业效应	YES	YES
年度效应	YES	YES
Constant	-0.1614***	-0.4558***
	(-4.55)	(-5.66)
Obs	8074	7610

续表

变量	结果(1)：债务可得性	结果(2)：债务期限结构
R_squ	0.2182	0.2918
Adj. R_squ	0.2148	0.2886
F Value	30.8549	99.8848

注：圆括号内为稳健性t值。***，**和*分别代表在1%，5%和10%的显著性水平上显著。行业和年度虚拟变量的回归结果未在表格中展示。方差膨胀因子检验结果如附录八中附表8-22所示。

(2)制度环境对会计信息债务合约作用的影响分析

市场化程度、金融发展水平、法律环境等制度环境对会计信息在债务可得性和债务期限结构中的作用是否存在影响呢？本书分别以债务可得性和债务期限结构为因变量，对模型(6.5)进行分组回归分析。具体结果如表6-22和表6-23所示。

表6-22为债务可得性不同制度环境下的分组回归结果。回归结果显示：首先，会计信息质量对债务可得性的回归系数均为负值，且在制度环境好和制度环境差的地区均显著；其次，会计信息质量的系数在制度环境好的地区大于制度环境差的地区。上述结果表明，会计信息对债务可得性的影响普遍存在，且在制度环境好的地区大于制度环境差的地区。

表6-22 制度环境差异：会计信息影响债务可得性的分组回归

变量	市场化程度分组		金融发展水平分组		法律环境分组	
	高	低	高	低	高	低
	结果(1)	结果(2)	结果(3)	结果(4)	结果(5)	结果(6)
LIQR	0.0105***	0.0139***	0.0106***	0.0140***	0.0106***	0.0145***
	(6.46)	(4.60)	(6.69)	(4.11)	(6.49)	(4.76)
TANG	-0.0139	-0.0589	-0.0205	-0.0189	-0.0167	-0.0478
	(-0.55)	(-1.30)	(-0.79)	(-0.43)	(-0.65)	(-1.14)
EQUR	-0.1680***	-0.1859***	-0.1722***	-0.1718***	-0.1717***	-0.1798***
	(-13.41)	(-8.48)	(-13.74)	(-7.60)	(-13.52)	(-8.48)
OPEM	0.0308***	0.0094	0.0251**	0.0154	0.0303***	0.0056
	(2.80)	(0.56)	(2.34)	(0.85)	(2.74)	(0.35)
SIZE	0.0116***	0.0140***	0.0118***	0.0138***	0.0114***	0.0148***
	(8.27)	(5.09)	(8.29)	(4.98)	(8.06)	(5.59)

续表

变量	市场化程度分组		金融发展水平分组		法律环境分组	
	高	低	高	低	高	低
	结果(1)	结果(2)	结果(3)	结果(4)	结果(5)	结果(6)
GROW	0.0436***	0.0474***	0.0419***	0.0500***	0.0397***	0.0554***
	(6.85)	(4.92)	(6.62)	(5.30)	(6.25)	(5.88)
OWN	0.0524***	0.1259***	0.0473***	0.1444***	0.0521***	0.1238***
	(3.07)	(5.08)	(2.80)	(5.65)	(3.00)	(5.29)
OFFE	0.1278***	0.1129***	0.1303***	0.1104***	0.1302***	0.1111***
	(5.47)	(3.57)	(5.61)	(3.53)	(5.48)	(3.72)
ERQ	-0.1822***	-0.0922*	-0.1771***	-0.1083**	-0.1833***	-0.0889*
	(-7.45)	(-1.94)	(-7.25)	(-2.23)	(-7.48)	(-1.86)
行业效应	YES	YES	YES	YES	YES	YES
年度效应	YES	YES	YES	YES	YES	YES
Constant	-0.1563***	-0.1748**	-0.1542***	-0.2110***	-0.1469***	-0.2057***
	(-3.69)	(-2.36)	(-3.60)	(-2.91)	(-3.44)	(-3.00)
Obs	6140	1934	6145	1929	6002	2072
R_squ	0.2098	0.2705	0.2069	0.2812	0.2046	0.2818
Adj. R_squ	0.2052	0.2570	0.2024	0.2679	0.1999	0.2694
F Value	22.7342	10.3666	22.8577	10.6182	22.1239	11.0995

注：圆括号内为稳健性t值。***，**和*分别代表在1%，5%和10%的显著性水平上显著。行业和年度虚拟变量的回归结果未在表格中展示。方差膨胀因子检验结果如附录八中附表8-23所示。

表6-23为债务期限结构的回归结果。回归结果显示：首先，虽然会计信息质量对债务期限结构的回归系数均为负值，但是只在制度环境好的地区显著，在制度环境差的地区均不显著；其次，会计信息质量的系数在制度环境好的地区大于制度环境差的地区。上述结果表明，会计信息对债务期限结构的影响只在制度环境差的地区显著存在，而在制度环境低的地区并未发挥显著作用。这可能是由于银行在信贷决策中利用了债务可得性、债务期限结构和债务成本三要素的系统性。债务可得性是银行信贷决策的第一步，所以会计信息在债务可得性中的作用普遍存在。而债务期限结构和债务成本是信贷决策中的第二和第三环节，只有在制度环境好的地区，会计信息在债务合约中的作用才能充分体现。

表 6-23 制度环境差异:会计信息影响债务期限结构的分组回归

变量	市场化程度分组		金融发展水平分组		法律环境分组	
	高	低	高	低	高	低
	结果(1)	结果(2)	结果(3)	结果(4)	结果(5)	结果(6)
LIQR	0.0953***	0.0805***	0.0959***	0.0766***	0.0953***	0.0794***
	(15.57)	(6.85)	(15.64)	(6.54)	(15.52)	(6.85)
TANG	-0.2468***	-0.3286***	-0.2045***	-0.3059***	-0.2621***	-0.1967**
	(-4.21)	(-3.22)	(-3.43)	(-3.15)	(-4.33)	(-2.13)
EQUR	-0.3711***	-0.4500***	-0.3792***	-0.4193***	-0.3732***	-0.4279***
	(-13.92)	(-9.12)	(-14.17)	(-8.56)	(-14.01)	(-8.62)
OPEM	0.1026***	-0.0037	0.0881***	0.0189	0.0972***	-0.0027
	(3.58)	(-0.09)	(3.07)	(0.45)	(3.46)	(-0.06)
SIZE	0.0436***	0.0445***	0.0448***	0.0385***	0.0439***	0.0413***
	(13.74)	(6.95)	(14.06)	(6.03)	(13.80)	(6.61)
GROW	0.0006	-0.0175	0.0025	-0.0237*	0.0035	-0.0219*
	(0.07)	(-1.32)	(0.30)	(-1.80)	(0.42)	(-1.79)
OWN	0.1524***	0.3135***	0.1534***	0.3326***	0.1503***	0.3299***
	(5.95)	(7.00)	(6.04)	(6.99)	(5.82)	(7.41)
OFFE	-0.0456*	0.0179	-0.0331	0.0032	-0.0428	0.0223
	(-1.68)	(0.45)	(-1.22)	(0.08)	(-1.56)	(0.58)
ERQ	-0.0991**	-0.0895	-0.1002**	-0.1011	-0.1016**	-0.0910
	(-2.50)	(-1.12)	(-2.50)	(-1.25)	(-2.55)	(-1.14)
行业效应	YES	YES	YES	YES	YES	YES
年度效应	YES	YES	YES	YES	YES	YES
Constant	-0.4769***	-0.3965**	-0.5159***	-0.3267**	-0.4840***	-0.4437***
	(-5.16)	(-2.42)	(-5.54)	(-2.07)	(-5.18)	(-2.81)
Obs	5798	1812	5808	1802	5659	1951
R_squ	0.3006	0.3170	0.3017	0.3140	0.3041	0.3044
Adj. R_squ	0.2963	0.3036	0.2974	0.3004	0.2998	0.2917
F Value	82.3943	29.1078	82.2325	29.5290	83.2168	29.8251

注:圆括号内为稳健性 t 值。***,** 和*分别代表在1%,5%和10%的显著性水平上显著。行业和年度虚拟变量的回归结果未在表格中展示。方差膨胀因子检验结果如附录八中附表8-24所示。

6.6 本章小结

利率是信贷资本的价格,对企业而言转化为平均债务成本。平均债务成本是信贷资本配置中重要的价格信号。为分析会计信息在信贷资本配置中的作用,以及对比会计信息在不同资本配置中的影响差异,本书以平均债务成本为视角,理论分析会计信息影响信贷资本配置的微观机制以及制度环境对会计信息信贷资本配置作用的影响。随后以中国沪、深两市 A 股 2007—2014 年的上市公司为样本进行了实证检验。研究发现:①会计信息是影响信贷资本配置的重要因素,会计信息的质量越高,企业的平均债务成本越低。②进一步将会计信息影响信贷资本配置的微观机制区分为信息效应和治理效应发现,虽然会计信息均能通过两种效应降低平均债务成本,但两种效应的地位不同,治理效应大于信息效应,占主导地位。③会计信息影响平均债务成本的作用受到制度环境的影响。相对于市场化程度低、金融发展水平低、法律环境差的地区,会计信息降低平均债务成本的作用在市场化程度高、金融发展水平高、法律环境好的地区更大。为保证研究结论的稳健性,本书又进行了一系列稳健性检验,具体包括利用交乘项检验制度环境的影响,更换会计信息质量和制度环境衡量方法的敏感性检验,采用面板数据模型和滞后项回归方法克服内生性问题,上述结论基本保持不变。

此外,债务可得性、债务期限结构以及债务成本是债务合约三要素,均是信贷资本配置的重要方面。本书进一步分析了会计信息对债务可得性以及债务期限结构的影响。研究发现:①会计信息质量对债务可得性和债务期限结构存在显著影响,会计信息的质量越高,企业的债务可得性越强,长期债务的比例越高。②进一步考察制度环境的影响,会计信息对债务可得性的影响在制度环境好和差的地区均显著存在,但制度环境好的地区高于制度环境差的地区;会计信息对债务期限结构的影响在制度环境差的地区并不显著,在制度环境好的地区存在显著影响。

7 会计信息与债券资本配置

债券资本是企业直接融资的重要方式，也是资本市场的重要组成部分。一方面，债券资本和权益资本都属于直接融资，但债券资本属于负债融资，其资本成本低于权益资本；另一方面，债券资本和信贷资本都属于负债融资，但债券资本属于公开直接债务市场，不仅具有较强的流动性，还具有较低的资本成本。因此，债券资本对于企业而言，资本成本低、融资渠道简单，对于投资者而言，风险低、流动性强，受到了企业和投资者的青睐，成为成熟市场经济体规模最大的来源之一。

改革开放之后，考虑到债券资本市场①对于资本配置的重要性，中国政府于 1987 年颁布《企业债券管理暂行条例》，开始了企业债券资本市场的建设。然而，企业债券资本市场的发展历程并不顺利。如果说中国股票市场是在风雨中前行，那么中国企业债券市场更是命运多舛，一波三折。在经历了 1987—1992 年的辉煌发展阶段之后，紧接着进入了 1993—1995 年的基本停滞阶段。由于债券市场属于公共投资者市场，为了控制债券的违约风险，中国政府随后开展了一系列的整顿工作。自 1993 年开始，国务院先后几次修订《企业债券管理条例》，而且 1993 年《公司法》的制定也对公司债券的发行进行了规范。然而，1993 年的企业债券治理工作使得企业发行的公司债券基本处于停滞阶段，保留的企业债虽然保持了一定程度的发展，但发展方向带有浓厚的计划性特点。企业债券由发改委主管，实行政府或国有金融

---

① 债券的种类繁多，从发行主体的角度，主要区分为政府机构发行的国债和政府债、企业发行的企业债和公司债。政府债券的目的和企业债券有着较大区别，且由政府信誉担保，并不是完全的市场行为。企业发行的企业债和公司债也存在较大区别：企业债由发改委主管，由政府和金融机构承担不可撤销担保责任，具有政府债券性质；公司债券由证监会监管，实行市场化运作。因此，本书所指的债券资本及其市场主要是指企业发行的公司债券。

机构担保，具有浓厚的"政府债券"特征，并不能代表具有市场化特征的公司债券发展。2007 年，中国证监会在多次征求社会意见的基础上发布了《公司债券发行试点办法》，对公开发行公司债券进行了规范，开始建立了真正意义上的"公司债券"市场。在企业和公司债券的相关法律和规章制度逐步完善的背景下，中国公司债券资本市场开始取得了逐步的发展。

虽然中国债券市场取得了一定的发展，但在发展速度和规模上依然较为缓慢。自 2007 年公司债券制度正式建立以来，年度募集资金的公司数目和规模一直低于股票。而且，股票募集资金的数量通常在公司债券募集资金数量的 3 倍以上。虽然企业债券的发行规模取得了一定的增长，但企业债券由国家发改委主管，定价过程并不符合市场化规律，更多地成为政府融资的重要工具，并不能代表市场化公司债券的发展状况。在积极建立多层次资本市场的背景下，继续推进债券资本市场的稳妥发展与逐步完善显得尤为重要。

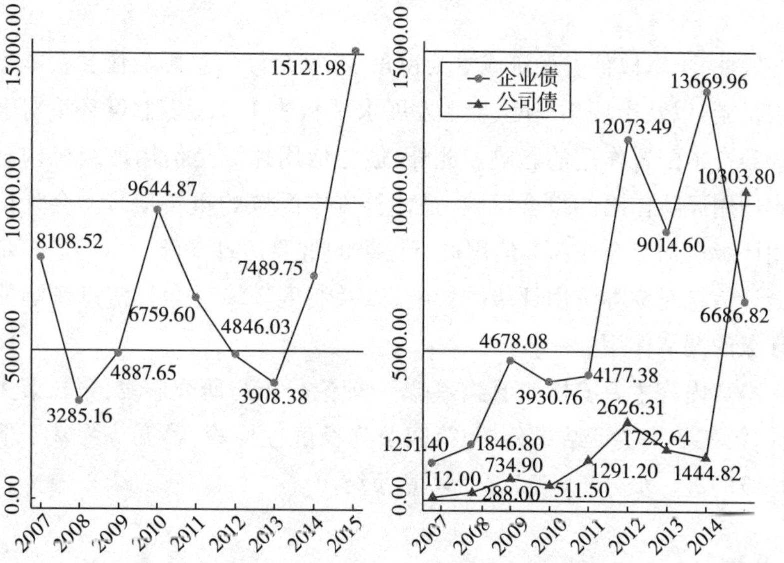

图7–1A 股票募集资金　　图7–1B 债券募集资金

图 7－1 公司债、企业债、股票募集资金对比①

中国债券市场发展缓慢的成因是多方面的，其中，制度的不完备以及信息的不对称是重要因素。由于债券发行人和投资者之间，以及投资者之间

① 图中数据由 WIND 数据整理汇总得到。

信息不对称的存在，债券的信用风险无法充分显现，阻碍了投资者的潜在投资需求向现实投资行为的转化（齐寅峰等，2006）[248]，导致债券市场被“摊薄”。高质量会计信息是缓解债券市场信息不对称和代理问题的重要渠道。根据美国财务会计委员会（FASB）的要求，权益投资者和债券投资者都是企业会计信息的主要使用群体。会计信息的有用性不仅仅应当局限于权益资本市场，也应当关注债券资本市场（Lev，1989）[57]。高质量会计信息对于企业债券资本的有效分配能够发挥重要作用。在现有的研究中，众多文献关注了会计信息在权益资本市场配置中发挥的作用，而对其在债券资本市场中的有用性关注不足。在少数关注会计信息债券资本配置作用的文献中（朱松，2013；刘娥平等，2014；施丹，2013；王博森等，2014）[64, 249-251]，既未对会计信息影响债券资本配置的微观机制作进一步分析，亦未分析制度环境对会计信息债券资本配置作用的影响。而这些问题对于进一步发挥会计信息在债券资本配置中的作用、促进债券资本市场的进一步发展有着重要意义。

因此，本章以债券融资成本为视角，考察会计信息影响债券资本配置的微观机制，以及市场化程度、金融发展水平和法律环境等制度环境对会计信息债券资本配置作用的影响。此外，债券信用评级是信用评级机构对企业债券信用风险作出的综合反映，是债券资本配置的重要信号。会计信息是信用评级机构对企业债券信用进行评级的重要信息来源。本书进一步分析了会计信息对债券信用评级的影响，以及制度环境对会计信息影响债券信用评级的调节作用。

本章内容主要安排如下：第一节为理论分析与研究假设，第二节为研究设计，第三节为实证结果分析，第四节为稳健性检验，第五节为基于债券信用评级的进一步分析，第六节为本章小结。

7.1 理论分析与研究假设

7.1.1 会计信息影响债券资本配置的作用

债券资本市场属于公开直接债务融资市场，这使得其既具有权益资本公开直接融资的优点，又具有信贷资本负债融资的优点。然而，这也导致债券资本同时具有权益资本和债券资本的缺点,使得债券资本配置面临严重的信息问题和代理问题。会计信息提供反映企业财务状况和经营成果的信息,是有关企业信息的重要来源。在债券资本市场的投资过程中,债券投资者大量使用盈利、现金流量等会计信息,对债券发行者的经营成果、财务状况和信用风险进行评估(Ho and Rao,2011;Fischer and Verrecchia,1997;Khurana and Raman,2003)[252-254]。相对于权益投资者更加关心公司的成长性和盈利能力,债券投资者还关心发债公司未来现金流量的能力,以保证发债公司能够按照发债条款支付利息及其本金。在债券发行一级市场的定价中,会计信息质量较差的公司具有更高的信用利差(Bharath et al.,2008)[42]。所以说,在债券资本的配置过程中,会计信息既能充分缓解公开市场中信息不对称导致的信息问题,又在债券发行条款中被广泛使用,发挥治理作用以降低代理问题。

首先,债券资本市场属于公开发行市场,具有与权益资本的股票市场相似的属性,信息问题是影响债券资本配置的重要阻碍。会计信息能够缓解债券资本配置过程中的信息问题,降低债券资本成本。具体主要有以下几种渠道:①降低债券投资者之间的信息不对称。在公开交易市场中,投资者之间的信息不对称会导致严重的“柠檬问题”,使得市场逐步萎缩。对于债券资本市场,如果有关公司债券估值的信息在投资者之间分布是不均匀的,则部分投资者掌握更多的私有信息。不拥有私有信息的投资者与拥有私有信息投资者进行交易会产生损失,这会增加投资者的投资风险。因此,债券投资者会要求较高的投资回报率,导致债券资本成本增加。更有甚者,一个极端的情况是债券投资者逐步退出市场,影响债券资本的良好配置。高质量会计信息能够更好地反映债券的价值,降低私有信息的价值,缓解信息不对称,降低投资者的投资风险。所以,会计信息质量越高的公司,债券资本成本越低。②降低管理层和债券投资者之间的信息不对称。与普通的公众性权益投资者以及机构性银行信贷投资者相同,债券投资者也属于外部投资者。相对于企业管理层,债券投资者处于信息劣势。企业管理层可能会隐藏有关公司商业项目的利空信息,传递利好消息,以吸引债券投资者。这使得债券投资者面临更高的风险,其将通过提高风险溢价的方式进行补偿。当会计信息质量较高时,管理层和债券投资者之间的信息不对称得到一定程度的缓解,债权投资者的投资风险有所降低,可以降低企业的债券资本成本。③降低信息不确定性。与权益市场和债券市场相类似，当管理层、股东和债券投资者之间的信息分布均匀的情况下，依然可能存在信息问题，那就是信息自身的不确定性。由于现实世界的不完备性，没有信息能够完全揭示企业的财务状况和经营成果，只能尽量地接近真实描述，这导致了信息具有一定的不确定性。高质量会计信息能够更好地反映企业财务状况和经营成果信息，降低企业信息的不确定性，这能够降低债券投资者的信息风险。信息风险越低，债券投资者要求的投资回报率越低，债券的资本成本也随之降低。④降低未来的不确定性。一般而言，中长期债券是企业债券市场的主要组成部分，短期债券所占的比例较低。债券的期限越长，债券投资者面临的未来不确定性越高，其在较长持有期间回收利息和本金的风险越高。高质量会计信息能够较好地预测企业未来盈利能力和现金流量，降低未来的不确定性。⑤提高分析师预测和信用评级的可靠性。由于债券市场属于公开债务交易市场，市场中活跃着债券分析师以及信用评级机构，它们通过发布分析报告和信用评级向市场传递信息（Kisgen，2006；Millon and Thakor，1985）[255, 256]。债权投资者在投资过程中会大量参考这些信息进行投资决策。无论是证券分析师还是权威信用评级机构，其在出具报告时均参考企业的会计信息（Horrigan，1966；Pinches and Mingo，1973；Pinches and Mingo，1975）[257－259]。高质量的会计信息有助于提高分析师预测和信用评级的准确性与可靠性，这能够降低债券的信息不对称和信用风险（Jiang，2008）[61]，进而降低债券资本成本。

其次，债券资本亦属于负债融资，具有与信贷资本市场相似的属性。当债券投资者将资金投入企业之后，其和企业管理层之间的利益和动机差异会导致严重的代理问题。会计信息在债券契约条款中的广泛使用可以缓解债券资本配置过程中的代理问题，降低债券资本成本。由于债券投资者不具有公司的经营控制权，通常也无法参与公司的经营管理，所以债券发行的契约条款成为保障债券投资者利益的重要工具（Bradley and Roberts，2015；Bae et al.，1994）[260, 261]。具体主要有以下几种渠道：①高质量的会计信息有助于监督、约束企业行为。会计信息是对企业财务状况和经营成果的综合反映，而高质量的会计信息能够更好地反映债券发行企业管理层的行为，形成对发债主体的良好监督；在债券发行契约条款中使用会计信息，能够更加清晰地界定发债主体使用募集资金的用途、范围以及效率，这能够对发债主体管理层的行为形成明确的约束力。②高质量的会计信息可以提高债券契约条款的执行能力。债券契约条款的设计并不一定能够得到有效执行，部分模糊型条款无法保护债券投资者的利益。比如，当预期无法按期支付本息时，公司将暂停重大投资活动以保障债券投资者利益。但是，何为"重大投资"没有明确界定；当企业现金流量置于短缺状态时，优先保障支付债券本金和利息。但是，何为"短缺状态"未明确说明。在债券契约条款中使用会计信息能克服模糊条款的缺陷，降低代理成本。会计信息的质量越高，债券契约条款的执行力以及对投资者的保护能力就越强。③高质量的会计信息有助于降低债券投资者的违约损失。通过在债券发行的契约条款中使用会计信息，能够及时反映发债企业的财务状况和经营成果。这有助于债券投资者及时发现企业的违约风险，采取措施提前保护自身的利益（陈超等，2014）[262]。如果债券发行企业出现了违约状况，高质量的会计信息也有助于债权投资者在后续追偿工作中尽可能地降低自身损失。总体而言，类似于公司治理机制对权益投资者的保护，在债务契约中广泛使用高质量会计信息，充分发挥会计信息的治理作用，能够降低债券投资者和企业之间的代理问题，提高对债券投资者利益的保护，债券投资者将降低其投资的期望报酬率，债券资本成本也会较低。

综合上述会计信息影响债券资本配置的分析，提出以下研究假说 H7－1。

H7－1：会计信息通过调整债券资本成本影响债券资本配置。在其他条件一定的情况下，会计信息质量越高，企业债券资本成本越低。

7.1.2 会计信息影响债券资本配置的微观机制：信息效应大于治理效应

在债券资本市场中，会计信息通过一系列机制影响债券资本配置。依据会计信息影响债券资本配置的作用原理，可以将其划分为两种微观机制：一是缓解信息问题的信息效应，二是降低代理问题的治理效应。债券资本成本代表债券投资者要求的期望报酬率，是债券资本的价格信号。高质量的会计信息通过信息效应和治理效应缓解信息不对称和代理问题，降低债券投资者的信息风险，保护债券投资者的利益，从而降低债券投资者的期望报酬率以及企业的债券资本成本。具体作用的微观机制如图 7－2 所示。

由于债券市场属于公开债务市场，兼有公开市场和负债融资的属性，这使得分析会计信息影响债券资本配置微观机制的相对大小更为复杂。在债券市场发展缓慢的背景下，需要进一步发挥会计信息在债券资本配置中的作用。而这要立足于会计信息是如何影响债券资本配置，以及信息和治理两种效应谁在发挥关键作用，哪种效应的作用尚未发挥出来。这都需要进一步分析两种效应的相对大小。

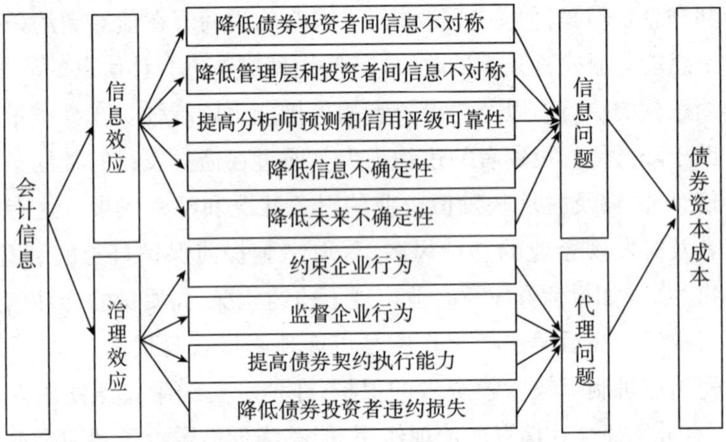

图7－2　会计信息影响债券资本配置的微观机制：信息效应与治理效应

首先，债券投资者属于公众投资者，和普通的权益投资者一样，对公有信息有着高度的依赖性。而和银行债券投资者相比，债券投资者并不具备拥有更多私有信息的能力。出于能力以及成本的限制，债券投资者无法像银行一样去进一步接触债券发行主体，搜集、处理更多有关债券发行主体的信息。由于债券资本市场对公有信息具有高度的依赖性，而会计信息又是极具成本效益、可靠的公有信息来源，会计信息在债券资本配置过程中的信息效应是十分重要的。

其次，债券资本又属于负债融资，和信贷资本一样，在配置的过程中往往借助于债务合约，通过治理作用缓解代理问题，保护债权投资者的利益。这种债务合约在债券资本配置过程中以债券发行条款的形式存在。债券发行条款有助于债券投资者充分利用会计信息的治理效应，缓解代理问题。债券投资者是分散性的公众投资者，参与公司治理的能力和动机均小于银行债券投资者。与权益投资者一样，债券投资者可能更多的是采用债券定价及交易的方式应对严重的代理问题（Bharath et al.，2008；Frankel and Litov，2007）[42, 263]。但债券与股票未来现金流的不确定性并不相同，与股票相比，债券未来的现金流量是可预计的。中国证监会于2007年颁布了《公司债券发行试点办法》，引入了"受托管理人"角色①。受托管理人是债券发行企业聘请的代表众多分散的债券投资者利益的机构。受托管理人往往是债券承销商等大型证券公司，具备一定的专业知识和参与治理的能力。在公司债券的存续期间，受托管理人将持续关注并监督发债企业及其保证人的资信状况，并在债券投资者利益可能受到损害时积极保护债券投资者的利益。比如，召开债券持有人会议，参与法律诉讼，参与整顿、和解、重组或者破产等程序。由此可见，债券发行条款以及受托管理人等制度弥补了债券投资者参与公司治理能力和动机不足的缺陷，使得高质量会计信息在债券资本配置中的治理效应同样具有重要地位。

综合上述分析，在债券资本配置过程中，会计信息的信息效应和治理效应的相对大小与中国债券市场的实际运行状况相关。如果债券发行条款以及受托管理人制度等运行良好，会计信息的治理效应占主导地位；反之，会计信息的信息效应占主导地位。据此提出两个竞争性研究假说H7－2A和H7－2B。

假说H7－2A：会计信息通过信息效应和治理效应的微观机制降低债券资本成本，且治理效应大于信息效应，发挥主导作用。

假说H7－2B：会计信息通过信息效应和治理效应的微观机制降低债券资本成本，且信息效应大于治理效应，发挥主导作用。

7.1.3 制度环境对会计信息债券资本配置作用的影响：替代性

自改革开放以来，为完善债券资本配置的效率，中国政府于20世纪80年代开始了企业债券建设，但其发展历程却并不顺利。在经历了企业债券的早期爆发式增长阶段之后，为防范债券市场的风险，中国政府先后出台了一系列的政策法规，以规范企业债券市场的发展。然而，随着《企业债券管理暂行条例》的实施，企业债券发展方向带有浓厚的"计划性"特点（高强等，2010）[264]，债券资本的市场化方向受到了一定的阻碍。这主要表现为发债

① 2007年8月14日，中国证监会发布了《公司债券发行试点办法》，在其第四章债券持有人权益保护中引入了"受托管理人"角色。2014年11月15日，中国证监会又发布了《公司债券发行与交易管理办法》，其中进一步完善了债券受托管理人和债券持有人会议制度，并对契约条款、增信措施作出引导性规定。

主体主要是具有一定规模的国有企业，募集资金主要用于政府引导性的投资项目，以银行或政府等机构承担不可撤销的担保责任等。而且在债券发行之后，发债主体的信息披露义务以及所受监管缺乏相应强制性要求。从实质意义上讲，中国企业债券在性质上更接近于政府债券，而不是公司债券（王国刚，2007）[265]。

为推动债券市场的进一步发展，中国证监会于 2007 年颁布了《公司债券试点办法》，开始债券资本的市场化发展。在现行公司债的条例下，任何符合《公司法》要求的公司均具备申请发行公司债的资格。募集资金用途、担保方式等方面由发债公司自行决定，且在债券发行的过程中履行信息披露等强制性义务，并受到中国证监会的监管。中国证监会在 2015 年 1 月 16 日修订颁布了《公司债券发行与交易管理办法》，通过扩大发行主体范围、丰富债券发行方式、增加交易场所、简化审核流程等一系列的改革，进一步推动了公司债券的市场化发展。

由于依然保留了原有的企业债券，中国企业债券市场呈现出企业债券和公司债券分治的独特性特点。一方面，企业债券的审批机关为国家发改委，依然延续原有的发行制度和特点，定价过程并不符合市场化规律，更多地成为政府融资的重要工具。比如，近几年发展迅速的城投类企业债，发债主体多是地方政府融资平台，募集资金主要用于基础设施建设。另一方面，公司债券由中国证监会监管，更多的是按照市场规律运行，是公司类企业直接向市场募集资金的重要工具。这种企业债和公司债分治（下称“两债分治”）的重要特征对债券市场产生了深远影响。

“两债分治”为公司债券市场的发展创造了相对自由的市场化环境。企业债券实行审核制，发行企业债券必须经过国家发改委的审核，在募集资金用途、担保方式等方面都有着严格的规定。这大大限制了非国有企业发行企业债的可能性，使得企业债成为政府融资的工具，失去了债券资本市场为各类企业募集资金的主要功能。从表面上看，相对于企业债券，公司债券的发行条件相对宽松。但公司债券发行主体却需要承担严格的信息披露义务和监管要求，对公司在经营效率等方面的质量要求很高。在这种背景下，由于无法满足公司债严格的信息披露和监管要求，具有政府背景的企业在选择债券融资时更倾向于发行企业债券。这使得公司债券市场较少受到政府的直接干预，形成了较为自由的市场化环境。

在较为自由的市场化环境中,信息问题和代理问题的存在使得公司债券市场对高质量会计信息有着较大的需求。债券市场既属于公开市场,又属于债务市场,股权市场和信贷市场中的问题在债券市场中均普遍存在。这使得债券市场面临严重的信息不对称和代理问题,严重阻碍了债券市场的进一步发展。会计信息不仅能够反映发债企业的财务状况和经营成果,降低债券市场的信息问题,还可以监督约束发债企业的行为,缓解代理问题。因此,在公司债券的市场中,债券投资在投资过程中对会计信息有着较高的需求和依赖,并在投资决策中予以体现。高质量会计信息反映了较低的信息风险和代理成本,所以债券资本成本也较低。

在制度环境较好的地区,有着较为发达的信息中介机构、较好的投资者保护机制以及更好的投资渠道。债券投资者不仅关注会计信息,还可以充分利用其他途径获取信息,比如从信息中介获取更有价值的信息。债券投资者权益保护较好,当其权益可能受到损害时,能够更好地保护自身利益。债券投资者对会计信息及其质量的依赖性有所降低。

在制度环境较差的地区,债权投资者获取的信息渠道较少,更加依赖于公开披露信息,尤其是会计信息。同时,债券投资者利益保护机制较差,为降低可能出现的违约损失,债权投资者更加注重事前风险的认知与防范,更加注重公司的会计信息及其质量。由于政府对债券资本配置的直接干预往往是在企业债券市场中,所以在制度环境差的地区,公司债券市场的投资者行为也比较符合市场规律。在依据市场原则进行投资决策的过程中,由于其他制度的缺失,债权投资者对会计信息质量所反映的不同发债主体的风险差异高度重视,对于会计信息质量差的公司将要求更高的资本回报率,导致企业债券资本成本将上升。由此可见,会计信息在债券资本配置中的作用在制度环境差的地区得到了进一步加强。

综合上述分析,由于公司债券市场相对自由的市场化环境,以及不同制度环境下债券投资者投资决策和权益保护的不同,会计信息债券资本配置作用在不同的制度环境下存在明显差异。相对于制度环境好的地区,会计信息债券资本配置作用在制度环境差的地区被增强。据此提出以下研究假说:

H7-3A:会计信息的债券资本配置效应受到市场化程度的影响。相对于市场化程度较好地区,会计信息降低债券资本成本的效应在市场化程度较差的地区更大。

H7-3B：会计信息的债券资本配置效应受到金融发展水平的影响。相对于金融发展水平较高地区，会计信息降低债券资本成本的效应在金融发展水平较低的地区更大。

H7-3C：会计信息的债券资本配置效应受到法律环境的影响。相对于法律环境较好地区，会计信息降低债券资本成本的效应在法律环境较差的地区更大。

7.2 研究设计

7.2.1 样本选择与数据来源

由于中国真正意义上的公司债券起始于2007年，本书的样本区间限定为2007—2014年[①]。由于国家发改委审核制下的企业债券更多具有政府债券的性质，样本范围并不包括企业债，仅包括公司债。出于数据可得性的考虑，本书只保留了上市公司发行公司债的样本。除此之外，本书还剔除了以下样本：①删除金融行业公司债样本；②删除计算债券资本成本时无法和国债数据进行匹配的样本；③删除债券资本成本为负值以及大于20%的样本；④删除计算控制变量缺失的样本。最终得到2007—2014年429笔公司债券样本观测值。

本书所用债券数据均来源于万德（WIND）和国泰安（CSMAR）数据库，上市公司财务和治理数据来源于国泰安（CSMAR）和色诺芬（CCER）数据库。为降低异常值对实证结果的影响，对所有连续性变量进行上下1%分位数的缩尾（Winsorize）处理，后文所有的数据分析和统计处理均采用Stata 12.1完成。

7.2.2 被解释变量——债券资本成本的衡量

债券资本成本反映了债券投资者的期望报酬率，代表了企业发行债券

---

① 样本区间设定为2007—2014年，与权益资本、信贷资本的样本区间保持一致，在一定程度上也便于对比分析会计信息在三类资本配置中的共性和差异。

要付出的成本，是债券资本的价格信号。本书借鉴 Mansi 等(2011)[266]的做法，利用现金流贴现模型，采用债券到期收益率进行衡量。此外，市场利率、经济波动、债券持有期限等因素均对债券到期收益率产生了重要影响。所以对债券到期收益率进行同期国债到期收益率的调整。具体将债券持有到期收益率扣除同期国债持有到期收益率，即债券收益率利差，也称为债券信用利差①。为计算债券资本成本，具体需要三个步骤：一是确定债券到期收益率；二是确定同期国债到期收益率；三是计算信用利差。

(1)债券到期收益率

债券到期收益率利用每期期末最后一个交易日的数据进行计算，基本计算公式如下：

$$PV = \frac{M}{(1+r)^t} + \sum_{t=1}^{N} \frac{D}{(1+r)^t} \tag{7.1}$$

其中，PV 为期末最后一个交易期的债券市场价格，M 为债券面值，N 代表债券剩余期限，t 为距离期末最后一个交易期第 t 个期间，D 为第 t 个期间的债券利息。

债券发行时间并不一定是在期末进行。债券的付息频率并不一致，部分债券每期付息一次，部分债券每期付息多次，还有些债券到期一次还本付息。这些都导致债券到期收益率的计算变得更加复杂。因此，参照国泰安数据库的标准，本书将债券划分为三类，按照不同的方法分别计算债券到期收益率。

1)最后付息周期债券

最后付息周期债券是指截至当期期末，债券的到期时间在一个或一个期间以内的债券。无论是到期一次还本付息债券还是零息债券和固定利息债券，只要其在一个期间以内进行清偿结算，均属于此类。由于期间小于一期，故采用单利方式计算到期收益率。具体如式(7.2)所示：

$$r = \frac{FV - PV}{PV} \div \frac{D}{365} \tag{7.2}$$

① 债券信用利差区分为债券发行信用利差和债券持有信用利差。债券发行信用利差是指债券发行的票面利率减去同期国债的利率，代表一次性发行时企业所付出的成本，发行后保持不变。债券持有信用利差是根据债券持有期间投资者所要求的期望报酬率进行计算的，会随着经济波动以及企业特征进行调整，反映了企业潜在的债券再融资的资本成本。所以，本书采用债券持有信用利差反映债券资本成本。

$$FV=\begin{cases}M+\frac{C}{f}\text{：固定利率债券}\\M+N\times C\text{：到期一次还本付息债券}\\M\text{：零息债券}\end{cases}\tag{7.3}$$

其中，r 即为债券到期收益率；PV 为债券期末的价格；D 为债券结算日至到期日的总天数，遵循算头不算尾原则；FV 为债券到期日的本金利息之和，对于固定利率债券、到期一次还本付息债券和零息债券时分别如式(7.3)所示；M 为债券的票面价值；N 为债券的发行年限；C 为债券的票面利息，具体的 $C=M*$ 年利息率；f 为债券的每年付息次数。

2)待偿期一年以上的零息债券和到期一次还本付息债券

待偿期一年以上的零息债券和到期一次还本付息债券，由于其债券剩余期限大于一年，到期收益率根据复利原则进行计算。具体如式(7.4)所示：

$$PV=\frac{FV}{(1+r)^{\frac{d}{365}+m}}\tag{7.4}$$

其中，r 为债券到期收益率；PV 为债券期末的价格；FV 为债券到期日的本金利息之和，对于到期一次还本付息债券和零息债券时分别如式(7.4)所示；d 表示结算日至最近付息日的实际天数；m 为结算日至到期兑付日的整年数。

3)不在最后付息周期的固定利率债券

对于不在最后付息周期的固定利率债券，同样依据复利原则进行计算。具体如式(7.5)所示：

$$PV=\frac{M}{(1+r/f)^{\frac{d}{365/f}+n-1}}+\sum_{0}^{n-1}\frac{C/f}{(1+r/f)^{\frac{d}{365/f}+n-1}}\tag{7.5}$$

其中，r 为债券到期收益率；PV 为债券期末的价格；M 为债券的票面价值；C 为债券的票面利息，具体的 $C=M*$ 年利息率；f 为债券的每年付息次数；d 表示结算日至最近付息日的实际天数；n 为结算日至到期兑付日债券付息次数。

(2)同期国债到期收益率

债券到期收益率受到多重因素的影响，为克服经济波动、市场利率变化、持有期限的影响，需对其进行同期国债到期收益率的调整(Zhang，2008；Wittenberg – Moerman，2008)[267, 268]。同期国债收益率是指在某期期末，与企业债券剩余持有期限相同的国债到期收益率。其中,国债到期收益率的计算与企业债券到期收益率的计算相类似,同样使用现金流贴现模型。而且国债多是固定利率债券,计算的方法较为简洁。当同期国债存在多只时,使用多只同期国债到期收益率的平均数衡量。当不存在同期国债时,寻找与债券剩余持有期限上下相邻的最近两只国债,利用线性插值法估计同期国债到期收益率①。

(3)债券资本成本——信用利差

当每期期末债券到期收益率和同期国债到期收益率确定之后,将两者作差,得到二级市场中债券信用利差。这就是企业在债券资本市场再融资的潜在债券资本成本。但在每期期末,企业可能存在多只在外发行的债券,根据上述方法计算的各只债券的债券资本成本可能不一致。现有文献主要有三种处理方法:一是直接采用债券发行时间距离当期期末最近的一只债券的资本成本;二是采用一定方法将多只债券的资本成本进行加权处理,具体又有简单平均数法和债券流通值加权平均法。本书采用债券流通值加权平均法计算债券资本成本,记为 DCOST。

7.2.3 研究变量

(1)解释变量

本书解释变量为会计信息质量、信息不对称和制度环境。其中,会计信息质量以应计质量模型为基础进行测量,具体采用修正的琼斯模型计算,详细测量方式见 4.1.3,记为 ERQ;信息不对称利用市场微观结构理论中的知情交易概率模型计算,详细测量方式见 4.2.3,记为 ASY;制度环境采用樊纲指数衡量,详细测量方式见 4.3.3,市场化程度记为 MFE,金融发展水平记为 FFE,法律环境记为 LFE。

(2)债券资本成本的控制变量

本书借鉴债券资本成本研究的相关文献(Campbell and Taksler,2003;Helwege et al.,2014;Huang and Huang,2012;Kalimipalli et al.,2013)[269-272],

① 线性插值法可以利用 STATA 软件的外部命令 ipolate 实现。

对影响债券资本成本①的重要因素进行控制，主要包括债券特征变量和公司特征变量两类指标。

债券特征变量主要包括债券发行规模、债券期限、债券剩余持有年限和债券信用评级。其中，债券发行规模为债券发行募集资金的自然对数，记为DSIZE；债券期限为债券发行日至偿清本息日的时间，以年为单位，记为DTIME；债券剩余持有年限为每期期末至偿清本息日的时间，以年为单位，记为SDTIME；债券信用评级为信用评级机构②对债券的信用评级③。根据信用评级公司的规范，债券信用评级从低到高依次是BBB+、A-、A、A+、AA-、AA、AA+、AAA八个等级，借鉴Demirtas和Cornaggia（2013），Ashbaugh-Skaife等（2006）[273, 274]的方法，依次赋值为1至8分，作为债券信用评级的反映，记为DCRE。

公司特征变量主要指发债主体的各项特征，主要有公司规模、公司成长性、盈利能力、财务杠杆、产权性质。其中，公司规模为发债公司期末总资产的自然对数，记为SIZE，公司成长性为发债公司主营业务收入增长率，记为GROW；公司盈利能力为发债公司期末总资产收益率，记为ROA；财务杠杆为发债公司期末资产负债率，记为LEV；产权性质为哑变量，根据发债公司的实际控制人进行判断，实际控制人为国有企业时取值为1，否则为非国有企业取值为0，记为CONTROL。

此外，为控制行业差异以及年度因素的影响，本书还控制了行业和年度效应。其中，行业虚拟变量以中国证监会2001年颁布的《上市公司行业分类指引》行业大类为依据，由于制造业上市公司数量众多且内部差异较大，制造业采用亚类取两位行业代码，其他行业按大类取一位行业代码，合计21个行业设置20个虚拟变量，以IND表示；为控制宏观经济政策及经济波动的影响，本书对样本区间8年设置7个年度哑变量，以YEAR表示。表7-1展示了债券资本成本影响因素中主要变量的简要说明。

---

① 本书所称的债券资本成本在部分文献中又称为债券融资成本，或者是债券信用利差。因此，本书借鉴的文献包括债券融资成本和债券信用利差等方面的研究。

② 中国债券信用评级机构主要有“中诚信国际”“鹏元资信”“联合资信”“大公国际”等四家机构。

③ 信用评级包括发债主体的信用评级和债券的信用评级，根据本书的研究目的，采用债券信用评级，而非发债主体的信用评级。

表 7-1 债券资本成本影响因素变量简要说明

变量类型	变量名称	表示符号	变量说明
因变量	债券资本成本	DCOST	债券到期收益率减去同期国债到期收益率之差
解释变量	会计信息质量	ERQ	修正的琼斯模型计算的操控性应计利润的绝对值;稳健性检验中使用琼斯模型
	信息不对称	ASY	知情交易概率模型计算的知情交易概率
	市场化程度	MFE	1:市场化程度高;0:市场化程度低
	金融发展水平	FFE	1:金融发展水平高;0:金融发展水平低
	法律环境	LFE	1:法律环境高;0:法律环境低
控制变量	公司规模	SIZE	期末总资产的自然对数
	公司成长性	GROW	当期主营业务收入增长率
	盈利能力	ROA	发债公司期末总资产收益率衡量
	财务杠杆	LEV	发债公司期末资产负债率
	产权性质	CONTROL	1 为国有企业;0 为非国有企业
	债券发行规模	DSIZE	债券募集资金的自然对数
	债券期限	DTIME	发行日至偿清本息日的时间,以年为单位
	债券剩余年限	SDTIME	期末日至偿清本息日的时间,以年为单位
	债券信用评级	DCRE	债券信用评级转换为得分,1 至 8 分
	行业效应	IND	行业代码制造业取两位,其他行业取一位,20 个哑变量
	年度效应	YEAR	2007—2014 年度效应,7 个哑变量

(3)信息不对称影响因素的控制变量

根据 5.2.3 的分析,信息不对称影响因素的控制变量主要包括:公司规模、盈利能力、公司年龄、董事长总经理两职合一、股权集中度等因素,以及行业和年度效应。表 7-2 展示了信息不对称影响因素中主要变量的简要说明。

表 7-2 信息不对称影响因素变量简要说明

变量类型	变量名称	表示符号	变量说明
因变量	信息不对称	ASY	知情交易概率模型计算的知情交易概率
解释变量	会计信息质量	ERQ	修正的琼斯模型计算的操控性应计利润的绝对值;稳健性检验中使用琼斯模型

续表

变量类型	变量名称	表示符号	变量说明
控制变量	公司规模	SIZE	上市公司年末资产总额的自然对数衡量
	盈利能力	ROA	上市公司期末总资产收益率衡量
	公司年龄	AGE	公司上市年份衡量
	两职合一	DUAL	董事长总经理为同一人时取值为1；不是同一人时取值为0
	股权集中度	INS	第一大股东持股比例衡量
	行业效应	IND	行业代码制造业取两位，其他行业取一位，20个哑变量
	年度效应	YEAR	2007—2014年度效应，7个哑变量

7.2.4 研究模型

为考察会计信息影响债券资本成本发挥债券资本配置的作用，以及对比会计信息在权益、信贷、债券等不同资本配置中的作用差异，本章采用与第5、6章相一致的研究思路，综合利用多元线性回归法、中介效应模型、分组回归、自体抽样法等多种方法进行实证检验。

(1)会计信息影响债券资本成本模型

为检验会计信息影响债券资本成本的整体机制，本书构建如下检验模型：

$$\begin{aligned} DCOST = \beta_0 + \alpha_1 ERQ + \\ \beta_1 SIZE + \beta_2 GROW + \beta_3 ROA + \beta_4 LEV + \\ \beta_5 CONTROL + \beta_6 DSIZE + \beta_7 DTIME + \\ \beta_8 SDTIME + \beta_9 DCRE + \sum_j CSRC + \sum_k YEAR + \varepsilon \end{aligned} \quad (7.6)$$

其中，DCOST代表债券资本成本，ERQ代表会计信息质量，其数值越大表示会计信息质量越低，其余为影响债券资本成本的其他控制变量，具体含义如表7-1所示。根据假说H7-1，会计信息质量越高，则债券资本成本越低；反之，会计信息质量越低，则债券资本成本越高。因此，本书预测会计信息质量ERQ的系数显著为正。

(2)会计信息影响债券资本成本的微观机制模型

为检验会计信息影响债券资本成本的微观机制，本书采用如下步骤：

首先，构建会计信息影响信息不对称的模型：

$$ASY = \beta_0 + \omega_1 ERQ + \beta_1 SIZE + \beta_2 ROA + \beta_3 AGE + \beta_4 DUAL + \beta_5 INS + \sum_j IND + \sum_k YEAR + \varepsilon \quad (7.7)$$

其中,ASY 代表信息不对称,ERQ 代表会计信息质量,其余代表影响信息不对称的其他控制变量,具体含义如表 7-2 所示。根据假说 H7-2,会计信息能够通过缓解信息不对称的信息效应发挥作用,本书预期会计信息质量 ERQ 的系数显著为正。

然后,在模型(7.6)的基础上加入信息不对称变量 ASY,构建如下模型(7.8):

$$DCOST = \beta_0 + \alpha_1' ERQ + \eta_1 ASY + \beta_1 SIZE + \beta_2 GROW + \beta_3 ROA + \beta_4 LEV + \beta_5 CONTROL + \beta_6 DSIZE + \beta_7 DTIME + \beta_8 SDTIME + \beta_9 DCRE + \sum_j CSRC + \sum_k YEAR + \varepsilon \quad (7.8)$$

此时,将模型(7.6)、模型(7.7)、模型(7.8)结合起来分析。模型(7.6)主要检验会计信息能否影响债券资本配置,ERQ 系数 α_1 代表会计信息降低债券资本成本的信息效应和治理效应,是一种总效应;模型(7.8)在模型(7.6)的基础上引入了信息不对称变量 ASY,将会计信息影响债券资本成本的信息效应分离出来,此时 ERQ 的系数 α_1' 仅表示会计信息影响债券资本成本的治理效应。而模型(7.7)中 ERQ 的系数 ω_1 与模型(7.8)中 ASY 的系数 η_1 相乘得到 $\omega_1 * \eta_1$,代表会计信息影响债券资本成本的信息效应。

会计信息影响债券资本成本的信息效应和治理效应的相对大小通过以下逻辑进行检验:如果模型(7.8)中 α_1' 的系数不显著,表明信息效应发挥主导作用;如果模型(7.8)中 η_1 不显著而 α_1' 显著,表明治理效应发挥主导作用;如果两者都显著,需要对比治理效应和信息效应的相对大小,即判断 $\omega_1 * \eta_1 - \alpha_1'$ 的符号,如果其为负则表明信息效应大于治理效应发挥主导作用,如果其为负则表明治理效应大于信息效应发挥主导作用。最后,对于信息效应 $\omega_1 * \eta_1$、信息效应和治理效应的差异 $\omega_1 * \eta_1 - \alpha_1'$,采用自体抽样法构造统计量进行统计检验①。具体检验步骤和第 5 章相一致,在此不再复述。

① 详细检验过程参见附录六的 STATA 程序。

(3)制度环境影响会计信息债券资本配置作用模型

为考察会计信息对债券资本成本的影响在不同制度环境下的差异，检验假说 H7－3A、假说 H7－3B 及假说 H7－3C，本书同样采用分组回归的方法进行检验。具体将研究样本按市场化程度、金融发展水平和法律环境的高低分组，对模型(7.6)分别回归。通过对比制度环境好地区和制度环境差地区会计信息质量回归系数的差异，并利用自体抽样法 1000 次进行统计检验。具体检验步骤和第 5 章相似，在此不再复述。根据理论分析的结果，会计信息影响债券资本成本的效应在制度环境较好地区能够正常发挥作用，但在制度环境差地区被进一步加强，呈现出“替代性”关系。因此，本书预期会计信息质量系数在制度环境差地区大于制度环境好地区，具体如表 7－3 所示。

表 7－3　分组回归组间会计信息质量系数差异预期①

制度环境	组别	预期系数大小	组别	预期显著性
市场化程度分组	市场化程度高	小于	市场化程度低	显著
金融发展水平分组	金融发展水平高	小于	金融发展水平低	显著
法律环境分组	法律环境好	小于	法律环境差	显著

7.3 实证结果分析

7.3.1 描述性统计

表 7－4 提供了研究样本主要变量的描述性统计量，主要包括均值、中位数、标准差、最小值、二十五分位数、七十五分位数、最大值、样本数量等。

表 7－4　主要变量描述性统计

变量	均值	中位数	标准差	最小值	P25	P75	最大值	样本数
DCOST	2.394	2.301	1.090	0.171	1.690	2.964	6.254	429
ERQ	0.056	0.038	0.071	0.001	0.018	0.0710	0.754	429
ASY	0.089	0.084	0.037	0.035	0.070	0.101	0.537	429
SIZE	23.70	23.63	1.065	21.57	22.87	24.45	26.47	4290

① 制度环境对会计信息债券资本配置作用呈“替代性”关系，这与权益资本、信贷资本相反。

续表

变量	均值	中位数	标准差	最小值	P25	P75	最大值	样本数
GROW	0.127	0.099	0.242	-0.435	-0.008	0.239	0.937	429
ROA	0.033	0.027	0.041	-0.109	0.009	0.0530	0.142	429
LEV	0.580	0.598	0.146	0.223	0.481	0.687	0.865	429
CONTROL	0.739	1	0.439	0	0	1	1	429
DSIZE	17.14	12	17.17	3	7	20	100	429
DTIME	5.914	5	1.803	3	5	7	10	429
DCRE	6.953	7	0.861	5	6	8	8	429
AGE	11.98	12	5.337	1	8	16	22	429
DUAL	0.112	0	0.316	0	0	0	1	429
INS	41.88	41.63	16.57	3.692	28.74	53.12	82.50	429
MFE	0.772	1	0.420	0	1	1	1	429
FFE	0.784	1	0.412	0	1	1	1	429
LFE	0.731	1	0.444	0	0	1	1	429

注:P25,P75分别指第二十五和第七十五百分位数。

首先,对于关键被解释变量债券资本成本:其均值为2.394%,中位数为2.301%,两者的差异较小,说明样本公司债券资本成本不存在严重偏态;其最小值为0.171%,最大值为6.254%,样本离差高达6.083%,标准差为1.090%,说明样本公司的债券资本成本存在较大差异,后文将重点研究造成样本公司债券资本成本出现较大差异的原因。债券资本成本不仅远远低于权益资本成本,而且低于银行贷款的利率。这说明债券融资兼有直接融资和债务融资的优点,成本较低。但中国公司债券市场发展却极为缓慢,本书研究希望能够从会计信息的视角推进债券市场的发展。

其次,对于解释变量会计信息质量,其均值为0.056,低于权益资本市场和信贷资本市场的数值。由于会计信息质量是反向指标,这说明发债公司的会计信息质量相对较高。而对于解释变量信息不对称,其均值为0.089,却高于权益资本市场和信贷资本市场的数值,这说明债券市场的信息不对称程度相对较高,信息不对称是影响债券市场发展的重要方面。后文将重点研究会计信息在债券资本配置过程中是否发挥作用,以及发挥作用的微观机制是什么。

再次,对于制度环境变量,市场化程度、金融发展水平和法律环境的均值在75%左右,说明发债公司约有75%处于制度环境好的地区,其余25%处于制度环境差的地区。这与中国公司债券市场样本总体的分布状况基本相符,说明样本选择未出现严重的选择性偏误。

最后,控制变量方面:产权性质变量的均值为0.739,说明发债公司约有73.9%的企业为国有企业;其余多数控制变量的均值和中位数均比较接近,而且具有一定的方差,说明以上变量未存在严重的偏态,样本具有较好的代表性,不存在严重样本选择偏差问题。但是,债券规模的均值和中位数存在一定的差异,呈现出一定的偏态。本书将在后面的回归分析中重点关注上述变量可能出现的共线性问题。

7.3.2 相关分析

在相关分析中,本书将所有变量区别为债券资本成本模型变量和信息不对称模型变量,分别进行相关分析[①]。

(1)债券资本成本模型主要变量相关分析

表7-5提供了债券资本成本模型主要变量之间的相关系数,具体采用皮尔逊相关系数进行分析。

表7-5 主要变量相关分析——债券资本成本模型

变量	DCOST	ERQ	ASY	SIZE	GROW	ROA	LEV
DCOST	1						
ERQ	0.124***	1					
ASY	0.052***	0.010***	1				
SIZE	-0.314***	-0.055	0.365***	1			
GROW	0.030	0.040	-0.024	0.073	1		
ROA	-0.331***	-0.151***	0.071	-0.029	0.227***	1	
LEV	0.267***	0.102**	0.061	0.290***	0.002	-0.595***	1
CONTROL	-0.217***	-0.064	0.027	0.265***	-0.002	-0.111**	0.0510
DSIZE	-0.246***	-0.033	0.301***	0.695***	0.021	0.049	0.009
DTIME	-0.026	0.096**	0.057	0.128***	0.058	-0.090*	0.163***

① 虽然第5章中进行了信息不对称模型的相关分析,但考虑到公司债券市场的样本数量大大减少,与权益和信贷资本市场相比发生了较大变化,故本节依然进行了信息不对称模型的相关分析。

续表

变量	DCOST	ERQ	ASY	SIZE	GROW	ROA	LEV
SDTIME	0.078	0.126***	-0.006	-0.112**	0.028	-0.009	0.032
DCRE	-0.590***	-0.065	0.215***	0.584***	0.043	0.203***	-0.160***
	CONTROL	DSIZE	DTIME	SDTIME	DCRE		
CONTROL	1						
DSIZE	0.245***	1					
DTIME	0.0420	0.0650	1				
SDTIME	-0.00100	-0.082*	0.632***	1			
DCRE	0.317***	0.463***	0.0220	-0.128***	1		

注：***，**和*分别代表在1%，5%和10%的显著性水平上显著。

债券资本成本与会计信息质量的相关系数为0.124，且在1%的显著性水平上显著为正。由于会计信息质量是反向指标，其数值越大，则会计信息质量越差。因此，会计信息质量越低的公司，债券资本成本越高。这说明在不考虑其他因素的情况下，会计信息质量是影响债券资本成本的重要因素，初步支持了本书的假说。

债券资本成本与信息不对称的相关系数为0.052，且在1%的显著性水平上显著为正，说明信息不对称程度越高的公司，债券资本成本越高。同时，信息不对称与会计信息质量的相关系数为0.010，且在1%的显著性水平上显著为正，说明会计信息质量越低的公司，信息不对称程度越高。综合起来分析：会计信息质量与信息不对称正相关，信息不对称与债券资本成本正相关；那么，会计信息是否通过降低信息不对称影响债券资本成本呢？这需要在多元回归分析中进一步验证。

债券资本成本与公司特征方面的控制变量之间的相关分析显示：公司规模和盈利能力与债券资本成本负相关，这说明公司规模的扩大以及盈利能力的提升有助于降低债券资本成本；财务杠杆与债券资本成本正相关，这说明财务杠杆的上升使公司风险增加，导致债券资本成本上升；产权性质与债券资本成本负相关，说明国有企业比非国有企业的债券资本成本要低；公司成长性与债券资本成本的相关系数为正，但并不显著，这可能是单变量的相关分析所致。

债券资本成本与债券特征方面的控制变量之间的相关分析显示：债券

发行规模与债券资本成本之间的相关系数为负，且在1%的显著性水平上显著。两者的关系在文献中有一定的争议，但债券发行规模的确是影响债券资本成本的重要因素，需要予以控制；债券信用评级与债券资本成本在1%的显著性水平上负相关，说明债券信用评级越高，债券资本成本越低；债券期限与债券资本成本负相关，而债券剩余持有期限均与债券资本成本正相关，但均不显著。

所有自变量之间的相关分析显示：首先，公司盈利能力、财务杠杆、债券剩余持有期限与会计信息质量的相关系数略高于0.1，其余变量与会计信息质量的相关系数均小于0.1，表明关键解释变量和其他控制变量之间不存在高度的相关性，回归分析中多重共线性的问题会大大降低。其次，在公司特征和债券特征等控制变量之间，多数变量之间的相关系数小于0.33，处于低度相关水平。当然，由于控制了影响债券资本成本的众多因素，部分控制变量之间整体上存在一定的相关性。对于这些变量，本书将在后续的回归分析中进行方差膨胀因子的多重共线性检验，尽可能检测模型的共线性状况，以便及时对模型作出调整，避免严重的共线性问题。

(2)信息不对称模型变量的相关分析

表7-6提供了信息不对称模型主要变量之间的相关系数，具体采用皮尔逊相关系数进行分析。

表7-6 主要变量相关分析——信息不对称模型

变量	ASY	ERQ	SIZE	ROA	AGE	DUAL	INS
ASY	1						
ERQ	0.009***	1					
SIZE	0.347***	-0.072	1				
ROA	-0.077*	-0.138***	-0.002	1			
AGE	0.044	-0.078*	-0.020	-0.126***	1		
DUAL	0.143***	-0.031	-0.152***	-0.003	0.046	1	
INS	-0.063	-0.071	0.229***	0.026	-0.313***	-0.189***	1

注：***，**和*分别代表在1%，5%和10%的显著性水平上显著。

首先，虽然在债券资本市场中公司债样本数量相对较少，仅有429笔样本观测，但关键变量之间的相关系数与预期基本相符。信息不对称与会计信息质量的相关系数为0.009，且在1%的显著性水平上显著为正，说明会计信息质量越低的公司,信息不对称程度越高。这与第5章和第6章的相关分析保持一致。因此,在后文中使用中介效应模型,将会计信息影响债券资本配置的两种效应分离,进一步探讨微观机制差异十分必要。

其次,信息不对称与控制变量之间的相关分析显示:公司规模与信息不对称的相关系数为0.347,在1%的显著性水平上显著正相关,说明规模越大的公司,信息不对称程度越高;公司盈利能力与信息不对称的相关系数为-0.077,在10%的显著性水平上显著负相关,说明盈利能力好的公司信息不对称程度较低;两职合一与信息不对称的相关系数为0.143,在1%的显著性水平上显著正相关,说明董事长总经理两职合一的公司比分离公司的信息不对称程度更高;公司年龄和股权集中度与信息不对称的相关系数并不显著。总体而言,信息不对称与控制变量之间相关系数的符号基本符合理论预期,多数具有一定统计意义上的显著性。

最后,所有自变量之间的相关分析显示:首先,除公司盈利能力外,会计信息质量与其他自变量之间的相关系数均在0.1以下,表明关键解释变量和其他控制变量之间不存在高度相关性,回归分析中多重共线性问题会大大降低;其次,控制变量之间的相关系数虽然多数在统计意义上具有显著性,但未有变量之间的相关系数超过0.4,这说明信息不对称模型的自变量之间不存在高度相关性,模型共线性困扰将得到一定程度的降低。尽管如此,本书将在后续的回归分析中依然进行方差膨胀因子的多重共线性检验,尽可能地监控模型共线性状况,避免共线性问题。

概而言之,上述单变量分析中各主要变量之间的关系与预期基本一致,后文将利用回归模型进行多变量关系检验。

7.3.3 会计信息影响债券资本成本的多元回归分析

为检验本书的假说H7-1,本书对模型(7.6)进行了多元回归分析。为克服异方差的影响,本书采用怀特稳健性标准误进行统计推断,具体回归结果如表7-7所示。此外,本书还进行了多重共线性检验,表7-8展示了表7-7中各个回归结果主要解释变量的方差膨胀因子以及所有变量方差膨胀因子的均值。

表7-8的计算结果显示,模型中未发现有变量的方差膨胀因了大于5,关键解释变量会计信息质量在各模型中方差膨胀因子均小于1.2,根据Fre-

und 和 Littell(1986)的判别标准，表明关键解释变量会计信息质量不存在严重的共线性问题。此外，考虑行业和年度虚拟变量后模型所有变量方差膨胀因子的均值小于5，说明模型整体不存在严重的共线性问题，未受到严重的共线性困扰。

表7-7中回归结果(1)报告了控制变量的回归结果：首先，在公司特征方面，公司规模、盈利能力以及产权性质变量对债券资本成本的回归系数为负，表明大公司、盈利能力强的公司以及国有企业的债券资本成本较低。公司成长性和财务杠杆对债券资本成本的回归系数为正，表明高成长性和高财务杠杆公司的风险较高，因此债券资本成本也较高。其次，在债券特征方面，债券发行期限和债券信用评级对债券资本成本的回归系数显著为负，说明长期债券[①]和高信用债券的债券资本成本较低。债券发行规模和债券剩余持有期限对债券资本成本的回归系数为正，表明债券募集资金越大、剩余持有期限越长，债券的资本成本越高。总体上，各变量回归分析的结果与预期基本一致。

表7-7中回归结果(2)至(5)报告了会计信息质量对债券资本成本的回归结果。回归结果(2)未控制行业和年度虚拟变量，相当于全样本混合回归(Pooled OLS)，回归结果(3)控制行业虚拟变量，但未控制年度虚拟变量，回归结果(4)控制年度虚拟变量，但未控制行业虚拟变量，回归结果(5)对行业和年度虚拟变量均予以控制。回归分析结果表明，无论是否控制行业、年度效应，会计信息质量的回归系数均在1%的显著性水平上显著为正。由于会计信息质量是反向指标，其数值越大，表明会计信息质量越差。因此，上述回归结果表明会计信息质量对债券资本成本存在显著的正向影响，会计信息质量越差，则债券资本成本越高，会计信息质量越高，则债券资本成本越低，证明了本书的假说H7-1；依次加入行业和年度的虚拟变量后会计信息质量的回归系数稍微有所下降，从0.6138降低至0.5638，但显著性水平未发生变化，均在1%的显著性水平上显著，这是由于会计信息的差异部分由行业和年度因素解释；增加行业和年度虚拟变量后模型的拟合优度有所上升，模型的解释能力增强。

① 债券期限和债券资本成本关系研究结论并不一致，长期债券可能面临较高的违约风险，而短期债券又传递出公司流动性欠佳的信号。本书重点研究会计信息质量的影响，仅对债券期限变量予以控制。

概而言之，上述回归结果表明会计信息是影响债券资本配置的重要因素，会计信息质量越高，则债券资本成本越低，会计信息质量越低，则债券资本越高，会计信息能够调节债券资本成本发挥债券资本配置的作用，证明了本书的假说 H7－1。

表7－7 会计信息影响债券资本成本的多元回归分析

变量	结果(1)	结果(2)	结果(3)	结果(4)	结果(5)
GROW	0.4948**	0.4805**	0.4332**	0.4921**	0.4537**
	(2.42)	(2.36)	(2.08)	(2.47)	(2.27)
LEV	0.7780	0.7647	0.7386	0.6830	0.7485
	(1.49)	(1.47)	(1.26)	(1.37)	(1.37)
CONTROL	－0.2152**	－0.2067*	－0.1424	－0.2929***	－0.2259**
	(－1.99)	(－1.92)	(－1.26)	(－2.71)	(－2.00)
DSIZE	0.0050*	0.0049*	0.0061*	0.0032	0.0052*
	(1.77)	(1.72)	(1.87)	(1.19)	(1.67)
DTIME	－0.0542**	－0.0545**	－0.0471*	－0.0394	－0.0336
	(－1.98)	(－1.98)	(－1.67)	(－1.48)	(－1.21)
SDTIME	0.1434	0.1324	0.1247	－0.0230	－0.0271
	(1.18)	(1.08)	(1.00)	(－0.17)	(－0.20)
DCRE	－0.6152***	－0.6180***	－0.6508***	－0.6418***	－0.6876***
	(－8.81)	(－8.83)	(－8.10)	(－9.56)	(－8.67)
SIZE	－0.0961	－0.0912	－0.1046	－0.0654	－0.0838
	(－1.42)	(－1.35)	(－1.50)	(－0.99)	(－1.22)
ROA	－5.8979***	－5.7189***	－5.4344***	－5.6844***	－5.2486***
	(－3.33)	(－3.38)	(－3.08)	(－3.55)	(－3.19)
ERQ		0.6138***	0.3643***	0.8032***	0.5638***
		(4.82)	(4.47)	(5.23)	(4.83)
行业效应	NO	NO	YES	NO	YES
年度效应	NO	NO	NO	YES	YES
Constant	8.7951***	8.6854***	9.1469***	8.7897***	9.4473***
	(6.78)	(6.71)	(6.50)	(7.05)	(7.06)
Obs	429	429	429	429	429
R_squ	0.4220	0.4235	0.4572	0.4920	0.5264
Adj. R_squ	0.4096	0.4097	0.4264	0.4710	0.4907

续表

变量	结果(1)	结果(2)	结果(3)	结果(4)	结果(5)
F Value	27.5532	24.9047	12.5436	20.4752	12.7841

注：圆括号内为稳健性 t 值。***，** 和 * 分别代表在 1%，5% 和 10% 的显著性水平上显著。行业和年度虚拟变量的回归结果未在表格中展示。

表 7-8 会计信息影响债券资本成本的多元回归分析：方差膨胀因子

变量	结果(1)	结果(2)	结果(3)	结果(4)	结果(5)
GROW	1.0936	1.1002	1.1554	1.2039	1.2451
LEV	2.1886	2.1906	2.6702	2.2463	2.7180
CONTROL	1.1721	1.1800	1.4049	1.2739	1.5060
DSIZE	2.1354	2.1391	2.5586	2.2794	2.7308
DTIME	1.8199	1.8201	1.9503	1.8791	2.0293
SDTIME	1.7973	1.8104	1.9537	2.0868	2.3800
DCRE	1.9576	1.9610	2.5422	2.0749	2.7536
SIZE	3.3690	3.3840	3.6893	3.4908	3.8622
ROA	1.8070	1.8370	1.9745	1.9022	2.0487
ERQ		1.0579	1.1325	1.0817	1.1557
Mean VIF	1.9267	1.8480	2.4550	4.2570	3.7475

注：表中未列示行业和年度虚拟变量的方差膨胀因子；Mean VIF 的计算将行业和年度虚拟变量考虑在内。

7.3.4 会计信息影响债券资本成本微观机制的多元回归分析

为检验假说 H7-2，本书对模型(7.1)、模型(7.2)和模型(7.3)依次进行回归。为克服量纲差异，本书采用标准化系数法进行回归分析。为克服公司个体差异导致的异方差问题，本书采用怀特稳健标准误进行统计推断。此外，本书还进行了方差膨胀因子的多重共线性检验①。为检验会计信息的信息效应和治理效应差异显著性，本书采用自体抽样法（Bootstrap）进行统计推断②。具体回归结果如表 7-9 所示，自体抽样法统计推断结果如表 7-10 所示。

① 方差膨胀因子检验表明不存在严重的共线性问题。详细表格见附录八中附表 8-25 所示。
② 详细检验过程参见附录六的 STATA 程序。

表7-9 会计信息影响债券资本成本微观机制的多元回归分析

变量	结果(1)	结果(2)	结果(3)
GROW	0.1001**		0.1124**
	(2.27)		(2.57)
LEV	0.0973		0.0901
	(1.37)		(1.29)
CONTROL	-0.0905**		-0.0765*
	(-2.00)		(-1.69)
DSIZE	0.0843*		0.0700
	(1.67)		(1.39)
DTIME	-0.0523		-0.0484
	(-1.21)		(-1.13)
SDTIME	-0.0110		-0.0078
	(-0.20)		(-0.14)
DCRE	-0.5361***		-0.5191***
	(-8.67)		(-8.51)
SIZE	-0.0825	0.3158***	-0.1144*
	(-1.22)	(9.30)	(-1.70)
ROA	-0.1972***	0.0443	-0.2061***
	(-3.19)	(1.08)	(-3.37)
AGE		0.0161	
		(0.49)	
DUAL		-0.0656**	
		(-2.22)	
INS		-0.0333	
		(-0.45)	
ASY			0.7032***
			(3.22)
ERQ	0.0367***	0.1248**	0.0159***
	(4.83)	(2.13)	(3.82)
行业效应	*YES*	*YES*	*YES*
年度效应	*YES*	*YES*	*YES*
Obs	429	429	429

续表

变量	结果(1)	结果(2)	结果(3)
R_squ	0.5264	0.2308	0.5342
Adj. R_squ	0.4907	0.1811	0.4978
F Value	12.7841	14.3359	13.2985

注：模型采用标准化系数估计，无常数项。圆括号内为稳健性 t 值。***，** 和 * 分别代表在 1%，5% 和 10% 的显著性水平上显著。行业和年度虚拟变量的回归结果未在表格中展示。方差膨胀因子检验结果如附录八中附表 8-25 所示。

回归结果(1)是模型(7.6)标准化系数的回归结果。其中，会计信息质量(ERQ)对债券资本成本回归的标准化系数显著为正，表明会计信息能够调节债券资本成本发挥债券资本配置作用。此时，会计信息质量(ERQ)的标准化系数为 0.0376，是包含了治理效应和信息效应的总体效应。

回归结果(2)是模型(7.7)标准化系数的回归结果。其中会计信息质量(ERQ)对信息不对称回归的标准化系数显著为正，表明会计信息质量是影响信息不对称的重要因素。会计信息质量越高，信息不对称程度越低；会计信息质量越低，信息不对称程度越高。此时，会计信息质量(ERQ)的标准化系数为 0.1248，代表着会计信息通过信息效应发挥债券资本配置作用的路径系数。

回归结果(3)是模型(7.8)标准化系数的回归结果。相对于模型(7.6)，模型(7.8)增加了信息不对称变量(ASY)。其中，会计信息质量(ERQ)对债券资本成本回归的标准化系数均显著为正，与表 7-7 的回归结果保持一致，再一次验证了本书的假说 H7-1；信息不对称对债券资本成本回归的标准化系数均显著为正，表明信息不对称是影响债券资本配置的重要因素，信息不对称程度越大，债券资本成本越高；此时，由于控制了代表信息效应的信息不对称变量，会计信息质量(ERQ)的标准化系数 α_1' 为 0.0159，是总体效应去除信息效应后的净效应，即为治理效应。而会计信息通过信息效应影响债券资本成本的系数为模型(7.7)中会计信息质量(ERQ)标准化系数 ω_1 与模型(7.8) 信息不对称变量(ASY)标准化系数 η_1 的乘积 $\omega_1 * \eta_1$，具体为 0.0878。会计信息通过信息效应降低债券资本成本的比例为 84.67%，通过治理效应降低债券资本成本的比例为 15.33%。

会计信息的信息效应、治理效应以及两种效应的差异通过自体抽样法计算得到,具体如表 7 - 10 所示。检验结果表明,会计信息的治理效应 α_1'、信息效应 $\omega_1 * \eta_1$、信息效应与治理效应的差异 $\omega_1 * \eta_1 - \alpha_1'$ 均在 1% 的显著性水平上显著。上述结果表明,会计信息的信息效应和治理效应均能降低债券资本成本,发挥债券资本配置作用;但信息效应显著大于治理效应,处于主导地位。竞争性假说中的假说 H7 - 2B 得到了证明。

表 7 - 10 会计信息影响债券资本成本的微观机制:治理效应与信息效应

	原假设	系数	百分比
会计信息通过治理效应影响债券资本成本变动	α_1'	0.0159***	15.33%
	$H_0:\alpha_1'=0$	[0.000]	[0.000]
会计信息通过信息效应影响债券资本成本变动	$\omega_1 * \eta_1$	0.0878***	84.67 %
	$H_0:\omega_1 * \eta_1=0$	[0.008]	[0.008]
治理效应与信息效应的差异	$\omega_1 * \eta_1 - \alpha_1'$	0.0719***	69.34%
	$H_0:\omega_1 * \eta_1 - \alpha_1'=0$	[0.000]	[0.000]

注:方括号内为经验 P 值,具体使用自体抽样法 1000 次的结果计算。***,**和*分别代表在 1%,5% 和 10% 的显著性水平上显著。

7.3.5 制度环境影响会计信息债券资本配置作用的多元回归分析

为检验假说 H7 - 3A、假说 H7 - 3B 和假说 H7 - 3C,本书对模型(7.6)按制度环境的高低进行了分组回归。具体分别按市场化程度、金融发展水平和法律环境进行分组回归。为克服异方差影响,模型采用怀特稳健性标准误进行统计推断。此外,本书还进行了方差膨胀因子的多重共线性检验①。为对比会计信息质量对债券资本成本的回归系数在不同制度环境下的系数差异是否显著,本书采用自体抽样法 1000 次进行显著性检验②。表 7 - 11 展示了分组回归分析的结果。

结果(1)和结果(2)为市场化程度分组回归结果,结果(1)为市场化程度高组样本回归结果,结果(2)为市场化程度低组样本回归结果。对于中国的上市公司,无论处于市场化程度高地区还是低地区,会计信息质量的系数(ERQ 的系数)均显著为正,说明会计信息通过影响债券资本成本发挥债券

① 方差膨胀因子检验表明不存在严重的共线性问题。详细表格见附录八中附表 8 - 26 所示。

② 详细检验过程参见附录七的 STATA 程序。

资本配置作用的效应普遍存在。其中，市场化程度高地区样本的会计信息质量系数为0.1576，市场化程度低地区样本的会计信息质量系数为4.1762。两者差异为4.0186，市场化程度高组样本远远小于市场化程度低组样本。直观而言，会计信息影响债券资本成本的效应在市场化程度低地区大于市场化程度高地区。进一步采用Bootstrap法进行组间系数差异的显著性检验，为保证统计推断的可靠性，自体抽样次数设定为1000次。自体抽样法下得到组间差异的经验P值为0.0017，在1%的显著性水平上显著。总而言之，回归结果表明，相对于市场化程度高地区，会计信息质量影响债券资本成本的效应在市场化程度低地区更大，支持了本书的假说H7－3A。

结果(3)和结果(4)为金融发展水平分组回归结果，结果(3)为金融发展水平高组样本回归结果，结果(4)为金融发展水平低组样本回归结果。首先，对于中国上市公司，无论处于金融发展水平高地区还是低地区，会计信息质量的系数(ERQ的系数)均显著为正，说明会计信息通过影响债券资本成本发挥资本配置作用的效应普遍存在。其中，金融发展水平高地区样本的会计信息质量系数为0.3338，金融发展水平低地区样本的会计信息质量系数为4.2552。两者差异为3.9214，金融发展水平高组样本远远小于金融发展水平低组样本。直观而言，会计信息影响债券资本成本的效应在金融发展水平低地区大于金融发展水平高地区。进一步采用Bootstrap法进行组间系数差异的显著性检验，为保证统计推断的可靠性，自体抽样次数设定为1000次。自体抽样法下得到组间差异的经验P值为0.0013，在1%的显著性水平上显著。总而言之，回归结果表明，相对于金融发展水平高地区，会计信息质量影响债券资本成本的效应在金融发展水平低地区更大，支持了本书的假说H7－3B。

结果(5)和结果(6)为法律环境分组回归结果，结果(5)为法律环境高组样本回归结果，结果(6)为法律环境低组样本回归结果。同样的，对于中国上市公司，无论处于法律环境好地区还是差地区，会计信息质量的系数(ERQ的系数)均显著为正，说明会计信息通过影响债券资本成本发挥资本配置作用的效应普遍存在。其中，法律环境好地区样本的会计信息质量系数为0.1663，法律环境差地区样本的会计信息质量系数为3.8880。两者差异为3.7217，法律环境差组样本远远大于法律环境好组样本。直观而言，会计信息影响债券资本成本的效应在法律环境差地区大于法律环境好地区。

进一步采用 Bootstrap 法进行组间系数差异的显著性检验,为保证统计推断的可靠性,自体抽样次数设定为 1000 次。自体抽样法下得到组间差异的经验 P 值为 0.0071,在 1% 的显著性水平上显著。总而言之,回归结果表明相对于法律环境好地区,会计信息质量影响债券资本成本的效应在法律环境差地区更大,支持了本书的假说 H7 – 3C。

总体而言,从结果(1)至结果(6)发现两点规律:首先,会计信息影响债券资本成本的效应普遍存在。考虑不同市场化程度、金融发展水平和法律环境三个制度层面的因素,无论是处于制度环境好或者差的地区,会计信息质量均对债券资本成本存在显著的正向影响,是影响债券资本成本的重要因素。这说明随着中国市场化的改革,以及会计制度的逐步完善,会计信息在债券资本配置中发挥着重要作用;其次,会计信息影响债券资本成本的效应在制度环境差的地区大于制度环境好的地区。这与权益资本和信贷资本配置存在重大差异,制度环境对会计信息债券资本配置作用存在重要影响,两者之间呈现出较强的"替代性"关系。当制度环境较好时,会计信息能够影响债券资本成本,发挥债券资本配置作用;而当制度环境较差时,会计信息影响债券资本成本的效应被进一步加强,在债券资本配置中发挥了更加重要的作用。证明了本书的假说 H7 – 3A、假说 H7 – 3B 和假说 H7 – 3C。

表 7 – 11 制度环境影响会计信息债券资本配置作用的多元回归分析

变量	市场化程度分组		金融发展水平分组		法律环境分组	
	高	低	高	低	高	低
	结果(1)	结果(2)	结果(3)	结果(4)	结果(5)	结果(6)
GROW	0.6230***	0.1408	0.5762***	0.0215	0.6123***	0.1095
	(2.91)	(0.42)	(2.70)	(0.06)	(2.78)	(0.34)
LEV	0.3786	1.9657	0.5877	0.8903	0.4138	2.1220*
	(0.62)	(1.50)	(0.87)	(0.78)	(0.65)	(1.78)
CONTROL	–0.2408*	–0.4043	–0.2008	–0.4340	–0.2375*	–0.3830
	(–1.91)	(–1.18)	(–1.58)	(–1.43)	(–1.78)	(–1.29)
DSIZE	0.0013	0.0331**	0.0021	0.0096	0.0001	0.0230***
	(0.38)	(2.24)	(0.62)	(1.19)	(0.03)	(2.86)
DTIME	–0.0397	–0.2141**	–0.0452	–0.2316**	–0.0447	–0.2185***
	(–1.32)	(–2.30)	(–1.42)	(–2.65)	(–1.40)	(–3.48)

续表

变量	市场化程度分组		金融发展水平分组		法律环境分组	
	高	低	高	低	高	低
	结果(1)	结果(2)	结果(3)	结果(4)	结果(5)	结果(6)
SDTIME	-0.0953	1.6343***	-0.0751	1.4229**	-0.1059	1.2851***
	(-0.60)	(3.36)	(-0.50)	(2.53)	(-0.65)	(3.37)
DCRE	-0.7064***	-0.1580	-0.7449***	-0.3094	-0.7132***	-0.2943*
	(-7.57)	(-0.70)	(-7.94)	(-1.62)	(-7.39)	(-1.69)
SIZE	-0.0765	-0.2324	-0.0515	0.0235	-0.0601	-0.1919
	(-1.06)	(-0.85)	(-0.68)	(0.12)	(-0.80)	(-0.97)
ROA	-5.7444***	-2.9544	-4.5058**	-5.5090	-5.7073***	-0.9660
	(-2.87)	(-0.92)	(-2.15)	(-1.58)	(-2.70)	(-0.37)
ERQ	0.1576**	4.1762***	0.3338***	4.2552**	0.1663**	3.8880**
	(2.28)	(3.99)	(2.98)	(2.21)	(2.29)	(2.11)
行业效应	YES	YES	YES	YES	YES	YES
年度效应	YES	YES	YES	YES	YES	YES
Constant	9.7618***	5.4752	9.7866***	2.6453	9.4974***	6.2807*
	(6.64)	(1.08)	(6.64)	(0.65)	(6.23)	(1.70)
Obs	335	94	337	92	317	112
R_squ	0.5543	0.7005	0.5354	0.7107	0.5514	0.6820
Adj. R_squ	0.5103	0.5843	0.4898	0.5950	0.5044	0.5848
F Value	11.6720	6.7412	11.0137	6.8526	11.0742	6.9763
系数差异	4.0187***[0.0017]		3.9214***[0.0013]		3.7217***[0.0071]	

注：圆括号内为稳健性t值，方括号内为经验P值。***，**和*分别代表在1%，5%和10%的显著性水平上显著。行业和年度虚拟变量的回归结果未在表格中展示。方差膨胀因子检验结果如附录八中附表8-26所示。

7.4 稳健性检验

为保证研究结论的可靠性，本书进行了一系列稳健性检验。具体包括使用交乘项方法检验制度环境影响、琼斯模型衡量会计信息质量、采用不同的估计方法预测制度环境等方法测量结论的稳健性。此外，还利用滞后项回归方法等克服内生性问题以考察结论的稳健性。

7.4.1 利用交乘项检验制度环境影响

在上文的分析之中,为考察制度环境对会计信息债券资本配置作用的影响,本书采用分组回归法,通过对比制度环境好地区和制度环境差地区的组间系数差异,并利用自体抽样法进行显著性检验。这种处理方法能够克服组间异方差和小样本统计推断的偏误。此外,构造交乘项的方法也是检验调节或者交互效应的重要方法。因此,本书通过构造交乘项的方法对制度环境的影响进行稳健性检验。

具体而言,在模型(7.6)的基础上加入制度环境以及制度环境与会计信息质量的交乘项,构建如下检验模型(7.9):

$$\begin{aligned}CCOST = {} & \beta_0 + \alpha_1 ERQ + \phi_1 FE + \phi_2 ERQ \times FE + \\ & \beta_1 SIZE + \beta_2 GROW + \beta_3 ROA + \beta_4 LEV + \\ & \beta_5 CONTROL + \beta_6 DSIZE + \beta_7 DTIME + \\ & \beta_8 SDTIME + \beta_9 DCRE + \sum_j CSRC + \sum_k YEAR + \varepsilon \end{aligned} \tag{7.9}$$

其中,FE 代表制度环境变量,在回归分析中分别用市场化程度 MFE、金融发展水平 FFE、法律环境 LFE 予以替换。其余变量的含义同模型(7.6)。根据假说 H7 - 3A、假说 H7 - 3B 和假说 H7 - 3C,会计信息的债券资本配置作用在制度环境差的地区更大。因此,本书预测会计信息质量与制度环境的交乘项的系数显著为负。

具体回归结果如表 7 - 12 所示。其中,结果(1)为市场化程度影响,结果(2)为金融发展水平影响,结果(3)为法律环境影响。在结果(1)中,会计信息质量与市场化程度的交乘项 MFE * ERQ 的系数为 - 3.4858,在 5% 的显著性水平上显著;在结果(2)中,会计信息质量与金融发展水平的交乘项 FFE * ERQ 的系数为 - 3.1840,在 5% 的显著性水平上显著;在结果(3)中,会计信息质量与法律环境的交乘项 LFE * ERQ 的系数为 - 2.9934,在 10% 的显著性水平上显著。上述回归结果进一步验证了制度环境对会计信息债券资本配置作用有重要影响,支持了假说 H7 - 3A、假说 H7 - 3B 和假说 H7 - 3C。

表 7－12　制度环境影响会计信息债券资本配置作用回归：交乘项检验法

变量	市场化程度	金融发展水平	法律环境
	结果(1)	结果(2)	结果(3)
GROW	0.3989**	0.4066**	0.3920**
	(2.03)	(2.08)	(1.99)
LEV	0.6282	0.6871	0.6518
	(1.14)	(1.24)	(1.19)
CONTROL	-0.2707**	-0.2472**	-0.2890**
	(-2.28)	(-2.12)	(-2.42)
DSIZE	0.0051	0.0045	0.0046
	(1.60)	(1.45)	(1.46)
DTIME	-0.0362	-0.0379	-0.0378
	(-1.31)	(-1.35)	(-1.35)
SDTIME	-0.0122	-0.0107	-0.0215
	(-0.09)	(-0.08)	(-0.15)
DCRE	-0.6649***	-0.6634***	-0.6638***
	(-8.21)	(-8.09)	(-8.14)
SIZE	-0.0855	-0.0837	-0.0781
	(-1.23)	(-1.21)	(-1.13)
ROA	-4.8850***	-5.0972***	-5.0096***
	(-2.98)	(-3.12)	(-3.07)
ERQ	3.6507**	3.2851**	3.1426**
	(2.25)	(2.19)	(2.11)
MFE	0.0048		
	(0.03)		
MFE * ERQ	-3.4858**		
	(-2.01)		
FFE		0.0856	
		(0.66)	
FFE * ERQ		-3.1840**	
		(-1.97)	
LFE			-0.0498
			(-0.40)

续表

变量	市场化程度	金融发展水平	法律环境
	结果(1)	结果(2)	结果(3)
LFE * ERQ			-2.9934*
			(-1.85)
行业效应	YES	YES	YES
年度效应	YES	YES	YES
Constant	9.4715***	9.2652***	9.4045***
	(6.85)	(6.91)	(6.98)
Obs	429	429	429
R_squ	0.5343	0.5319	0.5354
Adj. R_squ	0.4966	0.4941	0.4979
F Value	12.7261	12.3552	12.5050

注:圆括号内为稳健性 t 值。***,** 和 * 分别代表在 1%,5% 和 10% 的显著性水平上显著。行业和年度虚拟变量的回归结果未在表格中展示。方差膨胀因子检验结果如附录八中附表 8-27 所示。

7.4.2 更换会计信息质量测量方法

会计信息质量是本书的关键解释变量,衡量的准确性会影响研究结论的可靠性。基于第 5 章稳健性检验的思路,本书又采用琼斯模型计算会计信息质量,并以此为自变量,对文中的相关模型重新估计,以检验研究结论的可靠性。具体如表 7-13 和表 7-14 所示。

表 7-13 为会计信息影响债券资本配置的微观机制的回归结果:会计信息质量对债券资本成本存在显著影响,其中信息效应的系数约为 0.1261 (0.1793 * 0.7034),所占比重为 80.89%,治理效应的系数约为 0.0298,所占比重为 19.11%,进一步支持了假说 H7-2B。

表 7-14 为制度环境影响会计信息债券资本配置作用的多元回归分析:相对于制度环境较好的地区,会计信息影响债券资本成本的效应在制度环境较差的地区更大。这一回归结果与上文基本一致,进一步支持了假说 H7-3A、假说 H7-3B 及假说 H7-3C。

表 7-13　会计信息影响债券资本成本微观机制回归：更换会计信息质量测量法

变量	结果(1)	结果(2)	结果(3)
GROW	0.0996**		0.1119**
	(2.26)		(2.56)
LEV	0.0974		0.0902
	(1.37)		(1.29)
CONTROL	-0.0906**		-0.0766*
	(-2.00)		(-1.69)
DSIZE	0.0841*		0.0697
	(1.66)		(1.39)
DTIME	-0.0525		-0.0486
	(-1.21)		(-1.13)
SDTIME	-0.0113		-0.0082
	(-0.20)		(-0.15)
DCRE	-0.5362***		-0.5191***
	(-8.67)		(-8.51)
SIZE	-0.0820	0.3149***	-0.1139*
	(-1.21)	(9.30)	(-1.70)
ROA	-0.1967***	0.0432	-0.2055***
	(-3.19)	(1.05)	(-3.37)
AGE		0.0153	
		(0.47)	
DUAL		-0.0661**	
		(-2.24)	
INS		-0.0334	
		(-0.45)	
ASY			0.7034***
			(3.22)
ERQ	0.0401***	0.1793**	0.0298**
	(2.90)	(2.05)	(1.99)
行业效应	YES	YES	YES
年度效应	YES	YES	YES
Obs	429	429	429

续表

变量	结果(1)	结果(2)	结果(3)
R_squ	0.5266	0.2308	0.5344
Adj. R_squ	0.4910	0.1811	0.4981
F Value	12.7884	14.3734	13.3049

注：模型采用标准化系数估计，无常数项。圆括号内为稳健性t值。***，**和*分别代表在1%，5%和10%的显著性水平上显著。行业和年度虚拟变量的回归结果未在表格中展示。方差膨胀因子检验结果如附录八中附表8-28所示。

表7-14　制度环境影响会计信息债券资本配置作用回归：更换会计信息质量测量法

变量	市场化程度分组		金融发展水平分组		法律环境分组	
	高	低	高	低	高	低
	结果(1)	结果(2)	结果(3)	结果(4)	结果(5)	结果(6)
GROW	0.6225***	0.1376	0.5750***	0.0212	0.6118***	0.1078
	(2.91)	(0.42)	(2.69)	(0.06)	(2.77)	(0.34)
LEV	0.3803	1.9520	0.5895	0.8743	0.4151	2.1072*
	(0.62)	(1.49)	(0.87)	(0.77)	(0.65)	(1.77)
CONTROL	-0.2410*	-0.4010	-0.2011	-0.4263	-0.2377*	-0.3778
	(-1.91)	(-1.18)	(-1.58)	(-1.41)	(-1.79)	(-1.27)
DSIZE	0.0013	0.0325**	0.0021	0.0095	0.0001	0.0228***
	(0.38)	(2.19)	(0.62)	(1.17)	(0.03)	(2.84)
DTIME	-0.0397	-0.2143**	-0.0453	-0.2309**	-0.0448	-0.2172***
	(-1.32)	(-2.29)	(-1.42)	(-2.65)	(-1.40)	(-3.45)
SDTIME	-0.0959	1.6333***	-0.0760	1.4205**	-0.1065	1.2794***
	(-0.60)	(3.34)	(-0.50)	(2.53)	(-0.66)	(3.34)
DCRE	-0.7066***	-0.1571	-0.7453***	-0.3079	-0.7135***	-0.2929*
	(-7.57)	(-0.70)	(-7.95)	(-1.61)	(-7.40)	(-1.69)
SIZE	-0.0761	-0.2331	-0.0511	0.0195	-0.0598	-0.1941
	(-1.05)	(-0.85)	(-0.67)	(0.10)	(-0.80)	(-0.98)
ROA	-5.7335***	-2.8889	-4.4952**	-5.4761	-5.6977***	-0.9378
	(-2.87)	(-0.90)	(-2.16)	(-1.58)	(-2.70)	(-0.36)
ERQ	0.1900**	4.2971**	0.3758***	4.3396**	0.1976**	3.9798**
	(2.33)	(2.06)	(2.63)	(2.27)	(2.34)	(2.18)
行业效应	YES	YES	YES	YES	YES	YES

续表

变量	市场化程度分组		金融发展水平分组		法律环境分组	
	高	低	高	低	高	低
	结果(1)	结果(2)	结果(3)	结果(4)	结果(5)	结果(6)
年度效应	YES	YES	YES	YES	YES	YES
Constant	9.7538***	5.4950	9.7798***	2.7286	9.4903***	6.3336*
	(6.63)	(1.08)	(6.64)	(0.68)	(6.23)	(1.72)
Obs	335	94	337	92	317	112
R_squ	0.5544	0.7016	0.5355	0.7118	0.5515	0.6831
Adj. R_squ	0.5104	0.5858	0.4899	0.5965	0.5044	0.5861
F Value	11.6682	6.1548	11.0111	6.8482	11.0693	6.6135

注：圆括号内为稳健性 t 值。***，** 和 * 分别代表在 1%，5% 和 10% 的显著性水平上显著。行业和年度虚拟变量的回归结果未在表格中展示。方差膨胀因子检验结果如附录八中附表 8－29 所示。

7.4.3 改变制度环境衡量方法

制度环境作为重要的解释变量，衡量的准确性会影响结论的可靠性。根据第 5 章稳健性检验中的分析思路，本书又采用两种不同的方法对制度环境进行处理①：分别是采用平均增长率法估计缺失年份数据，采用一元线性回归法估计缺失年份数据②。然后利用上述方法处理下的制度环境进行分组回归的稳健性检验。具体结果如表 7－15 和表 7－16 所示。

表 7－15 为采用平均增长率法估计 2010—2014 年数据的分组回归结果。表 7－16 为采用一元线性回归法估计 2010—2014 年数据的分组回归结果。两种处理方法下稳健性检验的结果与上文基本保持一致，无论是从系数的显著性还是从系数的相对大小而言，相对于制度环境好的地区，会计信息质量对债券资本成本的影响在市场化程度和金融发展水平低、法律环境差的地区更大，支持了假说 H7－3A、假说 H7－3B 及假说 H7－3C。

① 相对于第 5 章和第 6 章的稳健性检验，本章未进行删除 2010—2014 年制度环境数据缺失样本的稳健性检验，主要原因在于公司债券市场在 2007—2009 年的样本量较小。

② 详细处理方法可参加第 5 章稳健性检验的结果，在此不再详述。

表 7-15 制度环境影响会计信息债券资本配置作用回归：平均增长率法

变量	市场化程度分组		金融发展水平分组		法律环境分组	
	高	低	高	低	高	低
	结果(1)	结果(2)	结果(3)	结果(4)	结果(5)	结果(6)
GROW	0.6230***	0.1408	0.5933***	0.1090	0.4925**	0.2567
	(2.91)	(0.42)	(2.82)	(0.30)	(2.19)	(0.81)
LEV	0.3786	1.9657	0.6682	1.3457	-0.1229	2.6959**
	(0.62)	(1.50)	(0.98)	(1.19)	(-0.19)	(2.25)
CONTROL	-0.2408*	-0.4043	-0.2328*	-0.0256	-0.2389	-0.1227
	(-1.91)	(-1.18)	(-1.78)	(-0.09)	(-1.62)	(-0.50)
DSIZE	0.0013	0.0331**	0.0032	0.0156*	0.0010	0.0236***
	(0.38)	(2.24)	(0.91)	(1.98)	(0.26)	(3.09)
DTIME	-0.0397	-0.2141**	-0.0563*	-0.1577**	-0.0329	-0.1715***
	(-1.32)	(-2.30)	(-1.70)	(-2.00)	(-1.04)	(-2.96)
SDTIME	-0.0953	1.6343***	-0.0331	1.0821**	-0.1165	1.1176***
	(-0.60)	(3.36)	(-0.21)	(2.16)	(-0.71)	(3.09)
DCRE	-0.7064***	-0.1580	-0.7464***	-0.3138*	-0.6366***	-0.3381**
	(-7.57)	(-0.70)	(-7.65)	(-1.74)	(-6.61)	(-2.05)
SIZE	-0.0765	-0.2324	-0.0820	-0.1503	-0.0945	-0.2468
	(-1.06)	(-0.85)	(-1.02)	(-0.79)	(-1.25)	(-1.33)
ROA	-5.7444***	-2.9544	-4.7423**	-7.7257**	-6.7980***	-0.2432
	(-2.87)	(-0.92)	(-2.27)	(-2.45)	(-3.16)	(-0.09)
ERQ	0.1576**	4.1762*	0.2776**	2.5388***	0.0082**	3.6856**
	(2.28)	(1.99)	(2.47)	(3.34)	(2.01)	(2.03)
行业效应	YES	YES	YES	YES	YES	YES
年度效应	YES	YES	YES	YES	YES	YES
Constant	9.7618***	5.4752	10.4819***	6.0014	10.1465***	7.6011**
	(6.64)	(1.08)	(6.81)	(1.48)	(6.53)	(2.27)
Obs	335	94	325	104	298	107
R_squ	0.5543	0.7005	0.5435	0.6472	0.5328	0.7149
Adj. R_squ	0.5103	0.5843	0.4969	0.5219	0.4803	0.6222
F Value	11.6720	7.9910	10.7508	7.6722	10.1257	8.8470

注：圆括号内为稳健性 t 值。***，** 和 * 分别代表在 1%，5% 和 10% 的显著性水平上显著。行业和年度虚拟变量的回归结果未在表格中展示。方差膨胀因子检验结果如附录八中附表 8-30 所示。

表 7－16　制度环境影响会计信息债券资本配置作用回归：一元线性回归法

变量	市场化程度分组		金融发展水平分组		法律环境分组	
	高	低	高	低	高	低
	结果(1)	结果(2)	结果(3)	结果(4)	结果(5)	结果(6)
GROW	0.6306***	0.1408	0.1576	0.9000**	0.6925***	0.1792
	(2.96)	(0.42)	(0.79)	(2.53)	(3.14)	(0.44)
LEV	0.4107	1.9657	0.9892	1.1465	0.6312	1.9465
	(0.66)	(1.50)	(1.38)	(1.23)	(1.02)	(1.37)
CONTROL	-0.2411*	-0.4043	-0.1802	-0.2260	-0.2206*	-0.5832
	(-1.89)	(-1.18)	(-1.15)	(-1.17)	(-1.72)	(-1.63)
DSIZE	0.0019	0.0331**	0.0065*	-0.0021	0.0010	0.0211**
	(0.54)	(2.24)	(1.82)	(-0.31)	(0.30)	(2.06)
DTIME	-0.0445	-0.2141**	0.0240	0.0226	-0.0441	-0.1781**
	(-1.44)	(-2.30)	(0.62)	(0.49)	(-1.40)	(-2.52)
SDTIME	-0.0745	1.6343***	-0.3401*	0.0003	-0.1363	1.0009***
	(-0.46)	(3.36)	(-1.92)	(0.00)	(-0.85)	(2.71)
DCRE	-0.7179***	-0.1580	-0.6510***	-0.6074***	-0.7360***	-0.3153
	(-7.60)	(-0.70)	(-6.55)	(-4.22)	(-8.17)	(-1.56)
SIZE	-0.0871	-0.2324	-0.1421*	-0.0057	-0.0618	-0.0827
	(-1.20)	(-0.85)	(-1.68)	(-0.05)	(-0.85)	(-0.32)
ROA	-5.9727***	-2.9544	-0.9054	-8.5276***	-6.1236***	0.8222
	(-2.97)	(-0.92)	(-0.44)	(-3.29)	(-3.09)	(0.25)
ERQ	0.1116**	4.1762*	0.4681*	0.2569**	0.6066*	4.9611***
	(2.20)	(1.99)	(1.82)	(2.25)	(1.90)	(2.69)
行业效应	YES	YES	YES	YES	YES	YES
年度效应	YES	YES	YES	YES	YES	YES
Constant	10.0782***	5.4752	10.4759***	7.2144***	9.5531***	4.3216
	(6.80)	(1.08)	(6.20)	(3.46)	(6.54)	(0.87)
Obs	327	94	248	162	335	87
R_squ	0.5606	0.7005	0.5166	0.6596	0.5639	0.6448
Adj. R_squ	0.5161	0.5843	0.4497	0.5816	0.5209	0.5074
F Value	11.5488	7.9910	9.0380	10.2999	11.7592	6.8003

注：圆括号内为稳健性 t 值。***，** 和 * 分别代表在 1%，5% 和 10% 的显著性水平上显著。行业和年度虚拟变量的回归结果未在表格中展示。方差膨胀因子检验结果如附录八中附表 8－31 所示。

7.4.4 滞后项回归

为克服遗漏的公司异质性变量导致的内生性问题,本书又采用面板数据模型进行了稳健性检验。根据豪斯曼(Hausman)检验的结果,固定效应优于随机效应;根据沃尔德检验的结果,应当控制时间效应。而固定效应模型无法估计不随时间改变的变量系数,所以去除行业效应。最终采用个体时间双向固定效应模型。具体如表 7-17 和表 7-18 所示。回归结果基本保持不变,支持了本书的假说。

表 7-17 会计信息影响债券资本成本微观机制回归:滞后项回归

变量	结果(1)	结果(2)	结果(3)
GROW	0.0946**		0.1075**
	(2.16)		(2.48)
LEV	0.0733		0.0639
	(0.96)		(0.85)
CONTROL	-0.0923**		-0.0773*
	(-2.00)		(-1.67)
DSIZE	0.0876*		0.0695
	(1.69)		(1.33)
DTIME	-0.0508		-0.0460
	(-1.15)		(-1.05)
SDTIME	-0.0036		-0.0011
	(-0.06)		(-0.02)
DCRE	-0.5417***		-0.5260***
	(-8.62)		(-8.49)
SIZE	-0.0683	0.3003***	-0.0959
	(-0.96)	(8.89)	(-1.34)
ROA	-0.2140***	0.0363	-0.2225***
	(-3.18)	(0.81)	(-3.34)
AGE		0.0160	
		(0.44)	
DUAL		-0.0630**	
		(2.04)	

续表

变量	结果(1)	结果(2)	结果(3)
INS		-0.0309	
		(-0.42)	
ASY			0.7063***
			(3.39)
ERQ	0.0871***	0.2041***	0.0745*
	(2.92)	(2.75)	(1.86)
行业效应	YES	YES	YES
年度效应	YES	YES	YES
Obs	412	412	412
R_squ	0.5306	0.2095	0.5391
Adj. R_squ	0.4950	0.1583	0.5028
F Value	13.2279	12.9252	13.8242

注：模型采用标准化系数估计，无常数项。圆括号内为稳健性 t 值。***，** 和 * 分别代表在 1%，5% 和 10% 的显著性水平上显著。行业和年度虚拟变量的回归结果未在表格中展示。方差膨胀因子检验结果如附录八中附表 8-32 所示。

表 7-18　制度环境影响会计信息债券资本配置作用回归：滞后项回归

变量	市场化程度分组		金融发展水平分组		法律环境分组	
	高	低	高	低	高	低
	结果(1)	结果(2)	结果(3)	结果(4)	结果(5)	结果(6)
GROW	0.5863***	0.2787	0.5729***	0.1339	0.5797***	0.2328
	(2.80)	(0.70)	(2.82)	(0.33)	(2.70)	(0.60)
LEV	0.1759	2.5538*	0.4423	2.0830	0.1852	2.7059**
	(0.26)	(1.91)	(0.61)	(1.29)	(0.26)	(2.12)
CONTROL	-0.2217*	-0.3647	-0.1947	-0.3692	-0.2211*	-0.3688
	(-1.76)	(-1.05)	(-1.52)	(-1.14)	(-1.66)	(-1.20)
DSIZE	0.0008	0.0431***	0.0024	0.0271**	-0.0003	0.0315***
	(0.23)	(2.71)	(0.69)	(2.21)	(-0.08)	(3.38)
DTIME	-0.0344	-0.1850**	-0.0467	-0.2671***	-0.0374	-0.2113***
	(-1.06)	(-2.09)	(-1.39)	(-2.76)	(-1.08)	(-3.46)
SDTIME	-0.0980	1.5205***	-0.0649	1.6704***	-0.1124	1.2479***
	(-0.61)	(3.32)	(-0.44)	(2.69)	(-0.69)	(3.32)

续表

变量	市场化程度分组		金融发展水平分组		法律环境分组	
	高	低	高	低	高	低
	结果(1)	结果(2)	结果(3)	结果(4)	结果(5)	结果(6)
DCRE	-0.7188***	-0.3310	-0.7475***	-0.4041*	-0.7266***	-0.4334**
	(-7.58)	(-1.39)	(-7.95)	(-1.89)	(-7.44)	(-2.42)
SIZE	-0.0411	-0.2659	-0.0382	-0.1270	-0.0213	-0.2354
	(-0.53)	(-0.93)	(-0.47)	(-0.42)	(-0.26)	(-1.12)
ROA	-6.1812***	-3.3827	-5.1417**	-6.1887	-6.2215***	-1.6818
	(-2.82)	(-0.87)	(-2.32)	(-1.55)	(-2.67)	(-0.55)
ERQ	1.1268**	2.6208**	1.1920**	2.1046**	1.1983**	2.1651**
	(1.99)	(2.14)	(2.09)	(2.16)	(2.04)	(2.45)
行业效应	YES	YES	YES	YES	YES	YES
年度效应	YES	YES	YES	YES	YES	YES
Constant	8.8431***	7.4988	9.0932***	4.5943	8.8352***	8.2369**
	(5.72)	(1.45)	(5.96)	(0.85)	(5.58)	(2.16)
Obs	321	91	327	85	303	109
R_squ	0.5561	0.6891	0.5450	0.6814	0.5537	0.6695
Adj. R_squ	0.5119	0.5696	0.5006	0.5463	0.5063	0.5699
F Value	11.8943	5.8863	11.9006	5.9339	11.2691	7.5407

注：圆括号内为稳健性t值。***，**和*分别代表在1%，5%和10%的显著性水平上显著。行业和年度虚拟变量的回归结果未在表格中展示。方差膨胀因子检验结果如附录八中附表8-33所示。

7.5 基于债券信用评级的进一步分析

债券信用评级是信用评级机构对企业债券信用风险作出的综合反映，是债券资本配置的重要信号。会计信息是信用评级机构对企业债券信用进行评级的重要信息来源，对债券信用评级存在重要影响。因此，本书进一步分析了会计信息在债券信用评级中的作用，以及制度环境对会计信息在债券信用评级中的作用影响。

7.5.1 主要研究变量

为考察会计信息质量对债券信用评级的影响，需构建反映债券信用评级的变量。债券信用评级为信用评级机构对债券的信用评级。根据信用评级公司的规范，债券信用评级从低到高依次是 BBB+、A-、A、A+、AA-、AA、AA+、AAA 八个等级，依次赋值为 1 至 8 分，作为债券信用评级的反映，记为 DCRE。在控制变量方面，本书同样控制了公司特征和债券特征方面的变量，具体控制变量含义如表 7-1 所示。此外，还对行业和年度效应予以控制。

7.5.2 研究模型

为检验会计信息质量对信用评级的影响，借鉴已有文献的方法（Demirtas and Cornaggia，2013；Ashbaugh-Skaife et al.，2006）[273, 274]，构建如下回归模型：

$$
\begin{aligned}
\text{DCRE} = {} & \beta_0 + \alpha_1 \text{ERQ} + \\
& \beta_1 \text{SIZE} + \beta_2 \text{GROW} + \beta_3 \text{ROA} + \beta_4 \text{LEV} + \\
& \beta_5 \text{CONTROL} + \beta_6 \text{DSIZE} + \beta_7 \text{DTIME} + \\
& \beta_8 \text{SDTIME} + \beta_9 \text{DCRE} + \sum_j \text{CSRC} + \sum_k \text{YEAR} + \varepsilon
\end{aligned} \tag{7.10}
$$

其中，DCRE 代表债券信用评级，ERQ 代表会计信息质量，其数值越大，表示会计信息质量越低，其余为影响债券信用评级的其他控制变量，具体含义如表 7-1 所示。当会计信息质量增加时，债券的信用评级越高；反之，当企业的会计信息质量变差时，债券的信用评级也会降低。本书预测会计信息质量 ERQ 的系数显著为负。

为检验制度环境对会计信息质量在债券信用评级中作用的影响，本书在模型（7.10）的基础上，加入制度环境以及制度环境与会计信息质量的交乘项，构建如下回归模型（7.11）：

$$
\begin{aligned}
\text{DCRE} = {} & \beta_0 + \alpha_1 \text{ERQ} + \phi_1 \text{FE} + \phi_2 \text{ERQ} \times \text{FE} + \\
& \beta_1 \text{SIZE} + \beta_2 \text{GROW} + \beta_3 \text{ROA} + \beta_4 \text{LEV} + \\
& \beta_5 \text{CONTROL} + \beta_6 \text{DSIZE} + \beta_7 \text{DTIME} + \\
& \beta_8 \text{SDTIME} + \beta_9 \text{DCRE} + \sum_j \text{CSRC} + \sum_k \text{YEAR} + \varepsilon
\end{aligned} \tag{7.11}
$$

其中,FE 代表制度环境变量,在具体的回归分析中分别用市场化程度 MFE、金融发展水平 FFE、法律环境 LFE 进行替换。具体通过制度环境和会计信息质量交乘项 ERQ * FE 系数的显著性和符号判断制度环境的影响。如果交乘项系数不显著,说明制度环境对会计信息质量在债券信用评级中的作用没有显著影响;如果交乘项系数显著为负,说明制度环境和会计信息质量在债券信用评级中的作用呈现出“互补性”特征,制度环境越好,则会计信息质量作用越大;如果交乘项系数显著为正,说明制度环境和会计信息质量在债券信用评级中的作用呈现出“替代性”特征,制度环境越差,会计信息质量作用越大。

7.5.3 多元回归分析

为检验会计信息质量在债券信用评级中的作用,本书对模型(7.10)进行多元回归分析;为检验制度环境对会计信息质量在债券信用评级中作用的影响,本书对模型(7.11)进行多元回归分析。模型采用怀特稳健性标准误进行统计推断,回归结果均对行业和年度虚拟变量进行控制。出于篇幅限制,年度和行业虚拟变量结果未在表中列示,具体回归结果如表 7-19 所示。

表 7-19 中结果(1)为模型(7.10)的回归:会计信息质量对债券信用评级的回归系数为 -0.1301,在 5% 的显著性水平上显著为负。结合会计信息质量是反向指标,其数值越大表明会计信息质量越差,所以会计信息质量越差的公司债券信用评级越低。这表明会计信息质量在债券的信用评级中同样发挥了重要作用。

表 7-19 中结果(2)至结果(4)为模型(7.11)的回归,其中结果(2)为市场化程度的回归,结果(3)为金融发展水平的回归,结果(4)为法律环境的回归。在结果(2)中,市场化程度和会计信息质量交乘项 MFE * ERQ 的系数为 1.3133,在 5% 的显著性水平上显著,这表明会计信息质量对债券信用评级的影响在市场化程度低的地区更大。在结果(3)中,金融发展水平和会计信息质量交乘项 FFE * ERQ 的系数为 1.3954,在 5% 的显著性水平上显著,这表明会计信息质量对债券信用评级的影响在金融发展程度低的地区更大。在结果(4)中,法律环境和会计信息质量交乘项 LFE * ERQ 的系数为 1.7833,在 1% 的显著性水平上显著,这表明会计信息质量对债券信用评级

的影响在法律环境差的地区更大。此外,在三个回归结果中,交乘项的系数与会计信息质量 ERQ 的系数之和均为负值,进一步说明会计信息质量对债券信用评级的作用在制度环境好的地区也有重要影响,但是小于制度环境差的地区。

总而言之,上述回归结果表明会计信息在债券信用评级中同样发挥重要作用,会计信息质量越高,企业的债券信用评级越好。与债券资本成本相一致,制度环境和会计信息质量在债券信用评级中同样呈现出"替代性"作用。这与权益资本和信贷资本中的"互补性"存在较大差异。

表 7-19　基于债券信用评级的进一步分析

变量	结果(1)	结果(2)	结果(3)	结果(4)
GROW	-0.1205	-0.0834	-0.0750	-0.0739
	(-1.12)	(-0.78)	(-0.71)	(-0.68)
LEV	-1.0399***	-0.9499***	-0.9481***	-0.9706***
	(-3.42)	(-3.15)	(-3.18)	(-3.22)
CONTROL	0.1593**	0.1827**	0.1955**	0.1745**
	(2.08)	(2.22)	(2.42)	(2.08)
DSIZE	0.0013	0.0014	0.0019	0.0019
	(0.51)	(0.53)	(0.76)	(0.75)
DTIME	0.0240	0.0256	0.0283	0.0274
	(1.09)	(1.17)	(1.30)	(1.25)
SDTIME	-0.4014***	-0.4061***	-0.3942***	-0.4080***
	(-4.86)	(-4.88)	(-4.69)	(-4.88)
SIZE	0.3775***	0.3727***	0.3655***	0.3686***
	(8.08)	(7.95)	(7.84)	(7.86)
ROA	0.6147	0.3858	0.4142	0.4437
	(0.80)	(0.50)	(0.55)	(0.58)
ERQ	-0.1301**	-1.9183**	-1.9243**	-2.2460***
	(-2.28)	(-1.98)	(-2.31)	(-2.68)
MFE		0.0201		
		(0.21)		
MFE * ERQ		1.3133**		
		(2.19)		

续表

变量	结果(1)	结果(2)	结果(3)	结果(4)
FFE			0.0553	
			(0.63)	
FFE * ERQ			1.3954**	
			(2.49)	
LFE				0.0935
				(1.06)
LFE * ERQ				1.7833***
				(2.92)
行业效应	YES	YES	YES	YES
年度效应	YES	YES	YES	YES
Constant	-0.6940	-0.6717	-0.5592	-0.5165
	(-0.69)	(-0.66)	(-0.56)	(-0.51)
Obs	429	429	429	429
R_squ	0.6368	0.6420	0.6474	0.6437
Adj. R_squ	0.6104	0.6141	0.6199	0.6158
F Value	37.6588	37.6887	39.8652	37.8578

注：圆括号内为稳健性 t 值。***，** 和 * 分别代表在 1%，5% 和 10% 的显著性水平上显著。行业和年度虚拟变量的回归结果未在表格中展示。方差膨胀因子检验结果如附录八中附表 8-34 所示。

7.6 本章小结

债券融资是企业重要的直接融资来源，债券资本的良好配置对于经济的健康发展同样重要。会计信息资本配置作用的研究不应当仅仅局限于权益资本和债券资本市场，亦应当分析会计信息在债券资本配置过程中的作用。本书以债券资本成本为视角，理论分析会计信息影响债券资本配置的微观机制以及制度环境对会计信息债券资本配置作用的影响，并以中国沪、深两市 2007—2014 年的公司债券为样本进行了实证检验。研究发现：①会计信息在债券资本配置中发挥了重要作用，是影响债券资本配置的重要因素，会计信息质量越高，公司的债券资本成本就越低。②进一步将会计信息影响债券资本配置的微观机制区分为信息效应和治理效应发现，虽然会计信息均能通过两种效应降低债券资本成本，但两种效应的地位不同，信息效应大于治理效应，占主导地位。③会计信息影响债券资本成本的作用受到制度环境的影响。相对于市场化程度高、金融发展水平高、法律环境好的地区，会计信息降低债券资本成本的作用在市场化程度低、金融发展水平低、法律环境差的地区更大。为保证研究结论的稳健性，本书又进行了一系列稳健性检验，具体包括更换债券资本成本、会计信息质量、制度环境衡量方法的敏感性检验，采用滞后项回归方法克服内生性问题，上述结论基本保持不变。

此外，债券信用评级是信用评级机构对公司债券信用风险作出的综合反映，是债券资本配置的重要信号。会计信息是信用评级机构对公司债券信用进行评级的重要信息来源，对债券信用评级具有重要影响。本书进一步分析了会计信息对债券信用评级的影响，以及制度环境对会计信息影响债券信用评级的调节作用。研究发现：①信用评级机构在对公司信用评级时显著利用了会计信息，会计信息质量越高的公司，债券信用评级越高。这进一步说明会计信息能够影响债券信用评级促进债券资本的优化配置。②进一步考察制度环境的影响发现：无论公司处于制度环境好还是制度环境差的地区，会计信息均对债券信用评级存在显著影响，会计信息质量越高的公司债券应用评级越高；相对于制度环境好的地区，会计信息对债券信用评级的影响在制度环境差的地区更大。

8 研究结论、启示与展望

本章的主要内容是对前文理论分析和实证研究的结论进行归纳总结，并依据相关的研究结论提出相应的政策建议，最后在现有研究的基础上指出进一步研究的方向。

8.1 研究结论

本书在对会计信息、制度环境与资本配置相关文献进行梳理的基础上，以信息不对称理论、代理理论和交易成本理论为基础，构建会计信息通过信息效应和治理效应影响资本配置的微观机制框架，并结合中国的制度背景，将制度环境纳入会计信息影响资本配置的理论框架，指明制度环境是影响会计信息资本配置作用的重要因素，与会计信息呈现出“互补性”或“替代性”关系。在对会计信息质量、信息不对称和制度环境进行测量与评价的基础上，分别以权益资本、信贷资本和债券资本为视角，对会计信息在上述资本配置过程中的微观机制以及制度环境对会计信息资本配置作用的影响进行了理论分析和实证检验。综合上述理论分析和实证检验的结果，本书的研究结论主要有以下几点：

(1)会计信息能够通过信息效应缓解信息问题，通过治理效应缓解代理问题，促进资本的优化配置。即使在相对完善的成熟经济体中，将居民储蓄引导至合适的商业项目、实现资本的有效配置依然面临众多障碍，而其中两项重要障碍即为资本市场中普遍存在的信息问题和代理问题。虽然资本市场中存在众多的竞争性信息来源，但会计信息作为反映企业经营成果和财务状况的综合性信息，无疑是其中具有成本效益原则的信息源。由于会计信息的不可替代性，其在缓解市场中的信息问题和代理问题方面发挥着重要作用。依据会计信息在解决资本市场问题的作用原理,可以将会计信息在资本配置中的作用区分为两种微观机制:信息效应和治理效应。一方面,会计信息通过信息效应,能够缓解市场中广泛存在的信息不对称,帮助投资者和管理者进行项目识别,缓解信息问题,引导资本的有效配置;另一方面,会计信息通过治理效应,提高公司治理机制的效力,约束管理者的行为和项目选择,降低代理问题,优化资本配置。

(2)在中国“新兴加转轨”的制度背景下,制度环境对会计信息的资本配置作用存在重要影响,其作用可能是“互补性”的,亦有可能是“替代性”的。在中国“新兴加转轨”的制度背景下,资本配置的问题变得更加复杂。一方面,制度环境本身对资本配置的过程存在重要影响;另一方面,制度环境和财务会计制度之间存在强大的交互作用,影响着会计信息在资本配置中的作用。在改革开放的进程中,由于历史、地理以及政策的影响,中国制度环境的最大特点是区域的不平衡性。在市场化进程、金融发展水平和法律环境方面,中国呈现出明显的东部地区优于西部地区、中部地区优于西部地区的不平衡局面。制度环境改变了经济活动中各种主体的动机、行为、收益,影响了会计信息的经济业绩以及会计信息的资本配置作用。制度环境对会计信息在资本配置中作用的影响可能是“互补性”的,也可能是“替代性”的。一般而言,在制度环境较好地区,会计信息能够正常发挥资本配置作用。但在制度环境较差地区,如果资本配置呈现出非市场化特征,则会计信息的作用会被削弱,进而使制度环境对会计信息资本配置作用的影响呈现出“互补性”;如果资本配置是市场化的,则会计信息的作用会被增强,进而使制度环境对会计信息资本配置作用的影响呈现出“替代性”。因此,“互补性”和“替代性”的关系取决于制度环境较差地区资本配置的方式。

(3)在权益资本市场,会计信息能够通过影响权益资本成本发挥资本配置作用。进一步地,会计信息的权益资本配置作用在微观机制层面呈现出信息效应大于治理效应的配置路径,与制度环境呈现出“互补性”关系。权益资本成本是权益投资者要求的内含报酬率,在权益资本配置过程中发挥价格作用。本书以权益资本成本为视角,理论分析会计信息影响权益资本配置的微观机制以及制度环境对会计信息权益资本配置作用的影响,并以中国沪、深两市 A 股 2007—2014 年的上市公司为样本进行了相关实证检验。研究结论主要有以下三点:第一,会计信息能够通过影响权益资本成本发挥权益资本配置作用。具体地,会计信息的质量越高,企业权益资本成本越低。第二,在会计信息影响权益资本配置的微观层面,会计信息既能够通过信息效应降低权益资本成本,又能够通过治理效应降低权益资本成本。进一步对比两种效应的相对地位,发现信息效应大于治理效应,居主导地位。第三,在会计信息发挥权益资本配置作用的过程中,会计信息与制度环境呈现出"互补性"关系。相对于市场化程度和金融发展水平低、法律环境差的地区,会计信息降低权益资本成本的作用在市场化程度和金融发展水平高、法律环境好的地区更大。

为保证研究结论的稳健性,本书又进行了一系列稳健性检验,具体包括更换权益资本成本、会计信息质量和制度环境衡量方法的敏感性检验,采用面板数据模型和滞后项回归方法克服内生性问题,上述结论基本保持不变。

(4)在信贷资本市场,会计信息能够通过影响平均债务成本发挥资本配置作用。进一步地,会计信息的信贷资本配置作用在微观机制层面呈现出治理效应大于信息效应的配置路径,与制度环境呈现出"互补性"关系。而且,会计信息还可以通过影响债务可得性和债务期限结构发挥信贷资本配置作用。

利率是信贷资本的价格,在信贷资本配置中发挥价格调节作用,对企业而言转化为平均债务成本。本书以平均债务成本为视角,理论分析会计信息影响信贷资本配置的微观机制以及制度环境对会计信息信贷资本配置作用的影响,并以中国沪、深两市 A 股 2007—2014 年的上市公司为样本进行了相关实证检验。研究结论主要有以下三点:第一,会计信息能够通过影响平均债务成本发挥信贷资本配置作用。具体地,会计信息的质量越高,企业平均债务成本越低。第二,在会计信息影响信贷资本配置的微观层面,会计信息既能够通过信息效应降低平均债务成本,又能够通过治理效应降低平均债务成本。进一步对比两种效应的相对地位,发现治理效应大于信息效应,居主导地位。第三,在会计信息发挥信贷资本配置作用的过程中,会计信息与制度环境呈现出"互补性"关系。相对于市场化程度和金融发展水平低、法律环境差的地区,会计信息降低平均债务成本的作用在市场化程度和金融发展水平高、法律环境好的地区更大。为保证研究结论的稳健性,本书又进行了一系列稳健性检验,具体包括更换会计信息质量和制度环境衡量方法的敏感性检验,采用面板数据模型和滞后项回归方法克服内生性问题,上述结论基本保持不变。

此外,债务可得性、债务期限结构以及债务成本是债务合约三要素,均是信贷资本配置的重要方面。本书进一步分析了会计信息对债务可得性以及债务期限结构的影响。研究发现:第一,会计信息能够通过影响债务可得性和债务期限结构发挥信贷资本配置作用。具体表现为,会计信息的质量越高,企业的债务可得性越强,长期债务的比例越高。第二,进一步考察制度环境的影响,会计信息对债务可得性的影响在制度环境好和差的地区均显著,但制度环境好的地区显著大于制度环境差的地区;会计信息对债务期限结构的影响在制度环境差的地区并不显著,在制度环境好的地区存在显著影响。这可能是由于债务合约三要素系统性关联导致的。

(5)在债券资本市场,会计信息能够通过影响债券资本成本发挥资本配置作用。进一步地,会计信息的债券资本配置作用在微观机制层面呈现出信息效应大于治理效应的配置路径,与制度环境呈现出"替代性"关系。而且,会计信息还可以通过影响债券信用评级发挥债券资本配置作用。

债券的到期收益率是债券投资者要求的内含报酬率,在债券资本配置过程中发挥价格作用,也是中国利率市场化改革的重要信号,对企业而言为债券资本成本。本书以经同期国债调整的债券到期收益率衡量债券资本成本,并以此为视角,理论分析会计信息影响债券资本配置的微观机制以及制度环境对会计信息债券资本配置作用的影响,并以中国沪、深两市 A 股2007—2014 年的上市公司为样本进行相关的实证检验。研究结论主要有以下三点:第一,会计信息能够通过影响债券资本成本发挥债券资本配置作用。具体地,会计信息的质量越高,企业债券资本成本越低。第二,在会计信息影响债券资本配置的微观层面,会计信息既能够通过信息效应降低债券资本成本,又能够通过治理效应降低债券资本成本。进一步对比两种效应的相对地位,发现信息效应大于治理效应,居主导地位。第三,在会计信息发挥债券资本配置的过程中,会计信息与制度环境呈现出"替代性"关系。相对于市场化程度和金融发展水平高、法律环境好的地区,会计信息降低债券资本成本的作用在市场化程度和金融发展水平低、法律环境差的地区更大。为保证研究结论的稳健性,本书又进行了一系列稳健性检验,具体包括更换会计信息质量和制度环境衡量方法的敏感性检验,采用滞后项回归方法克服内生性问题,上述结论基本保持不变。

此外,债券信用评级是信用评级机构对企业债券信用风险作出的综合反映,在债券资本配置中发挥着重要作用。会计信息是信用评级机构对企业信用进行评级的重要信息来源。本书进一步分析了会计信息对债券信用评级的影响,研究发现:第一,信用评级机构在对企业信用评级时利用了会计信息,会计信息质量越高的公司,债券信用评级越高。这进一步说明会计信息能够影响债券信用评级,促进债券资本的优化配置。第二,进一步考察制度环境的影响发现,相对于制度环境好的地区,会计信息对债券信用评级的影响在制度环境差的地区更大。

(6)会计信息在权益资本、信贷资本和债券资本配置中的作用既存在一定的共性,也有一定的差异。由于信息问题和代理问题在权益资本、信贷资本和债券资本配置过程中普遍存在,所以会计信息在权益资本、信贷资本和债券资本配置过程中的作用存在一定的共性。主要表现为两个方面:第一,会计信息均能够通过治理效应和信息效应,在三类资本配置过程中发挥作用;第二,在中国“新兴加转轨”的制度背景下,会计信息在三类资本配置中的作用均受到市场化程度、金融发展水平以及法律环境等制度环境的影响。

权益资本、信贷资本和债券资本分属于不同的资本配置市场,其在发展历程、市场运作方式、投资者属性等方面具有各自的特征,这导致会计信息在三类资本配置中的作用依然存在一定的差异。主要表现为以下两个方面:第一,从会计信息影响资本配置的微观机制方面而言,在权益资本和债券资本的配置过程中,信息效应大于治理效应,发挥主导作用,但在信贷资本配置过程中,治理效应大于信息效应,发挥主导作用。第二,制度环境对会计信息在三类资本配置中的作用存在差异。在权益资本和信贷资本配置中,会计信息和制度环境呈现出“互补性”关系,即制度环境越高,会计信息在资本配置中的作用就越大。但在债券资本的配置中,会计信息和制度环境呈现出“替代性”关系,即制度环境越低,会计信息在资本配置中的作用越大。

8.2 研究启示

本书结合中国的制度背景,系统研究了会计信息在权益资本、信贷资本和债券资本配置中的微观机制,以及市场化程度、金融发展水平和法律环境等制度环境对会计信息资本配置作用的影响。上述研究结果对于完善资本配置、改善会计信息供给、发挥会计信息经济业绩、促进制度环境改革等方面均具有一定的启示。此外,本书的研究对于企业融资管理、投资者的投资决策同样具有重要的启示。

(1)完善资本配置,需要充分重视会计信息的作用

目前,中国股票市场在动荡中停滞不前,信贷市场呈现出严重的资金错配,债券市场发展缓慢,资本市场运行现状令人担忧。在这种背景下,企业融资成本居高不下,投资者投资渠道过于单一,实体经济发展缺乏动力,已经成为影响中国经济健康发展的重要阻碍。因此,促进资本市场的进一步发展,引导资金的合理流动,完善资本配置十分必要。由于会计信息在缓解市场中信息问题和代理问题、保护投资者权益方面发挥着重要作用,完善资本配置需要充分重视会计信息的作用。具体要重视会计信息在以下两个方面的作用:第一,重视会计信息在传递公司价值、缓解信息不对称方面的作用,降低市场风险,提高市场的定价效率;第二,重视会计信息在公司治理机制中的作用,充分发挥会计信息在保护投资者权益、降低代理成本方面的效应。

(2)改善会计信息供给,推进会计信息的差异化发展

虽然会计信息能够通过信息效应和治理效应的微观机制促进资本配置,但是由于权益资本、信贷资本和债券资本市场在运作方式、投资者属性等方面存在诸多不同,会计信息在三类资本配置中的微观机制是存在差异的。在权益资本和债券资本市场,会计信息主要通过信息效应影响资本配置,但在信贷资本市场主要通过治理效应影响资本配置。不同的资本配置市场和差异化的投资者对会计信息的需求也存在诸多差异。在构建多层次资本市场的背景下,要依据目前统一的会计准则,适时推进会计信息的差异化供给,以满足不同市场和不同投资者的需求。这既能充分提高会计信息的经济业绩,使会计信息保持市场中有竞争性的符合成本效益的信息来源,又可以满足不同资本市场的需求,推动各类资本实现有效配置。

(3)扩大会计信息经济业绩,需要结合制度环境的影响

从整体社会福利的视角而言,会计信息的供给需要耗费大量的资源。为保持符合市场最低要求的会计信息供给,政府需要聘请专业人员制定、修改、维护会计准则,提供会计信息的供给标准,并在信息市场中承担监管者

的角色。企业需要使用包括人力资本在内的其他资源以提供符合政府监管要求的会计信息。注册会计师等审计中介机构亦要对企业的会计信息进行审计,以保证会计信息的质量。可以说,会计信息的供给具有一定的成本。因此,保证会计信息的信息效应和治理效应,扩大会计信息经济业绩,使会计信息成为市场中有竞争性的信息来源确有必要。

会计信息并不是独立发挥作用的,其和制度环境之间存在强大的交互作用,呈现出“互补性”或“替代性”关联。这使得会计信息的经济业绩可能随着制度环境的改变而加强或者被削弱。因此,扩大会计信息的经济业绩需要考虑制度环境的影响。具体可注意以下三点:第一,一般而言,当制度环境越完善时,会计信息就越能正常地发挥作用。所以促进制度环境的进一步改革和完善,推动市场化进程、金融发展水平以及法律环境的完善,是充分发挥会计信息资本配置作用的重要途径。第二,当制度环境不完善或者较差时,并且政府对资本配置过程干预较多时,会计信息的经济业绩会被削弱,与制度环境呈现出“互补性”关系。此时,资本配置往往也存在诸多问题,呈现出资本配置不完善的经济后果,但不应当将其全部归咎于会计信息的失效。因为政府对市场的干预扭曲了资本配置的市场规则,严重损害了会计信息在资本配置中的作用,降低了会计信息的经济业绩。在这种情况下,应当致力于完善制度环境,降低政府干预,让市场在资本配置中发挥主导性作用,会计信息在资本配置中才能充分发挥作用。第三,当制度环境不完善或者较差时,并且资本配置中政府干预较少,更多依靠市场完成时,会计信息会在一定程度上替代制度缺失的功能,其经济业绩会得到增强,与制度环境呈现出“替代性”关系。但是,这往往伴随着资本市场“摊薄”的现象,比如中国公司债市场的规模相对较小。总体而言,由于制度环境变革的渐进性,应该在充分发挥会计信息资本配置作用的基础上,逐步推动制度环境的改善,扩大会计信息的经济业绩。

(4)对企业融资管理而言,改善会计信息质量,有利于缓解信息不对称、降低融资成本

高质量会计信息能够充分反映企业的财务状况和经营成果,降低信息不对称程度和代理问题。因此,当企业的会计信息质量越高时,投资者面临的信息风险和代理成本越低,投资者不仅更愿意将资金投资于企业,而且要求的投资回报率也会较低。这对于企业的融资管理具有重要启示。企业应

当改善会计信息质量，既可以帮助企业更好地在资本市场中募集资金、缓解融资约束，又可以降低企业资本成本、提高企业价值。

(5)对投资者决策而言，在重视市场层面信息的同时，应进一步关注会计信息质量以及其他基本信息

投资者在决策过程中，面临着众多信息来源，并综合利用各种信息进行投资决策。由于中国的资本市场属于新兴资本市场，投资者更加重视宏观以及市场层面的信息。这种忽视企业会计信息和基本面信息的决策容易加剧市场的波动性，导致市场缺乏价值投资理念，同时也使投资者面临较大的投资风险。因此，需要进一步推动投资决策信息利用效率，重视会计信息质量背后所反映的信息问题和代理问题，回归价值投资。这对于保护投资者利益、维护市场稳定、推动资本市场发展、促进资本的良好配置均具有重要意义。

8.3 未来展望

本书系统研究了会计信息在资本配置中的作用和微观机制，以及市场化程度、金融发展水平和法律环境等制度环境对会计信息资本配置作用的影响。具体以权益资本、信贷资本和债券资本为视角，对会计信息在上述资本配置过程中的微观机制以及制度环境对会计信息资本配置作用的影响进行了理论分析和实证检验，并对会计信息在三类资本配置作用中的共性和差异进行了对比分析。根据会计信息、制度环境和资本配置的研究思路，在上述研究的基础上，依然可以进行以下几方面的研究：

(1)其他制度环境对会计信息资本配置作用的影响

制度环境和财务会计制度之间存在强大的交互作用，正确理解制度环境和会计信息在资本配置中的作用，对于促进制度环境的改善、充分发挥会计信息的经济业绩、促进资本的有效配置具有重要的理论和现实意义。本书研究结合中国“新兴加转轨”的制度背景，以市场化程度、金融发展水平和法律环境为视角，考察制度环境对会计信息资本配置作用的影响。但是，制度环境具有一定的复杂性和变革性，依然存在一些其他的重要制度环境对会计信息的经济业绩产生重要影响。

近年来，中国媒体制度发生了重大变革，在大数据和移动互联网技术

“双引擎”的推动下,沟通的基础设施已经发生了巨大变化。在传统媒体步入暮年、网络媒体方兴未艾的背景下,微博、微信等网络新媒体的出现进一步推动了信息生成、交易、传播方式的变革。资本市场的信息环境已经发生了根本性改变,这对会计信息在资本配置中的作用产生了重要影响。在大数据背景下,会计信息是否如同“万绿丛中一点红”,依然是具有成本效益的信息来源,在资本配置过程中发挥不可替代性作用?会计信息的供给如何随着移动互联技术的发展进行变革?

此外,非正式制度也是制度环境中的重要方面,对资本配置以及经济社会的发展有着重要影响。现有文献对正式制度在经济管理中的作用关注较多,而对非正式制度的关注稍显不足。中国是一个地域广袤的多民族国家,各地区在风俗习惯、道德规范、伦理习惯、价值观念等方面存在着诸多差异。如果说中国各地区正式制度的差异源自改革开放后的政策不平衡性,那么非正式制度的差异则来源于长期以来世代相传、渐进演化的结果。因此,关注非正式制度和财务会计制度之间的交互作用,以及对会计信息在资本配置作用中的影响,是一个极具意义而又富有挑战性的研究项目。

(2)会计信息对内部资本配置作用的影响

在本书研究中,会计信息能够通过信息效应缓解信息问题,治理效应缓解代理问题,引导资金以恰当的方式进入合适的企业,促进资本的优化配置。从广义上而言,资本配置要经历两个阶段:一是引导外部资本进入企业,即通常所说的资本配置问题;二是当资本进入企业内部后,进一步通过管理决策等方式对企业资本再次进行配置,即内部资本配置问题。会计信息不仅仅在引导资本进入企业的过程中发挥着资本配置作用,还在企业内部资本配置的过程中同样承担着重要角色。从内部资本配置的视角而言,会计信息如何提高企业内部资本的配置效率?比如,高质量会计信息是否有助于提高营运资本管理的效率?是否有助于提高企业的投资效率?在企业集团中,会计信息是否有助于优化集团内部的资本配置?所以,进一步研究会计信息在企业内部资本配置中的作用,可以扩展会计信息经济业绩的研究领域,厘清会计信息产生经济业绩的作用机理,这对于改善会计信息的供给也具有重要意义。

(3)制度环境对会计信息资本配置作用微观机制的影响

在本书的研究中,制度环境对会计信息的资本配置作用存在重要影响,其作用可能是“互补性”的，亦有可能是“替代性”的。具体而言，在权益资本和信贷资本方面，会计信息的资本配置作用会随着制度环境的提升而增强，随着制度环境的降低而减弱；在债券资本方面，会计信息的资本配置作用会随着制度环境降低而增强。然而，本书并没有分析制度环境影响会计信息资本配置作用的微观机制。会计信息的信息效应和治理效应如何随着制度环境的差异性而改变？在权益、信贷和债券三类资本配置市场中，制度环境对会计信息微观机制的影响又是否存在共性和差异？回答这些问题有助于进一步梳理制度环境和会计信息的交互作用，促进会计信息更好地发挥作用，更加有效地促进资本配置。然而，本书分离会计信息的信息效应和治理效应所使用的中介模型依然比较粗糙，在此基础上尚无法进一步分析制度环境对会计信息微观机制的影响。因此，进一步加强对计量模型的研究设计，或者转换研究思路，利用其他的研究方法进行考察，确有必要。

参考文献

[1] Coase, R. H. Accounting and the theory of the firm[J]. *Journal of Accounting and Economics*, 1990, 12(1): 3 – 13.

[2] 逯东，孙岩，杨丹. 会计信息与资源配置效率研究述评[J]. 会计研究，2012(6): 19 – 24.

[3] North, D. C. Thomas, R. P. *The Rise of the Western World: A New Economic History*[M]. Cambridge University Press, 1973.

[4] Holthausen, R. W., Watts R L. The Relevance of The Value – relevance Literature for Financial Accounting Standard Setting[J]. *Journal of Accounting and Economics*, 2001, 31(1): 3 – 75.

[5] Healy, P. M. Palepu, K. G. Information Asymmetry, Corporate Disclosure, and The Capital Markets: A Review of The Empirical Disclosure Literature [J]. *Journal of Accounting and Economics*, 2001, 31(1): 405 – 440.

[6] Diamond, D. W. Verrecchia, R. E. Disclosure, Liquidity, and The Cost of cCapital[J]. *The journal of Finance*, 1991, 46(4): 1325 – 1359.

[7] Kim, O., Verrecchia, R. E. Trading Volume and Price Reactions to Public Announcements[J]. *Journal of Accounting Research*, 1991, 29(2): 302 – 321.

[8] Welker, M. Disclosure Policy, Information Asymmetry, and Liquidity in Equity Markets[J]. *Contemporary Accounting Research*, 1995, 11(2): 801 – 827.

[9] Healy, P. M., Hutton, A. P., Palepu K G. Stock Performance and Intermediation Changes Surrounding Sustained Increases in Disclosure[J]. *Contemporary Accounting Research*, 1999, 16(3): 485 – 520.

[10] Leuz, C., Verrecchia, R. E. The Economic Consequences of Increased Disclosure[J]. *Journal of Accounting Research*, 2000: 91 – 124.

[11] Barry, C. B., Brown, S. J. Differential Information and The Small Firm Effect[J]. *Journal of Financial Economics*, 1984, 13(2): 283-294.

[12] Barry, C., Brown, S. J. Differential Information and Security Market Equilibrium[J]. *Journal of Financial and Quantitative Analysis*, 1985, 20(4): 407-422.

[13] Botosan, C. A. Evidence That Greater Disclosure Lowers The Cost of Equity Capital[J]. *Journal of Applied Corporate Finance*, 2000, 12(4): 60-69.

[14] Botosan, C. A., Plumlee, M. A. A re-examination of Disclosure Level and the Expected Cost of Equity Capital[J]. *Journal of Accounting Research*, 2002, 40(1): 21-40.

[15] Botosan, C. A. Disclosure Level and The Cost of Equity capital[J]. *Accounting Review*, 1997: 323-349.

[16] Bhattacharya, U., Daouk, H., Welker M. The World Price of Earnings Opacity[J]. *The Accounting Review*, 2003, 78(3): 641-678.

[17] Francis, J., Lafond. R., Olsson, P. M., et al. Costs of Eequity and Earnings Attributes[J]. *The Accounting Review*, 2004, 79(4): 967-1010.

[18] Hribar, P., Jenkins. N. T. The Effect of Accounting Restatements on Earnings Revisions and The Estimated Cost of Capital[J]. *Review of Accounting Studies*, 2004, 9(2-3): 337-356.

[19] Francis, J., Lafond, R., Olsson P, et al. The Market Pricing of Accruals Quality[J]. *Journal of Accounting and Economics*, 2005, 39(2): 295-327.

[20] 叶康涛，陆正飞. 中国上市公司股权融资成本影响因素分析[J]. 管理世界，2004(5): 127-131.

[21] 汪炜，蒋高峰. 信息披露、透明度与资本成本[J]. 经济研究，2004(7): 107-114.

[22] 吴文锋，吴冲锋，芮萌. 提高信息披露质量真的能降低股权资本成本吗？[J]. 经济学(季刊)，2007(4): 1201-1216.

[23] 曾颖，陆正飞. 信息披露质量与股权融资成本[J]. 经济研究，2006(2): 69-79.

[24] 黄娟娟，肖珉. 信息披露、收益不透明度与权益资本成本[J]. 中国会计评论，2006(1): 69-84.

[25] 支晓强,何天芮. 信息披露质量与权益资本成本[J]. 中国软科学, 2010(12): 125-131.

[26] 王兵. 盈余质量与资本成本——来自中国上市公司的经验证据[J]. 管理科学, 2008(3): 67-73.

[27] 汪祥耀,叶正虹. 执行新会计准则是否降低了股权资本成本——基于我国资本市场的经验证据[J]. 中国工业经济, 2011(3): 119-128.

[28] 高芳,傅仁辉. 会计准则改革、股票流动性与权益资本成本——来自中国A股上市公司的经验证据[J]. 中国管理科学, 2012(4): 27-36.

[29] 张敏,王成方,姜付秀. 我国的信贷资源配置是有效的吗——基于我国上市公司投资效率视角的经验证据[J]. 南方经济, 2010(7): 61-71.

[30] Levine, R. Financial Development and Economic Growth: Views and Agenda[J]. *Journal of Economic Literature*, 1997, 35(2): 688-726.

[31] Davis, L. E., Huttenback, R. The Political Economy of British Imperialism: Measures of Benefits and Support[J]. *The Journal of Economic History*, 1982, 42(1): 119-130.

[32] Cull, R., Xu, L. C. Who Gets Credit? The Behavior of Bureaucrats and State Banks in Allocating Credit to Chinese State-owned Enterprises[J]. *Journal of Development Economics*, 2003, 71(2): 533-559.

[33] Allen, F., Qian, J., Qian, M. Law, Finance, and Economic Growth in China[J]. *Journal of Financial Economics*, 2005, 77(1): 57-116.

[34] Jaffee, D. M., Russell, T. Imperfect Information, Uncertainty, and Credit Rationing[J]. *The Quarterly Journal of Economics*, 1976, 90(4): 651-666.

[35] Stiglitz, J. E., Weiss, A. Credit Rationing in Markets With Imperfect Information[J]. *The American Economic Review*, 1981, 71(3): 393-410.

[36] Khwaja, A. I., Mian A. Do Lenders Favor Politically Connected Firms? Rent Provision in an Emerging Financial Market[J]. *The Quarterly Journal of Economics*, 2005, 120(4): 1371-1411.

[37] Williamson, O. E. *The Economic Institutions of Capitalism: Firms, Markets, Relational Contracting*[M]. Free Press, 1985.

[38] Sloan, R. G. Financial Accounting and Corporate Governance: A Dis-

cussion[J]. *Journal of Accounting and Economics*, 2001, 32(1): 335 -347.

[39] Kwok, H. The Effect of Cash Flow Statement Format on Lenders'Decisions[J]. *The International Journal of Accounting*, 2002, 37(3): 347 -362.

[40] Billings, B. K., Morton, R. M. The Relation Between SFAS No. 95 Cash Flows from Operations and Credit Risk[J]. *Journal of Business Finance & Accounting*, 2002, 29(5 -6): 787 -805.

[41] Beatty, A., Ramesh, K., Weber, J. The Importance of Accounting Changes in Debt Contracts: the Cost of Flexibility in Covenant Calculations[J]. *Journal of Accounting and Economics*, 2002, 33(2): 205 -227.

[42] Bharath, S. T., Sunder, J., Sunder, S. V. Accounting Quality and Debt Contracting[J]. *The Accounting Review*, 2008, 83(1): 1 -28.

[43] Graham, J. R., Li, S., Qiu, J. Corporate Misreporting and Bank Loan Contracting[J]. *Journal of Financial Economics*, 2008, 89(1): 44 -61.

[44] Costello, A. M. The Impact of Financial Reporting Quality on Debt Contracting: Evidence From Internal Control Weakness Reports[J]. *Journal of Accounting Research*, 2011, 49(1): 97 -136.

[45] 饶艳超,胡奕明. 银行信贷中会计信息的使用情况调查与分析[J]. 会计研究, 2005(4): 36 -41.

[46] 胡奕明,周伟. 债权人监督:贷款政策与企业财务状况——来自上市公司的一项经验研究[J]. 金融研究, 2006(4): 49 -60.

[47] 胡奕明,谢诗蕾. 银行监督效应与贷款定价——来自上市公司的一项经验研究[J]. 管理世界, 2005(5): 27 -36.

[48] 陆正飞,祝继高,孙便霞. 盈余管理、会计信息与银行债务契约[J]. 管理世界, 2008(3): 152 -158.

[49] 叶志锋,胡玉明. 银行能够有效识别企业的会计操纵行为吗——以中国上市公司的银行借款违约概率为视角[J]. 审计与经济研究, 2009(2): 89 -94.

[50] 姚立杰,夏冬林. 我国银行能识别借款企业的盈余质量吗? [J]. 审计研究, 2009(3): 91 -96.

[51] 于静霞. 盈余管理与银行债务融资成本的实证研究——来自A股

市场的经验证据[J]. 财政研究, 2011(11): 68 - 72.

[52] 刘浩,彭一浩,张静. 谁能获得“信用贷款”? ——贷款性质结构与会计信息质量关系研究[J]. 财贸经济, 2010(7): 26 - 34.

[53] 李旎,黎文靖. 会计准则变更提高了母公司报表的信贷决策有用性吗——基于债务期限结构的视角[J]. 当代财经. 2012(8): 120 - 129.

[54] 廖秀梅. 会计信息的信贷决策有用性:基于所有权制度制约的研究[J]. 会计研究, 2007(5): 31 - 38.

[55] 孙铮,李增泉,王景斌. 所有权性质、会计信息与债务契约——来自我国上市公司的经验证据[J]. 管理世界, 2006(10): 100 - 107.

[56] 潘克勤. 实际控制人政治身份降低债权人对会计信息的依赖吗——基于自我约束型治理视角的解释和实证检验[J]. 南开管理评论, 2009(5): 38 - 46.

[57] Lev, B. On the Usefulness of Earnings and Earnings Research: Lessons and Directions from Two Decades of Empirical Research[J]. *Journal of Accounting Research*, 1989: 153 - 192.

[58] Reiter, S. The Use of Bond Market Data in Accounting Research[J]. *Journal of Accounting Literature*, 1990, 9: 183 - 228.

[59] Easton, P. D., Monahan S. J., Vasvari F. P. Lnitial Evidence on the Role of Accounting Earnings in the Bond Market[J]. *Journal of Accounting Research*, 2009, 47(3): 721 - 766.

[60] Bhojraj, S., Swaminathan, B. How Does the Corporate Bond Market Value Capital Investments and Accruals? [J]. *Review of Accounting Studies*, 2009, 14(1): 31 - 62.

[61] Jiang, J. Beating Earnings Benchmarks and the Cost of Debt[J]. *The Accounting Review*, 2008, 83(2): 377 - 416.

[62] 张国清. 现金流量与应计利润在企业债券市场中的有用性——来自沪市的经验证据[J]. 上海立信会计学院学报, 2008(3): 46 - 52.

[63] 陈超,郭志明. 我国企业债券融资、财务风险和债券评级[J]. 当代财经, 2008(2): 39 - 48.

[64] 朱松. 债券市场参与者关注会计信息质量吗[J]. 南开管理评论, 2013(3): 16 - 25.

[65] 施丹. 会计信息在中国公司债交易市场中的有用性[J]. 首都经济贸易大学学报, 2013(1): 16-29.

[66] North, D, C. *Structure and Change in Economic History*[M]. Norton, 1981.

[67] Williamson, O. E. The New Institutional Economics: Taking Stock, Looking Ahead[J]. *Journal of Economic Literature*, 2000, 38(3): 595-613.

[68] Shirley, M. M. *Institutions and Development*[M]. Springer, 2005.

[69] Peng, M. W., Heath, P. S. The Growth of The Firm in Planned Economies in Transition: Institutions, Organizations, and Strategic Choice[J]. *Academy of Management Review*, 1996, 21(2): 492-528.

[70] Brandt, L., Li, H. Bank Discrimination in Transition Economies: Ideology, Information, or Incentives? [J]. *Journal of comparative economics*, 2003, 31(3): 387-413.

[71] 方军雄. 所有制、制度环境与信贷资金配置[J]. 经济研究, 2007(12): 82-92.

[72] 张军,金煜. 中国的金融深化和生产率关系的再检测:1987—2001[J]. 经济研究, 2005(11): 34-45.

[73] 卢峰,姚洋. 金融压抑下的法治、金融发展和经济增长[J]. 中国社会科学, 2004(1): 42-55.

[74] 代光伦,邓建平,曾勇. 金融发展、政府控制与融资约束[J]. 管理评论, 2012(5): 21-29.

[75] 沈红波,寇宏,张川. 金融发展、融资约束与企业投资的实证研究[J]. 中国工业经济, 2010(6): 55-64.

[76] Love I. Financial Development and Financing Constraints: International Evidence from The Structural Investment Model[J]. *Review of Financial Studies*, 2003, 16(3): 765-791.

[77] 解维敏,方红星. 金融发展、融资约束与企业研发投入[J]. 金融研究, 2011(5): 171-183.

[78] 李诗田,邱伟年. 政治关联、制度环境与企业研发支出[J]. 科研管理, 2015(4): 56-64.

[79] 郝颖,刘星. 市场化进程与上市公司 R&D 投资:基于产权特征视

角[J]. 科研管理, 2010(4): 81-90.

[80] 孙早,刘李华,孙亚政. 市场化程度、地方保护主义与R&D的溢出效应——来自中国工业的经验证据[J]. 管理世界, 2014(8): 78-89.

[81] 万良勇. 法治环境与企业投资效率——基于中国上市公司的实证研究[J]. 金融研究, 2013(12): 154-166.

[82] 李延喜,曾伟强,马壮,等. 外部治理环境、产权性质与上市公司投资效率[J]. 南开管理评论, 2015(1): 25-36.

[83] 刘慧龙,吴联生. 制度环境、所有权性质与企业实际税率[J]. 管理世界, 2014(4): 42-52.

[84] 任颋,茹璟,尹潇霖. 所有制性质、制度环境与企业跨区域市场进入战略选择[J]. 南开管理评论, 2015(2): 51-63.

[85] 唐跃军,左晶晶,李汇东. 制度环境变迁对公司慈善行为的影响机制研究[J]. 经济研究, 2014(2): 61-73.

[86] 李四海. 制度环境、政治关系与企业捐赠[J]. 中国会计评论, 2010(2): 161-178.

[87] 李维安,王倩. 投资者保护微观效应文献综述:基于影响机制复杂性与结果多样性的新观察[J]. 南开管理评论, 2011(6): 4-15.

[88] Rajan, R. G., Zingales, L. Financial Dependence and Growth[J]. *American Economic Review*, 1998: 559-586.

[89] 朱凯,陈信元. 金融发展、审计意见与上市公司融资约束[J]. 金融研究, 2009(7): 66-80.

[90] 廖理,李梦然,王正位. 聪明的投资者:非完全市场化利率与风险识别——来自P2P网络借贷的证据[J]. 经济研究, 2014(7): 125-137.

[91] 陈志勇,陈思霞. 制度环境、地方政府投资冲动与财政预算软约束[J]. 经济研究, 2014(3): 76-87.

[92] 张鼎祖,刘爱东. 制度环境、政府间竞争与地方审计机关效率——基于省际面板数据的空间计量分析[J]. 会计研究, 2015(3): 87-93.

[93] 张鸣,田野,陈全. 制度环境、审计供求与审计治理——基于我国证券市场中审计师变更问题的实证分析[J]. 会计研究, 2012(5): 77-85.

[94] 刘斌,王雷. 制度环境、审计市场集中度与审计质量[J]. 审计与经济研究, 2014(4): 22-29.

[95] 廖义刚,张玲,谢盛纹. 制度环境、独立审计与银行贷款——来自我国财务困境上市公司的经验证据[J]. 审计研究, 2010(2): 62 - 69.

[96] 李丹,贾宁. 盈余质量、制度环境与分析师预测[J]. 中国会计评论, 2009(4): 351 - 370.

[97] 陈维,陈伟,吴世农. 证券分析师的股票评级与内部人交易——我国证券分析师是否存在道德风险?[J]. 证券市场导报, 2014(3): 60 - 66.

[98] Akerlof, G. A. The Market for "lemons": Quality Uncertainty and The Market Mechanism[J]. *The Quarterly Journal of Economics*, 1970: 488 - 500.

[99] Jensen, M. C., Meckling, W. H. Theory of The Firm: Managerial Behavior, Agency Costs and Ownership Structure[J]. *Journal of Financial Economics*, 1976, 3(4): 305 - 360.

[100] Smith, C. W., Warner, J. B. On Financial Contracting: An Analysis of Bond Covenants[J]. *Journal of Financial Economics*, 1979, 7(2): 117 - 161.

[101] Kreps, D. M. *A Course in Microeconomic Theory*[M]. Princeton University Press Princeton, NJ, 1990.

[102] Bushman, R. M., Smith, A. J. Financial Accounting Information and Corporate Governance[J]. *Journal of Accounting and Economics*, 2001, 32(1): 237 - 333.

[103] 樊纲,王小鲁,朱恒鹏. 中国市场化指数:各地区市场化相对进程2011年报告[M]. 北京:经济科学出版社, 2011.

[104] Graham, B., Dodd, D. L. F., Cottle, S. *Security Analysis*[M]. McGraw - Hill New York, 1934.

[105] O'Glove, T. L. Quality of Earnings [Z]. Free Press New York, 1987.

[106] Dechow, P., Ge, W., Schrand C. Understanding Earnings Quality: A Review of The Proxies, Their Determinants and Their Consequences[J]. *Journal of Accounting and Economics*, 2010, 50(2): 344 - 401.

[107] Healy, P. M., Wahlen, J. M. A Review of The Earnings Management Literature and Its Implications for Standard Setting[J]. *Accounting Horizons*, 1999, 13(4): 365 - 383.

[108] Ewert, R., Wagenhofer, A. Economic Effects of Tightening Accounting Standards to Restrict Earnings Management[J]. *The Accounting Review*, 2005, 80(4): 1101-1124.

[109] Roychowdhury, S. Earnings Management Through Real Activities Manipulation[J]. *Journal of Accounting and Economics*, 2006, 42(3): 335-370.

[110] Jones, J. J. Earnings Management During Import Relief Investigations[J]. *Journal of Accounting Research*, 1991: 193-228.

[111] Dechow, P. M., Sloan, R. G., Sweeney, A. P. Detecting Earnings Management[J]. *Accounting Review*, 1995: 193-225.

[112] Dechow, P. M., Dichev, I. D. The Quality of Accruals and Earnings: The Role of Accrual Estimation Errors[J]. *The Accounting Review*, 2002, 77(s-1): 35-59.

[113] Mcnichols, M. F. Discussion of The Quality of Accruals and Earnings: The Role of Accrual Estimation Errors[J]. *The Accounting Review*, 2002, 77(s-1): 61-69.

[114] Lipe, R. The Relation Between Stock Returns and Accounting Earnings Given Alternative Information[J]. *Accounting Review*, 1990: 49-71.

[115] Leuz, C., Nanda, D., Wysocki, P. D. Earnings Management and Investor Protection: An International Comparison[J]. *Journal of Financial Economics*, 2003, 69(3): 505-527.

[116] Ball, R., Kothari, S. P., Robin, A. The Effect of International Institutional Factors on Properties of Accounting Earnings[J]. *Journal of Accounting and Economics*, 2000, 29(1): 1-51.

[117] Basu, S. The Conservatism Principle and The Asymmetric Timeliness of Earnings 1[J]. *Journal of Accounting and Economics*, 1997, 24(1): 3-37.

[118] Penman, S. H., Zhang, X. Accounting Conservatism, the Quality of Earnings, and Stock Returns[J]. *The Accounting Review*, 2002, 77(2): 237-264.

[119] Kravet, T., Shevlin, T. Accounting Restatements and Information Risk[J]. *Review of Accounting Studies*, 2010, 15(2): 264-294.

[120] Park, J. C., Wu, Q. Financial Restatements, Cost of Debt and Information Spillover: Evidence from The Secondary Loan Market[J]. *Journal of Business*

Finance & Accounting, 2009, 36(9－10): 1117－1147.

[121] Kedia, S., Philippon, T. The Economics of Fraudulent Accounting [J]. Review of Financial Studies, 2009, 22(6): 2169－2199.

[122] 夏立军. 盈余管理计量模型在中国股票市场的应用研究[J]. 中国会计与财务研究, 2003, 5(2): 94－154.

[123] Bharath, S. T., Pasquariello P., Wu, G. Does Asymmetric Information Drive Capital Structure Decisions? [J]. *Review of Financial Studies*. 2009, 22(8): 3211－3243.

[124] Lee, C. M., Mucklow, B., Ready M J. Spreads, Depths, and The Impact of 4arnings Information: An Intraday Analysis[J]. *Review of Financial Studies*, 1993, 6(2): 345－374.

[125] Chae, J. Trading Volume, Information Asymmetry, and Timing Information[J]. *The Journal of Finance*, 2005, 60(1): 413－442.

[126] Serednyakov, A. S. The Information Flows Around Bankruptcy Announcements: An Empirical Investigation[J]. *SSRN Working Paper Series*, 2005.

[127] Graham, J. R., Koski, J. L., Loewenstein, U. Information Flow and Liquidity Around Anticipated and Unanticipated Dividend Announcements * [J]. *The Journal of Business*, 2006, 79(5): 2301－2336.

[128] Desai, A. S., Nimalendran, M., Venkataraman S. Changes in Trading Activity Following Stock Splits and Their Effect on Volatility and The Adverse－Information Component of the Bid－ask Spread[J]. *Journal of Financial Research*, 1998, 21(2): 159－183.

[129] Jennings, R. Intraday Changes in Target Firms´share Price and Bid－Ask Quotes Around Takeover Announcements[J]. *Journal of Financial Research*, 1994, 17(2): 255－270.

[130] Flannery, M. J., Kwan, S. H., Nimalendran M. Market Evidence on The Opaqueness of Banking Firms' Assets[J]. *Journal of Financial Economics*, 2004, 71(3): 419－460.

[131] Heflin, F., Shaw, K. W. Blockholder Ownership and Market Liquidity [J]. *Journal of Financial and Quantitative Analysis*, 2000, 35(4): 621－633.

[132] Heflin, F. L., Shaw, K. W., Wild, J. J. Disclosure Policy and

Market Liquidity: Impact of Depth Quotes and Order Sizes[J]. *Contemporary Accounting Research*, 2005, 22(4): 829 – 865.

[133] Odders – White, E. R., Ready, M. J. Credit Ratings and Stock Liquidity[J]. *Review of Financial Studies*, 2006, 19(1): 119 – 157.

[134] Chen, Q., Goldstein, I., Jiang, W. Price Informativeness and Investment Sensitivity to Stock Price[J]. *Review of Financial Studies*, 2007, 20(3): 619 – 650.

[135] Goyenko, R. Y., Holden, C. W., Trzcinka, C. A. Do Liquidity Measures Measure Liquidity? [J]. *Journal of financial Economics*, 2009, 92(2): 153 – 181.

[136] Easley, D., Kiefer, N. M., O'Hara, M., et al. Liquidity, Information, and Infrequently Traded Stocks [J]. *The Journal of Finance*, 1996, 51 (4): 1405 – 1436.

[137] Hasbrouck, J. Trading Costs and Returns for US Equities: Estimating Effective Costs from Daily Data[J]. *The Journal of Finance*, 2009, 64(3): 1445 – 1477.

[138] Easley, D., Kiefer, N. M., O'Hara, M. One Day in The Life of A Very Common Stock[J]. *Review of Financial Studies*, 1997, 10(3): 805 – 835.

[139] Lee, C., Ready, M. J. Inferring Trade Direction from Intraday Data[J]. *The Journal of Finance*, 1991, 46(2): 733 – 746.

[140] 宋渊洋,刘勰. 中国各地区制度环境测量的最新进展与研究展望[J]. 管理评论, 2015(2): 3 – 12.

[141] North, D. C. *Institutions, Institutional Change and Economic Performance*[M]. Cambridge University Press, 1990.

[142] Scott, W. R. *Institutions and Organizations*[M]. Sage Thousand Oaks, CA, 1995.

[143] Peng, M. W., Sun, S. L., Pinkham, B., et al. The Institution – Based View as a Third Leg for a Strategy Tripod. [J]. *The Academy of Management Perspectives*, 2009, 23(3): 63 – 81.

[144] Busenitz, L. W., Gomez, C., Spencer, J. W. Country Institutional Profiles: Unlocking Entrepreneurial Phenomena[J]. *Academy of Management*

journal, 2000, 43(5): 994 - 1003.

[145] Gaur, A. S., Lu, J. W. Ownership Strategies and Survival of Foreign Subsidiaries: Impacts of Institutional Distance and Experience[J]. *Journal of Management*, 2007, 33(1): 84 - 110.

[146] Xu, D., Pan, Y., Beamish P W. The Effect of Regulative and Normative Distances on MNE Ownership and Expatriate Strategies[J]. *MIR: Management International Review*, 2004: 285 - 307.

[147] Ghemawat, P. Distance Still Matters[J]. *Harvard Business Review*, 2001, 79(8): 137 - 147.

[148] Pattnaik, C. Do Institutional Quality and Institutional Distance Impact Subsidiary Performance? [C]. Academy of Management, 2007.

[149] Bae, J., Salomon, R. M. Institutional Distance in International Business Research[J]. *Advances in International Management: The Past, Present and Future of International Business and Management*, 2010, 23.

[150] Berry, H., Guillén, M. F., Zhou, N. An Institutional Approach to Cross - national Distance[J]. *Journal of International Business Studies*, 2010, 41(9): 1460 - 1480.

[151] 孙铮,刘凤委,李增泉. 市场化程度、政府干预与企业债务期限结构——来自我国上市公司的经验证据[J]. 经济研究, 2005(5): 52 - 63.

[152] Firth, M., Lin, C., Liu. P., et al. Inside The Black Box: Bank Credit Allocation in China's Private Sector[J]. *Journal of Banking & Finance*, 2009, 33(6): 1144 - 1155.

[153] Wang, T., Song, M. Are Founder Directors Detrimental to New Ventures at Initial Public Offering? [J]. *Journal of Management*, 2013: 850367628.

[154] Gao, G. Y., Murray, J. Y., Kotabe, M., et al. A "Strategy Tripod" Perspective on Export Behaviors: Evidence from Dmestic and Foreign Firms Based in an Emerging Economy[J]. *Journal of International Business Studies*, 2010, 41(3): 377 - 396.

[155] 丁烈云,刘荣英. 制度环境、股权性质与高管变更研究[J]. 管理科学, 2008(6): 47 - 56.

[156] Wang, H., Qian, C. Corporate Philanthropy and Corporate Finan-

cial Performance: The Roles of Stakeholder Response and Political Access[J]. *Academy of Management Journal*, 2011, 54(6): 1159-1181.

[157] 蒋春燕,赵曙明. 公司企业家精神制度环境的地区差异——15个国家高新技术产业开发区企业的实证研究[J]. 经济科学, 2010(6): 101-114.

[158] 刘行,叶康涛. 金融发展、产权与企业税负[J]. 管理世界, 2014(3): 41-52.

[159] 黄志忠,谢军. 宏观货币政策、区域金融发展和企业融资约束——货币政策传导机制的微观证据[J]. 会计研究, 2013(1): 63-69.

[160] 沈红波,廖冠民,曹军. 金融发展、产权性质与上市公司担保融资[J]. 中国工业经济, 2011(6): 120-129.

[161] 张璟,沈坤荣. 地方政府干预、区域金融发展与中国经济增长方式转型——基于财政分权背景的实证研究[J]. 南开经济研究, 2008(6): 122-141.

[162] 郑志刚,邓贺斐. 法律环境差异和区域金融发展——金融发展决定因素基于我国省级面板数据的考察[J]. 管理世界, 2010(6): 14-27.

[163] 唐松,杨勇,孙铮. 金融发展、债务治理与公司价值——来自中国上市公司的经验证据[J]. 财经研究, 2009(6): 4-16.

[164] 金祥荣,茹玉骢,吴宏. 制度、企业生产效率与中国地区间出口差异[J]. 管理世界, 2008(11): 65-77.

[165] 世界银行,著. 政府治理、投资环境与和谐社会——中国120个城市竞争力的提升[M]. 北京:中国财政经济出版社, 2006.

[166] 万华林,陈信元. 治理环境、企业寻租与交易成本——基于中国上市公司非生产性支出的经验证据[J]. 经济学(季刊), 2010(2): 553-570.

[167] 余明桂,潘红波. 政治关系、制度环境与民营企业银行贷款[J]. 管理世界, 2008(8): 9-21.

[168] 樊纲,王小鲁. 中国市场化指数——各地区市场化相对进程报告2000年[M]. 北京:经济科学出版社, 2001.

[169] 樊纲,王小鲁. 中国市场化指数——各地区市场化相对进程报告2001年[M]. 北京:经济科学出版社, 2003.

[170] 樊纲,王小鲁. 中国市场化指数——各地区市场化相对进程2004年度报告[M]. 北京:经济科学出版社, 2004.

[171] 樊纲,王小鲁,朱恒鹏. 中国市场化指数——各地区市场化相对进程2006年度报告[M]. 北京:经济科学出版社, 2007.

[172] 樊纲,王小鲁,朱恒鹏. 中国市场化指数——各省区市场化相对进程2009年度报告[M]. 北京:经济科学出版社, 2010.

[173] 王彦超,林斌,辛清泉. 市场环境、民事诉讼与盈余管理[J]. 中国会计评论, 2008(1): 21-40.

[174] 夏立军,方轶强. 政府控制、治理环境与公司价值——来自中国证券市场的经验证据[J]. 经济研究, 2005(5): 40-51.

[175] 余明桂,潘红波. 政府干预、法治、金融发展与国有企业银行贷款[J]. 金融研究, 2008(9): 1-22.

[176] 徐光伟,刘星. 制度环境对国有企业资本结构影响的实证研究[J]. 软科学, 2010(5): 90-94.

[177] 肖珉. 法的建立、法的实施与权益资本成本[J]. 中国工业经济, 2008(3): 40-48.

[178] 徐浩萍,吕长江. 政府角色、所有权性质与权益资本成本[J]. 会计研究, 2007(6): 61-67.

[179] 王俊秋. 政治关联、盈余质量与权益资本成本[J]. 管理评论, 2013(10): 80-90.

[180] Hail, L., Leuz, C. International Differences in the Cost of Equity Capital: Do Legal Institutions and Securities Regulation Matter? [J]. *Journal of Accounting Research*, 2006, 44(3): 485-531.

[181] 沈艺峰,肖珉,黄娟娟. 中小投资者法律保护与公司权益资本成本[J]. 经济研究, 2005(6): 115-124.

[182] 肖珉,沈艺峰. 跨地上市公司具有较低的权益资本成本吗?——基于"法与金融"的视角[J]. 金融研究, 2008(10): 93-103.

[183] Fu, R., Kraft, A., Zhang, H. Financial Reporting Frequency, Information Asymmetry, and The Cost of Equity[J]. *Journal of Accounting and Economics*, 2012, 54(2): 132-149.

[184] Liangliang, W. Real Activities Earnings Management and Cost of Equity Capital[J]. *Journal of Management*, 2013(5): 9.

[185] Chen, S., Harris, L., Li, W., et al. How Does XBRL Affect the

Cost of Equity Capital? Evidence from an Emerging Market[J]. *Journal of International Accounting Research*, 2015, 14(2): 123 - 145.

[186] King, R. G, Levine, R. Finance and Growth: Schumpeter Might Be Right[J]. *The Quarterly Journal of Economics*, 1993: 717 - 737.

[187] Huang, Y. Selling China: *Foreign Direct Investment During The Reform Era*[M]. Penguin Group, 2003.

[188] 赵奇伟. 东道国制度安排、市场分割与 FDI 溢出效应:来自中国的证据[J]. 经济学(季刊), 2009(3): 891 - 924.

[189] 李青原,李江冰,江春,等. 金融发展与地区实体经济资本配置效率——来自省级工业行业数据的证据[J]. 经济学(季刊), 2013(2): 527 - 548.

[190] 刘广瑞,杨汉明,张志宏. 金融发展、非正规金融与房地产企业资本配置效率[J]. 投资研究, 2014(8): 71 - 84.

[191] La Porta, R., Lopez - De - Silanes, F., Shleifer, A., et al. Law and Finance[J]. *The Journal of Political Economy*, 1998, 106(6): 1113 - 1155.

[192] La Porta, R., Lopez - De - Silanes, F., Shleifer, A., et al. Legal Determinants of External Finance[J]. *Journal of Finance*, 1997: 1131 - 1150.

[193] La Porta, R., Lopez - De - Silanes, F., Zamarripa, G. Related Lending[J]. *The Quarterly Journal of Economics*, 2003, 118(1): 231 - 268.

[194] Pistor, K., Xu, C. Governing Stock Markets in Transition Economies: Lessons From China[J]. *American Law and Economics Review*, 2005, 7(1): 184 - 210.

[195] Sharpe, W. F. Capital Asset Prices: A Theory of Market Equilibrium Under Conditions of Risk[J]. *The Journal of Finance*, 1964, 19(3): 425 - 442.

[196] Fama, E. F., French, K. R. Common Risk Factors in the Returns on Stocks and Bonds[J]. *Journal of Financial Economics*, 1993, 33(1): 3 - 56.

[197] Goldenberg, D. H., Robin, A. J. The Arbitrage Pricing Theory and Cost - of - Capital Estimation: The Case of Electric Utilities[J]. *Journal of Financial Research*, 1991, 14(3): 181 - 196.

[198] Bower, D. H., Bower, R. S, Logue, D. E. Arbitrage Pricing Theory and Utility Stock Returns[J]. *The Journal of Finance*, 1984, 39(4): 1041 - 1054.

[199] Elton, E. J., Gruber, M. J., Mei, J. *Cost of Capital Using Arbitrage Pricing Theory: A Case Study of Nine New York Utilities*[M]. Blackwell, 1994.

[200] Fama, E. F., French, K. R. The Cross-section of Expected Stock Returns[J]. *The Journal of Finance*, 1992, 47(2): 427-465.

[201] Lakonishok, J., Shapiro, A. C. Systematic Risk, Total Risk and Size as Determinants of Stock Market Returns[J]. Journal of Banking & Finance, 1986, 10(1): 115-132.

[202] Fama, E. F., French, K. R. Industry Costs of Equity[J]. *Journal of Financial Economics*, 1997, 43(2): 153-193.

[203] Edwin, J. E. Expected Return, Realized Return and Asset Pricing Tests[J]. *Journal of Finance*, 1999(4): 1199-1220.

[204] Pastor, L. Stambaugh, R. F. Costs of Equity Capital and Model Mispricing[J]. *Journal of Finance*, 1999, 54(1): 67-121.

[205] 姜付秀，陆正飞. 多元化与资本成本的关系——来自中国股票市场的证据[J]. 会计研究，2006(6): 48-55.

[206] 沈红波. 市场分割、跨境上市与预期资金成本——来自 Ohlson-Juettner 模型的经验证据[J]. 金融研究，2007(2): 146-155.

[207] 蒋琰. 权益成本、债务成本与公司治理：影响差异性研究[J]. 管理世界，2009(11): 144-155.

[208] 沈洪涛，游家兴，刘江宏. 再融资环保核查、环境信息披露与权益资本成本[J]. 金融研究，2010(12): 159-172.

[209] 许慧. 会计盈余波动性的经济后果——基于权益资本成本的研究[J]. 财会通讯，2011(6): 6-8.

[210] 罗进辉. 媒体报道对权益成本和债务成本的影响及其差异——来自中国上市公司的经验证据[J]. 投资研究，2012(9): 95-112.

[211] Easton, P. *Estimating the Cost of Capital Implied by Market Prices and Accounting Data*[M]. Now Publishers Inc, 2009.

[212] Pastor, L., Sinha, M., Swaminathan, B. Estimating The Intertemporal Risk-return Tradeoff using The Implied Cost of Capital[J]. *The Journal of Finance*, 2008, 63(6): 2859-2897.

[213] Lee, C., Ng, D., Swaminathan, B. Testing International Asset Pri-

cing Models using Implied Costs of Capital[J]. *Journal of Financial and Quantitative Analysis*, 2009, 44(2): 307 -335.

[214] Chava, S., Purnanandam, A. Is Default Risk Negatively Related to Stock Returns? [J]. *Review of Financial Studies*, 2010: 107.

[215] Lee, C. M., So, E. Wang, C. C. Evaluating Implied Cost of Capital Estimates[J]. *SSRN eLibrary*, 2010(6): 51.

[216] Gordon, J. R., Gordon, M. J. The Finite Horizon Expected Return Model[J]. *Financial Analysts Journal*, 1997: 52 -61.

[217] Gebhardt, W. R., Lee, C. M., Swaminathan, B. Toward an Implied Cost of Capital[J]. *Journal of Accounting Research*, 2001, 39(1): 135 -176.

[218] Claus, J., Thomas, J. Equity Premia as Low as Three Percent? Evidence from Analysts'Earnings Forecasts for Domestic and International Stock Markets[J]. *Journal of Finance*, 2001: 1629 -1666.

[219] Easton, P. D., PE Ratios, PEG Ratios, and Estimating The Implied Expected Rate of Return on Equity Capital[J]. *The Accounting Review*, 2004, 79(1): 73 -95.

[220] 毛新述，叶康涛，张頔. 上市公司权益资本成本的测度与评价——基于我国证券市场的经验检验[J]. 会计研究，2012(11): 12 -22.

[221] Ohlson, J. A., Juettner - Nauroth, B. E. Expected EPS and EPS Growth as Determinantsof value[J]. *Review of Accounting Studies*, 2005, 10(2 -3): 349 -365.

[222] Ohlson, J. A., On Accounting - Based Valuation Formulae[J]. *Review of Accounting Studies*, 2005, 10(2 -3): 323 -347.

[223] Bhattacharya, N., Desai, H., Venkataraman, K. Does Earnings Quality Affect Information Asymmetry? Evidence from Trading Costs[J]. *Contemporary Accounting Research*, 2013, 30(2): 482 -516.

[224] Boubakri, N., Guedhami, O., Mishra, D., et al. Political Connections and The Cost of Equity Capital[J]. *Journal of Corporate Finance*, 2012, 18(3): 541 -559.

[225] Dhaliwal, D., Judd, J. S. Serfling, M., et al. Customer Concentration Risk and Rhe Cost of Rquity Capital[J]. *Journal of Accounting and Eco-*

nomics, 2015.

[226] Guedhami, O., Mishra, D. Excess Control, Corporate Governance and Implied Cost of Equity: International Evidence [J]. *Financial Review*, 2009, 44(4): 489 - 524.

[227] Lambert, R. A. Leuz, C., Verrecchia, R. E. Information Asymmetry, Information Precision, and The Cost of Capital [J]. *Review of Finance*, 2012, 16(1): 1 - 29.

[228] 于蔚,汪淼军,金祥荣. 政治关联和融资约束:信息效应与资源效应[J]. 经济研究,2012(9): 125 - 139.

[229] Cleary, S. The Relationship between Firm Investment and Financial Status[J]. *Journal of Finance*, 1999: 673 - 692.

[230] Efron, B., Tibshirani, R. J. *An Introduction to The Bootstrap* [M]. CRC Press, 1994.

[231] 连玉君,苏治,丁志国. 现金 - 现金流敏感性能检验融资约束假说吗? [J]. 统计研究,2008(10): 92 - 99.

[232] 韩少真,李辽宁,潘颖. 财务重述、金融发展与融资约束——基于现金—现金流敏感性的分析[J]. 投资研究,2015(11): 64 - 78.

[233] 刘慧龙,王成方,吴联生. 决策权配置、盈余管理与投资效率[J]. 经济研究,2014(8): 93 - 106.

[234] 韩少真,潘颖,张晓明. 公司治理水平与经营业绩——来自中国A股上市公司的经验证据[J]. 中国经济问题,2015(1): 50 - 62.

[235] Bester, H. The Role of Collateral in Credit Markets with Imperfect Information[J]. *European Economic Review*, 1987, 31(4): 887 - 899.

[236] Brookfield, D., Ormrod, P. Credit Agency Regulation and The Impact of Credit Ratings in The International Bond Market[J]. *The European Journal of Finance*, 2000, 6(4): 311 - 331.

[237] Ohlson, J. A. Financial Ratios and The Probabilistic Prediction of Bankruptcy[J]. *Journal of Accounting Research*, 1980: 109 - 131.

[238] Altman, E. I. Financial Ratios, Discriminant Analysis and The Prediction of Corporate Bankruptcy [J]. *The Journal of Finance*, 1968, 23 (4): 589 - 609.

[239] 孙铮,刘凤委,汪辉. 债务, 公司治理与会计稳健性[J]. 中国会计与财务研究,2006, 7(2): 112 - 173.

[240] Watts, R. L., Zimmerman, J. L. Positive Accounting Theory: A Ten Year Perspective[J]. Accounting Review, 1990: 131 - 156.

[241] Fan, J. P., Titman, S., Twite, G. An International Comparison of Capital Structure and Debt Maturity Choices[J]. *Journal of Financial and Quantitative Analysis*, 2012, 47(1): 23 - 56.

[242] Pagano, M. Financial Markets and Growth: An Overview[J]. *European Economic Review*, 1993, 37(2): 613 - 622.

[243] Guzman, M. G. Bank Structure, Capital Accumulation and Growth: A Simple Macroeconomic Model[J]. *Economic Theory*, 2000, 16(2): 421 - 455.

[244] Fields, L. P., Fraser, D. R. Subrahmanyam, A. Board Quality and The Cost of Debt Capital: The Case of Bank Loans[J]. *Journal of Banking & Finance*, 2012, 36(5): 1536 - 1547.

[245] Pittman, J. A., Fortin, S. Auditor Choice and The Cost of Debt Capital for Newly Public Firms[J]. *Journal of Accounting and Economics*, 2004, 37(1): 113 - 136.

[246] Anginer, D. Mansi, S., Warburton, A. J., et al. Firm Reputation and the Cost of Debt Capital[J]. *Available at SSRN 1873803*, 2015.

[247] Billett, M. T., Hribar, P., Liu, Y. Shareholder - manager Alignment and The Cost of Debt[J]. *Available at SSRN 958991*, 2015.

[248] 齐寅峰,李礼. 企业债券评级之研究综述[J]. 经济与管理研究, 2006(9): 12 - 17.

[249] 刘娥平,施燕平. 盈余管理、公司债券融资成本与首次信用评级[J]. 管理科学, 2014(5): 91 - 103.

[250] 施丹. 会计信息在中国公司债交易市场中的有用性[J]. 首都经济贸易大学学报, 2013(1): 16 - 29.

[251] 王博森,施丹. 市场特征下会计信息对债券定价的作用研究[J]. 会计研究,2014(4): 19 - 26.

[252] Ho, C., Rao, R. P. Bond Ratings and Their Determinants in A Changing Environment[J]. *Journal of Applied Business Research* (*JABR*), 2011, 9

(1): 132 – 139.

[253] Fischer, P. E., Verrecchia, R. E. The Effect of Limited Liability on The Market Response to Disclosure [J]. *Contemporary Accounting Research*, 1997, 14(3).

[254] Khurana, I. K., Raman, K. K. Are Fundamentals Priced in the Bond Market? [J]. *Contemporary Accounting Research*, 2003, 20(3): 465 – 494.

[255] Kisgen, D. J. Credit Ratings and Capital Structure[J]. *The Journal of Finance*, 2006, 61(3): 1035 – 1072.

[256] Millon, M. H., Thakor, A. V. Moral Hazard and Information Sharing: A Model of Financial Information Gathering Agencies[J]. *The Journal of Finance*, 1985, 40(5): 1403 – 1422.

[257] Horrigan, J. O. The Determination of Long – term Credit Standing with Financial Ratios[J]. *Journal of Accounting Research*, 1966: 44 – 62.

[258] Pinches, G. E., Mingo, K. A. A Multivariate Analysis of Industrial Bond Ratings[J]. *The Journal of Finance*, 1973, 28(1): 1 – 18.

[259] Pinches, G. E., Mingo, K. A. The Role of Subordination and Industrial Bond Ratings[J]. The Journal of Finance, 1975, 30(1): 201 – 206.

[260] Bradley, M., Roberts, M. R. The Structure and Pricing of Corporate Debt Covenants[J]. The Quarterly Journal of Finance, 2015: 1550001.

[261] Bae, S. C., Klein, D. P., Padmaraj, R. Event Risk Bond Covenants, Agency Costs of Debt and Equity, and Stockholder Wealth[J]. *Financial Management*, 1994: 28 – 41.

[262] 陈超,李镕伊. 债券融资成本与债券契约条款设计[J]. 金融研究, 2014(01): 44 – 57.

[263] Frankel, R. M., Litov, L. P. Financial Accounting Characteristics and Debt Covenants[J]. *Available at SSRN 978711*, 2007.

[264] 高强,邹恒甫. 企业债券与公司债券的信息有效性实证研究[J]. 金融研究, 2010(7): 99 – 117.

[265] 王国刚. 论“公司债券”与“企业债券”的分立[J]. 中国工业经济, 2007(2): 5 – 11.

[266] Mansi, S. A., Maxwell, W. F., Miller, D. P. Analyst Forecast Charac-

teristics and The Cost of Debt[J]. *Review of Accounting Studies*, 2011, 16(1): 116-142.

[267] Zhang,J. The Contracting Benefits of Accounting Conservatism to Lenders and Borrowers[J]. *Journal of Accounting and Economics*, 2008, 45(1): 27-54.

[268] Wittenberg-Moerman,R. The Role of Information Asymmetry and Financial Reporting Quality in Debt Trading: Evidence from The Secondary Loan Market[J]. *Journal of Accounting and Economics*, 2008, 46(2): 240-260.

[269] Campbell, J. Y., Taksler, G. B. Equity Volatility and Corporate Bond Yields[J]. *The Journal of Finance*, 2003, 58(6): 2321-2350.

[270] Helwege, J., Huang, J., Wang, Y. Liquidity Effects in Corporate Bond Spreads[J]. *Journal of Banking & Finance*, 2014 (45): 105-116.

[271] Huang, J. Huang, M. How Much of the Corporate-treasury Yield Spread is Due to Credit risk? [J]. *Review of Asset Pricing Studies*, 2012, 2(2): 153-202.

[272] Kalimipalli, M., Nayak, S., Perez, M. F. Dynamic Effects of Idiosyncratic Volatility and Liquidity on Corporate Bond Spreads[J]. *Journal of Banking & Finance*, 2013, 37(8): 2969-2990.

[273] Demirtas, K. O., Cornaggia, K. R. Initial Credit Ratings and Earnings Management[J]. *Review of Financial Economics*, 2013, 22(4): 135-145.

[274] Ashbaugh-Skaife, H., Collins, D. W., Lafond, R. The Effects of Corporate Governance on Firms' Credit Ratings[J]. *Journal of Accounting and Economics*, 2006, 42(1): 203-243.

附　录

附录一:会计信息质量测量代码——STATA 程序

```
global mypath E:\STATA_DOCTOR\EQ
cd $mypath
use "E:\STATA_WORK\GTA2014\GTA2014.dta", clear
*******************************
* 模型 1 dechow 修正 jones
*******************************
*******************************
*变量构建
local SIZE L.a001000000
gen TA = (b002000000 - c001000000)/`SIZE'//净利润 与 经营活动现金
gen REV = D.b001101000/`SIZE'// 营业收入增长额
gen PPE = a001212000/`SIZE'// 固定资产净额
gen AA = 1/`SIZE'// 资产的倒数
gen REC = D.a001111000/`SIZE'// 应收账款净额增长额
gen IND = nindcd_new_co //行业代码取两位
*******************************
*定义样本区间
keep if year >=2007 & year <=2014
tab year
```

```
drop if strmatch(stknme_ipo," * B * ") = =1 //删除 B 股
drop if nindcd_new_co = = "I" // 删除金融行业公司
 * 删除缺漏值
global MVAR TA AA REV PPE REC IND
sum  $ MVAR
egen m_miss  =  rmiss( $ MVAR)
tab m_miss
drop if m_miss ！  = 0
tab year
 * 每年度每个行业至少保留 15 家公司
    bysort IND year: egen num_IND  =  count(stkcd)
keep if num_IND  > =15   // Roychowdhury(2006, p. 349)
/ *
 * 缩尾处理
local vv "LAD REV_LA REC_LA PPE_LA TA_LA"
foreach v of varlist `vv´{
  winsor `v´,gen(`v´_w) p(0.01)
  drop `v´
  rename `v´_w `v´
}
 * /
* * * * * * * * * * * * * * * * * * * * * * * * * * * * * * * * *
* -5 分组回归
statsby _b _se e(r2) e(r2_a) e(df_m) e(df_r) e(F) e(N), ///
    by(year IND) saving(DATA_PR\\EARN_EFF. dta, replace): ///
    regress TA AA REV PPE,noconstant
* * * * * * * * * * * * * * * * * * * * * * * * * * * * * * * * *
* -6 合并回归系数  计算盈余管理
merge m:1 year IND using DATA_PR\\EARN_EFF. dta
 * 琼斯模型
gen NDA_1  =  _b_AA * AA  +  _b_REV * REV  +  _b_PPE * PPE
```

```
gen DA_1 = TA - NDA_1
replace DA_1 = abs(DA_1)
*修正琼斯模型
gen NDA_2 = _b_AA * AA + _b_REV * (REV - REC) + _b_PPE * PPE
gen DA_2 = TA - NDA_2
replace DA_2 = abs(DA_2)
foreach v of varlist *DA* {
winsor `v',gen(`v'_w) p(0.01)
drop `v'
rename `v'_w `v'
}
sum DA*,d
keep stkcd year DA_*
save DATA_PR\\EQ.dta,replace
exit
```

附录二:会计信息质量分行业分年度估计结果

基于修正的琼斯模型,利用中国上市公司的数据,对模型(4.1)进行分行业分年度回归。依据行业和年度交互构成的组别,共计回归158次。各组别回归结果如附表2-1所示。表中各列依次表示:年度、行业、资产倒数的回归系数、营收变动的回归系数、固定资产的回归系数、拟合优度、F统计量、样本数量。

附表2-1　会计信息质量分行业分年度回归结果

年度	行业	1/A	ΔREV/A	PPE/A	r2	F	N
2007	A	111545504	0.3883	-0.2674	0.3550	4.4033	27
2007	B	8379909	0.0141	-0.1158	0.2218	3.6105	41
2007	C0	-11753043	0.0781	-0.1135	0.5335	22.4894	62
2007	C1	138060864	0.7360	-0.4635	0.6911	33.5557	48
2007	C3	-27718804	-0.0840	0.0312	0.1267	1.0635	25
2007	C4	13797257	0.0243	-0.0576	0.0435	2.0640	139
2007	C5	18767316	-0.0140	-0.0414	0.0405	0.7316	55
2007	C6	2491557	0.1008	-0.0922	0.2377	12.2660	121
2007	C7	31849070	0.0208	-0.0532	0.0632	4.4556	201
2007	C8	7109450	0.0293	-0.0433	0.0229	0.7434	98
2007	D	-8096468	0.0337	-0.0791	0.4491	17.6624	68
2007	E	21702154	0.0620	-0.1400	0.0451	0.3937	28
2007	F	-11491103	0.0686	-0.0440	0.1564	3.6453	62
2007	G	16633034	-0.0160	-0.0652	0.0239	0.5882	75
2007	H	15064815	0.0006	-0.1347	0.0727	2.4842	98
2007	J	59498928	-1.2772	0.2054	0.9944	7200.8535	124
2007	K	10521147	-0.1746	-0.0525	0.1022	1.5933	45
2007	L	-18472764	0.0193	-0.0827	0.3338	2.6723	19
2007	M	42068528	0.0347	-0.0813	0.2165	4.3301	50
2008	A	7617101	0.0924	-0.1103	0.1019	0.9076	27
2008	B	12633719	-0.0156	-0.1111	0.2433	5.1441	51
2008	C0	-18126212	-0.0222	-0.0441	0.0515	1.1408	66

续表

年度	行业	1/A	ΔREV/A	PPE/A	r2	F	N
2008	C1	-13607852	0.0287	-0.1062	0.3363	8.1056	51
2008	C3	27608520	0.0720	-0.1615	0.5824	10.6919	26
2008	C4	-17583746	0.1209	-0.1220	0.2913	20.4169	152
2008	C5	14071263	0.1788	-0.1558	0.3272	11.0234	71
2008	C6	-14478749	0.0460	-0.1046	0.2115	11.5332	132
2008	C7	1702518	0.0547	-0.0380	0.0245	1.8454	223
2008	C8	-20090696	0.0400	-0.0583	0.1305	4.8549	100
2008	D	15690194	0.5980	-0.1334	0.5076	22.6805	69
2008	E	20473106	-0.1083	-0.0263	0.0764	0.8270	33
2008	F	159397776	0.1871	-0.1346	0.9346	299.8665	66
2008	G	145294	-0.0920	-0.0280	0.0874	2.5216	82
2008	H	3332286	-0.0541	-0.1124	0.2118	8.6862	100
2008	J	45792944	-0.1148	-2.5682	0.7398	118.4570	128
2008	K	192448	0.0460	-0.0969	0.2932	6.6369	51
2008	L	19436488	0.2787	-0.3009	0.7543	18.4192	21
2008	M	28834264	0.1944	-0.1894	0.4044	10.6387	50
2009	A	-26850076	-0.0851	-0.0219	0.1152	1.0848	28
2009	B	-3517427	0.0819	-0.1744	0.7270	43.4897	52
2009	C0	17158392	0.0380	-0.1062	0.0662	1.4881	66
2009	C1	5730145	0.0602	-0.0821	0.2039	4.1837	52
2009	C3	31357050	0.2222	-0.0997	0.4498	7.0857	29
2009	C4	-41499040	0.1506	0.0005	0.2237	15.1743	161
2009	C5	40783960	0.2570	-0.1874	0.4110	16.5149	74
2009	C6	-54532396	0.0274	-0.0354	0.2848	17.1238	132
2009	C7	-11175129	0.0394	-0.0710	0.0629	5.2102	236
2009	C8	-66475	-0.0313	-0.0832	0.0385	1.2943	100
2009	C9	8965482	0.3484	-0.2069	0.7991	15.9131	15
2009	D	-28011464	-0.1498	-0.0789	0.3928	14.4474	70
2009	E	-27357812	-0.0482	-0.0190	0.0494	0.5196	33
2009	F	-8312854	-0.0406	-0.0572	0.2295	6.0576	64
2009	G	-2096919	0.0035	-0.0844	0.0453	1.2970	85

续表

年度	行业	1/A	ΔREV/A	PPE/A	r2	F	N
2009	H	25944158	-0.0233	-0.1642	0.1538	6.1176	104
2009	J	169865888	0.8753	-3.3709	0.9999	804753.6875	125
2009	K	-2526070	-0.2846	-0.1477	0.4076	11.2374	52
2009	L	71551464	0.4625	-0.4720	0.4111	4.4217	22
2009	M	5828500	-0.1552	-0.6020	0.1601	2.8590	48
2010	A	-14488755	0.1872	0.0502	0.1457	1.5346	30
2010	B	17811110	-0.0026	-0.0400	0.0560	1.0080	54
2010	C0	-12464365	0.0341	0.0265	0.1466	3.8374	70
2010	C1	18384356	0.1692	-0.1221	0.1234	2.4397	55
2010	C3	10895182	0.0865	-0.0744	0.0687	0.7620	34
2010	C4	17203752	0.0314	-0.0550	0.0610	3.6194	170
2010	C5	40524168	0.0218	-0.1691	0.9576	587.6607	81
2010	C6	10267549	-0.1411	0.0256	0.6122	73.1289	142
2010	C7	6273852	0.0296	0.0058	0.0486	4.6465	276
2010	C8	5246651	0.0329	-0.0368	0.3269	17.6488	112
2010	C9	-378409536	1.0359	0.4482	0.9634	131.5690	18
2010	D	-32302562	-0.0253	-0.0459	0.5185	24.7627	72
2010	E	-66492340	0.0752	0.0790	0.1024	1.2932	37
2010	F	-51889640	0.0309	-0.0783	0.5294	24.0003	67
2010	G	909132	-0.0149	0.1454	0.0329	1.2372	112
2010	H	26128554	0.0467	-0.2111	0.0698	2.6504	109
2010	J	-10832932	0.0548	0.3460	0.1033	4.7607	127
2010	K	-2749877	0.0100	-0.0687	0.0878	1.7319	57
2010	L	-40024128	-0.0421	-0.0900	0.2870	2.8172	24
2010	M	196856272	0.5493	-0.3449	0.5280	16.4096	470
2011	A	18092636	0.0068	-0.0103	0.0328	0.4291	41
2011	B	9021427	0.0015	-0.0976	0.5722	24.9710	59
2011	C0	50902964	0.0057	-0.1115	0.0992	2.9002	82
2011	C1	6427477	0.1073	-0.0448	0.0684	1.4929	64
2011	C3	-21848262	0.2402	-0.0483	0.1107	1.4103	37
2011	C4	50067600	0.0022	-0.0550	0.1842	15.8012	213

续表

年度	行业	1/A	ΔREV/A	PPE/A	r2	F	N
2011	C5	23990490	0.2414	−0.1005	0.2842	15.0888	117
2011	C6	4741258	0.0061	−0.0306	0.0141	0.8080	173
2011	C7	22747036	0.0909	0.0558	0.3600	68.4258	368
2011	C8	5620997	0.1594	−0.0083	0.1016	4.8267	131
2011	C9	1349943040	−0.1060	−4.8288	0.9360	92.5551	22
2011	D	−3259440	−0.0791	−0.0579	0.6104	37.0753	74
2011	E	5069962	0.1329	0.0998	0.0634	0.8578	41
2011	F	−16070126	−0.0241	−0.0433	0.2114	6.2533	73
2011	G	−11901758	0.3957	0.0153	0.9486	940.4192	156
2011	H	12716201	−0.0007	−0.1598	0.0851	3.5330	117
2011	J	170100528	0.4654	−3.8734	0.9944	7419.0850	129
2011	K	1137156	0.2685	−0.1874	0.6272	36.4553	68
2011	L	25000342	0.0679	−0.1869	0.4960	8.5305	29
2011	M	4118109	0.0751	0.0190	0.0448	0.7199	49
2012	A	20249158	−0.0059	−0.0739	0.0532	0.7116	41
2012	B	86306640	0.0198	−0.0747	0.6418	34.6458	61
2012	C0	20667962	0.0232	−0.1026	0.1460	5.0163	91
2012	C1	2500739	0.1167	−0.0905	0.1623	4.2633	69
2012	C3	95505528	0.0401	−0.1137	0.0722	1.0124	42
2012	C4	1060832	0.1319	−0.0377	0.1488	14.1590	246
2012	C5	69595984	0.2528	−0.2892	0.3523	24.2991	137
2012	C6	18505832	0.0282	−0.0932	0.8698	418.7667	191
2012	C7	11424064	0.0379	−0.0424	0.0768	12.0394	437
2012	C8	8343788	0.1670	−0.0403	0.1696	9.5285	143
2012	C9	−22666420	0.0694	−0.1084	0.2801	2.7230	24
2012	D	−16934832	0.2205	−0.1032	0.9017	220.2046	75
2012	E	95137224	0.0905	−0.0372	0.3059	6.7577	49
2012	F	53240160	−0.0785	−0.0637	0.1484	4.2415	76
2012	G	755714	0.0882	−0.0148	0.0959	6.4026	184
2012	H	2862794	0.0298	−0.1285	0.0965	4.3062	124
2012	J	16921522	−0.1304	0.2529	0.1506	7.5038	130

续表

年度	行业	1/A	ΔREV/A	PPE/A	r2	F	N
2012	K	34357520	0.0727	-0.2524	0.6972	55.2533	75
2012	L	-4309060	0.1301	-0.3514	0.7333	30.2463	36
2012	M	1023980544	-0.8885	-1.7127	0.5798	21.6216	50
2013	A	24970414	0.1190	-0.1552	0.1470	2.3545	44
2013	B	-37870768	0.0552	-0.0334	0.1620	3.9306	64
2013	C0	33560704	0.0132	-0.1338	0.1291	4.5469	95
2013	C1	12387096	0.0317	-0.0940	0.1529	4.2107	73
2013	C3	70166536	0.0456	-0.1136	0.2681	5.1295	45
2013	C4	44224124	0.1250	-0.0428	0.1114	10.6091	257
2013	C5	-6967361	0.1278	-0.0681	0.0800	4.3216	152
2013	C6	16272419	0.0031	-0.0732	0.0951	6.8656	199
2013	C7	214763248	0.2394	-0.4730	0.1337	24.2782	475
2013	C8	25219080	0.0876	-0.1441	0.8737	327.3923	145
2013	C9	8702221	-0.1553	-0.0237	0.4128	4.9210	24
2013	D	-907904	-0.1158	-0.0985	0.4914	23.1926	75
2013	E	-37629872	0.1962	0.0293	0.1317	2.5276	53
2013	F	-24740998	0.4308	-0.1214	0.1695	5.2368	80
2013	G	1162745	0.0056	0.1990	0.7760	229.7720	202
2013	H	8916543	0.0130	-0.1550	0.8719	283.7155	128
2013	J	43905144	0.0142	-0.2572	0.1681	8.5554	130
2013	K	5846551	0.2220	-0.0790	0.2050	6.7035	81
2013	L	32715524	0.0009	-0.1566	0.4418	9.2334	38
2013	M	44968632	-0.0127	0.4537	0.8271	76.5275	51
2014	A	-11343948	0.0952	-0.0575	0.0622	0.9059	44
2014	B	-3965816	0.1668	-0.0361	0.1762	4.2782	63
2014	C0	11414432	-0.1188	-0.0145	0.0810	2.7047	95
2014	C1	29632690	0.0680	-0.1489	0.6348	40.5664	73
2014	C3	30560058	0.1101	-0.1737	0.3700	8.2221	45
2014	C4	10221162	0.0009	-0.1066	0.2082	22.2622	257
2014	C5	-34091716	0.1224	-0.0285	0.2580	17.2714	152
2014	C6	15738482	-0.0041	-0.1033	0.0912	6.4918	197

续表

年度	行业	1/A	ΔREV/A	PPE/A	r2	F	N
2014	C7	4283007	0.0641	-0.0433	0.0776	13.2072	474
2014	C8	4858954	0.0353	-0.0141	0.3067	20.9434	145
2014	C9	-4464638	0.0035	0.0518	0.0463	0.3558	25
2014	D	-21219370	0.0951	-0.0968	0.3066	10.6096	75
2014	E	-1498892288	0.9249	1.5314	0.9528	336.3029	53
2014	F	479184736	-1.7641	-0.1044	0.2404	8.0185	79
2014	G	-8404434	0.2378	-0.0158	0.9676	1971.8998	201
2014	H	19574300	0.0410	-0.0347	0.0354	1.5314	128
2014	J	17153542	0.0391	0.0068	0.0503	2.2264	129
2014	K	-7416949	0.3075	-0.1010	0.2247	7.5333	81
2014	L	14530496	0.0723	-0.2105	0.5801	16.1153	38
2014	M	14259323	0.3595	-0.1015	0.3782	9.7317	51

附录三:高频交易数据处理代码——R 语言和 STATA 程序

高频交易数据的存储形态较复杂

程序一:R 语言

```
#生成公司代码  变量
remove(list = ls())
setwd("K:\\HIGEDATA") #主路径
COM.LIST <- read.table(file = "E:\\STATA_WORK\\COMPANY_LIST\\COMPANY_LIST.txt", header = FALSE, stringsAsFactors = FALSE)
head(COM.LIST)
str(COM.LIST)
COM.LIST <- as.vector(COM.LIST $ V1)
is.vector(COM.LIST)
length(COM.LIST)
COM.LIST <- COM.LIST[2181:2774]
COM.LIST
for (i in 1:length(COM.LIST)) {
  CompanyName <- COM.LIST[i]
  print( CompanyName)
  YourFilePathName <- paste ( "K:\\HIGEDATA", CompanyName, sep = "\\")
  YourFilePathName <- paste(YourFilePathName, ".txt", sep = "")
  YourFilePathName
##################################################################
  #SH600000.csv
  # 月份  日期 两层循环
  setwd("K:\\HIGEDATA") #主路径
  getwd() #显示主路径
  mounth.vector <- list.files() #月份向量
  mounth.vector
```

```
BuySaleMat < - matrix( nrow = 372, ncol = 2) #建立存储数据矩阵
for (i in 1:12) {
  print( "开始一层循环 月份循环")
  setwd( "K:\\HIGEDATA") #主路径
  print( getwd( ) )
  mounth. name < - mounth. vector[ i] #将月份赋值给 mounth. name
  print( mounth. name) #打印
  setwd( mounth. name) #进入某一月份路径
  print( getwd( ) ) #打印当前路径
  mounth. row. start < - (i - 1) * 31 # 定义矩阵起始行数
  print( "开始二层循环 日期循环")
  data. vector < - list. files( ) #日期向量
  print( data. vector)
  for (i in 1:length( data. vector) ) {
    print( "开始日期循环")
    print( getwd( ) )
    data. name < - data. vector[ i]
    print( data. name)
    setwd( data. name) # 进入日期目录
    print( getwd( ) )
    #开始读入数据
    print( file. exists( CompanyName) )
    data. row. start < - mounth. row. start + i #定义某月某日的矩阵行
    print( data. row. start)
    #第一分支语句,公司交易数据文件 是否 存在
    if (file. exists( CompanyName) ) {
      #第二分支语句, 交易数据文件 是否 等于 0KB
      if (file. info( CompanyName) $ size ! = 0) {
        BuySaleData < - read. table( CompanyName,
                                     header = FALSE, sep = ",")
        buy. sale. number < - table( BuySaleData $ V3)
```

```
            BuySaleMat[data.row.start,1] <- buy.sale.number[1]
            BuySaleMat[data.row.start,2] <- buy.sale.number[2]
          } else{
            BuySaleMat[data.row.start,1] <- -10
            BuySaleMat[data.row.start,2] <- -10
          }
        } else{
          BuySaleMat[data.row.start,1] <- NA
          BuySaleMat[data.row.start,2] <- NA
        }
        #重新回月度目录,以便 再次进入下一交易日期
        print(mounth.name)
        setwd("K:\\HIGEDATA") #主路径
        setwd(mounth.name) #进入某一月份路径
        print(getwd())
      }
    }
  write.table(BuySaleMat,file = YourFilePathName,
              sep = " ",na = "NA")
}
```

程序二:STATA 程序

本书高频交易数据有两种来源,其中一种为大智慧 1 分钟数据。对于大智慧 1 分钟数据的预处理,采用 STATA13.1 进行处理。下文展示了 2014 年 1 分钟高频数据处理过程。程序的目的是计算出 2014 年每只股票每个交易日买方发起的次数与卖方发起的次数。

```
*stata.13.1
cd E:\OMINUTE
*文件分离计算法 变量调取暂元法  目录暂元化
local ha1 S1_2014.1_2014.4
local ha2 S1_2014.05 S1_2014.06 S1_2014.07 S1_2014.08
local ha3 S1_2014.09 S1_2014.10 S1_2014.11 S1_2014.12
```

```
foreach contents in `ha1'  `ha2'`ha3'{
dis in red "`contents'"
******************************
*获取股票文件目录
    cd E:\OMINUTE
    cap log close
    log using `contents'.text,text replace
    cd `contents'
    dir
    cap log close
    cd  E:\OMINUTE //回总目录

    insheet using "E:\\OMINUTE\\`contents'.text", clear case
    keep if strmatch(v1,"*csv")
    compress
    gen stkcd = substr(v1,-12,12)
    keep stkcd
    gen biaoshi = substr(stkcd,3,3)
    keep if biaoshi=="600" | biaoshi=="601" | biaoshi=="603" ///
        | biaoshi=="000"
    saveold `contents'.log.dta,replace
******************************
*每股数据导入执行算法 存储
    *获取循环次数
    use `contents'.log.dta,clear
    d
    local num = r(N)
    *开始循环
      forvalues i=1/`num'{
        *获取股票文件名
```

```
use `contents'.log.dta,clear
local v = stkcd[`i']
dis in red "`v'"

*导入数据
insheet using `contents'\\`v', comma clear
*生成股票和时间变量
gen stkcd = real(substr("`v'",3,6))
gen time = v1 + " " + v2
gen tn1 = clock(time,"YMDhm")
format tn1 %tcCCYY-NN-DD-HH:MM
gen tn2 = date(v1,"YMD")
format tn2 %tdCCYY-NN-DD
*删除无代码 及缺失行
drop if stkcd ==.
duplicates drop stkcd tn1,force
*tsset tn1
*生成价格变量
gen map = (v4+v5)/2
gen price = (v8/v7)/100
drop if price ==.
drop if map ==.
*生成买卖标识
gen BS =.
replace BS = 1 if price > map
replace BS = 0 if price < map
*循环判别语句
count if BS ==.
local n = r(N)
local i=1
while `n'>0{
```

```
        replace BS  =1 if BS  = = .  & price[_n]  > price[_n - `i']
        replace BS  =0 if BS  = = .  & price[_n]  < price[_n - `i']
        count if BS = = .
        local n  =  r(N)
        local i = `i'+1
    }
    *统计买卖订单数量
    gen num =1 if BS!  = .
    collapse (count) num ,by(tn2 BS)
    gen stkcd  =  real(substr("`v'",3,6))
    reshape wide num,i(tn2) j(BS)
    *保存数据
    saveold T`contents'\\`v'. dta,replace
}
* * * * * * * * * * * * * * * * * * * * * * * * * * * * * * * * *
    *合并数据集


    *获取循环次数和第一数据集名字
    use `contents'. log. dta,clear


    local v1  =  stkcd[1]
    d
    local num  =  r(N) -1


    *调入第一笔数据集
    use T`contents'\\`v1'. dta,replace


      *开始循环合并后续数据集
      forvalues i =2/`num'{
         *获取股票文件名
         preserve
```

```
        use `contents'.log.dta,clear
        local v = stkcd[`i']
        dis in red "`v'"
        restore
        *合并数据集
        append using T`contents'\\`v'.dta
    }

    saveold DATA_PR\\T`contents'.dta,replace

*大循环结束
}
```

附录四:知情交易概率测量代码——SAS 程序

知情交易概率的计算利用 SAS 软件,分年度分公司利用非线性最优化程序求解四个待估参数,然后对参数进行整理、汇总,进而计算知情交易概率。下列代码展示了 2014 年各公司求取知情交易概率的程序代码。其余年度程序代码基本相似,只需修改数据导入步骤的数据源以及数据导出步骤的文件名即可。

```
/*
代码一:
by stkcd
年度 :2014
 */
libname dual 'e:\SAS_WORK';
options ls =132 ps = max nocenter nodate nonumber fullstimer;
/*-----------------------------------------------*/
/*-----------------------------------------------*/
PROC IMPORT OUT = buysell
            DATAFILE = "E:\SAS_WORK\buysells2014.txt"
            DBMS =TAB REPLACE;
    GETNAMES = YES;
    DATAROW =2;
RUN;
/*-----------------------------------------------*/
  /*    排序数据准备                          */
/*-----------------------------------------------*/
proc sort data = buysell;
by stkcd ;
run;
/*-----------------------------------------------*/
  /*    开始非线性最优化求解                  */
```

```
/*-------------------------------------*/
    proc nlp data = buysell  noprint  out = dual. pinest ( keep = stkcd ALPHA
ETA MU);
    by stkcd;
    max loglik;
    decvar ALPHA, DELTA, ETA, MU;
    M = min(buys,sells) + max(buys,sells) / 2.0 ;
    x = eta / (mu + eta) ;
    bounds  0.0 < eta mu, 0.0 < = alpha delta < = 1.0 ;
    loglik = -2.0 * eta + M * log(x) + (buys + sells) * log(mu +
eta) +
              log( alpha * (1.0 - delta) * exp( -1.0 * mu) * (x *
* (sells - M )) +
              alpha * delta * exp( -1.0 * mu) * (x * * (buys -
M))  +
              (1.0 - alpha) * (x * * (buys + sells - M)) ) ;
    run;
/*-------------------------------------*/
    /*    整理结果    .              */
/*-------------------------------------*/
    proc sort data = dual. pinest  nodupkey;
    by stkcd;
    run;
    data dual. pinest; set dual. pinest;
      PIN = alpha * mu / (alpha * mu + 2.0 * eta) ;
      label pin = Probability of informed trading´;
      format pin 5.3 ;
    run;
    proc print data = dual. pinest;
      var stkcd pin alpha eta mu;
    run;
```

```
proc univariate data = dual.pinest;
var pin;
run;
/*-----------------------------------------*/
/*    导出数据                     */
/*-----------------------------------------*/
PROC EXPORT DATA = dual.pinest
            OUTFILE = "E:\SAS_WORK\PIN_2014.xls"
            DBMS = EXCEL REPLACE;
     SHEET = "PIN";
     NEWFILE = YES;
RUN;
```

附录五：中国区域制度环境指数

中国区域制度环境指数来自樊纲的数据，但缺失2010—2014年的数据。本书借鉴现有文献处理方法，采用直接替换法、平均增长率法、一元线性回归法对缺失数据进行估计，估计的结果如附表5-1所示。

附表5-1　中国区域环境指数：2010—2014估计

年份	省份	直接替换法			平均增长率法			一元线性回归法		
		MFE	FFE	LFE	MFE	FFE	LFE	MFE	FFE	LFE
2010	安徽	7.88	10.44	7.32	8.28	11.58	8.77	8.23	11.25	7.92
2011	安徽	7.88	10.44	7.32	8.69	12.85	10.50	8.59	12.09	8.53
2012	安徽	7.88	10.44	7.32	9.13	14.26	12.57	8.96	12.96	9.15
2013	安徽	7.88	10.44	7.32	9.59	15.82	15.06	9.33	13.86	9.79
2014	安徽	7.88	10.44	7.32	10.07	17.56	18.03	9.72	14.79	10.45
2010	北京	9.87	10.28	16.27	10.50	11.34	17.71	10.16	10.76	16.90
2011	北京	9.87	10.28	16.27	11.16	12.52	19.27	10.44	11.24	17.52
2012	北京	9.87	10.28	16.27	11.87	13.82	20.97	10.71	11.70	18.15
2013	北京	9.87	10.28	16.27	12.62	15.25	22.82	10.97	12.16	18.79
2014	北京	9.87	10.28	16.27	13.42	16.83	24.84	11.22	12.61	19.42
2010	福建	9.02	10.51	8.30	9.42	11.71	9.41	9.15	10.96	8.67
2011	福建	9.02	10.51	8.30	9.84	13.05	10.67	9.27	11.39	9.01
2012	福建	9.02	10.51	8.30	10.28	14.54	12.09	9.37	11.79	9.35
2013	福建	9.02	10.51	8.30	10.73	16.21	13.71	9.46	12.17	9.66
2014	福建	9.02	10.51	8.30	11.21	18.06	15.54	9.54	12.53	9.96
2010	甘肃	4.98	9.20	4.86	5.21	10.59	5.43	5.06	10.00	5.27
2011	甘肃	4.98	9.20	4.86	5.46	12.19	6.07	5.13	10.84	5.71
2012	甘肃	4.98	9.20	4.86	5.71	14.03	6.78	5.20	11.72	6.18
2013	甘肃	4.98	9.20	4.86	5.98	16.15	7.58	5.26	12.64	6.68
2014	甘肃	4.98	9.20	4.86	6.26	18.58	8.47	5.32	13.60	7.21
2010	广东	10.42	11.40	13.99	10.90	12.53	15.77	10.58	11.45	14.88
2011	广东	10.42	11.40	13.99	11.39	13.78	17.78	10.73	11.49	15.78
2012	广东	10.42	11.40	13.99	11.91	15.15	20.04	10.86	11.52	16.67
2013	广东	10.42	11.40	13.99	12.46	16.66	22.59	10.97	11.55	17.57

续表

年份	省份	直接替换法			平均增长率法			一元线性回归法		
		MFE	FFE	LFE	MFE	FFE	LFE	MFE	FFE	LFE
2014	广东	10.42	11.40	13.99	13.02	18.32	25.46	11.08	11.57	18.48
2010	广西	6.17	9.71	4.88	6.38	11.08	5.34	6.26	10.81	5.02
2011	广西	6.17	9.71	4.88	6.60	12.64	5.85	6.35	12.00	5.15
2012	广西	6.17	9.71	4.88	6.83	14.42	6.40	6.44	13.29	5.27
2013	广西	6.17	9.71	4.88	7.07	16.45	7.01	6.51	14.69	5.38
2014	广西	6.17	9.71	4.88	7.31	18.76	7.67	6.59	16.21	5.49
2010	贵州	5.56	9.83	4.47	5.89	11.78	5.04	5.77	10.47	4.68
2011	贵州	5.56	9.83	4.47	6.24	14.12	5.68	5.97	11.10	4.89
2012	贵州	5.56	9.83	4.47	6.61	16.92	6.41	6.17	11.72	5.09
2013	贵州	5.56	9.83	4.47	7.00	20.28	7.23	6.38	12.33	5.29
2014	贵州	5.56	9.83	4.47	7.41	24.30	8.15	6.57	12.93	5.48
2010	海南	6.40	7.65	5.25	6.60	8.16	6.23	6.40	8.06	4.77
2011	海南	6.40	7.65	5.25	6.80	8.70	7.40	6.40	8.31	4.51
2012	海南	6.40	7.65	5.25	7.01	9.27	8.79	6.40	8.46	4.36
2013	海南	6.40	7.65	5.25	7.23	9.88	10.43	6.40	8.54	4.28
2014	海南	6.40	7.65	5.25	7.45	10.54	12.39	6.40	8.59	4.24
2010	河北	7.27	9.61	5.60	7.51	10.16	6.68	7.48	10.10	5.66
2011	河北	7.27	9.61	5.60	7.76	10.73	7.97	7.70	10.60	5.72
2012	河北	7.27	9.61	5.60	8.02	11.34	9.51	7.92	11.12	5.76
2013	河北	7.27	9.61	5.60	8.29	11.98	11.34	8.15	11.66	5.80
2014	河北	7.27	9.61	5.60	8.56	12.66	13.53	8.37	12.21	5.83
2010	河南	8.04	10.98	6.07	8.43	12.01	7.03	8.44	11.85	6.36
2011	河南	8.04	10.98	6.07	8.84	13.13	8.15	8.86	12.77	6.64
2012	河南	8.04	10.98	6.07	9.26	14.36	9.44	9.30	13.73	6.91
2013	河南	8.04	10.98	6.07	9.71	15.70	10.94	9.76	14.76	7.17
2014	河南	8.04	10.98	6.07	10.18	17.17	12.67	10.24	15.83	7.41
2010	黑龙江	6.11	8.37	5.96	6.55	10.38	6.42	6.27	9.54	6.14
2011	黑龙江	6.11	8.37	5.96	7.01	12.88	6.92	6.42	10.82	6.31
2012	黑龙江	6.11	8.37	5.96	7.51	15.98	7.46	6.55	12.23	6.47
2013	黑龙江	6.11	8.37	5.96	8.05	19.83	8.05	6.67	13.77	6.61
2014	黑龙江	6.11	8.37	5.96	8.62	24.59	8.67	6.79	15.47	6.75

续表

年份	省份	直接替换法			平均增长率法			一元线性回归法		
		MFE	FFE	LFE	MFE	FFE	LFE	MFE	FFE	LFE
2010	湖北	7.65	10.65	7.15	8.06	12.88	8.05	7.94	11.62	7.85
2011	湖北	7.65	10.65	7.15	8.49	15.57	9.06	8.24	12.60	8.61
2012	湖北	7.65	10.65	7.15	8.95	18.82	10.20	8.53	13.60	9.42
2013	湖北	7.65	10.65	7.15	9.43	22.76	11.48	8.83	14.62	10.30
2014	湖北	7.65	10.65	7.15	9.93	27.51	12.92	9.13	15.66	11.25
2010	湖南	7.39	9.85	6.02	7.71	10.60	6.87	7.59	10.59	6.69
2011	湖南	7.39	9.85	6.02	8.04	11.41	7.84	7.79	11.39	7.42
2012	湖南	7.39	9.85	6.02	8.39	12.28	8.95	7.99	12.25	8.22
2013	湖南	7.39	9.85	6.02	8.76	13.22	10.22	8.19	13.17	9.09
2014	湖南	7.39	9.85	6.02	9.14	14.23	11.67	8.38	14.16	10.05
2010	吉林	7.09	9.44	6.00	7.53	10.68	6.56	7.40	10.33	6.22
2011	吉林	7.09	9.44	6.00	7.99	12.09	7.18	7.71	11.27	6.43
2012	吉林	7.09	9.44	6.00	8.49	13.68	7.85	8.01	12.29	6.63
2013	吉林	7.09	9.44	6.00	9.01	15.48	8.58	8.33	13.36	6.81
2014	吉林	7.09	9.44	6.00	9.57	17.51	9.39	8.64	14.51	6.99
2010	江苏	11.54	11.25	18.72	12.33	12.17	22.74	12.21	10.53	23.83
2011	江苏	11.54	11.25	18.72	13.17	13.16	27.61	12.91	10.12	30.50
2012	江苏	11.54	11.25	18.72	14.07	14.23	33.54	13.64	9.87	39.20
2013	江苏	11.54	11.25	18.72	15.03	15.40	40.73	14.40	9.73	50.54
2014	江苏	11.54	11.25	18.72	16.05	16.65	49.47	15.18	9.65	65.33
2010	江西	7.65	9.92	5.90	8.11	11.74	6.79	8.02	10.40	6.29
2011	江西	7.65	9.92	5.90	8.59	13.91	7.81	8.40	10.86	6.69
2012	江西	7.65	9.92	5.90	9.10	16.46	8.99	8.79	11.30	7.09
2013	江西	7.65	9.92	5.90	9.65	19.49	10.35	9.19	11.71	7.49
2014	江西	7.65	9.92	5.90	10.22	23.08	11.91	9.60	12.10	7.89
2010	辽宁	8.76	12.06	8.46	9.26	13.22	9.23	9.08	13.01	9.18
2011	辽宁	8.76	12.06	8.46	9.79	14.50	10.07	9.40	14.00	9.96
2012	辽宁	8.76	12.06	8.46	10.34	15.90	10.98	9.71	15.05	10.81
2013	辽宁	8.76	12.06	8.46	10.93	17.44	11.98	10.02	16.15	11.71
2014	辽宁	8.76	12.06	8.46	11.56	19.12	13.07	10.33	17.31	12.69
2010	内蒙古	6.27	9.88	5.32	6.77	11.55	5.72	6.46	11.25	5.54

续表

年份	省份	直接替换法			平均增长率法			一元线性回归法		
		MFE	FFE	LFE	MFE	FFE	LFE	MFE	FFE	LFE
2011	内蒙古	6.27	9.88	5.32	7.31	13.51	6.16	6.64	12.79	5.76
2012	内蒙古	6.27	9.88	5.32	7.90	15.79	6.63	6.81	14.52	5.97
2013	内蒙古	6.27	9.88	5.32	8.53	18.46	7.13	6.96	16.45	6.18
2014	内蒙古	6.27	9.88	5.32	9.21	21.59	7.68	7.11	18.61	6.39
2010	宁夏	5.94	10.23	4.66	6.64	12.08	4.98	6.16	10.56	4.86
2011	宁夏	5.94	10.23	4.66	7.43	14.28	5.33	6.36	10.86	5.07
2012	宁夏	5.94	10.23	4.66	8.30	16.86	5.70	6.55	11.13	5.28
2013	宁夏	5.94	10.23	4.66	9.28	19.92	6.09	6.73	11.37	5.50
2014	宁夏	5.94	10.23	4.66	10.38	23.54	6.51	6.89	11.59	5.71
2010	青海	3.25	7.30	3.51	3.55	13.88	3.94	3.32	7.75	3.28
2011	青海	3.25	7.30	3.51	3.88	26.39	4.42	3.37	8.18	3.12
2012	青海	3.25	7.30	3.51	4.25	50.18	4.96	3.42	8.57	3.00
2013	青海	3.25	7.30	3.51	4.64	95.40	5.56	3.45	8.94	2.92
2014	青海	3.25	7.30	3.51	5.08	181.39	6.24	3.47	9.28	2.87
2010	山东	8.93	11.33	8.18	9.41	12.10	9.31	9.21	11.85	8.71
2011	山东	8.93	11.33	8.18	9.92	12.92	10.59	9.48	12.37	9.25
2012	山东	8.93	11.33	8.18	10.46	13.79	12.05	9.74	12.88	9.79
2013	山东	8.93	11.33	8.18	11.02	14.72	13.71	10.00	13.40	10.32
2014	山东	8.93	11.33	8.18	11.62	15.72	15.60	10.24	13.91	10.86
2010	山西	6.11	10.39	5.55	6.44	13.96	5.90	6.31	10.69	5.74
2011	山西	6.11	10.39	5.55	6.79	18.77	6.27	6.51	10.95	5.92
2012	山西	6.11	10.39	5.55	7.16	25.22	6.67	6.70	11.17	6.11
2013	山西	6.11	10.39	5.55	7.54	33.90	7.09	6.89	11.36	6.28
2014	山西	6.11	10.39	5.55	7.95	45.56	7.53	7.08	11.52	6.46
2010	陕西	5.65	9.96	5.88	5.97	10.82	6.33	5.84	10.42	6.36
2011	陕西	5.65	9.96	5.88	6.31	11.75	6.82	6.02	10.88	6.88
2012	陕西	5.65	9.96	5.88	6.66	12.77	7.35	6.20	11.32	7.44
2013	陕西	5.65	9.96	5.88	7.04	13.87	7.92	6.38	11.76	8.06
2014	陕西	5.65	9.96	5.88	7.44	15.07	8.53	6.55	12.19	8.72
2010	上海	10.96	12.56	19.89	11.76	13.66	22.60	11.21	12.36	21.60
2011	上海	10.96	12.56	19.89	12.62	14.85	25.68	11.44	12.22	23.40

续表

年份	省份	直接替换法			平均增长率法			一元线性回归法		
		MFE	FFE	LFE	MFE	FFE	LFE	MFE	FFE	LFE
2012	上海	10.96	12.56	19.89	13.55	16.15	29.18	11.65	12.11	25.30
2013	上海	10.96	12.56	19.89	14.54	17.56	33.16	11.84	12.03	27.30
2014	上海	10.96	12.56	19.89	15.60	19.09	37.68	12.01	11.98	29.41
2010	四川	7.56	10.45	7.39	7.95	16.22	8.42	7.79	9.41	8.05
2011	四川	7.56	10.45	7.39	8.35	25.18	9.60	8.01	8.79	8.74
2012	四川	7.56	10.45	7.39	8.78	39.09	10.95	8.22	8.42	9.47
2013	四川	7.56	10.45	7.39	9.23	60.68	12.48	8.43	8.20	10.24
2014	四川	7.56	10.45	7.39	9.70	94.19	14.23	8.63	8.07	11.04
2010	天津	9.43	10.54	11.57	10.05	11.73	12.70	9.68	10.73	12.51
2011	天津	9.43	10.54	11.57	10.71	13.05	13.94	9.92	10.90	13.52
2012	天津	9.43	10.54	11.57	11.41	14.51	15.31	10.14	11.04	14.58
2013	天津	9.43	10.54	11.57	12.16	16.15	16.81	10.35	11.17	15.72
2014	天津	9.43	10.54	11.57	12.96	17.97	18.45	10.54	11.28	16.92
2010	西藏	0.38	5.90	0.18	0.47	8.05	0.18	1.13	6.67	2.26
2011	西藏	0.38	5.90	0.18	0.59	10.98	0.18	1.49	7.48	2.65
2012	西藏	0.38	5.90	0.18	0.74	14.98	0.17	1.66	8.32	2.72
2013	西藏	0.38	5.90	0.18	0.93	20.44	0.17	1.74	9.19	2.74
2014	西藏	0.38	5.90	0.18	1.16	27.89	0.17	1.78	10.11	2.74
2010	新疆	5.12	8.32	4.98	5.65	12.41	5.35	5.26	8.46	5.05
2011	新疆	5.12	8.32	4.98	6.24	18.52	5.75	5.39	8.59	5.11
2012	新疆	5.12	8.32	4.98	6.89	27.62	6.19	5.51	8.69	5.17
2013	新疆	5.12	8.32	4.98	7.61	41.21	6.65	5.61	8.78	5.21
2014	新疆	5.12	8.32	4.98	8.41	61.48	7.15	5.71	8.85	5.26
2010	云南	6.06	10.75	5.44	6.50	12.19	6.02	6.22	11.67	5.89
2011	云南	6.06	10.75	5.44	6.97	13.82	6.66	6.37	12.61	6.37
2012	云南	6.06	10.75	5.44	7.48	15.67	7.38	6.51	13.59	6.88
2013	云南	6.06	10.75	5.44	8.02	17.77	8.16	6.64	14.60	7.41
2014	云南	6.06	10.75	5.44	8.60	20.14	9.03	6.77	15.65	7.98
2010	浙江	11.80	12.66	19.85	12.48	13.64	24.22	12.24	12.87	23.18
2011	浙江	11.80	12.66	19.85	13.19	14.70	29.56	12.68	13.05	27.01
2012	浙江	11.80	12.66	19.85	13.95	15.84	36.08	13.12	13.20	31.43

续表

年份	省份	直接替换法			平均增长率法			一元线性回归法		
		MFE	FFE	LFE	MFE	FFE	LFE	MFE	FFE	LFE
2013	浙江	11.80	12.66	19.85	14.75	17.06	44.03	13.55	13.32	36.53
2014	浙江	11.80	12.66	19.85	15.59	18.38	53.73	13.98	13.43	42.41
2010	重庆	8.14	10.66	7.60	8.60	11.59	8.71	8.38	10.91	8.69
2011	重庆	8.14	10.66	7.60	9.08	12.61	9.99	8.62	11.12	9.93
2012	重庆	8.14	10.66	7.60	9.60	13.71	11.45	8.84	11.31	11.35
2013	重庆	8.14	10.66	7.60	10.14	14.91	13.12	9.06	11.47	12.98
2014	重庆	8.14	10.66	7.60	10.71	16.21	15.04	9.26	11.61	14.84

附录六：信息效应与治理效应差异——自体抽样法 STATA 程序

信息效应是否显著，以及信息效应与治理效应差异的显著性检验采用自体抽样法，具体采用 STATA 程序代码计算得到经验 P 值进行统计推断。下面将第 5 章中的检验程序展示如下。其余章节的检验程序只需要修改设定的模型暂元即可进行检验。

具体程序如下：

```
global m1_var PIN DA_2 SIZE ROA AGE DUAL INS IND_* YEAR_*
global m2_var PEG_R1 DA_2 PIN BETA SIZE LEV BM STR ROA LIQ IND_* YEAR_*
keep stkcd year $m1_var $m2_var
egen mymiss = rmiss( $m1_var $m2_var )
drop if mymiss > 0
save media.dta,replace
use media.dta,clear
preserve
local myreg_1 reg PIN DA_2 SIZE ROA AGE DUAL INS IND_* YEAR_* ,beta
local myreg_2 reg PEG_R1 DA_2 PIN BETA SIZE LEV BM STR ROA LIQ IND_* YEAR_* ,beta
`myreg_1'
local b1 = _b[DA_2]
`myreg_2'
local b2 = _b[DA_2]
local b3 = _b[PIN]
scalar gov0 = `b2'//治理效应真实值
scalar insf0 = `b1'*`b3'//信息效应真实值
scalar diff0 = insf0 - gov0 //信息效应与治理效应差异真实值
dis in red "治理效应为:" gov0
dis in red "信息效应为:" insf0
```

```
    local reps = 1000
    mat D = J(`reps', 4,.)  /*存储结果的矩阵*/
forvalues j = 1/`reps'{
    qui  use media.dta, clear
    bsample
    `myreg_1' //信息不对称模型
    local b1 = _b[DA_2]
    `myreg_2' //资本配置模型
    local b2 = _b[DA_2]
    local b3 = _b[PIN]
    local insf = `b1'*`b3'
    local diff = `insf' - `b2'
    mat D[`j',1] = (`b1', `b2', `insf', `diff')
        }
svmat D,names(diff)
renvars diff1 diff2 diff3 diff4 \ b1 b2 insf diff
count if (diff>diff0 | diff==diff0) & (diff<.)
ret list
local p1 = r(N) / `reps'
if `p1' > 0.5{
    local p1 = 1 -`p1'
}
    dis in red "效应差异P值为:" `p1'
count if (insf>insf0 | insf==insf0) & (insf<.)
ret list
local p2 = r(N) / `reps'
if `p2' > 0.5{
    local p = 1 -`p2'
}
dis in red "信息效应P值为:" `p2'
restore
```

附录七：分组回归组间系数差异——自体抽样法 STATA 程序

组间系数差异检验采用自体抽样法，详细过程利用 STATA 程序。下面程序展示了第 5 章市场化程度分组回归组间系数差异检验的过程。对于金融发展水平和法律环境分组回归的组间系数差异检验，只需修改组别暂元“local mgroup MFE_1”。对于第 6 章和第 7 章的组间系数差异检验，只需修改模型变量暂元“local y_var PEG_R1; local x_var DA_2; local c_var BETA SIZE LEV BM STR ROA LIQ YEAR_* IND_*”即可。

具体程序如下：

```
global y_var PEG_R1
global x_var DA_2
global c_var BETA SIZE LEV BM STR ROA LIQ YEAR_* IND_*
keep stkcd year $y_var $x_var $c_var *FE*
egen mymiss = rmiss( $y_var $x_var $c_var *FE* )
drop if mymiss > 0
save company.dta,replace
use company.dta,clear
preserve
local y_var PEG_R1
local x_var DA_2
local c_var BETA SIZE LEV BM STR ROA LIQ YEAR_* IND_*
local mgroup MFE_1
local myreg reg `y_var'`x_var'`c_var'
local myif if `mgroup' == 1
`myreg'`myif'
local b1 = _b[DA_2]
local myif if `mgroup' == 0
`myreg'`myif'
local b2 = _b[DA_2]
scalar diff0 = `b1'-`b2'
```

```
    dis in red "组间系数真实差异为:" diff0
local reps = 1000
local fns = 1
count if `mgroup' == 1
local fne = r(N)
local nfns = r(N) +1
count if `mgroup' == 0
local nfne = `fne' + r(N)
mat D = J(`reps', 3,.)    /*存储结果的矩阵*/
forvalues j = 1/`reps'{
    qui  use company.dta, clear
    bsample
    qui `myreg' in `fns'/`fne'  //制度环境高组
    local b1 = _b[DA_2]
    qui `myreg' in `nfns'/`nfne'  //制度环境低组
    local b2 = _b[DA_2]
    local diff = `b1' - `b2'
    mat D[`j',1] = (`b1', `b2', `diff')
    }
    svmat D,names(diff)
renvars diff1 diff2 diff3 \ b1 b2 diff
count if (diff > diff0 | diff == diff0) & (diff < .)
ret list
local p = r(N) / `reps'
if `p' > 0.5{
    local p = 1 - `p'
}
dis in red "组间系数差异 P 值为:" `p'
restore
```

附录八:多重共线性检验——方差膨胀因子

本书对实证分析中的所有回归结果均进行了方差膨胀因子检验,具体采用方差膨胀因子的方法进行检验。因回归结果较多,本书利用 STATA 程序编制了三段程序,已实现方差膨胀因子的存储、合并、导出。为保证正文的流畅性,在第 5、6、7 章的正文中,仅保留了第一次多元回归分析的方差膨胀因子分析表。其余回归结果的方差膨胀因子分析表均在本节附录中展示。

程序一:实现方差膨胀因子存储为 stata 格式数据集,输入项为数据集名称。

```
cap program drop hvifd
program define hvifd
version 9.2
    args anything
    local v "`anything'"
    capture postclose `v'
    postfile `v' str20 varname vifnum using `v',replace
    local j = e(df_m)
    forvalues i =1/`j'{
        local varname =   r(name_`i')
        local vifnum =   r(vif_`i')
        post  `v'("`varname'") (`vifnum')
    }
    postclose `v'
end
```

程序二:实现多个回归结果方差膨胀因子的合并,输入项为合并数据集个数。

```
cap program drop hvis
program define hvis
```

```
version 9.2
args j
preserve
forvalues i = 1/`j'{
      use vn`i'. dta,replace
      rename vifnum vifnum`i'
      save vn`i'. dta,replace
}
use vn1. dta,replace
forvalues i = 2/`j'{
      merge 1:1 varname using vn`i',nogen
}
save vn. dta,replace
forvalues i = 1/`j'{
      erase vn`i'. dta
}
      use vn. dta,clear
d
local n1 = r(N) +1
set obs `n1'
forvalues i = 1/`j'{
      sum vifnum`i'
      replace vifnum`i' = r(mean) in `n1'
}
drop if strmatch(varname," * IND * ") | strmatch(varname," * YEAR
* ")
save vn. dta,replace
restore
end
```

程序三:实现汇总方差膨胀因子的指定排序、显示格式,以及导出为 EX-

CEL 文件。

```
cap program drop hviss
program define hviss
version 9.2
      syntax varlist
      preserve
      use vn. dta,replace
      tokenize "`varlist'"
      gen hs =.
      local i = 1
      while "`i'" ! = ""{
            dis "`i'"
            replace hs = `i'if varname = = "`i'"
            local i = `i'+1
}
sort hs
format vifnum * %9.4f
save vn. dta,replace
export excel using "vn" , firstrow(variables) replace
restore
erase vn. dta
end
```

附表8-1　会计信息影响权益资本成本微观机制:方差膨胀因子

变量	结果(1)	结果(2)	结果(3)
BETA	1.5430		1.5423
SIZE	1.9514	1.3569	1.9957
LEV	2.2356		1.9310
BM	1.0139		1.0200
STR	1.4478		1.4894
ROA	1.5102	1.1050	1.4847
LIQ	1.7968		1.9883
AGE		1.4327	
DUAL		1.0327	
INS		1.2345	
ASY			1.1062
ERQ	1.1398	1.1446	1.1615
Mean VIF	2.8061	2.7906	2.6982

注:表中未列示行业和年度虚拟变量的方差膨胀因子;Mean VIF的计算将行业和年度虚拟变量考虑在内。对应正文表5-9回归结果的方差膨胀因子检验。

附表8-2　制度环境影响会计信息权益资本配置作用分析:方差膨胀因子

变量	市场化程度分组		金融发展水平分组		法律环境分组	
	高	低	高	低	高	低
	结果(1)	结果(2)	结果(3)	结果(4)	结果(5)	结果(6)
BETA	1.5067	1.7806	1.5620	1.7006	1.5087	1.7714
SIZE	1.9699	2.0586	1.9432	2.0032	1.9876	2.0567
LEV	2.3234	1.9731	2.2964	2.0983	2.3335	1.9902
BM	1.0147	1.0220	1.0147	1.0223	1.0151	1.0219
STR	1.5002	1.3788	1.4767	1.4261	1.4831	1.4227
ROA	1.5227	1.5075	1.5376	1.4835	1.5137	1.5404
LIQ	1.7664	2.0438	1.7574	1.9824	1.7578	2.0988
ERQ	1.1384	1.1822	1.1409	1.1787	1.1410	1.1746
Mean VIF	3.3649	2.2180	3.5307	2.0449	3.0267	2.3682

注:表中未列示行业和年度虚拟变量的方差膨胀因子;Mean VIF的计算将行业和年度虚拟变量考虑在内。对应正文表5-11回归结果的方差膨胀因子检验。

附表 8－3　会计信息影响权益资本成本微观机制：
更换权益资本成本的方差膨胀因子检验

变量	结果(1)	结果(2)	结果(3)
BETA	1.5645		1.5595
SIZE	1.9897	1.3569	2.0447
LEV	2.3041		2.0228
BM	1.0136		1.0203
STR	1.4660		1.5129
ROA	1.5451	1.1050	1.5334
LIQ	1.8092		2.0129
AGE		1.4327	
DUAL		1.0327	
INS		1.2345	
ASY			1.1075
ERQ	1.1411	1.1446	1.1702
Mean VIF	2.9536	2.7906	2.8976

注：表中未列示行业和年度虚拟变量的方差膨胀因子；Mean VIF 的计算将行业和年度虚拟变量考虑在内。对应正文表 5－12 回归结果的方差膨胀因子检验。

附表 8－4　制度环境影响会计信息权益资本配置作用分析：
更换权益资本成本的方差膨胀因子

变量	市场化程度分组		金融发展水平分组		法律环境分组	
	高	低	高	低	高	低
	结果(1)	结果(2)	结果(3)	结果(4)	结果(5)	结果(6)
BETA	1.5135	1.8962	1.5712	1.7999	1.5157	1.9011
SIZE	2.0147	2.1263	1.9812	1.9966	2.0278	2.1198
LEV	2.3848	2.0996	2.3532	2.2128	2.3963	2.0954
BM	1.0143	1.0323	1.0144	1.0274	1.0148	1.0258
STR	1.5145	1.3952	1.4888	1.4662	1.5029	1.4333
ROA	1.5508	1.5625	1.5634	1.5540	1.5410	1.5962
LIQ	1.7936	2.0028	1.7856	1.9408	1.7849	2.0659
ERQ	1.1368	1.1977	1.1329	1.2033	1.1414	1.1969
Mean VIF	3.2910	2.4400	3.4042	2.2849	3.0799	2.6810

注：表中未列示行业和年度虚拟变量的方差膨胀因子；Mean VIF 的计算将行业和年度虚拟变量考虑在内。对应正文表 5－13 回归结果的方差膨胀因子检验。

附表 8-5 会计信息影响权益资本成本微观机制:琼斯模型的方差膨胀因子检验

变量	结果(1)	结果(2)	结果(3)
BETA	1.5431		1.5423
SIZE	1.9504	1.3571	1.9948
LEV	2.2351		1.9302
BM	1.0140		1.0201
STR	1.4481		1.4897
ROA	1.5099	1.1051	1.4845
LIQ	1.7968		1.9885
AGE		1.4327	
DUAL		1.0326	
INS		1.2344	
ASY			1.1063
ERQ	1.1456	1.1490	1.1671
Mean VIF	2.8064	2.7909	2.6986

注:表中未列示行业和年度虚拟变量的方差膨胀因子;Mean VIF 的计算将行业和年度虚拟变量考虑在内。对应正文表 5-14 回归结果的方差膨胀因子检验。

附表 8-6 制度环境影响会计信息权益资本配置作用分析:琼斯模型的方差膨胀因子

变量	市场化程度分组		金融发展水平分组		法律环境分组	
	高	低	高	低	高	低
	结果(1)	结果(2)	结果(3)	结果(4)	结果(5)	结果(6)
BETA	1.5068	1.7806	1.5621	1.7005	1.5089	1.7714
SIZE	1.9690	2.0572	1.9425	2.0027	1.9868	2.0553
LEV	2.3236	1.9721	2.2962	2.0969	2.3337	1.9888
BM	1.0148	1.0221	1.0148	1.0224	1.0152	1.0220
STR	1.5005	1.3786	1.4771	1.4261	1.4834	1.4228
ROA	1.5224	1.5076	1.5373	1.4831	1.5134	1.5405
LIQ	1.7663	2.0445	1.7572	1.9835	1.7579	2.0993
ERQ	1.1427	1.1986	1.1435	1.1927	1.1456	1.1912
Mean VIF	3.3651	2.2191	3.5308	2.0459	3.0270	2.3693

注:表中未列示行业和年度虚拟变量的方差膨胀因子;Mean VIF 的计算将行业和年度虚拟变量考虑在内。对应正文表 5-15 回归结果的方差膨胀因子检验。

附表8－7　制度环境影响会计信息权益资本配置作用：剔除缺失年份的方差膨胀因子

变量	市场化程度分组		金融发展水平分组		法律环境分组	
	高	低	高	低	高	低
	结果(1)	结果(2)	结果(3)	结果(4)	结果(5)	结果(6)
BETA	1.5354	1.6879	1.5946	1.5134	1.5234	1.7025
SIZE	1.8298	1.9918	1.8230	1.9117	1.8382	1.9837
LEV	2.0371	1.7377	2.0227	1.8887	2.0205	1.8668
BM	1.0114	1.0443	1.0138	1.0339	1.0107	1.0491
STR	1.5179	1.4058	1.4888	1.5014	1.5081	1.4619
ROA	1.6141	1.5954	1.6447	1.6123	1.5883	1.7215
LIQ	2.0302	2.2471	2.0709	2.2402	2.0122	2.3399
ERQ	1.3505	1.4254	1.3425	1.3711	1.3602	1.4454
Mean VIF	3.7483	2.0540	3.8959	1.9848	3.1034	2.3116

注：表中未列示行业和年度虚拟变量的方差膨胀因子；Mean VIF的计算将行业和年度虚拟变量考虑在内。对应正文表5－16回归结果的方差膨胀因子检验。

附表8－8　制度环境影响会计信息权益资本配置作用：平均增长率的方差膨胀因子

变量	市场化程度分组		金融发展水平分组		法律环境分组	
	高	低	高	低	高	低
	结果(1)	结果(2)	结果(3)	结果(4)	结果(5)	结果(6)
BETA	1.5067	1.7806	1.5673	1.6838	1.4953	1.7898
SIZE	1.9699	2.0586	1.9602	1.9717	1.9724	2.1110
LEV	2.3234	1.9731	2.2766	2.1719	2.3279	2.0937
BM	1.0147	1.0220	1.0141	1.0221	1.0147	1.0255
STR	1.5002	1.3788	1.4835	1.4101	1.4873	1.4137
ROA	1.5227	1.5075	1.5340	1.5018	1.5055	1.5531
LIQ	1.7664	2.0438	1.7878	1.8910	1.7615	2.0721
ERQ	1.1384	1.1822	1.1497	1.1503	1.1382	1.1999
Mean VIF	3.3649	2.2180	3.4629	2.1209	3.1445	2.3348

注：表中未列示行业和年度虚拟变量的方差膨胀因子；Mean VIF的计算将行业和年度虚拟变量考虑在内。对应正文表5－17回归结果的方差膨胀因子检验。

附表 8-9　制度环境影响会计信息权益资本配置作用：一元线性回归的方差膨胀因子

变量	市场化程度分组		金融发展水平分组		法律环境分组	
	高	低	高	低	高	低
	结果(1)	结果(2)	结果(3)	结果(4)	结果(5)	结果(6)
BETA	1.5115	1.7883	1.6271	1.5006	1.5051	1.8223
SIZE	1.9851	2.0662	1.9397	2.0221	1.9974	2.0280
LEV	2.3264	2.0258	2.2239	2.3177	2.3219	2.0619
BM	1.0147	1.0207	1.0192	1.0239	1.0158	1.0207
STR	1.5013	1.3501	1.4608	1.4767	1.4875	1.3644
ROA	1.5247	1.4996	1.5549	1.4997	1.5078	1.5595
LIQ	1.7853	1.9878	1.8665	1.7905	1.7697	1.9830
ERQ	1.1444	1.1746	1.1660	1.1343	1.1393	1.1849
Mean VIF	3.3416	2.1628	4.1773	2.3774	3.1714	2.2530

注：表中未列示行业和年度虚拟变量的方差膨胀因子；Mean VIF 的计算将行业和年度虚拟变量考虑在内。对应正文表 5-18 回归结果的方差膨胀因子检验。

附表 8-10　会计信息影响权益资本成本微观机制：滞后项回归的方差膨胀因子检验

变量	结果(1)	结果(2)	结果(3)
BETA	1.5450		1.5536
SIZE	1.9383	1.3437	2.0076
LEV	2.2489		1.9807
BM	1.0160		1.0233
STR	1.4519		1.4939
ROA	1.5189	1.1107	1.4860
LIQ	1.7982		1.9960
AGE		1.3767	
DUAL		1.0346	
INS		1.2307	
ASY			1.0947
ERQ	1.1738	1.1803	1.2146
Mean VIF	2.7171	2.7853	2.7323

注：表中未列示行业和年度虚拟变量的方差膨胀因子；Mean VIF 的计算将行业和年度虚拟变量考虑在内。对应正文表 5-21 回归结果的方差膨胀因子检验。

附表 8－11　制度环境影响会计信息权益资本配置作用：滞后项回归的方差膨胀因子

变量	市场化程度分组		金融发展水平分组		法律环境分组	
	高	低	高	低	高	低
	结果(1)	结果(2)	结果(3)	结果(4)	结果(5)	结果(6)
BETA	1.4954	1.8437	1.5597	1.7305	1.5008	1.8258
SIZE	1.9514	2.0635	1.9155	2.0482	1.9784	2.0252
LEV	2.3472	1.9746	2.3173	2.0985	2.3634	1.9657
BM	1.0171	1.0267	1.0174	1.0277	1.0177	1.0277
STR	1.5059	1.3719	1.4858	1.4145	1.4899	1.4171
ROA	1.5393	1.4940	1.5527	1.4643	1.5286	1.5126
LIQ	1.7637	2.0860	1.7516	2.0300	1.7564	2.1186
ERQ	1.1724	1.2122	1.1851	1.1864	1.1738	1.2105
Mean VIF	3.3632	2.2673	3.4482	2.0918	2.9287	2.3598

注：表中未列示行业和年度虚拟变量的方差膨胀因子；Mean VIF 的计算将行业和年度虚拟变量考虑在内。对应正文表 5－22 回归结果的方差膨胀因子检验。

附表 8－12　会计信息影响信贷资本成本微观机制：方差膨胀因子

变量	结果(1)	结果(2)	结果(3)
LIQR	1.8450		1.8466
TANG	1.1958		1.1976
EQUR	2.2108		2.2139
OPEM	1.3694		1.3714
GROW	1.2121		1.2124
OWN	1.3023		1.3026
OFFE	1.1138		1.1148
SIZE	1.4642	1.3108	1.4998
ROA		1.1032	
AGE		1.4542	
DUAL		1.0339	
INS		1.2100	
ASY			1.0534
ERQ	1.2207	1.1404	1.2213
Mean VIF	3.0238	3.1512	2.9719

注：表中未列示行业和年度虚拟变量的方差膨胀因子；Mean VIF 的计算将行业和年度虚拟变量考虑在内。对应正文表 6－8 回归结果的方差膨胀因子检验。

附表 8-13　制度环境影响会计信息信贷资本配置作用分析:方差膨胀因子

变量	市场化程度分组		金融发展水平分组		法律环境分组	
	高	低	高	低	高	低
	结果(1)	结果(2)	结果(3)	结果(4)	结果(5)	结果(6)
LIQR	1.8270	1.9734	1.8297	1.9619	1.8143	2.0037
TANG	1.1944	1.3322	1.2064	1.3018	1.1929	1.3302
EQUR	2.2249	2.2965	2.2204	2.3348	2.2168	2.3122
OPEM	1.3851	1.4043	1.3859	1.3977	1.3702	1.4311
SIZE	1.4262	1.7205	1.4399	1.6677	1.4227	1.7225
GROW	1.2062	1.2501	1.2056	1.2604	1.2043	1.2485
OWN	1.3050	1.3790	1.3134	1.3878	1.2945	1.3904
OFFE	1.1153	1.1236	1.1314	1.0950	1.1190	1.1166
ERQ	1.2375	1.1877	1.2467	1.1655	1.2365	1.1922
Mean VIF	4.6513	1.9917	4.6931	1.9174	4.2168	2.1174

注:表中未列示行业和年度虚拟变量的方差膨胀因子;Mean VIF 的计算将行业和年度虚拟变量考虑在内。对应正文表 6-10 回归结果的方差膨胀因子检验。

附表 8-14　制度环境影响会计信息信贷资本配置:交乘项的方差膨胀因子

变量	结果(1)	结果(2)	结果(3)
LIQR	1.8457	1.8452	1.8465
TANG	1.1974	1.1958	1.1962
EQUR	2.2113	2.2109	2.2121
OPEM	1.3710	1.3710	1.3708
SIZE	1.4685	1.4689	1.4685
GROW	1.2128	1.2140	1.2133
OWN	1.3042	1.3066	1.3052
OFFE	1.1145	1.1165	1.1145
MFE	1.6774		
MFE * ERQ	5.3318		
FFE		1.6526	
FFE * ERQ		5.4005	
LFE			1.6813
LFE * ERQ			5.3178
ERQ	4.8745	4.9097	4.8356

续表

变量	结果(1)	结果(2)	结果(3)
Mean VIF	3.1695	3.1703	3.1616

注:表中未列示行业和年度虚拟变量的方差膨胀因子;Mean VIF 的计算将行业和年度虚拟变量考虑在内。对应正文表 6－11 回归结果的方差膨胀因子检验。

附表 8－15　会计信息影响信贷资本成本微观机制:琼斯模型的方差膨胀因子

变量	结果(1)	结果(2)	结果(3)
LIQR	1.8450		1.8466
TANG	1.1958		1.1975
EQUR	2.2106		2.2137
OPEM	1.3694		1.3715
GROW	1.2027		1.2030
OWN	1.3019		1.3023
OFFE	1.1109		1.1119
SIZE	1.4639	1.3111	1.4994
ROA		1.1033	
AGE		1.4541	
DUAL		1.0339	
INS		1.2100	
ASY			1.0533
ERQ	1.2108	1.1455	1.2112
Mean VIF	3.0234	3.1516	2.9715

注:表中未列示行业和年度虚拟变量的方差膨胀因子;Mean VIF 的计算将行业和年度虚拟变量考虑在内。对应正文表 6－12 回归结果的方差膨胀因子检验。

附表 8－16　制度环境影响会计信息信贷资本配置作用分析:琼斯模型的方差膨胀因子

变量	市场化程度分组		金融发展水平分组		法律环境分组	
	高	低	高	低	高	低
	结果(1)	结果(2)	结果(3)	结果(4)	结果(5)	结果(6)
LIQR	1.8271	1.9730	1.8297	1.9621	1.8143	2.0033
TANG	1.1944	1.3321	1.2064	1.3017	1.1929	1.3301
EQUR	2.2251	2.2957	2.2205	2.3342	2.2169	2.3112
OPEM	1.3853	1.4046	1.3861	1.3976	1.3704	1.4312
SIZE	1.4261	1.7194	1.4399	1.6668	1.4225	1.7220

续表

变量	市场化程度分组		金融发展水平分组		法律环境分组	
	高	低	高	低	高	低
	结果(1)	结果(2)	结果(3)	结果(4)	结果(5)	结果(6)
GROW	1.1967	1.2419	1.1973	1.2495	1.1946	1.2402
OWN	1.3038	1.3796	1.3121	1.3879	1.2934	1.3907
OFFE	1.1113	1.1238	1.1266	1.0952	1.1150	1.1162
ERQ	1.2253	1.1862	1.2348	1.1573	1.2237	1.1910
Mean VIF	4.6509	1.9917	4.6927	1.9170	4.2164	2.1173

注：表中未列示行业和年度虚拟变量的方差膨胀因子；Mean VIF 的计算将行业和年度虚拟变量考虑在内。对应正文表 6－13 回归结果的方差膨胀因子检验。

附表 8－17　制度环境影响会计信息信贷资本配置作用：剔除缺失年份的方差膨胀因子

变量	市场化程度分组		金融发展水平分组		法律环境分组	
	高	低	高	低	高	低
	结果(1)	结果(2)	结果(3)	结果(4)	结果(5)	结果(6)
LIQR	1.7612	1.8942	1.7759	1.8238	1.7469	1.9479
TANG	1.1667	1.3845	1.1581	1.3360	1.1506	1.4394
EQUR	2.0215	2.1267	2.0214	2.0943	1.9990	2.2135
OPEM	1.4102	1.4897	1.4201	1.4511	1.3716	1.5860
SIZE	1.3957	1.6692	1.4075	1.5441	1.3753	1.7652
GROW	1.3207	1.3568	1.3491	1.3457	1.3321	1.3473
OWN	1.3528	1.4521	1.3885	1.3769	1.3369	1.4585
OFFE	1.2186	1.2429	1.2914	1.1027	1.2337	1.2199
ERQ	1.4582	1.4271	1.4941	1.3394	1.4413	1.4997
Mean VIF	4.4068	1.9837	4.6123	1.9866	3.6636	2.2611

注：表中未列示行业和年度虚拟变量的方差膨胀因子；Mean VIF 的计算将行业和年度虚拟变量考虑在内。对应正文表 6－14 回归结果的方差膨胀因子检验。

附表 8－18　制度环境影响会计信息信贷资本配置作用：平均增长率的方差膨胀因子

变量	市场化程度分组		金融发展水平分组		法律环境分组	
	高	低	高	低	高	低
	结果(1)	结果(2)	结果(3)	结果(4)	结果(5)	结果(6)
LIQR	1.8270	1.9734	1.8185	1.9899	1.8129	2.0455
TANG	1.1944	1.3322	1.2011	1.2596	1.1850	1.3568

续表

变量	市场化程度分组		金融发展水平分组		法律环境分组	
	高	低	高	低	高	低
	结果(1)	结果(2)	结果(3)	结果(4)	结果(5)	结果(6)
EQUR	2.2249	2.2965	2.1892	2.4083	2.2343	2.2993
OPEM	1.3851	1.4043	1.3867	1.3904	1.3636	1.4376
SIZE	1.4262	1.7205	1.4626	1.5676	1.4188	1.7539
GROW	1.2062	1.2501	1.2011	1.2714	1.2083	1.2504
OWN	1.3050	1.3790	1.3122	1.3903	1.2921	1.4264
OFFE	1.1153	1.1236	1.1332	1.0981	1.1201	1.1149
ERQ	1.2375	1.1877	1.2518	1.1592	1.2346	1.2120
Mean VIF	4.6513	1.9917	4.5669	2.0089	3.7926	2.2105

注：表中未列示行业和年度虚拟变量的方差膨胀因子；Mean VIF 的计算将行业和年度虚拟变量考虑在内。对应正文表 6 - 15 回归结果的方差膨胀因子检验。

附表 8 - 19 制度环境影响会计信息信贷资本配置作用：一元线性回归的方差膨胀因子

变量	市场化程度分组		金融发展水平分组		法律环境分组	
	高	低	高	低	高	低
	结果(1)	结果(2)	结果(3)	结果(4)	结果(5)	结果(6)
LIQR	1.8172	1.9897	1.8148	1.9376	1.8221	1.9774
TANG	1.1932	1.3330	1.1806	1.2414	1.1923	1.3487
EQUR	2.2180	2.3182	2.1433	2.4152	2.2222	2.3126
OPEM	1.3936	1.3888	1.3840	1.3705	1.3659	1.4688
SIZE	1.4415	1.7165	1.4566	1.5544	1.4275	1.7427
GROW	1.2083	1.2490	1.2265	1.2221	1.2029	1.2449
OWN	1.3091	1.3776	1.2911	1.3414	1.2940	1.3729
OFFE	1.1198	1.1250	1.1429	1.0920	1.1218	1.0975
ERQ	1.2449	1.1909	1.2572	1.1864	1.2372	1.2068
Mean VIF	4.5974	1.9846	4.2326	2.2967	4.0772	2.1208

注：表中未列示行业和年度虚拟变量的方差膨胀因子；Mean VIF 的计算将行业和年度虚拟变量考虑在内。对应正文表 6 - 16 回归结果的方差膨胀因子检验。

附表 8 - 20 会计信息影响信贷资本成本微观机制：滞后项回归的方差膨胀因子检验

变量	结果(1)	结果(2)	结果(3)
LIQR	1.8502		1.8520

续表

变量	结果(1)	结果(2)	结果(3)
TANG	1.2113		1.2136
EQUR	2.2787		2.2831
OPEM	1.3627		1.3638
GROW	1.1415		1.1416
OWN	1.2788		1.2795
OFFE	1.0641		1.0649
SIZE	1.4937	1.2895	1.5349
ROA		1.1088	
AGE		1.3827	
DUAL		1.0361	
INS		1.2007	
ASY			1.0581
ERQ	1.1858	1.1743	1.1859
Mean VIF	3.1007	3.2098	3.0449

注:表中未列示行业和年度虚拟变量的方差膨胀因子;Mean VIF 的计算将行业和年度虚拟变量考虑在内。对应正文表 6－19 回归结果的方差膨胀因子检验。

附表 8－21　制度环境影响会计信息信贷资本配置作用:滞后项回归的方差膨胀因子

变量	市场化程度分组		金融发展水平分组		法律环境分组	
	高	低	高	低	高	低
	结果(1)	结果(2)	结果(3)	结果(4)	结果(5)	结果(6)
LIQR	1.8263	2.0110	1.8258	2.0260	1.8151	2.0323
TANG	1.2073	1.3793	1.2267	1.3337	1.2083	1.3671
EQUR	2.2786	2.4190	2.2793	2.4759	2.2811	2.4002
OPEM	1.3799	1.3891	1.3862	1.3728	1.3712	1.4016
SIZE	1.4471	1.7938	1.4648	1.7708	1.4492	1.7657
GROW	1.1331	1.1836	1.1320	1.1952	1.1328	1.1802
OWN	1.2835	1.3439	1.2920	1.3535	1.2728	1.3618
OFFE	1.0651	1.0811	1.0629	1.0961	1.0674	1.0762
ERQ	1.1949	1.1769	1.1994	1.1484	1.1940	1.1765
Mean VIF	4.9424	1.9927	4.6811	1.9873	4.6080	2.0740

注:表中未列示行业和年度虚拟变量的方差膨胀因子;Mean VIF 的计算将行业和年度虚拟变量考虑在内。对应正文表 6－20 回归结果的方差膨胀因子检验。

表 8-22 会计信息对债务可得性和债务期限结构的回归:方差膨胀因子

变量	结果(1):债务可得性	结果(2):债务期限结构
LIQR	1.8469	1.7351
TANG	1.2022	1.2169
EQUR	2.2027	2.0045
OPEM	1.3694	1.3635
SIZE	1.4632	1.4578
GROW	1.2157	1.2272
OWN	1.3043	1.3221
OFFE	1.1215	1.1325
ERQ	1.2222	1.2267
Mean VIF	3.0135	2.9339

注:表中未列示行业和年度虚拟变量的方差膨胀因子;Mean VIF 的计算将行业和年度虚拟变量考虑在内。对应正文表 6-21 回归结果的方差膨胀因子检验。

附表 8-23 制度环境差异:会计信息影响债务可得性的方差膨胀因子

变量	市场化程度分组		金融发展水平分组		法律环境分组	
	高	低	高	低	高	低
	结果(1)	结果(2)	结果(3)	结果(4)	结果(5)	结果(6)
LIQR	1.8283	1.9793	1.8323	1.9571	1.8148	2.0109
TANG	1.2001	1.3362	1.2129	1.3058	1.1979	1.3373
EQUR	2.2137	2.3069	2.2131	2.3147	2.2036	2.3269
OPEM	1.3882	1.3988	1.3874	1.3985	1.3733	1.4258
SIZE	1.4304	1.7223	1.4414	1.6572	1.4254	1.7272
GROW	1.2108	1.2529	1.2111	1.2639	1.2097	1.2493
OWN	1.3096	1.3737	1.3162	1.3913	1.2998	1.3823
OFFE	1.1253	1.1259	1.1436	1.0971	1.1295	1.1183
ERQ	1.2398	1.1884	1.2495	1.1660	1.2394	1.1917
Mean VIF	4.6532	1.9882	4.6930	1.9157	4.2044	2.1158

注:表中未列示行业和年度虚拟变量的方差膨胀因子;Mean VIF 的计算将行业和年度虚拟变量考虑在内。对应正文表 6-22 回归结果的方差膨胀因子检验。

附表 8-24　制度环境差异：会计信息影响债务期限结构的方差膨胀因子

变量	市场化程度分组		金融发展水平分组		法律环境分组	
	高	低	高	低	高	低
	结果(1)	结果(2)	结果(3)	结果(4)	结果(5)	结果(6)
LIQR	1.7164	1.8629	1.7196	1.8562	1.7024	1.8957
TANG	1.2182	1.3591	1.2349	1.3213	1.2172	1.3551
EQUR	2.0059	2.1313	1.9994	2.1675	1.9989	2.1403
OPEM	1.3841	1.3769	1.3882	1.3689	1.3684	1.4038
SIZE	1.4183	1.7477	1.4339	1.6642	1.4156	1.7393
GROW	1.2262	1.2611	1.2167	1.3014	1.2226	1.2637
OWN	1.3283	1.3951	1.3359	1.4229	1.3180	1.4095
OFFE	1.1429	1.1235	1.1528	1.1131	1.1460	1.1200
ERQ	1.2477	1.1820	1.2540	1.1728	1.2466	1.1863
Mean VIF	4.5282	1.9462	4.5006	1.8848	4.0843	2.0692

注：表中未列示行业和年度虚拟变量的方差膨胀因子；Mean VIF 的计算将行业和年度虚拟变量考虑在内。对应正文表 6-23 回归结果的方差膨胀因子检验。

附表 8-25　会计信息影响债券资本成本微观机制：方差膨胀因子

变量	结果(1)	结果(2)	结果(3)
GROW	1.2451		1.2644
LEV	2.7180		2.7246
CONTROL	1.5060		1.5311
DSIZE	2.7308		2.7569
DTIME	2.0293		2.0313
SDTIME	2.3800		2.3813
DCRE	2.7536		2.7910
SIZE	3.8622	1.5589	3.9931
ROA	2.0487	1.1832	2.0589
AGE		1.4874	
DUAL		1.3522	
INS		1.7778	
ASY			1.3693
ERQ	1.1557	1.1607	1.1558

续表

变量	结果(1)	结果(2)	结果(3)
Mean VIF	3.7475	3.6721	3.7110

注:表中未列示行业和年度虚拟变量的方差膨胀因子;Mean VIF 的计算将行业和年度虚拟变量考虑在内。对应正文表 7-9 回归结果的方差膨胀因子检验。

附表 8-26　制度环境影响会计信息债券资本配置作用分析:方差膨胀因子

变量	市场化程度分组		金融发展水平分组		法律环境分组	
	高	低	高	低	高	低
	结果(1)	结果(2)	结果(3)	结果(4)	结果(5)	结果(6)
GROW	1.1082	1.2074	1.1158	1.2367	1.1063	1.2291
LEV	2.1226	2.2724	2.2269	2.3415	2.1265	2.6825
CONTROL	1.2160	1.1176	1.2440	1.0790	1.2379	1.0825
DSIZE	2.1539	3.5557	2.1656	2.6752	2.1332	3.0061
DTIME	1.7564	2.4277	1.6766	3.2350	1.7145	2.4773
SDTIME	1.7078	2.5180	1.6574	3.0444	1.6703	2.5929
DCRE	1.8756	2.4266	1.9113	2.2535	1.9092	2.2904
SIZE	3.4178	4.1254	3.3664	3.8113	3.4211	3.6850
ROA	1.7477	2.0380	1.8550	1.8933	1.7301	2.1921
ERQ	1.0504	1.4480	1.0527	1.4264	1.0553	1.3479
Mean VIF	1.8156	2.3137	1.8272	2.2996	1.8104	2.2586

注:表中未列示行业和年度虚拟变量的方差膨胀因子;Mean VIF 的计算将行业和年度虚拟变量考虑在内。对应正文表 7-11 回归结果的方差膨胀因子检验。

附表 8-27　制度环境影响会计信息信贷资本配置:交乘项的方差膨胀因子

变量	结果(1)	结果(2)	结果(3)
GROW	1.2658	1.2648	1.2692
LEV	2.7491	2.7297	2.7359
CONTROL	1.6026	1.5697	1.6225
DSIZE	2.7668	2.7535	2.7574
DTIME	2.0456	2.0388	2.0382
SDTIME	2.3958	2.4023	2.3977
DCRE	2.7936	2.8363	2.8063
SIZE	3.8719	3.8627	3.8679
ROA	2.0777	2.0563	2.0583

续表

变量	结果(1)	结果(2)	结果(3)
MFE	2.3113		
MFE * ERQ	10.0932		
FFE		2.0352	
FFE * ERQ		8.5044	
LFE			8.3146
LFE * ERQ			2.1509
ERQ	9.0831	7.6057	7.3374
Mean VIF	4.1819	4.0894	4.0727

注:表中未列示行业和年度虚拟变量的方差膨胀因子;Mean VIF 的计算将行业和年度虚拟变量考虑在内。对应正文表 7-12 回归结果的方差膨胀因子检验。

附表 8-28　会计信息影响债券资本成本微观机制:琼斯模型的方差膨胀因子

变量	结果(1)	结果(2)	结果(3)
GROW	1.2458		1.2651
LEV	2.7177		2.7243
CONTROL	1.5056		1.5309
DSIZE	2.7308		2.7570
DTIME	2.0294		2.0313
SDTIME	2.3797		2.3810
DCRE	2.7535		2.7910
SIZE	3.8615	1.5574	3.9917
ROA	2.0475	1.1826	2.0575
AGE		1.4891	
DUAL		1.3537	
INS		1.7778	
ASY			1.3692
ERQ	1.1558	1.1630	1.1558
Mean VIF	3.7478	3.6726	3.7113

注:表中未列示行业和年度虚拟变量的方差膨胀因子;Mean VIF 的计算将行业和年度虚拟变量考虑在内。对应正文表 7-13 回归结果的方差膨胀因子检验。

附表 8－29　制度环境影响会计信息债券资本配置作用分析：琼斯模型的方差膨胀因子

变量	市场化程度分组		金融发展水平分组		法律环境分组	
	高	低	高	低	高	低
	结果(1)	结果(2)	结果(3)	结果(4)	结果(5)	结果(6)
GROW	1.1094	1.2063	1.1167	1.2354	1.1071	1.2281
LEV	2.1227	2.2767	2.2269	2.3460	2.1267	2.6859
CONTROL	1.2151	1.1167	1.2428	1.0776	1.2368	1.0815
DSIZE	2.1537	3.5614	2.1655	2.6791	2.1332	3.0113
DTIME	1.7566	2.4251	1.6768	3.2344	1.7146	2.4780
SDTIME	1.7061	2.5196	1.6560	3.0455	1.6686	2.5959
DCRE	1.8753	2.4289	1.9108	2.2534	1.9087	2.2912
SIZE	3.4171	4.1192	3.3655	3.8112	3.4204	3.6833
ROA	1.7477	2.0320	1.8549	1.8859	1.7301	2.1865
ERQ	1.0494	1.4490	1.0514	1.4234	1.0540	1.3483
Mean VIF	1.8153	2.3135	1.8267	2.2992	1.8100	2.2590

注：表中未列示行业和年度虚拟变量的方差膨胀因子；Mean VIF 的计算将行业和年度虚拟变量考虑在内。对应正文表 7－14 回归结果的方差膨胀因子检验。

附表 8－30　制度环境影响会计信息债券资本配置作用：平均增长率的方差膨胀因子

变量	市场化程度分组		金融发展水平分组		法律环境分组	
	高	低	高	低	高	低
	结果(1)	结果(2)	结果(3)	结果(4)	结果(5)	结果(6)
GROW	1.1082	1.2074	1.1177	1.2095	1.1106	1.2330
LEV	2.1226	2.2724	2.2485	2.2368	2.0554	2.7436
CONTROL	1.2160	1.1176	1.2328	1.0690	1.2784	1.1136
DSIZE	2.1539	3.5557	2.1405	2.6874	2.1817	2.9758
DTIME	1.7564	2.4277	1.6931	2.8457	1.6835	2.5145
SDTIME	1.7078	2.5180	1.6641	2.7279	1.6341	2.6253
DCRE	1.8756	2.4266	1.9922	1.9347	1.9746	2.2081
SIZE	3.4178	4.1254	3.3783	3.7716	3.6473	3.4913
ROA	1.7477	2.0380	1.8574	1.7477	1.6725	2.2680
ERQ	1.0504	1.4480	1.0514	1.3079	1.0589	1.3482
Mean VIF	1.8156	2.3137	1.8376	2.1538	1.8297	2.2521

注：表中未列示行业和年度虚拟变量的方差膨胀因子；Mean VIF 的计算将行业和年度虚拟变量考虑在内。对应正文表 7－15 回归结果的方差膨胀因子检验。

附表 8-31　制度环境影响会计信息债券资本配置作用:一元线性回归的方差膨胀因子

变量	市场化程度分组		金融发展水平分组		法律环境分组	
	高	低	高	低	高	低
	结果(1)	结果(2)	结果(3)	结果(4)	结果(5)	结果(6)
GROW	1.1095	1.2074	1.1605	1.1112	1.1138	1.1330
LEV	2.1313	2.2724	2.1571	2.4540	2.2111	2.5651
CONTROL	1.2057	1.1176	1.2928	1.2209	1.2313	1.2220
DSIZE	2.1391	3.5557	2.3737	1.7957	2.0963	3.0757
DTIME	1.7698	2.4277	2.0861	1.7938	1.7380	2.6284
SDTIME	1.7146	2.5180	2.0882	1.7716	1.6804	2.8467
DCRE	1.8960	2.4266	1.9736	2.1887	1.9192	2.4954
SIZE	3.3998	4.1254	3.6446	3.1818	3.3816	4.2016
ROA	1.7532	2.0380	2.0088	2.0723	1.7927	2.1675
ERQ	1.0490	1.4480	1.0995	1.2675	1.0745	1.2072
Mean VIF	1.8168	2.3137	1.9885	1.8857	1.8239	2.3543

注:表中未列示行业和年度虚拟变量的方差膨胀因子;Mean VIF 的计算将行业和年度虚拟变量考虑在内。对应正文表 7-16 回归结果的方差膨胀因子检验。

附表 8-32　会计信息影响债券资本成本微观机制:滞后项回归的方差膨胀因子检验

变量	结果(1)	结果(2)	结果(3)
GROW	1.2412		1.2608
LEV	2.9607		2.9710
CONTROL	1.4924		1.5189
DSIZE	2.9438		2.9824
DTIME	2.0671		2.0699
SDTIME	2.4396		2.4404
DCRE	2.7738		2.8033
SIZE	4.1902	1.5152	4.2805
ROA	2.0066	1.1396	2.0151
AGE		1.4406	
DUAL		1.3503	
INS		1.7540	
ASY			1.3352
ERQ	1.3320	1.3239	1.3328

续表

变量	结果(1)	结果(2)	结果(3)
Mean VIF	2.8970	2.6763	2.8617

注：表中未列示行业和年度虚拟变量的方差膨胀因子；Mean VIF 的计算将行业和年度虚拟变量考虑在内。对应正文表 7 - 17 回归结果的方差膨胀因子检验。

附表 8 - 33　制度环境影响会计信息债券资本配置作用：滞后项回归的方差膨胀因子

变量	市场化程度分组		金融发展水平分组		法律环境分组	
	高	低	高	低	高	低
	结果(1)	结果(2)	结果(3)	结果(4)	结果(5)	结果(6)
GROW	1.1284	1.1454	1.1302	1.1307	1.1266	1.1583
LEV	2.3222	2.2725	2.4202	2.6044	2.3405	2.8105
CONTROL	1.1958	1.1434	1.2265	1.1081	1.2139	1.1004
DSIZE	2.3013	3.1106	2.2666	2.9616	2.2474	3.0303
DTIME	1.7731	2.5615	1.7494	3.3504	1.7311	2.6274
SDTIME	1.7246	2.6759	1.6965	3.2498	1.6820	2.7422
DCRE	1.8614	2.5235	1.9248	2.1144	1.8829	2.3260
SIZE	3.6601	4.0181	3.6053	3.8482	3.6636	3.7476
ROA	1.7338	1.9059	1.8398	1.6145	1.7132	2.0955
ERQ	1.0684	1.1099	1.0630	1.1602	1.0691	1.1459
Mean VIF	1.8769	2.2467	1.8922	2.3142	1.8670	2.2784

注：表中未列示行业和年度虚拟变量的方差膨胀因子；Mean VIF 的计算将行业和年度虚拟变量考虑在内。对应正文表 7 - 18 回归结果的方差膨胀因子检验。

附表 8 - 34　基于债券信用评级的进一步分析：方差膨胀因子

变量	结果(1)	结果(2)	结果(3)	结果(4)
GROW	1.2419	1.2642	1.2636	1.2680
LEV	2.6351	2.6790	2.6587	2.6624
CONTROL	1.4875	1.5779	1.5411	1.5999
DSIZE	2.7288	2.7645	2.7491	2.7531
DTIME	2.0230	2.0383	2.0297	2.0298
SDTIME	2.2607	2.2720	2.2839	2.2722
SIZE	3.2377	3.2542	3.2597	3.2608
ROA	2.0463	2.0768	2.0551	2.0571
ERQ	1.1554	9.0114	7.5326	7.2387

续表

变量	结果(1)	结果(2)	结果(3)	结果(4)
MFE		2.3111		
MFE * ERQ		9.9906		
FFE			2.0332	
FFE * ERQ			8.3953	
LFE				2.1445
LFE * ERQ				8.1673
Mean VIF	3.6913	4.1365	4.0295	4.0216

注:表中未列示行业和年度虚拟变量的方差膨胀因子;Mean VIF 的计算将行业和年度虚拟变量考虑在内。对应正文表 7-19 回归结果的方差膨胀因子检验。

索　引

后　记

本书是在我博士学位论文的基础上修改完成的。光阴如梭，随着博士论文的渐渐完成，二十余年的求学生涯也即将结束。人生又能有几个二十年？在这珍贵的二十年中，我经历了人生的诸多精彩，其中有失落、悲伤与苦涩，也有喜悦、欣喜与快乐，然而最重要的就是满满的收获。我收获了师生情、同门情、亲情、爱情、友情……我还收获了求学路上博士论文这一重要的成果。回忆往昔，望着厚厚的博士论文，心中的感激之情难以尽抒。

首先，感谢我的博士生导师张晓明教授。2006 年进入西北大学求学时，张老师在会计专业新生见面会上对我们未来的学习、职业、人生规划进行指导，使我对未来的生活充满着向往。张老师丰富的阅历和渊博的知识让我由衷地钦佩。而后在本科阶段的学习中有幸聆听了张老师的《财务会计》和《高级财务会计》课程，张老师用广阔的视野对会计知识的精炼讲解，使我们沉浸在会计学习的乐趣中，至今依然记得当初绘制会计流程图过程的认真与快乐，也许就是在那个时候埋下了对会计进一步学习研究的种子。张老师对学生永远充满着关心与爱护，我依然记着张老师在腿扭伤的情况下，依然接受了相对陌生的我的请教，和我相约进行指导。在进一步研究生的学习中，我有幸成为张老师的学生，内心既为能够在张老师的亲自指导下学习而激动，又为能否跟上老师的思路和步伐而忐忑。在五年的硕博连读生涯中，张老师广阔的会计视野、严谨的治学风范、豁达的处世哲理和正直的人生气质，深深地感染了我。每当我在学习、生活、科研中遇到低谷时，张老师寥寥数语的鼓励与指导总是能让我重拾信心、奋勇向前。张老师在生活中对我无私的关心与帮助，令我度过了博士期间从未预计的困难，进而能够继续我的学习生涯。张老师在科研中对我悉心指导，使我逐步接受了科学的方法训练，奠定了一定的科研基础。在我博士论文的写作过程中，张老师倾注了大量的心血。从论文选题、整体框架、后续修改乃至最终定稿，每一个过程都体现着张老师的关怀和指导。感谢张老师对我学习、生活、科研上的无私资助，这份恩情我将永远铭记。

还要感谢在我求学路上传道授业解惑的各位老师们。感谢冯均科老师在审计学、会计研究方向方面给予的指导；感谢安立仁老师在管理研究方法论课程方面的悉心指导，以及管理创新论坛对我们成长的帮助；感谢岳宏志老师在管理研究方法课程方面的耐心讲解；感谢顾颖老师、马小勇老师在博士课程方面的指导；感谢郭世辉老师、张元智老师、王正斌老师、张红芳老师等在硕士课程方面的指导；感谢唐亮老师、向平老师、尤华老师、卢春香老师、王兰老师在本科课程方面的指导。

感谢张老师门下所有的师兄弟和师姐妹们。感谢潘颖师姐、李辉师兄、李辽宁师兄在生活、学习等方面对我的热心帮助和指导；感谢朱欣蕊师妹、王兰珠师妹、李靖师妹、刘丽莎师妹在科研项目中所提供的帮助；感谢钟磊师弟在博士论文校对过程中提供的帮助；感谢师门杨军良老师、吴泷老师、付媛老师的帮助。

感谢求学期间的各位同窗好友。感谢我的舍友王会战博士、王晓乐博士、董明放博士，与你们一起相处的日子虽然短暂，却让我受益良多；感谢管理学刘天利博士、杨华博士、陈军梅博士，你们对年龄较小的我的关心和谦让令我备感温暖；感谢经济学倪明明博士、窦建春博士、王佩诺博士、刘俊博士；感谢马蓝博士、杨菲博士，感谢 2012 级经管学院博士班的所有同窗。

感谢我远在家乡的亲人。感谢我的父母，年迈的你们用勤劳的双手默默地支撑起这个家庭，支持我完成博士学业。人近三十仍不能回报家庭，让我感到惭愧，在以后的日子里我将尽量弥补。感谢我的弟弟韩少飞同学，写作此书时他依然在西北工业大学攻读硕士学位，现如今已经进入华为公司参加工作，能与你一起成长是我的幸运与快乐；感谢其他的一切亲人们，在我和少飞异地求学的过程中，是你们无私的帮助使我的父母渡过许多生活中的难关，让我们能够安心学业。

最后，感谢我的妻子赵红艳女士，相识近十三年来，我们从同学、朋友、恋人到夫妻，从懵懂的少年到三十而立，你我一同相守，在青涩的时光中体验着爱情的甜蜜，尤其是你温婉而乐观的生活态度让我对未来总是充满希望，希望在以后的日子中一起携手前行，享受生活的美好。在这里，要特别感谢我的岳母和已经逝去的岳父,你们的宽容、理解和关爱为我们的生活增添了更多力量。

衷心祝福老师、家人、亲人身体健康、阖家幸福,祝福所有的朋友、同学工作顺利、万事如意。

韩少真

二〇一八年九月于西安西北大学